物流

21世纪高职高专国家示范院校物流管理专业工学结合系列教材

供应链管理实务

GONGYINGLIAN GUANLI SHIWU

主　编　缪兴锋　别文群
副主编　唐永洪　杨嘉伟

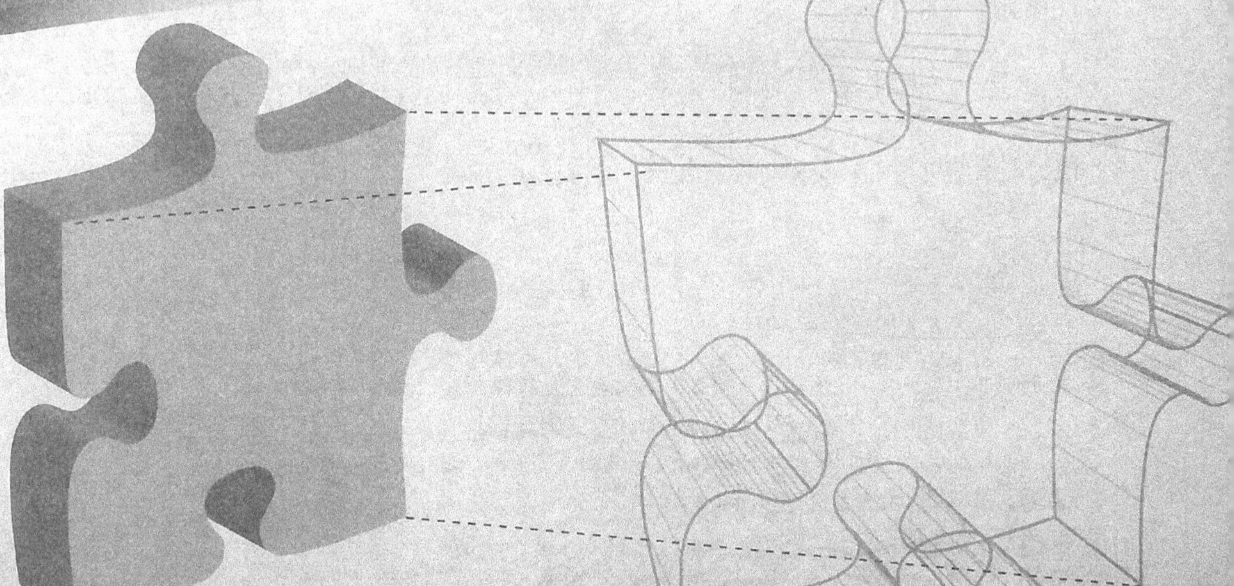

华南理工大学出版社
·广州·

图书在版编目（CIP）数据

供应链管理实务/缪兴锋，别文群主编．—广州：华南理工大学出版社，2011.6（2021.1 重印）

21 世纪高职高专国家示范院校物流管理专业工学结合系列教材

ISBN 978-7-5623-3471-2

Ⅰ.①供…　Ⅱ.①缪…　②别…　Ⅲ.①供应链管理－高等职业教育－教材　Ⅳ.①F252

中国版本图书馆 CIP 数据核字（2011）第 115991 号

总 发 行：华南理工大学出版社（广州五山华南理工大学 17 号楼，邮编 510640）
营销部电话：020－87113487　87111048（传真）
E-mail：**scutc13@scut.edu.cn**　　**http**：**//www.scutpress.com.cn**

责任编辑：吴兆强　孟宪忠
印 刷 者：广东虎彩云印刷有限公司
开　　本：787mm×1092mm　1/16　**印张**：15.75　**字数**：407 千
版　　次：2011 年 6 月第 1 版　2021 年 1 月第 4 次印刷
印　　数：3 501 ～4 000 册
定　　价：28.00 元

“21世纪高职高专国家示范院校物流管理专业工学结合系列教材”

编 委 会

前　言

21世纪既是一个竞争日益激烈的世纪，也是一个充满机遇的时代。随着科学技术特别是信息交流及交通运输技术的迅猛发展，以及整体消费市场由买方向卖方的转变，企业所面临的竞争压力越来越大。20世纪60年代以前，围绕着流水线的大批量生产，制造业领域最流行的方法有确定经济生产批量、安全库存、再订货点等；60年代中期，发展到通过物流需求计划（MRP）较好地解决相关需求管理；直至将准时生产、敏捷制造、精细生产、全面质量管理等管理理念引入组织和企业的管理及其信息系统，这些方式都曾对提高企业经济效益和市场竞争力产生了巨大的积极影响，也使丰田等公司迅速成长为世界顶级企业。20世纪80年代中后期，高科技带来的世界经济运行规则以及市场竞争模式的巨大变化，使整个市场的需求不确定性大大增强，企业已感到通过整合内部资源来提高竞争力的指导思想与21世纪的市场环境显得有些不适应，并开始认识到单单依赖于自身拥有的资源立足市场是远远不够的。

在这种情况下，企业许多年来出于管理或控制上的目的所采取的“纵向一体化”的管理模式开始动摇，而借助企业外部资源快速、准确、有效地响应市场需求的思维方式造就了企业“横向一体化”的管理模式。这种管理模式适应于快速变化的、高质量服务的、竞争残酷的市场环境。21世纪的企业正是基于这种管理思想建立起了全球性的供应链运作模式，并相伴产生了OR、ECR、CPFR、ERP、核心竞争力、供应链战略合作伙伴等新的管理方法和理念。

《供应链管理实务》是物流管理、物流工程、管理科学与工程等专业的主干课程之一。学好本门课程对于了解供应链管理的基本理论、掌握供应链管理中的关键技术、运用供应链管理中的基本方法具有十分重要的意义。但现在出版的一系列关于供应链管理的教材，对高职高专的学生学习供应链管理课程没有“突出行业需求和职业的核心能力”。因而，普遍存在主题思路不明确的缺点。

本书是由广东轻工职业技术学院缪兴锋、别文群老师和佛山职业技术学院唐永洪老师、广东工贸职业技术学院杨嘉伟老师共同编著。针对高职高专学生的特点、培养目标及学时压缩的趋势，体现了高职教育专业紧密联系生产、建设、服务、管理一线的实际要求。在本书编写过程中，我们力求控制内容深浅度，强调知识的实用性、覆盖面及写作风格，反映知识更新和科技发展的最新动态，将新知识、新技术、新内容、新工艺、新案例及时反映到教材中，使整个教材由浅入深，贴近企业管理实践，做到易读、易懂、易用。遵循上述编写思路，我们精心安排了本教材的内容体系结构，共分为六章：供应链概述→供应链管理→供应链管理技术→供应链管理方法→供应链战略管理→供应链业务流程管理。

本系列教材是以素质教育、创新教育为基础，以企业岗位需求为依据，以增强学生职业能力为本位。本书既可作为高职高专院校物流管理专业的教材，亦可作为高职高专物流工程专业、港航专业、交通运输专业的专业课教材，还可作为各层次成人教育和企业培训教学参考书，也适合作为广大物流从业人员的自学读物。为了配合教学需要，我们还制作了每章的电子课件，若有需要请与责任编辑吴兆强联系：E-mail：zqwu@scut.edu.cn，QQ：362992115。

在本教材的编写过程中得到了许多院校和研究机构的专家、教授和物流企业领导的大力支持，在此一并致谢。由于编者水平有限，书中难免存在疏漏和不足之处，恳请广大读者提出宝贵意见，以日臻完善。同时，在编写过程中参考了大量的书籍、文献，引用了许多学者的资料，在此谨对他们表示衷心的感谢。

作　者

2011年3月于奥园

目 录

第一章　供应链概述

【学习目标】

知识目标

1. 了解供应链产生的背景；
2. 掌握供应链的概念、特征及组成；
3. 掌握供应链的类型；
4. 掌握供应链的构建与优化。

能力目标

1. 能够运用供应链思想进行案例分析；
2. 能够运用供应链思想设计产品的供应链结构；
3. 能够运用供应链优化方法解决实际问题。

课前思考题

举例描述产品从生产到完成销售的整个过程，需要经历哪些阶段？需要投入哪些要素？

【引导案例】

约翰迪尔公司供应链

约翰迪尔公司成立于1837年，总部设在美国伊利诺伊州的莫林，它的2 000项业务在全球160多个国家展开，在职员工43 000人。公司生产农业、建筑、商业和消费领域的各种设备，在设备租赁、能源、特种技术和卫生保健等方面提供产品和服务。公司在2000年的净销售额达到110亿美元，总资产将近120亿美元，采购达到60亿美元。

Complex Parts在过去10年内都是约翰迪尔公司的供应商，每年的业务量大约为350万美元。Complex Parts向约翰迪尔公司提供生产部件所需的大量工程技术和测试，而能够提供和Complex Parts相同产品的供应商还有另外两家，但到目前为止仍然是Complex Parts向约翰迪尔公司提供所有零部件。Complex Parts经常积极改善同约翰迪尔公司的业务关系，如销售工程师每周的访问，参与约翰迪尔公司的成本削减战略、设计革新和内部质量计划。Complex Parts正积极提高针对约翰迪尔公司的销售。

1. 约翰迪尔公司的追求卓越项目

追求卓越项目（Achieving Excellence Program，AEP）是一个动态的供应管理战略，旨在为约翰迪尔公司和它的供应商带来面对客户的竞争优势。AEP通过供应商评估程序，提高沟通、信任、合作和持续改进，努力建立与供应商的长期合作关系。供应商评估由约翰迪尔公司的小组成员从五个方面进行评估，小组成员分别来自供应管理、运营、质量工程和产品开发部门。这五个方面分别是：质量、运送、成本管理、持续周期和技术支持。

质量等级是通过一种定量的方法计算得出：

（拒收的数量/供应的数量）×1 000 000

因此，质量等级1 000相当于每1 000个运送物品中有1个被拒收。运送等级的评估说明了供应商满足约翰迪尔公司的运送日期和采购数量的情况。它的计算方法如下：

［（早到次数+晚到次数+超数量运送的次数）/总运送数量］×1 000 000

因此，运送等级75 000就相当于每1 000次运送中有75次有问题。成本管理等级是一个复合等级，由评测小组根据五个方面的绩效得出：成本管理行动、成本削减行动、成本指数、新项目中的运行情况和全球市场竞争力。成本管理等级最终由评审小组得出一致意见，也是用1～5来表示。持续周期的等级是对供应商行为的组合分析，包括供应商为克服困难所采取的行动、态度、响应，对细节的关注和沟通行为。总而言之，这些领域的良好表现意味着供应商关注客户并持续改进质量、提供技术支持、按时运送、减少成本、缩短提前期、降低库存和提高电子数据交换的能力。技术支持等级也由5分组成，由评审小组对供应商的如下表现进行组合给分：对流水线的支持、设计与工艺改变的信息、生产和设计改进、问题的解决、测试、环保和供应管理支持。

供应商绩效认可是约翰迪尔公司AEP的一部分。根据上述五大类的等级评定情况，供应商被分为有条件的、认证的、核心的或者是合作伙伴四类。运营水平的测评标准每年都将修订一次。每个季度都会给供应商一份绩效总结，其中包括它们的绩效信息和达标情况。归入“有条件的”一类的供应商不会得到约翰迪尔公司的正式认可和培训，面临失去业务的危险。“认证的”供应商有资格参加约翰迪尔公司的培训项目。“核心的”供应商被约翰迪尔公司授予认证标牌和培训。“合作伙伴”除获得培训以外还在供应商获奖宴会上接受奖励。

2．Complex Parts的绩效

Complex Parts在2009年的质量等级得分是666，运送等级得分是8 6500。布雷克·罗伯茨是约翰迪尔公司评审小组的成员，在采购部门工作了8年，他从供应商评级中发现了Complex Parts在运营中出现问题的信号。例如，他认为Complex Parts应该提出更多的削减成本计划，并减少2009年在运送中出现的各种问题。有些被要求的报价也没有及时送达约翰迪尔公司。约翰迪尔公司在做着正确的事情，及时向存在问题的供应商提出质量改进建议，罗伯茨认为这项工作非常有意义。

赫里·玛丽在约翰迪尔公司的生产计划部门工作了23年，在评审小组中负责技术评定。赫里认为Complex Parts在跟上约翰迪尔公司的规格要求变化方面还是做得不错的，只是最近无法回复Complex Parts客户服务小组的电话。2009年要求加急发送的情况越来越多，提高了约翰迪尔公司的成本。最近更是变得每周都要有加急的情况，在过去的一个季度里，Complex Parts的运送等级评定到了让人伤心的155 000数值。

斯丹·埃金斯是评审小组的质量监督员，在约翰迪尔公司工作了11年。他认为Complex Parts将约翰迪尔公司的质量计划变成了内在的要求，并成功地保证了这些质量要素的实施。Complex Parts的质量在过去的一年中得到了大幅度的提升。最近，Complex Parts还通过了ISO质量认证。一个不太好的表现是Complex Parts忘记了在它的新生产设备上实施约翰迪尔公司的质量计划，这个新设备是2010年6月份开始运行的，这点让他颇为担心。

琼·皮尔森是评审小组的设计兼工程监督员，在约翰迪尔公司工作了12年。他对

Complex Parts 的研发部门很钦佩，因为它们的几个建议促使了约翰迪尔公司在新产品上取得了成功。但不幸的是，针对这个新产品而由 Complex Parts 提供的配件没能满足约翰迪尔公司的成本要求，大大减少了约翰迪尔公司在这个产品上的利润。另外，Complex Parts 还被要求在几种新产品的配件上进行阶段性更新。

3. 结论

这个评审小组需要评估一个与约翰迪尔公司有长期关系的供应商，这个供应商在许多方面都做得很出色。但是，也有几个方面是评审小组中四位成员都比较忧虑的地方。大家达成一致意见就是要对 Complex Parts 的评审更加仔细和全面，并尽快向它们的项目经理提交一份报告。

备注：本案例为《2010 年物流师考试案例》

讨论题

1. 约翰迪尔公司供应链运行中出现了哪些问题?
2. 供应链绩效评估对供应链优化有何好处?

任何一个企业都不能孤立地生存，它需要市场、企业以及人的支持。这些市场、企业和人联系在一起，形成了一条长长的供应链。事实上，供应链是早已客观存在的事物。

第一节　供应链产生的背景

一、21 世纪企业面临的环境和挑战

在全球化经济浪潮中，由于科学技术飞速进步和生产力的发展，顾客消费水平不断提高，企业之间竞争加剧，加上政治、经济、社会环境的巨大变化，使得需求的不确定性大大加强，同时也导致需求日益多样化。在一个变化迅速且无法预测的买方市场，企业面临着怎样的机遇，又是怎样严峻的挑战呢?

1. 经济全球化（国际化）

进入 21 世纪以来，由于科学技术不断进步和经济的不断发展、全球化信息网络和全球化市场的形成及技术变革的加速，围绕新产品的市场竞争日趋激烈。经济全球化必将带来国际、国内竞争的激化。国际贸易、国际经营、国际收支等方面的竞争，对一个国家的经济实力和发展水平将产生越来越大的影响。经济竞争将成为各国之间竞争的主要内容。赢得客户信赖是企业保持长盛不衰的竞争力的重要因素之一，赢得客户不仅要靠具有吸引力的产品质量，而且还要靠销售后的技术支持和服务。许多世界著名企业在全球拥有健全而有效的服务网就是最好的印证。在经济全球化的同时，又出现经济集团化的趋势。欧洲联盟、北美自由贸易区、石油输出国组织等就是其中的典型。

2. 科技高新化

全球高速信息网使所有的信息都极易获得。以计算机及其他高技术为基础的新生产技术在企业中的应用是 21 世纪的主要特色之一。美国未来学家阿尔温·托夫勒提出的“第三次浪潮”，正是以科技高新化作为“制高点”的。科技高新化必将带来产品结构和产业

结构的大调整。

新产品层出不穷，日新月异。许多企业不惜巨资投入新产品特别是高新技术产品的研究开发，以赢得竞争优势，同时推动着科技和社会进步。产业结构的调整主要表现为从劳动密集型产业向技术密集型、知识密集型产业转移。

虽然高技术应用的初始投资很高，但它会带来许多竞争上的优势。高技术的应用不仅仅在于节省人力、降低劳动成本，更重要的是提高了产品和服务质量，降低了废品和材料损耗，缩短了对客户需求的响应时间。由于可以在很短时间内就把新产品或服务介绍给市场，企业赢得了时间上的优势。这种趋势在整个21世纪还会进一步加强。

3. 社会需求复杂化

随着科技进步和经济发展，国民的生活水平将逐步提高，发达国家和一些发展中国家的生活方式、消费倾向等将日益多样化，从而导致社会需求复杂化。客户的要求越来越苛刻，许多过去大量生产的商品将很难满足复杂的需求，因而改为成批、小批生产甚至完全定做。随着时代的发展，大众知识水平的提高和激烈竞争带给市场的产品越来越多、越来越好，客户的要求和期望越来越高，客户的价值观发生了显著变化，需求结构普遍向高层次发展。全球供应链使得制造商和供货商得以紧密联系在一起来完成一项任务。这一机制也同样可以把客户结合进来，供应链管理使得生产的产品真正满足客户的需求和期望。

4. 信息高价化

信息是企业的宝贵资源，这已开始形成人们的共识。但跨入21世纪，随着科技高新化、经济全球化和市场需求复杂化，信息的重要性及其价值还将大大提高，且具有以下特点：

（1）信息的种类和数量大增。

（2）信息的来源更加多样化。

（3）信息的变化加快。

（4）对信息的掌握和利用更难。

大量信息的飞速产生和通信技术的发展，迫使企业把工作重心从如何迅速获得信息转到如何准确地过滤和有效地利用各种信息。

5. 物质资源紧缺化

世界总人口在增长，但发达国家的人口增长缓慢，逐渐向老龄化发展；而不少发展中国家和不发达国家的人口却迅速增长。在世界人口增长的同时，可供利用的物质资源却日益短缺。这部分是由于一些发达国家在资源耗用上的严重浪费。首先是能源的紧缺。无论是煤炭、石油还是天然气，都是非再生的能源，就连水资源在世界许多国家和我国不少大城市也已经非常紧缺。与资源紧缺相关的是生态环境恶化和气候变异问题。森林的乱砍滥伐，工业废气、废液、废渣的乱排放，加上战争、动乱的破坏，维持生态平衡和环境保护的呼声越来越高。在全球制造和国际化经营趋势越来越明显的今天，各国政府将环保问题纳入发展战略，相继制定出各种各样的政策法规，以约束本国及外国企业的经营行为。

原材料、能源、淡水资源、技术、资金及其他资源的短缺对企业的生产形成很大的制约，而且这种影响在将来会更加严重。企业如何取得长久的经济效益，是企业制定战略必须要考虑的问题。

6. 人才需求紧迫化和国际化

经济竞争归根到底是人才的竞争。在 21 世纪，对高素质人才的需求较之过去将更为紧迫。这里包括各类社会组织的领导者、科技人员、经营管理人员和一般作业人员。随着经济全球化，跨国经营和人员交流日益增多，企业在建立全球化市场的同时也在全球范围内造就了更多的竞争者。商品市场国际化的同时也创造了一个国际化的劳动力市场。高素质人才除了一般的德才要求之外，还应具有跨国文化知识，掌握多元文化管理技能，善于处理文化冲突。发达国家十分重视对这类人才的培养，并在全球范围内搜罗人才。

7. 厂商趋向全面合作化

生产商与代理商、批发商、零售商整整“战斗”了近一个世纪的“鹬蚌相争”即将结束，而全面“合作”的新局面正迅速到来。21 世纪是一个合作经营和合作营销的时代。社会越进步，产业分工的边界就越清晰。生产商的任务就是生产出满足客户需要和欲望的高品质产品，而零售商的任务就是把生产商生产的满足客户需要和欲望的高品质产品，以最迅速、最快捷、最方便的手段和方式送到客户手里。生产企业和分销企业之间将结成紧密的利益共同体和战略联盟。因此，生产企业和零售企业共同构建 21 世纪商品分销高速通道——“产品分销信息高速公路”，将是未来企业通路变革的方向和趋势。

二、供应链产生的大背景

21 世纪国际市场日渐成熟，全球经济一体化的特征越来越明显，无国界化的企业经营的趋势也越来越明显。主要表现在：一是顾客消费价值观发生了显著变化；二是面对一个机遇可以参加竞争的企业越来越多，增加了国际竞争的激烈性；三是全球政治、经济、社会环境发生了巨大变化。这一切导致整个市场需求的不确定性不断增加。此外，高新技术的迅猛发展提高了生产效率，缩短了产品更新换代的周期，加剧了市场竞争的激烈程度，传统的管理思想已不能满足新的竞争形势，以“纵向一体化”为特征的传统的企业经营管理模式受到挑战。

随着信息技术的迅猛发展和相关外围环境的不断完善，以网上商品购销为核心的电子商务迅速发展起来。在企业活动中，供应链以“链”的形式将供应商、制造商、零售商连接起来，形成了一条不可分割的、能共享技术和资源的业务流程。企业利用现代信息技术，通过改造和整合业务流程，与供应商以及客户建立协同的业务伙伴联盟，应用先进的信息技术实施电子商务实现供应链管理目标，彻底打破“大而全”、“小而全”，快步迈向国际市场，提高企业竞争力，使企业在复杂的市场环境中立于不败之地。

20 世纪 80 年代，美国意识到了全球性的竞争使得市场变化太快，单个企业依靠自己的资源进行自我调整的速度赶不上市场变化的速度。为了解决这个影响企业生存和发展的世界性问题，有关报告提出了以虚拟企业或动态联盟为基础的敏捷制造模式，从而奠定了供应链管理的理论基础，并形成了一种新的企业经营模式。

从 20 世纪 80 年代后期开始，国际上越来越多的企业开始采用这种经营模式。企业只抓住最核心的产品方向和市场，资源延伸到企业之外的其他地方，借助外部资源快速响应市场需求，避免了自己投资带来的周期长和风险大的问题，赢得产品在低成本、高质量、早进入市场等方面的竞争优势，初步形成了“横向一体化”的思维方式。由此而产生的供应链管理是这种管理思想的一个典型代表。

在市场经济下，供应总是因为有了需求才发生的；反之，没有供应，需求也得不到满足。实际上供应链上的每一个环节都含有“供”和“需”双重含义。例如，企业的销售部门是市场的供方，但又是生产部门的需方；而生产部门既是销售部门的供方，又是采购部门的需方。“供”、“需”总是相对而言、相伴而生。因此，深入理解供应链发展的背景有助于理解经济发展的内涵，有利于持续稳步地发展整个国民经济。

三、21 世纪企业间竞争的特点

1．产品多样化、产品生命周期缩短

21 世纪与工业时代相比的一个最大区别就是高科技的发展极大地影响着人类的生产方式和生产领域，数字化的经济模式使得产品生产不仅越来越多样化，而且越来越容易。由此而引发的问题是，技术的高度发展，降低了生产成本，使市场上出现越来越多同质性很强的商品，而且先进的技术又会加速产品的升级换代，使得一种新产品在市场上停留的时间越来越短。

2．消费者对产品和服务的期望越来越高

21 世纪的消费者将具有良好的教育背景和日益个性化的价值观念，他们的消费行为往往较为独立，对商品和服务的个性化要求越来越高，用户已不满足于从市场上买到标准化生产的产品，他们希望得到按照自身要求定制的产品或服务。这些变化导致产品生产方式革命性的变化。传统的标准化生产方式是“一对多”的关系，即企业开发出一种产品，然后组织规模化大批量生产，用一种标准产品满足不同消费者的需求。然而，这种模式在当今已不能再使企业继续获得利益。在电子商务条件下，每个消费者获得信息的速度和内容都比以往要快得多、多得多，因此他们求新求变的愿望也就越发强烈。

【知识链接】

以生产芭比娃娃著称的玛泰尔公司，从 1998 年 10 月起，可以让孩子们登录到 barbie. com，设计他们自己的芭比朋友。他们可以选择娃娃的皮肤弹性、眼睛颜色、头发的式样和颜色、名字。当芭比娃娃邮寄到孩子们手上时，他们可以在上面找到娃娃的名字。这是玛泰尔公司第一次大量制造“一个一样”的产品。再如，位于美国戴顿的一家化学公司，有 1 700 多种工业肥皂配方，用于汽车、工厂、铁路和矿石的清洗工作。公司分析客户要清洗的东西之后，研制一批清洁剂提供给客户使用。大多数客户觉得没有必要再对另一家公司描述他们对清洁方面的要求，所以该化学公司 95% 的客户都不会离去。

3．对交货期的要求越来越高

随着市场竞争的加剧和经济活动节奏的加快，其结果是每个企业都感到用户对时间方面的要求越来越高。这一变化的直接反映就是竞争主要因素的变化。20 世纪 60 年代的企业间竞争的主要因素是成本，到 70 年代时竞争的主要因素转变为质量，进入 80 年代以后竞争的主要因素转变为时间。这里所说的时间要素主要是指交货期和响应周期。用户不但要求厂家要按期交货，而且要求的交货期越来越短。我们说企业要有很强的产品开发能力，不仅指产品品种，更重要的是指产品上市时间，即尽可能提高对客户需求的响应速度。因此，缩短产品的开发、生产周期，在尽可能短的时间内满足用户要求，已成为当今所有管理者最为关注的问题之一。

4. 提供定制化产品和服务成为常态

传统的“一对全”的规模经济生产模式已无法满足顾客的需求，无法使企业获得更多的效益，企业必须根据每个客户的特殊要求定制产品和服务，即企业必须具有“一对一”的定制化服务能力。显然个性化定制生产提高了产品的质量，使企业能快速响应客户的要求，但个性化定制生产也对企业的运作模式提出了更高的要求。

总之，企业要想在严酷的竞争环境下生存下去，必须具有较强的处理环境变化以及由环境变化引起的不确定性的能力。如何应对这种挑战始终是管理者们关注的焦点。

四、企业管理模式所受的冲击

20世纪90年代以来，由于科学技术飞速进步和生产力的发展，顾客（Customer）消费水平不断提高，企业之间竞争（Competition）加剧，加上政治、经济、社会环境的巨大变化（Change），使得需求的不确定性大大加强，导致需求日益多样化。“3C”既是多样性与市场需求不确定性的根源，也是促进企业不断提高自身竞争能力的外在压力。在全球市场的激烈竞争中，企业面对一个变化迅速且无法预测的买方市场，传统的生产与经营模式对市场剧变的响应越来越迟缓和被动。为了摆脱困境，企业采取了许多先进的单项制造技术和管理方法，如计算机辅助设计、柔性制造系统、准时生产制、制造资源计划（MRPⅡ）等，虽然这些方法取得了一定的实效，但在经营的灵活性、快速满足顾客需求方面并没有实质性的改观。人们终于意识到问题不在于具体的制造技术与管理方法本身，而是在于它们仍囿于传统生产与经营模式的框框之内。

（一）传统管理模式

管理模式是一种系统化的指导与控制方法，它把企业中的人、财、物和信息等资源，高质量、低成本、快速及时地转换为市场所需要的产品和服务。因此，自从有了企业那天起，质量、成本和时间（生产周期）就一直是一个企业的三个核心活动，企业管理模式也是围绕着这三个方面不断发展的。企业的生存和发展全有赖于对这三个核心活动过程的管理水平，因为质量是企业的立足之本，成本是生存之道，而时间则是发展之源。没有好的产品与服务质量，就无法得到消费者的认可，企业所提供的产品和服务就无法在市场上立足；没有低的生产成本，企业就没有实力进行价格竞争，无法获得再生产所需要的资金而难以为继；而企业要适应不断发展的消费需求，就必须能在最短的时间里提供消费者所需要的产品或服务，因此生产周期（包括产品研制和生产时间）就成了能否适应企业发展要求的关键。为了做好这三个方面的工作，企业无时无刻不在寻找最有效的管理方法。

从管理模式上看，企业出于对制造资源的占有要求和对生产过程直接控制的需要，传统上常采用的策略是，或扩大自身规模，或参股到供应商企业，与为其提供原材料、半成品或零部件的企业是一种所有关系。这就是人们所说的“纵向一体化（Vertical Integration）”管理模式。我国企业（特别是过去的国有企业）一贯采取“大而全”、“小而全”的经营方式，可以认为是“纵向一体化”的一种表现形式。例如，许多企业拥有从铸造、毛坯准备、零件加工、装配、包装、运输到销售等一整套设备、设施及组织机构，但其构成比例却又是畸形的：受长期计划经济的影响，其产品开发能力和市场营销能力都非常弱，但拥有庞大的加工体系。在产品开发、加工、市场营销三个基本环节上呈现出中间大、两头小的"腰鼓型"。"腰鼓型"企业适合于计划经济体制，而在市场经济环境下无法快速响应用户需求。当前有些企业经营不景气，并不是没有生产能力，而是生产不出或不能快速生产出市场上需要的产品，丧失了许多市场机遇。据资料显示，我国目前工业500强的资产总额，还不及美国55家大企业的前3家之和。

从生产计划与控制机制看，企业生产管理系统在不同的时期有不同的发展和变化。20世纪60年代以前，盛行的方法是通过确定经济生产批量、安全库存、订货点，来保证生产的稳定性，但由于没有注意独立需求和相关需求的差别，采用这些方法并未取得期望的成果。20世纪60年代中期，出现了物料需求计划（Material Requirements Planning，MRP），较好地解决了相关需求管理问题。此后，人们就一直探求更好的制造组织和管理模式，出现了诸如制造资源计划（Manufacturing Resources Planning，MRPⅡ）、准时生产制（Just－in－Time，JIT）及精细生产（Lean Production）等新的生产方式。这些新的生产方式对提高企业整体效益和在市场上的竞争能力确实做出了不可低估的贡献。然而，进入20世纪90年代以来，消费者的需求特征发生了前所未有的变化，整个世界的经济活动也出现了全球经济一体化特征，这些变化对企业参与竞争的能力提出了更高的要求，原有的管理思想已不能完全满足新的竞争形势。以MRPⅡ和JIT为例，这两种生产方式都是只考虑企业内部资源的利用问题，一切优化工作均着眼于本企业的资源的最优应用。这种指导思想在21世纪的市场环境中显得有些不适应，因为在当前这种市场环境里，一切都要求能够快速响应用户需求，而要达到这一目的，仅靠一个企业所拥有的资源是不够的。在这种情况下，人们自然会将资源延伸到企业以外的其他地方，借助其他企业的资源达到快速响应市场需求的目的，这已成为目前的一个热点。

（二）企业管理模式变化的内在因素

以上所介绍的企业管理模式的转变不是偶然的，这里面有其必然的变化规律。在20世纪40—60年代，企业处于相对稳定的市场环境中，这时的"纵向一体化"模式是有效的。但是在20世纪90年代科技迅速发展、世界竞争日益激烈、顾客需求不断变化的形势下，"纵向一体化"模式则暴露出种种缺陷。

1. 增加企业投资负担

不管是投资建新的工厂，还是用于其他公司的控股，都需要企业自己筹集必要的资金。这一工作给企业带来许多不利之处。首先，企业必须花费人力、物力设法在金融市场上筹集所需要的资金。其次，资金到位后，随即进入项目建设周期（假设新建一个工厂）。为了尽快完成基本建设任务，企业还要花费精力从事项目实施的监管工作，这样一来又消耗了大量的企业资源。由于项目有一个建设周期，在此期间内企业不仅不能安排生产，而且还要按期偿还借款利息。显而易见，用于项目基本建设的时间越长，企业背负的利息负担越重。

2. 承担丧失市场时机的风险

对于某些新建项目来说，由于有一定的建设周期，往往出现项目建成之日，也就是项目下马之时的现象。市场机会早已在其项目建设过程中逝去，这样的事例在我国很多。从选择投资方向看，决策者当时的决策可能是正确的，但就是因为花在生产系统基本建设上的时间太长，等生产系统建成投产时，市场行情可能早已发生了变化，错过了进入市场的最佳时机而使企业遭受损失。因此，项目建设周期越长，企业承担的风险越高。

3．迫使企业从事不擅长的业务活动

“纵向一体化”管理模式的企业实际上是“大而全”、“小而全”的翻版，这种企业把产品设计、计划、财务、会计、生产、人事、管理信息、设备维修等工作看作本企业必不可少的业务工作，许多管理人员往往花费过多的时间、精力和资源去从事辅助性的管理工作。结果是，辅助性的管理工作没有抓起来，关键性业务也无法发挥出核心作用，不仅使企业失去了竞争特色，而且增大了企业产品成本。例如，1966年，设在美国密歇根的劳动协会一个顾问机构指出，通用汽车公司死抱着纵向管理思想不放，为它自己的公司生产70%的零部件，而福特公司只有50%，克莱斯勒只有30%。他们指出，正是由于通用汽车公司的顽固做法，它现在不得不经受着多方面竞争的压力。通用汽车公司因为生产汽车零部件而耗去的劳动费用高于其他两个公司，每生产一个动力系统，它比福特公司多付出440美元，比克莱斯勒公司多付出600美元，在市场竞争中始终处于劣势。这种情况在国内也经常出现。例如，某机器制造厂为了解决自己单位富余人员的就业问题，成立了一个附属企业，把原来委托供应商生产的某种机床控制电器转而自己生产。由于缺乏技术和管理能力，不仅成本比外购的高，而且产品质量低劣，最后影响到整机产品的整体性能和质量水平，一些老客户纷纷撤回订单，使企业蒙受了不必要的损失。

4．在每个业务领域都直接面临众多竞争对手

采用“纵向一体化”管理模式企业的另一个问题是，它必须在不同业务领域直接与不同的竞争对手进行竞争。例如，有的制造商不仅生产产品，而且还拥有自己的运输公司。这样一来，该企业不仅要与制造业的对手竞争，而且还要与运输业的对手竞争。在企业资源十分有限的情况下，四面出击的结果是可想而知的。事实上，即使是IBM这样的大公司，也不可能拥有所有业务活动所必需的才能。因此，从20世纪80年代末期起，IBM就不再进行纵向发展，而是与其他企业建立广泛的合作关系。例如，IBM与苹果公司合作开发软件，协助MCT联营公司进行计算机基本技术研究工作，与西门子公司合作设计动态随机存储器等。

5．增大企业的行业风险

如果整个行业不景气，采用纵向一体化模式的企业不仅会在最终用户市场遭受损失，而且会在各个纵向发展的市场遭受损失。过去曾有这样一个例子，某味精厂为了保证原材料供应，自己建了一个辅料厂。但后来味精市场饱和，该厂生产的味精大部分没有销路，结果不仅味精厂遭受损失，与之配套的辅料厂也举步维艰。

（三）管理模式的发展

实际上，人们很早就注意到了外部环境的变化对管理模式的影响问题，并从技术和组织的角度采取了许多措施，提出了许多适应竞争环境变化的有效方法。例如，已在企业中得到较为广泛应用的产品设计CAD/CAM、柔性制造系统（FMS）、计算机集成制造系统（CIMS）、MRPII/ERP、JIT、精细生产，等等，都可以认为是为了提高企业对用户需求的有效响应而采取的措施。归纳起来，管理模式可分为如下两种类型。

1. 基于单个企业的管理模式

所谓基于单个企业的管理模式，是指管理模式的设计以某一个企业的资源利用为核心，资源的概念仅局限于本企业。比较典型的有如下几种形式：

（1）成组技术。成组技术（Group Technology，GT）的概念始于20世纪50年代的苏联，由米特洛凡诺夫首先提出。当时称为成组工艺，目的是解决零件品种多、批量小带来的问题。它把结构、工艺路线相似的零件构成一个零件组，在零件组中选择一个典型零件，并根据典型零件选择配套的设备和工艺装备，通过扩大零件组的“组批量”来降低单件小批生产的成本。经过德国、美国、英国、日本等国许多学者的研究和推广应用，后又与数控技术和计算机技术、生产管理、产品设计、资源配置等结合起来，将成组的概念扩展至生产计划、生产作业计划及生产管理整个系统，发展成为成组技术（Group Technology）。

（2）柔性制造系统。随着计算机技术的发展和在企业中应用的不断深化，首先由英国人创造了柔性制造单元（Flexible Manufacturing Cell，FMC）。所谓FMC，就是在成组技术的基础上引入计算机控制和管理，提高了加工的自动化和柔性，从而进一步发展了成组技术的概念和应用。进一步地，在FMC中又增加了计算机控制和调度功能，通过计算机可以实现24小时连续工作，实现了不停机转换零件品种和批量。同时，在加工中心之间通过自动导向小车或传送带运输零件。人们称这种系统为柔性制造系统（Flexible Manufacturing System，FMS）。FMS实现了柔性生产流水作业，使多品种、小批量生产取得了类似大量流水生产的效果。FMS在世界上发展很快，迄今为止，全世界有大量的柔性制造系统投入了应用，仅在日本就有175套完整的柔性制造系统。国际上以柔性制造系统生产的制成品已经占到全部制成品生产的75%以上，而且比例还在增加。

（3）减少零件变化。减少零件变化（Variety Reduction Program，VRP）是20世纪80年代后期出现的减少零件变化的一种系统方法。它源于模块化设计，但方法和技术具有系统性。它运用统计方法，区分产品中固定不变部分与变动部分，使变动部分尽可能减少。它研究各种组合技术，如基本部分加附加部分、公共模块的组合方式以及各种基本模块的组合方式，以简化设计。

（4）计算机集成制造系统。计算机集成制造（Computer Integrated Manufacturing，CIM）是由美国的约瑟夫·哈林顿（Joseph Harrington）博士在1974年首次提出的，其中有两个基本观点：①企业生产的各个环节，即从市场分析、产品设计、加工制造、经营管理到售后服务的全部生产活动是一个不可分割的整体，要紧密连接，统一考虑。②整个生产过程实质上是一个数据的采集、传递和加工处理的过程。最终形成的产品可以看做是数据的物质表现。

CIM是信息技术和生产技术的综合应用，目的在于使企业更快、更好、更省地制造出市场需求的产品，提高企业的生产效率和市场响应能力。从生产技术的观点看，CIM包含了一个企业的全部生产经营活动，是生产的高度柔性自动化，它比传统的加工自动化的范围要大得多；从信息技术的观点看，CIM是信息系统在整个企业范围内的集成，主要是体现以信息集成为特征的技术集成、组织集成乃至人的集成。因此，CIM是生产组织的一种哲理、思想和方法。当一个企业按CIM哲理组织整个企业的生产经营活动时，就构成了计算机集成制造系统（Computer Integrated Manufacturing System，CIMS）。

哈林顿博士是根据计算机技术在工业生产中的应用实践，并预见其必然的发展趋势提出 CIM 概念的。这一概念在进入 20 世纪 80 年代以后受到了企业界和学术界的广泛注意，并把它作为制造业的新一代生产方式。

集成和连接概念不同。集成不是简单地把两个或多个单元连在一起，而是将原来没有联系或联系不紧密的单元组成为有一定功能的、紧密联系的新系统。两种或多种功能的集成包含着两种或多种功能之间的相互作用。集成是属于系统工程中的系统综合、系统优化范畴。

CIMS 的出现，把企业竞争力建设推进到一个更高的阶段。通过实施 CIMS，可以使企业在快速响应用户需求方面再提高一个档次。

以上几种方法的共同特点，首先是以一个企业的资源为主，所考虑的都是本企业制造资源的安排问题。正如我们曾讨论过的，在当前市场竞争环境下，仅靠一个企业的资源难以使市场上的用户得到满意的服务，自己也难以获得理想的效益。其次，由于只站在单个企业的角度考虑问题，对企业间的合作没有提高到战略高度来认识，有时甚至把企业间的协作看做是不得已的办法。

2. 基于扩展企业的管理模式

20 世纪六七十年代，随着日本工业经济的发展，日本的各种生产管理技术和理论也在不断地走向成熟，JIT（准时化制造），TQC（全面质量管理）等管理方法与理论陆续提出。这些不断发展的理论又反过来支撑着日本经济特别是工业经济的飞速发展，将美国等老牌资本主义国家抛在了身后。

20 世纪 80 年代后期，美国意识到了必须夺回在制造业上的优势，才能保持在国际上的领先地位。于是他们就向日本学习精细生产方式，并力图在美国企业中实施。但是由于文化背景和各种社会条件的差别，其效果总是不尽如人意。进入 20 世纪 90 年代，美国为了在世界经济中重振雄风并在未来的全球市场中处于竞争的优势地位，由国防部牵头，召集了工业界和学术界，联合研究未来制造技术，并完成了《21 世纪制造业发展战略报告》。该报告明确提出了敏捷制造（Agile Manufacturing，AM）的概念。其基本的思想是通过把动态灵活的虚拟组织机构（Virtual Organization，VO）或动态联盟、先进的柔性制造技术和高素质的人员进行全面的集成，从而使企业能够从容应付不断变化的市场，获得企业的长期效益。这是一种提高企业群竞争能力的全新的制造组织模式。这一概念一提出，就在世界的制造界和学术界引起了强烈的响应。可以说，AM 代表了新世纪制造业的发展方向。

该报告的结论性意见是：全球性的竞争使得市场变化太快，单个企业依靠自己的资源进行自我调整的速度赶不上市场变化的速度。为了解决这个影响企业生存和发展的世界性问题，报告提出了以虚拟企业（Virtual Enterprise，VE）或动态联盟为基础的敏捷制造模式。提出敏捷制造是一次战略高度的变革。敏捷制造面对的是全球化激烈竞争的买方市场，采用可以快速重构的生产单元构成的扁平组织结构，以充分自治的、分布式的协同工作代替金字塔式的多层管理结构，注重发挥人的创造性，变企业之间你死我活的竞争关系为既有竞争、又有合作的“共赢”（Win-win）关系。敏捷制造强调基于互联网的信息开放、共享和集成。而虚拟企业也可以称作企业动态联盟，是由两个或以上企业组织组成的一种有时限的互惠互利的合作组织，并以最小的投资、最快的反应速度把握市场机会。它优化了各种生产要素——人、组织、制造资源、信息和资金，随市场机遇的产生/消亡而产生/消亡。

虚拟企业是一种新的指导思想，如何具体付诸实施则还没有确定的模式，正在此时兴起的供应链管理模式从这个方面满足了实现敏捷制造所寻找的具体途径的要求。

第二节 供应链概述

一、供应链的概念

对于供应链，目前尚未形成统一的定义，许多学者从不同的角度出发给出了许多不同的定义。

早期的观点认为供应链是制造企业中的一个内部过程，是指把从企业外部采购的原材料和零部件，通过生产转换和销售等活动，再传递到零售商和客户的一个过程。传统的供应链概念局限于企业的内部操作，注重企业内部资源的利用。

后来供应链的概念注意到与其他企业的联系，注意到了供应链的外部环境，认为它应是一个“通过供应链中不同企业的制造、组装、分销和零售等过程将原材料转换成产品，再到最终客户的转换过程”，这是更大范围、更为系统的概念。

而到了最近，供应链的概念更加注重围绕核心企业的网链关系，如核心企业与供应商、供应商的供应商乃至与一切前向的关系，与客户、客户的客户及一切后向的关系。此时对供应链的认识形成了一个网链的概念，像丰田、耐克、尼桑、麦当劳和苹果等公司的供应链管理都从网链的角度来实施。

我国于2001年发布实施的《物流术语》国家标准（GB/T18354—2001）中对供应链的定义是：在生产及流通过程中，由涉及将产品或服务提供给最终客户活动的上游与下游企业所形成的网链结构。

关于供应链的解释有许多不同的定义，其基点都是围绕供应商、制造商和仓库、商店等怎样有效地结合，以及如何将物流、信息流和商流有机地结合。应该说这些定义都有各自的道理，也在一定程度上反映了人们对物流的供应链管理的认识程度。关于物流供应链较为科学的定义是：

供应链是围绕核心企业，通过对信息流、物流、资金流的控制，从采购原材料开始，制成中间产品以及最终产品，最后由销售网络把产品送到消费者手中的将供应商、制造商、分销商、零售商直到最终用户连成一个整体的功能网络结构模式。

这个网络结构模式包含了所有加盟的节点企业，从原材料开始，链条中的制造加工、组装、分销等过程直到最终用户，不仅仅是物料链、信息链、资金链的简单组合，还是一条增值链，物料在这条供应链上因为加工、包装、运输以及服务等过程中得到升值，从而使有关企业在物流过程中增加收益。

二、供应链研究领域

1．资源

供应链的很多研究是针对企业的物质资源的，研究内容主要集中在存货管理和运输优化上。主要原因是存货和运输是物流管理的核心问题，而且现代制造环境所要求的成本降低和及时交货的压力，也促使企业重新思考存货和运输的管理模式。

对于供应链中存货和运输的研究可以归纳为静态和动态两部分。

静态研究内容为：分析确定在供应链中存货存在的合理节点、存货的方式、各节点的合理存货量、仓储节点的有效数量、仓储节点的集中或重置、为特定客户服务的仓储和添置区域仓储节点。

动态研究内容为：合理运输方式的选择、优化运输路线的选择和快捷运输方式（如航空货运、快递）的运用。这一研究领域中针对金融资产和技术资源的研究相对薄弱。例如，供应链中几乎没有讨论过对企业财务部门的整合，通过控制现金流的方式来确保供应链的有效运作；在涉及人力资源的研究中，关注的也只是单个组织激励的重新设计问题。

2. 信息

供应链中关于信息的研究涉及两方面的内容：

（1）信息的采集、分类和存储（企业数据库）。

（2）确保供应链中各组织单元及时交付的信息共享问题。

信息技术的应用是供应链的基础支持系统，它包含各种功能和供应链中各组织单元的信息。供应链中的协作生产和物流集成需要诸如订单计划、各节点存货状态、采购计划、生产计划、供应商交货预安排及储运存货情况等信息的集成共享，以有效降低供应链中为缓冲需求波动的存货的数量，同时又能保证交货及时和高效。

3. 知识

供应链管理关于知识的研究还没有形成明确的方向。一个值得注意的领域是个人能力、组织能力和网络能力之间关系的研究。奈特曾考察组织能力和个人能力之间的关系。关于组织能力和个人能力与供应链效率之间联系的研究很少有人涉及。

4. 合作关系

供应链中各组织之间的合作关系是供应链管理中最重要的要素。没有各组织单元协同的合作关系，一切对于供应链中信息流、资金流的管理都失去了基础。对合作关系的研究是从市场的宏观角度和企业组织的微观角度展开的。

宏观角度的研究始于科斯（Coase）的企业理论以及威廉姆森（Williamson）的交易成本理论。有时这一领域的学者用网络组织关系来代替供应链的概念，而把供应链视为一体化和完全市场中的不同概念。

微观角度的组织注意到了与其供应商建立战略合作关系是一种价值增值活动。这种利益存在直接改变了其对供应商的行为态度，如采取被称之为优先供应（Lean Supply）的行为。其他影响供应链中成员关系的因素有：①采购战略（独立采购、单供应商采购、多供应商采购、长期合作采购）；②加强合作的态度和承诺；③核心企业在供应链网络上所处的位置；④成员对供应链的依赖程度；⑤合作关系的期限（以往的合作行为、信任程度）；⑥技术和业务联系（供应商是否掌控用于满足客户的关键设备技术）；⑦法律约束（合同协议、共同专利）；⑧合作伙伴的能力和影响力；⑨供应链的长度和复杂度（越是上游的成员对客户需求的依赖度越低）。

三、供应链的基本特征

由供应链的基本概念可以看出，企业是供应链上的一个节点，节点企业和节点企业之间是一种需求与供应的关系。与传统的供应链不同，现代扩展供应链具有快速响应需求变化的敏捷性，所以又可称之为敏捷供应链。敏捷供应链是为了支持以动态联盟为形式的虚拟企业，能够快速适应市场和环境的变化而产生的，所以现代扩展供应链最基本的特征就在于：

（1）增值性。将产品开发、供应、生产、营销、市场一直到服务都联系在一起的供应链看成是一个整体，使企业从系统的观点出发思考增值过程。一方面要根据客户的需求，不断增加产品的技术含量和附加值；另一方面要不断地消除客户所不愿意支付的一切无效劳动，使投入市场的产品同竞争对手相比，能为客户带来真正的效益和满意的价值，同时使客户认可的价值大大超过总成本，从而为企业带来应有的利润。所以，现代扩展供应链是一条名副其实的增值链，只有这样才能使每一个节点企业都获得利润。

（2）竞争性。经济全球一体化开放了市场、加剧了竞争，特别是由信息技术带动的管理手段的变革，改变了人们从事传统商业活动的方式，供应链上节点企业之间的竞争和合作等多种性质的供需矛盾显得日益尖锐，竞争成为现代扩展供应链的一个显著特点。

（3）快速响应性。快速响应市场是现代扩展供应链产生的一个基本要求，为此以动态联盟为形式的虚拟企业脱颖而出，动态联盟供应链成为现代扩展供应链的主要形式之一。

（4）复杂性。组成供应链的一些节点企业在供应链中相对于核心企业的跨度或者说层次在不同的时间、不同的地点、不同的交易活动中往往是不同的，由此引发供应链活动的不规范和不可预测。从另一个方面来看，供应链往往由多个多类型甚至多国的企业构成，所以纵横交错组成复杂的状态决定了供应链结构和运作模式的复杂性。

（5）动态性。动态联盟供应链因节点企业的发展战略和适应市场需求变化的需要而建立。因此，链上各节点企业动态更新的频率比较高，这就使得现代扩展供应链具有明显的动态性。

（6）市场性。早期推动式供应链的运作方式是以制造商为核心生产各种产品，然后由分销网络逐级推向市场用户，是以生产为中心的推动式模式。现代扩展供应链的运作方式是以市场客户为中心的拉动式模式，其形成、存在、重构都是基于一定的市场需求而发生的，在供应链的运作过程中，用户的需求拉动是供应链中信息流、物流、资金流运作的驱动源。所以，供应链是反映市场用户状态的晴雨表。

（7）交叉性。一个节点企业既可以是这个供应链的成员，同时又可以是另一个供应链的成员，市场众多相互交错的供应链体系，增加了协调节点企业管理的难度。

四、供应链的网络结构模型

根据以上供应链的定义，其结构可以简单地归纳为如图1－1所示的模型。

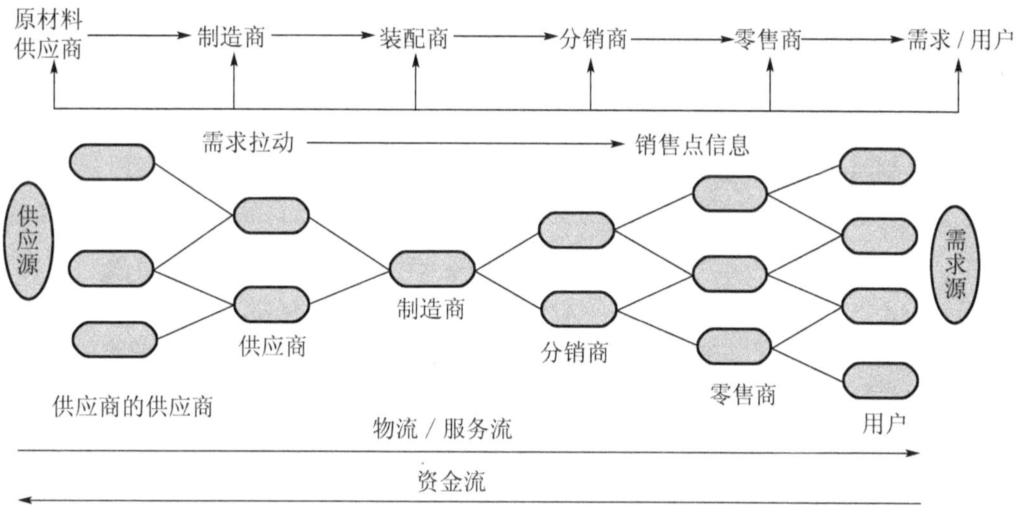

图1-1　供应链的网链结构模型

从图1-1中可以看出，供应链由所有加盟的节点企业组成，其中一般有一个核心企业（可以是产品制造企业，也可以是大型零售企业，如美国的沃尔玛），节点企业在需求信息的驱动下，通过供应链的职能分工与合作（生产、分销、零售等），以资金流、物流和服务流为媒介实现整个供应链的不断增值。

五、供应链的主要功能

供应链作为企业管理模式的一种体现形式，其内涵和外延从20世纪80年代后期开始逐渐得到扩展。但无论供应链的管理模式如何被时代发扬光大，由其定义蕴涵的主要功能基本有以下3个。

1. 转换的功能

供应链遵循系统化的指导和控制方法，从存在的那一刻起就把供应链中存在的信息、人、财、物等资源，高质量、低成本、及时快速地转换为市场所需的产品或服务。企业内部供应链上的每一个作业就是一个转换器，它将流过其中的信息流、物流、资金流进行处理，使其价值发生变化；类似地，供应链上的每一个节点企业就像一个转换器，把上游节点企业的输出资源转换后作为下游节点企业的输入资源，依此下去，直到核心企业获得满足市场需求的产品或服务。

2. 资源整合的功能

20世纪80年代末期之前，供应链的组织管理模式一直定位于企业内部资源的整合、优化、应用。那时，企业出于管理和控制上的目的，对为其提供原材料、半成品或零部件的其他企业一直采取投资自建、投资控股或兼并的"纵向一体化"的管理模式。这类企业有着强大的加工生产体系，但技术和市场都显得非常薄弱，不适应客户需求多样、市场变化快速的环境。与此同时，与时代相适应的一些管理理论，如制造资源计划（Manufacturing Resources Planning，MRPⅡ）、准时生产（Just-in-Time，JIT）、精益生产（Lean Production，LP）等，也只是考虑企业内部资源的利用问题，一切优化工作均着眼于企业内的资源最优应用。“纵向一体化”模式不仅增加了企业投资的负担，而且要承担项目失败、项目建设过程中市场机会损失的风险；也使企业涉足到其不擅长的业务领域，同时不得不在每个领域直接面对不同的竞争对手。

【知识链接】

1966 年，设在美国密歇根的一个劳动协会顾问机构指出：通用汽车公司青睐纵向管理的思想，为自己公司生产 70% 的零部件，而福特公司只为自己生产 50%，克莱斯勒只有 30%；其结果是：通用汽车公司因为生产汽车零部件而耗去的劳动费用高于其他两个公司，每生产一个动力系统，通用汽车公司比福特公司多付出 440 美元，比克莱斯勒公司多付出 600 美元。

鉴于“纵向一体化”管理模式的种种弊端，20 世纪 80 年代后期开始，企业将目光转向外部可利用资源，于是“横向一体化”的思维模式出现了。其核心是：充分利用企业外部的资源快速响应市场需求，而企业本身仅抓住最核心最擅长的东西。

这时供应链的功能就是整合利用外部资源，使节点企业优势互补，共同增强竞争实力，实现对客户的有效反应（Effective Customer Response，ECR）和快速响应（Quickly Reply，QR），敏捷生产的管理理论就此应运而生。20 世纪 90 年代初，基于敏捷生产的虚拟企业概念实现了现代扩展供应链的管理模式。

3. 同步协调的功能

无论是内部供应链还是现代扩展供应链，都注重供应链中各个环节，即作业序列和节点企业运作的协调统一性；对于供应链中流动的信息流、资金流、物流、工作流、价值流也需要保证一体化的运作，只有这样才能实现供应链对市场变化的有效快速响应。

六、供应链的类型

（一）按供应链管理的对象划分

根据供应链管理的研究对象及其范围，供应链可分为以下 3 种类型。

1. 企业供应链

企业供应链是就单个企业所提出的含有多个产品的供应链管理。企业在整个供应链中处于主导者的地位，不仅考虑该企业与供应链上其他成员的合作，也较多地关注企业多种产品在原料购买、生产、分销和运输等方面的技术资源的优化配置问题，并且拥有主导权。这里的单个企业通常指供应链中的核心企业（Focal Company），它是对整个供应链起关键作用的企业。从核心企业来看，供应链包括其上游的供应商及其下游的分销商。供应链管理包括对信息系统、采购、生产调度、订单处理、库存管理、仓储管理、客户服务、包装物及废料的回收处理等一系列管理活动，而供应商网络包括所有为核心企业直接或间接提供投入的企业。在这样的供应链中，必须明确主导者的权力，如果主导者的权力模糊不清，不仅不利于供应链计划、供应链设计和供应链管理的实施，而且也无法使整个供应链建立起强有力的组织，更不要提进行有效的运作。

2. 产品供应链

产品供应链是与某一特定产品或某一特定项目相关的供应链。例如，某汽车整车生产商的供应链网络包括上千家企业，这些企业为其供应从钢材、塑料等原材料到变速器、刹车等复杂装配件的多样产品。产品供应链的管理，是对由特定产品的客户需求所拉动的整个产品供应链运作全过程的系统管理。采用信息技术是提高产品供应链运作绩效、实现新产品开发，以及完善产品质量的有效手段之一。在整个产品供应链上，仅仅在物流运输、分销领域进行供应链管理的改进是收效甚微的，而行业发展和系统的广告效应则会引导对该产品的需求。

【小知识】

例如，衬衣制造商是供应链的一部分，它的上游是化纤厂和织布厂，下游是分销商和零售商，最后到最终客户。按照产品供应链的定义，这条供应链的所有企业都是相互依存的，但实际上彼此之间并没有太多的协作，它们要关注的是围绕衬衣所连接的供应链节点及其管理。

3. 基于供应链合作伙伴关系（供应链契约）的供应链

供应链合作伙伴关系主要是对这些职能成员间的合作进行管理。供应链管理是对供应商、制造商、分销商和客户等组成的网络中的物流、信息流和资金流（成本流）进行管理的过程。供应链的成员可以定义为广义的买方和卖方，只有当买卖双方组成的节点之间产生正常的交易时，才发生物流、信息流、资金流（成本流）的流动和交换。表达这种流动和交换的方式之一就是契约关系，供应链上的成员通过建立契约关系来协调买方和卖方的利益；另一种方式是建立在与竞争者结成的战略合作基础上的供应链合作伙伴关系。

以上3种供应链管理对象的区分意义是彼此相关的，在某些方面是相互重叠的，了解这些对于考察供应链和研究不同的供应链管理方法是有帮助的。

（二）按产品类别划分

根据产品的生命周期、需求稳定程度及可预测程度可将产品分为两大类，即功能性产品（Functional Products）和创新性产品（Innovative Products）。

功能性产品一般用于满足客户的基本需求，变化很少，具有稳定性和可预测性，一般具备大于两年的较长寿命周期，但它们的边际利润较低，按订单生产的提前期较长（一般为6～12个月），如日用百货等。创新性产品的需求一般不可预测，寿命周期也较短（一般为3个月～1年），如时装等。但一旦畅销，其单位利润就会很高，随之会引来许多仿造者，基于创新的竞争优势就会迅速消失。因此，这类产品无论是否畅销，其生命周期均较短。为了避免边际利润低，许多企业在式样或技术上革新，以寻求客户的购买，从而获得高的边际利润（这两类产品的特点对比如表1-1所示）。

表1-1　产品需求特征的比较

比较项目	功能性产品	创新性产品
需求特征	可预测	不可预测
产品寿命周期	>2年	3个月～1年
边际收益	5%～20%	20%～60%
产品多样性	低（每一目录10～20个）	高（每一目录上百）
平均预测误差幅度	10%	40%～100%
平均缺货率	1%～25%	10%～40%
平均季末降价比率	几乎为0	10%～25%
MTO产品的提前期	6个月～1年	1天～2周

正因为这两种产品不同，才需要有不同类型的供应链来满足不同的管理需要，下面是其分别对应的供应链。

1. 功能型供应链

功能型产品由于市场需求比较稳定，因此这类产品的供应链比较容易实现供求平衡。对各成员来说，最重要的是如何利用供应链上的信息，协调它们之间的活动，以使整个供应链的费用降到最低，从而提高效率。重点在于降低其生产、运输和库存等方面的费用，即以最低的成本将原材料转化成产品。

2. 创新型供应链

对创新型产品而言，市场的不确定性是问题的关键。因而，为了避免供大于求造成的损失，或供小于求而失去的机会收益，管理者应该将其注意力集中在市场的调解及费用上，既需要利用供应链中的信息，还需要特别关注来自市场的信息。这类产品的供应链应该考虑的是供应链的响应速度和柔性，只有响应速度快、柔性程度高的供应链才能适应多变的市场需求，而实现速度和柔性的费用则退为其次。

（三）按分布范围划分

从供应链的分布范围来看，有企业内部的供应链、集团内部的供应链，也有扩展到集团外，甚至还有全球性的供应链。

1. 企业内部供应链

企业内部供应链的管理主要是控制和协调物流中各部门之间的业务流程和活动。在每个公司，不同的部门在物流中都参与了增值活动。例如，采购部门是资源的来源部门，制造部门直接增加产品价值，配送部门管理客户订单和送货，工程设计部门完成一般产品或个性化产品的设计。这些部门都被视作供应链业务流程中的内部客户和供应商。

2. 集团供应链

一个集团可以在不同的地点进行制造产品并对过程实现集中控制，然后通过自有区域和本地仓库网络配送产品。由于其业务活动涉及许多企业（或部门），因而成为一种形式上的集团供应链。在供应链中每个企业都有自己的位置，每个企业都有一个物流流向下游的客户供应链，以及从上游开始的供应商供应链。因此，供应链上大量的信息需要进行快速的传递，供应链上的业务流程也必须采用集成方式。

3. 扩展供应链

扩展供应链和集团供应链又称产业供应链，其表现为：参与从原材料到最终客户物流活动的企业日益增多，这种趋势在生产最终商品企业的供应和配送活动中尤为明显；其复杂的网络包含着几层供应商节点，这些供应商在供应链中从事着增值活动；同样地，分销商网络能够把产品带到更远的客户手中。扩展的供应链是在个性化生产、提前期的缩短和业务量的增加等因素的影响下，促使企业实现物流同步，成为一个连接着供应商和分销商的复杂供应链。

4. 全球网络供应链

Internet的应用以及电子商务的出现，彻底改变了商业方式，也改变了现有的供应链结构。它转换和削减了在传统销售、交易方面投资的实体资产；通过省略销售过程的中间商来压缩供应链的长度；创建了在电子化市场上运作的扩张性企业、联合制造业和跨部门集团，在贸易伙伴间进行实时数据存取和传递。

在全球网络供应链中，企业的形态和边界将产生根本性的改变。整个供应链的协同运作将取代传统的电子订单，供应商与客户间信息交流层次的沟通与协调将是一种交互式的协同工作。此时，有可能会出现新的组织模式，即虚拟企业。也就是说，若干成员企业为共同获得某个市场机会的优势而组成的暂时的经营实体，即企业之间的动态联盟，机会一旦消失，虚拟企业即告解散。它不是一个具有独立法人资格的企业，而是各成员企业的全部或部分资源动态组合而成的一种组织，是企业之间的动态联盟，也是全球网络供应链资源整合的一种形式。虚拟企业是网络经济时代的一大创新。一些新型的、有益于供应链的代理服务商将替代传统的经销商，并成为新兴业务，如交易代理、信息检索服务等，将会有更多的商业机会等待企业去发现和利用。

（四）按其他标准划分

还可以根据不同的划分标准，将供应链分为以下几种类型。

1. 稳定的供应链和动态的供应链

根据供应链存在的稳定性划分，可以将供应链分为稳定的和动态的供应链。基于相对稳定、单一的市场需求而组成的供应链，稳定性较强；而基于相对频繁变化、复杂的需求而组成的供应链，动态性较强。在实际管理运作中，需要根据不断变化的需求，相应地改变供应链的组成。

2. 平衡的供应链和倾斜的供应链

根据供应链容量与客户需求的关系，可以划分为平衡的供应链和倾斜的供应链。一个供应链应具有一定的、相对稳定的设备容量和生产能力（所有节点企业能力的综合，包括供应商、制造商、运输商、分销商和零售商等）。但客户需求处于不断变化的过程中，当供应链的容量能满足客户需求时，供应链处于平衡状态；而当市场变化加剧，造成供应链成本增加、库存增加、浪费增加等现象时，企业不是在最优状态下运作，供应链则处于倾斜状态，如图1－2所示。

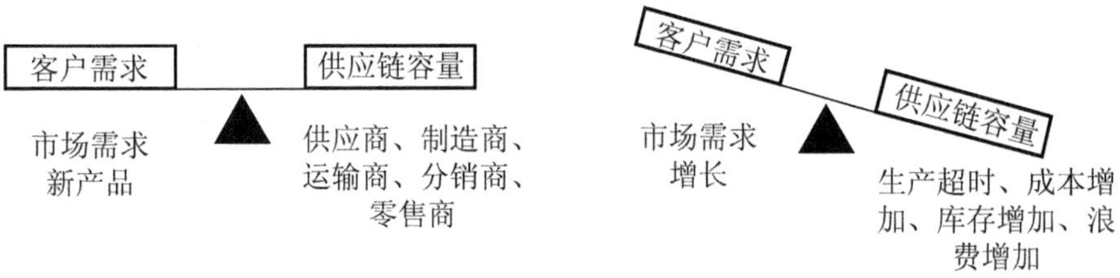

图1－2　平衡的供应链和倾斜的供应链模型

平衡的供应链可以实现各主要职能（采购/低采购成本、生产/规模效益、分销/低运输成本、市场/产品多样化和财务/资金运转快）之间的均衡。

3．有效性供应链和反应性供应链

根据供应链的功能模式（物理功能和市场中介功能）可以把供应链划分为两种：有效性供应链（Efficient Supply Chain）和反应性供应链（Responsive Supply Chain）。有效性供应链主要体现供应链的物理功能，即以最低的成本将原材料转化成零部件、半成品、产品，以及在供应链中的运输等；反应性供应链主要体现供应链的市场中介的功能，即把产品分配到满足用户需求的市场，对未预知的需求做出快速反应等。两种类型的供应链的比较见表1－2。

表1－2　有效性供应链和反应性供应链的比较

比较项目	有效性供应链	反应性供应链
基本目标	需求的可测性、最低生产成本的有效需求	快速响应不可预测的需求，减少过期库存产品的减价损失
制造过程的核心	保持较高的平均利用率	消除多余的缓冲库存
库存战略	追求高回报，使通过供应链上的库存最小化	消除大量的零部件和产品缓冲库存
提前期	在不增加成本的前提下，尽可能短的提前期	采取主动措施减少提前期
选择供应商的办法	选择的重点是依据成本和质量	选择的重点是依据速度、柔性和质量
产品设计战略	绩效最大化、成本最小化	使用模块化设计，尽量延迟产品差异化

4. 敏捷性供应链

有效性供应链和反应性供应链的划分主要是从市场需求变化的角度出发的，重点是供应链如何处理市场需求不确定的运作问题。在实际供应链的管理过程中，不仅要处理来自需求端的不确定性问题，而且还要考虑如何处理来自供应端的不确定性问题。在有些情况下，来自供应端的不确定性对整个供应链运作绩效的影响可能更大一些。例如，2004 年出现在国内原煤市场上的供应紧张现象，使以原煤为输入资源的供应链企业都感到前所未有的压力。那些具有较高应变能力的供应链能够及时调整策略渡过难关，而那些不具备应变能力的供应链企业则面临被市场淘汰的局面。图 1 –3 是来自需求不确定性和供应不确定性对某些典型行业影响的示意图。

供应不确定性 ＼ 需求不确定性	低（功能型产品）	高（创新型产品）
低（稳定流程）	杂货、服装、视频、石油和天然气	时装、计算机、流行音乐
高（变化流程）	水利发电、某些食品加工	电信、高端计算机、半导体

图 1 –3　需求不确定性和供应不确定性示意图

从供应和需求两个方向的不确定性对供应链运作的影响出发，可以进一步细分供应链的类型（如图 1 –4 所示）。图 1 –4 中的敏捷供应链应该是一种综合能力最强的供应链系统，它能够对来自需求的不确定性和来自供应的不确定性做出及时反应，使自己始终能够围绕运行环境的变化而变化。

供应不确定性 ＼ 需求不确定性	低（功能型产品）	高（创新型产品）
低（稳定流程）	有效性供应链	反应性供应链
高（变化流程）	风险规避供应链	敏捷供应链

图 1 –4　考虑需求不确定性和供应不确定性的供应链类型

5. 简单明了的供应链类型

如图 1 –5 所示的供应链类型并未按固定的标准划分，却能在大多数部门中找到，每种类型适应于不同的企业。

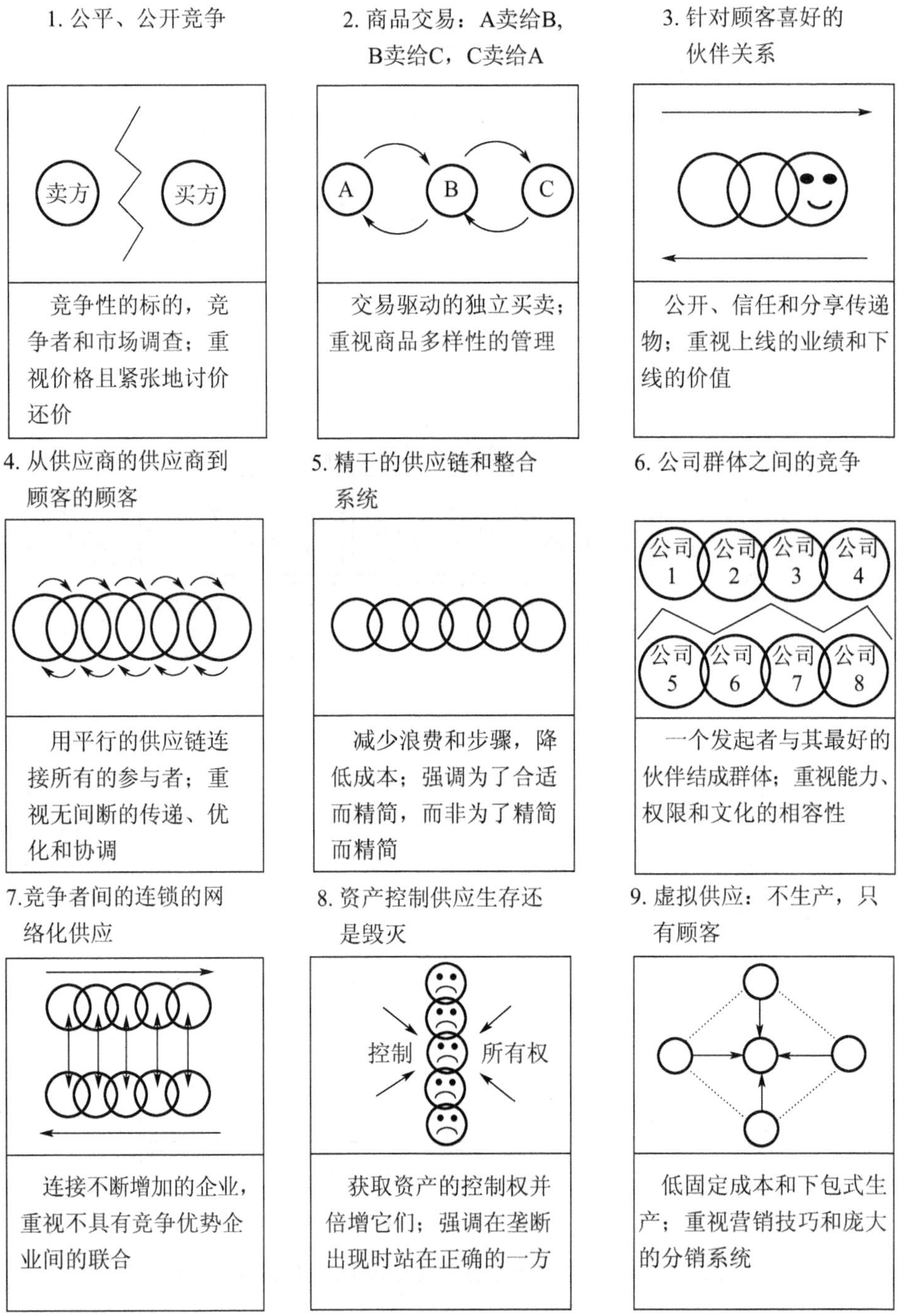

图1－5　供应链各种类型模型图

在产品生命周期不断缩短、企业之间的合作日益复杂以及客户的要求更加严格的今天，原料/零部件供应商、产品制造商和分销商被组织起来，形成了供应—生产—销售的供应链。实际上，供应链中的供应商常常有多家，分销商也有多家，供应商、制造商和分销商在战略、任务、资源和能力方面相互依赖，构成了较复杂的供应—生产—销售网，这就是供应链网。因此，供应链实质上应该是一个网链结构。为了有效指导供应链的设计，了解和掌握供应链结构模型是十分必要的。

（1）明确供应链网的概念，有助于加深理解供应链的内涵和外延。供应链网强调了供应链的网状结构，使人们能够从宏观和微观两个方面正确认识供应链和供应链管理的本质。

（2）对供应链网结构特征的分析，有助于企业制定恰当的供应链战略。

（3）对供应链网结构的研究，能够区分不同行业的供应链网，为企业建立合适的供应链网提供参考。例如，企业可以对供应链网进行层次区分，确定主干供应链和分支供应链，从而建立起最具竞争力的供应链网。

（4）供应链网络结构能分析不同行业之间供应链管理的问题，有利于改进供应链管理。

第三节 供应链的构建

构建设计和运行一个有效的供应链对于每一个制造企业都是至关重要的。因为它可以获得提高用户服务水平、达到成本和服务之间的有效平衡、提高企业竞争力、提高柔性、渗透入新的市场、通过降低库存提高工作效率等利益。但是供应链也可能因为设计不当导致浪费和失败，因此正确的设计策略是必需的。

一、供应链体系结构模型

供应链体系结构模型中包括了供应链结构中的成员、供应链结构类型和供应链流程连接类型。

（一）供应链结构中的成员

在设计供应链之前，必须找出谁是供应链的成员。将所有类型的成员包括进来，可能导致整个网络变得高度复杂，增加管理难度。关键在于制定一些基本原则，以决定哪些成员对公司的成功最为重要，从而在管理上给予更多的关注并为其分配资源。

供应链成员包括：从原产地到消费地，通过供应商或客户直接或间接地与核心公司相互作用的所有公司和组织。不过，为了使非常复杂的网络更加容易管理，有必要区分主要成员和辅助成员。

供应链的主要成员是指：所有那些自主管理的公司或战略业务单位，在为特定的客户或市场产生特定输出的业务流程中，这些公司实际上执行着运营和/或管理活动。

供应链的辅助成员是指：那些仅仅为供应链主要成员提供资源的公司。例如，出租卡车给制造商的代理商，贷款给零售商的银行，提供仓库空间的房屋业主以及供应生产设备、打印营销宣传册或提供临时秘书工作的公司。对核心公司和供应链来说，资源、知识、公共设施或资产的提供者有重要的贡献，但是在为最终用户将输入转变为输出的增值过程中，它们并不直接参与或执行活动。

但是，在某些情况下，同一家公司可以同时执行主要和辅助的活动，即同一家公司可以执行与一个过程相关的主要活动以及和另一个过程相关的辅助活动。例如，原始设备制造商（OEM）从供应商那里购买一些关键和复杂的生产设备。当OEM开发新产品时，它和设备供应商紧密合作，因而，该供应商是OEM产品开发过程的主要成员。但是，当考察制造商的管理过程时，该供应商是辅助成员而不是主要成员，因为供应设备本身并没有为过程的输出增加价值。

所以，主要成员和辅助成员之间的区别并不是在所有情况下都很明显。不过，这一区别提供了合理的管理简化方法，并且抓住了谁应该被认为是供应链的关键成员这一本质。

（二）供应链结构类型

了解和掌握供应链的结构模型是有效指导供应链设计的必要工作。从节点企业与节点企业之间关系的角度来考察，供应链结构类型主要包括：供应链链状结构、供应链网状结构和供应链核心企业网状结构三种。

1. 供应链链状结构

供应链链状结构包括：供应链结构模型Ⅰ：链状模型；供应链结构模型Ⅱ：链状模型。

（1）供应链结构模型Ⅰ：链状模型。这一种供应链的结构是链状结构，供应链的各成员企业构成链条结构的各个节点，物流、资金流、信息流构成供应链的连线，如图1－6所示。

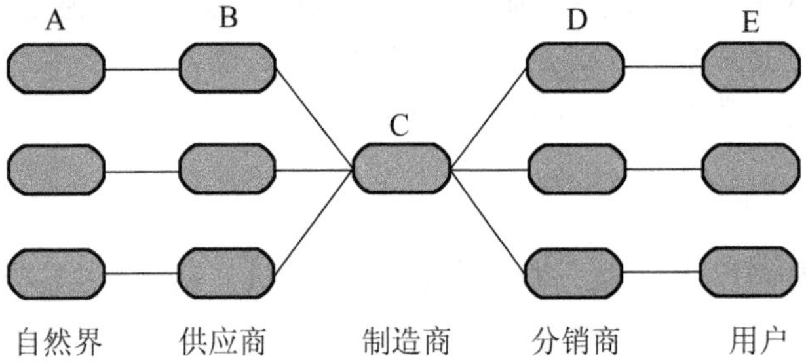

图1－6　模型Ⅰ：链状模型

供应链管理通过前馈的信息流（需方向供方流动，如订货合同、加工单、采购单等）和反馈的物流及信息流（供方向需方的物料流及伴随的供给信息流，如提货单、入库单等），将供应商、制造商、分销商、零售商及最终用户连成一个整体，对整个供应链系统进行计划、协调、操作、控制和优化等各种活动。

（2）供应链结构模型Ⅱ：链状模型。显然，模型Ⅰ只是一个简单的静态模型，表明供应链的基本组成和轮廓概貌，可以将其进一步简化成链状模型II（如图1－7所示）。模型Ⅱ是对模型Ⅰ的进一步抽象，它把一个个商家都抽象成一个个点，称为节点，并用字母或数字表示。节点以一定的方式和顺序联结成一串，构成一条图形上的供应链。

直线型供应链是最简单的一种供应链结构，即每一个节点成员只与一个上游成员和一个下游成员相连接，这样连接而成的供应链是一个直线型的供应链，故称直线型供应链。它在企业外部供应链、产业链和全球网络供应链中较少出现，而在企业内部和动态企业联盟中较常见。在模型Ⅱ中，若假定C为制造商，则B为供应商，D为分销商；同样地，若假定B为制造商，则A为供应商，C为分销商。在模型Ⅱ中，产品的最初来源（自然界）、最终去向（客户）以及产品的物质循环过程都被隐含抽象掉了。

从供应链研究便利性的角度来讲，把自然界和客户放在模型中没有太大的作用。因此可以看出，模型Ⅱ着力于供应链中间过程的研究。

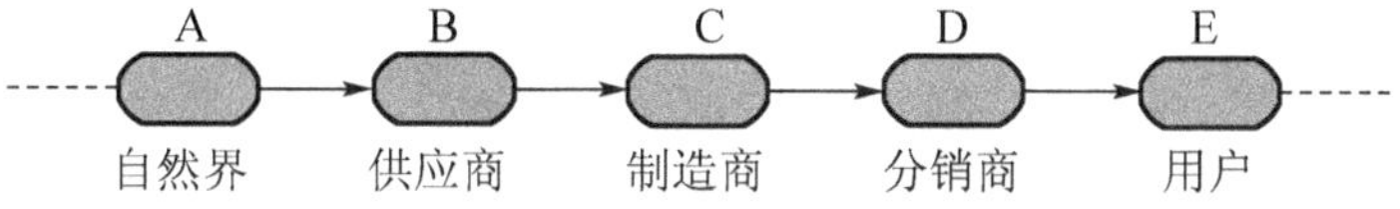

图 1－7　模型Ⅱ：链状模型

（1）供应链的方向。在供应链上，除了流动着物流（产品流）和信息流外，还存在着资金流。物流的方向一般都是从供应商流向制造商，再流向分销商。在特殊情况下（如产品退货），产品在供应链上的流向与上述方向相反。但由于产品退货属非正常情况，退货的产品也非本书严格定义的产品，故不予考虑。因此可以依照物流的方向来定义供应链的方向，以确定供应商、制造商和分销商之间的顺序关系。模型Ⅱ中的箭头方向即表示供应链的物流方向。

（2）供应链的级。在模型Ⅱ中，定义 C 为制造商时，可以相应地认为 B 为一级供应商，A 为二级供应商，而且还可递归地定义三级供应商、四级供应商；同样地，可以认为 D 为一级分销商，E 为二级分销商，并递归地定义三级分销商、四级分销商。一般来讲，一个企业应尽可能考虑多级供应商或分销商，这样有利于从整体上了解供应链的运行状态。

2. 供应链网状结构

网状结构型供应链多存在于产业供应链和全球网络供应链中，这种结构中的每一个节点成员至少与一个上游成员和一个下游成员相连接，这样连接而成的供应链是一个网状型的供应链。每个环节上都至少有一个或多个供应链成员，如果在某一环节上只有一个成员，则该成员一定是这个供应链上的核心成员，它对这个供应链将起到重要的作用。

事实上，在模型Ⅱ中，制造商 C 的供应商可能不止一家，而是有 B_1，B_2，…，B_n 等 n 家，分销商也可能有 D_1，D_2，…，D_m 等 m 家。动态地考虑，制造商 C 也可能有 C_1，C_2，…，C_k 等 k 家，这样模型Ⅱ就转变为一个网状模型，即供应链的模型Ⅲ（如图 1－8 所示）。

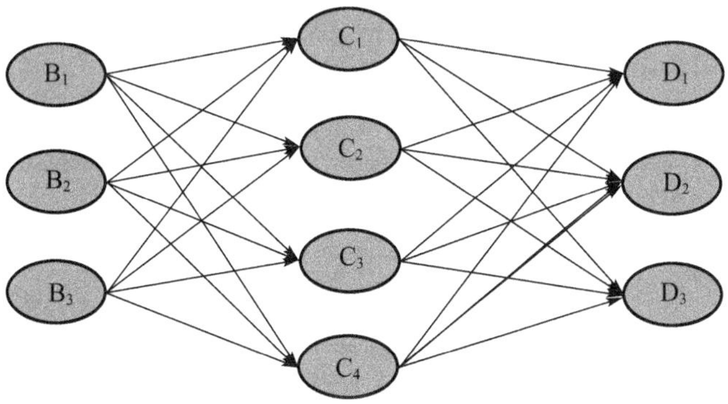

图 1－8　模型Ⅲ：网状模型

（1）入点和出点。在网状模型中，物流做有向流动，从一个节点流向另一个节点。这些物流从某些节点补充流入，从某些节点分流流出。人们把这些物流进入的节点称为入点，把物流流出的节点称为出点。入点相当于矿山、油田、种植园等原始材料提供商，出点相当于客户。图1－9中的A、B、D节点为入点，F节点为出点。

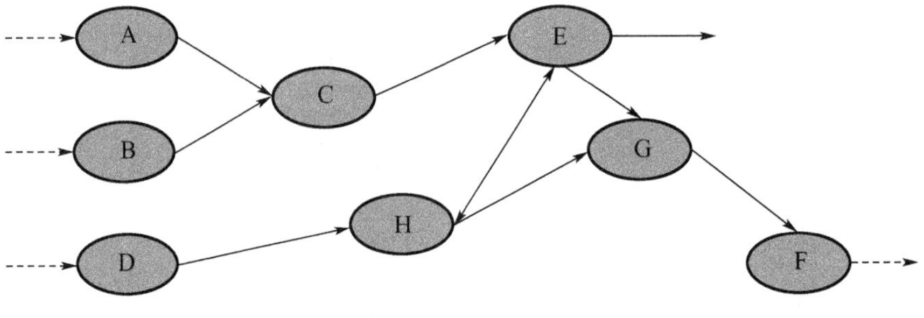

图1－9　入点和出点

对于有的企业既为入点又为出点的情况，为了网链表达的简化，可将代表该企业的节点变成两个节点：一个为入点，一个为出点，并用实线将其框起来。如图1－10所示，A_1为入点，A_2为出点。

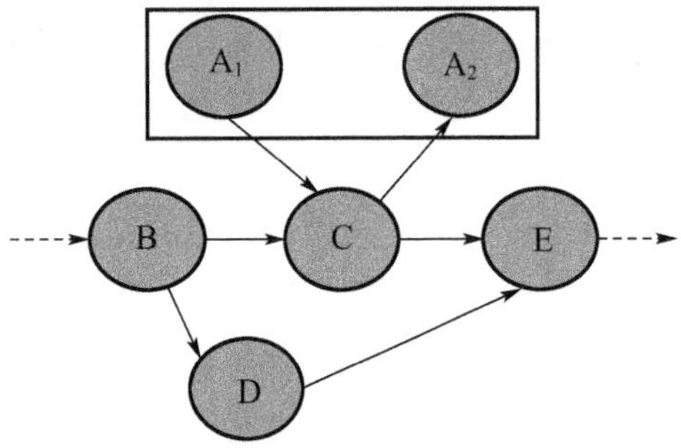

图1－10　含入点和出点的企业

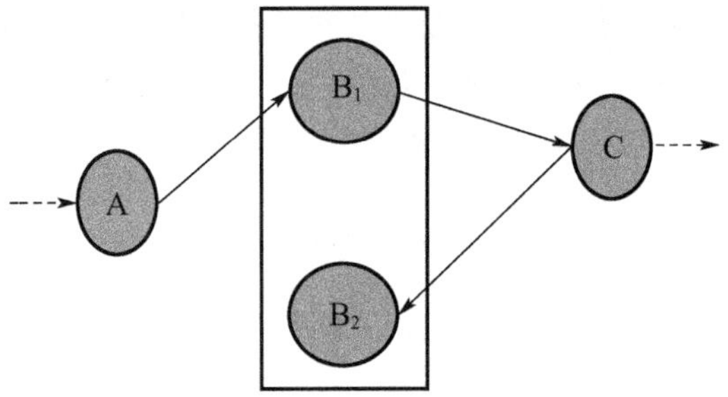

图1－11　含供应和分销的企业

同样地，如有的企业对于另一家企业既为供应商又为分销商，也可将这家企业变成两个节点：一个节点表示供应商，一个节点表示分销商，也用实线将其框起来。如图1－11所示，B_1是C的供应商，B_2是C的分销商。

（2）供应链子网。有些企业规模非常大，内部结构也非常复杂，与其他企业相联系的只是其中一个部门，而且内部也存在着产品供应关系，用一个节点来表示这些复杂关系显然不行，这就需要将表示这家企业的节点分解成很多相互联系的小节点，这些小节点构成一个网，称为子网（如图1－12所示）。在引入子网概念后，研究图1－12中C与D的

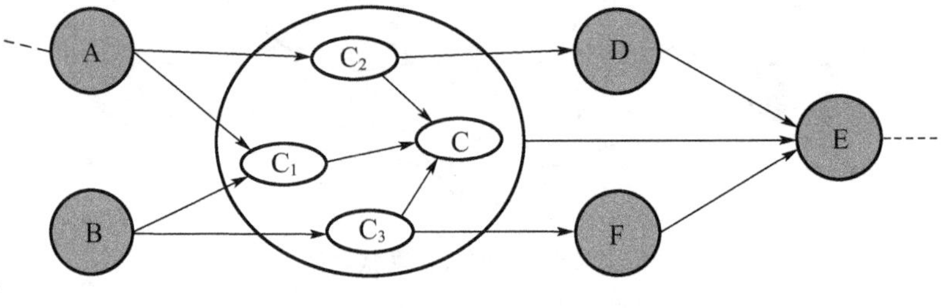

图1－12　子网模型

联系时，只需考虑 C_2 与 D 的联系，而不需要考虑 C_3 与 D 的联系，这就简化了无谓的研究。子网模型对企业集团是一个很好的描述。

（3）虚拟企业。通过对供应链子网模型过程的描述，可以把供应链网上为了完成共同目标而通力合作，以及为了实现整个产业效率的最优化并实现各自利益的一些企业形象地看成是一家企业，这就是虚拟企业（如图 1－13 所示）。

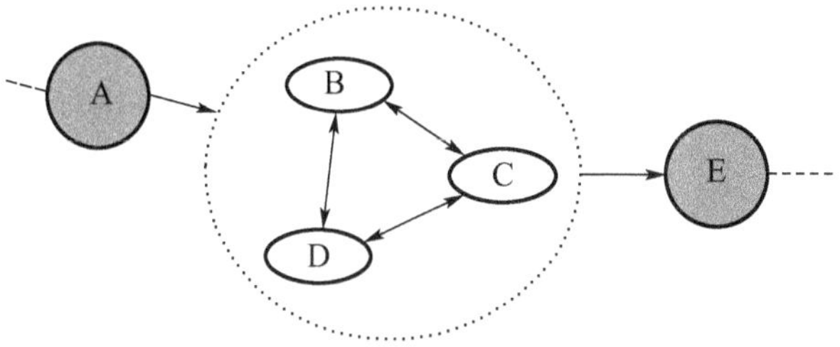

图 1－13　虚拟企业的网状模型

虚拟企业组建和存在的目的就是为了获取相互协作而产生的效益，一旦这个目的已完成或利益不存在，虚拟企业即不复存在。这种价值网络的一个最大的特点是它能有效地对应多样化的客户需求，并在最短的时间内对不同的客户需求做出反映，小型网络之间或者小型网络与单个企业之间有时是一种竞争关系，有时又是一种合作伙伴关系，这样始终保持着一种灵活、动态的联盟关系。

3. 供应链核心企业网状结构

在核心企业网状供应链中，存在一个核心企业，在供应链的组建及运行过程中起着主导作用。这种特殊的供应链表现在供应链的组织结构图上时，有一个明显的特点是供应链的核心一般只有一个节点。这种供应链的抽象网状图如图 1－14 所示。

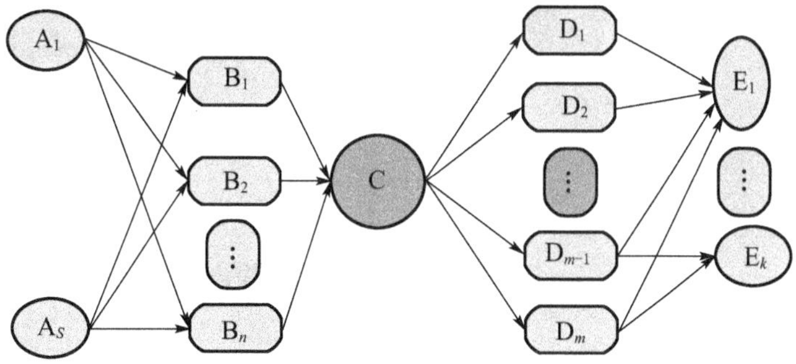

图 1－14　核心企业网状供应链结构模型

核心企业的价值认同方式、管理理念及组织、信息模式对整个供应链的相应方面有着绝对性的影响，从某种程度上说，这一供应链是围绕核心企业的运作而建立起来的。

具有这种地位与能力的核心企业往往是那些控制了产品的核心技术，或拥有知名品牌，或有极强研发能力和渠道控制能力的企业。

生产企业方面的例子像以美国的通用公司为核心的供应链、以宝洁公司为核心的供应链，在我国有以海尔为核心的供应链。非生产企业方面的例子像耐克公司、中国的李宁运动系列等。

4．物联网环境下供应链系统结构模型

设计供应链系统结构的目的，就是为了扩大企业生产、设计、资源能力的范畴，把影响和阻碍企业生产运行的因素延伸到企业外部，借助于供应链上所有企业组成的联合共同体来消除这些不利因素，以满足市场需求。如何将供应商、制造商、协作商和分销商有机地集成起来，使之结成相互关联的利益——风险动态联盟，是物联网环境下企业进行供应链管理运行保障机制首先需要设计解决的主要问题。基于物联网环境下供应链系统结构模型如图1－15所示。

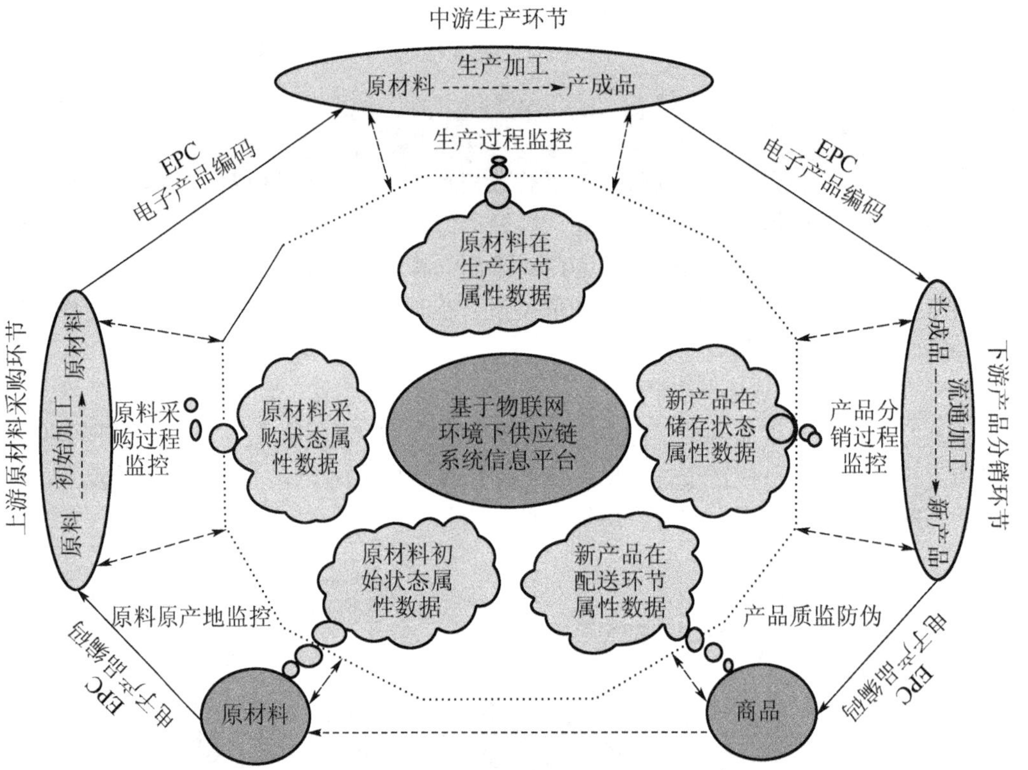

图1－15　物联网环境下供应链系统结构模型图

（三）供应链流程连接类型

集成的管理贯穿整个供应链的所有业务流程连接通常是不恰当的。因为集成的驱动因素依情况而定，会随着流程连接的不同而变化，集成的水平也根据连接的不同随着时间而变化。因此，有一些连接比其他连接更为关键。供应链管理的一项关键任务是在跨越供应链的不同业务流程连接之间分配稀缺的资源。在供应链的成员之间可以识别出四种基本的业务流程连接类型。这四种类型分别是：①受管理的业务流程连接；②受监控的业务流程连接；③不受管理的业务流程连接；④非成员业务流程连接。

（1）受管理的业务流程连接。受管理的流程连接是指核心公司认为是重要的、需要进行集成和管理的那些连接。这可能需要和供应链的其他成员公司合作。例如，核心公司将集成和管理第一层客户和供应商之间的流程连接。

（2）受监控的业务流程连接。与受管理的业务流程连接相比，受监控的业务流程连接对核心公司而言不那么关键。然而，这些连接在其他成员公司之间得到适当的集成和管理，对核心公司来说却是很重要的。因此，核心公司仅仅按必要的频率，监控或审核这些流程连接是如何得到集成和管理的。

（3）不受管理的业务流程连接。不受管理的业务流程连接是指核心公司不积极参与，或是其重要性不足以让核心公司花费资源进行监控的那些连接。换句话说，核心公司要么完全信任其他成员能够妥善管理这些流程连接，要么由于资源有限的原因，听任其自身发展。

（4）非成员业务流程连接。非成员业务流程连接是指核心公司的供应链成员和非成员之间的流程连接。非成员连接不被看做核心公司供应链结构中的连接，但是它们能够而且经常会影响核心公司及其供应链的绩效表现。

供应链受到其他相关的供应链所做出的决策的影响。例如，核心公司的某个供应商也是公司的主要竞争对手的供应商。这种供应链结构可能影响到供应商为核心公司的产品开发过程分配人力资源、在产品短缺时的供应状况或机密信息的保护。

二、供应链构建需要考虑的要素

在构建核心企业的供应链之前，应该对供应链上的资源进行分析，对可能影响供应链设计的要素进行研究，最大限度地控制供应链设计过程中存在的风险。下面是几种供应链设计需要考虑的关键要素：

1．供应链构建与供应链信息技术支撑体系

随着全球经济不确定性的增大、市场竞争的日益加剧、消费者需求个性化的不断增强等因素，当今世界已经由以机器和原材料为特征的工业经济时代进入到以网络信息为主要工具、知识创新为特征的新经济时代。在这种形式下，企业原有的组织与管理模式已经越来越不能适应激烈的市场竞争，为此，企业开始了探索能够提高其竞争力的新型管理模式的艰苦历程。

在知识经济社会，信息已成为企业生存和发展的最重要资源。企业作为一个多层次多部门的机构，信息是企业各部门和成员间密切配合、协同工作的“粘合剂”。为了实现企业的目标，必须通过信息的不断传递，一方面实现纵向的上下沟通交流，把不同层次的经济行为协调起来；另一方面实现横向的交流传递，把各部门、各岗位的经济行为协调起来，通过信息技术和信息系统工具处理人、财、物和产、供、销之间的复杂关系。因此，企业本身存在一个信息集成的问题。

供应链作为一种“扩展”的虚拟企业，其信息流动和获取方式不同于单个企业的情况。在一个由信息系统组成的信息社会里，各种各样的企业在发展的过程中互相依赖，形成了一个“企业生态环境”，供应链就是这个“生态系统”中的“食物链”。核心企业通过网络从内外两个信息源中收集和传播信息，捕捉最能创造价值的经营方式、技术和方法，创建网状供应链中企业的运作模式。通常，这种运作模式下的企业信息系统和传统的企业信息系统是有所区别的，它需要新的企业组织模式和运作策略。因此，研究设计核心企业的供应链结构模式，需要考虑企业以及供应链可依赖的信息系统，建立面向现代扩展供应链的管理模式信息系统平台，这是实现供应链及其管理的前提和保证。

供应链信息技术支撑体系的建立需要考虑以下几个方面的问题：

（1）建立统一的业务标准；

（2）建立统一的信息描述规则和结构；

（3）定义、设计和实施供应链信息系统平台的方法；

（4）供应链上各类信息的集成方法；

（5）供应链信息系统平台运用的技术和方法；

（6）关键业务考核指标体系。

信息技术奠定了信息时代发展的基础，同时现代信息技术又促进了信息时代的到来，它的发展以及全球网络的兴起，把全球的经济、文化及其各个方面都联系在一起。任何一个新的技术、新的产品、新的思想都可以通过网络信息技术及时传遍全球各个角落。核心企业供应链只有充分利用信息技术支持平台，才可能将全球可利用的资源优势聚集起来，共同实现市场需求。因此，基于网络信息技术的信息系统平台建设是供应链设计中首先要考虑的要素。

2. 供应链构建与物流系统设计

物流系统是供应链的物流通道，它是供应链管理的重要内容。物流系统设计是指原材料和外购件所经历的采购—存储—投料—加工制造—装配—包装—运输—分销—零售等一系列物流过程的设计。

物流系统设计也称通道设计（Channel Designing），是供应链系统设计中最主要的工作之一。设计一个结构合理的物流通道对于降低库存、减少成本、缩短提前期、实施JIT生产与供销、提高供应链的整体运作效率都是很重要的。但是供应链设计不等同于物流系统设计，（集成化）供应链设计是企业模型的设计，它从更广泛的思维空间——企业整体角度去构画企业的蓝图，是扩展化的企业模型。它不仅包括物流系统，还包括信息、组织以及价值流和相应的服务体系建设。在供应链的设计中，创新性的管理思维和观念极为重要。因此，要把供应链的整体思维观融入供应链的构思和建设中。在供应链设计中，最为重要的思想就是企业之间要有并行的设计，才能实现并行的运作模式。

3. 供应链构建与环境因素的考虑

一个设计精良的供应链，在实际运行中并不一定能按照预想运行，甚至无法达到设想的要求，这是主观设想与实际效果的差距。其原因并不一定是设计或构想得不完美，而是环境因素在起作用。因此构建和设计一个供应链，要考虑供应链的运行环境（地域、政治、文化和经济等因素），同时还应考虑未来环境的变化对实施供应链的影响。供应链系统处于全球市场范围内，它是为了充分利用全球范围的优势资源（人才、知识、原材料、设备等）而建成的。它的适应性表现在能自我调整（如重组），以适应外部条件的变化。如果外部市场需要生产成本更低的产品，才能适应竞争优选规则，那它就必须重新调整自己的组织。例如，它的某个成员不是最优秀的，或它的某个成员应该开发新产品了。因此，需要用发展的、变化的眼光来设计供应链，无论是信息系统的构建，还是物流通道设计都应具有较高的柔性，以提高供应链对环境的适应能力。

4. 供应链构建与业务流程重构

从企业的角度来看，供应链的设计是一个关于企业改造的问题。为了能发挥供应链的效应，企业就需要真正按照供应链管理的思想，以企业战略为核心，实现所有企业组织、战略和业务流程的全面结合。供应链所涉及的内容对任何企业而言或多或少都在进行，供应链的设计或重构不是要推翻现有的企业模型，而是要从管理思想革新的角度，以创新的观念武装企业（如动态联盟与虚拟企业，精细生产等），这种基于系统进化的企业再造思想符合人类演进式的思维逻辑。但实践证明，实施 BPR 的企业最终还是走向改良道路，所谓无源之水、无本之木的企业再造是不存在的。因此在实施供应链的设计与重建时，并不在于是否打碎那个“瓷娃娃”，而是需要新观念、新思维和新手段，这是实施供应链管理时应该明确的。

5. 供应链构建与先进制造模式的关系

供应链设计要求从管理新思维的角度去改造企业，这也是先进制造模式的客观要求和它们推动的结果。如果没有全球制造、虚拟制造这些先进制造模式的出现，集成化供应链的管理思想也是很难得以实现的。正是由于先进制造模式的资源配置沿着劳动密集—设备密集—信息密集—知识密集的方向发展，才使得企业的组织模式和管理模式发生相应的变化，即从制造技术的技术集成演变为组织和信息等相关资源的集成。由于供应链管理适应了这种趋势，因此供应链的设计应把握这种内在的联系，使供应链管理成为适应先进制造模式发展的先进管理思想。

三、供应链设计的原则与步骤

（一）供应链设计的原则

在供应链的设计过程中，为了保证贯彻实现供应链管理的思想，应该遵循以下一些基本的设计原则。

1. 沟通原则

在系统模型设计方法中，存在着两种常用的设计方法，即自上而下和自下而上的方法。自上而下的设计方法是从全局的宏观规划走向局部实现步骤的设计方法；自下而上的设计方法是从局部的功能实现走向全局的功能集成的设计方法。自上而下是系统分解设计的过程；而自下而上则是一种功能集成的过程。

在设计一个供应链系统的过程中，下级设计部门要经常就一些问题与高层管理人员进行沟通交流，双方从上、下两个层次对设计目标和设计细节做适当的调整，达成可以继续设计的共识。因此供应链设计通常采用的是自上而下和自下而上相结合的综合设计方法。

2. 简洁性原则

简洁性原则是供应链设计遵循的一个重要原则。为了保证供应链具有灵活快速响应市场的能力，供应链的每个节点都应是简洁的、有活力的、能快速实现业务流程组合的。所以，在设计或改造供应链时，供应链上的无效作业要尽可能地减少，可以自动化处理的作业尽可能由自动化设备来处理，供应商的选择要少而精，合作伙伴的选择要具有战略性，采购管理要保证减少采购成本，推动准时生产、推行精益思想的生产系统设计风格，由此实现从精益生产模式的建立到精细供应设计这一目标。

3. 集优原则（互补性原则）

供应链的各个节点的选择应遵循强强联合的原则，达到实现资源外用的目的。各单元企业应具有自我组织、自我优化、面向目标、动态运行和充满活力的特点，能够实现供应链业务的快速重组。

4. 协调性原则

供应链业绩好坏取决于供应链合作伙伴关系是否和谐，因此，建立战略伙伴关系的合作企业关系模型是实现供应链最佳效能的保证。

5. 动态性（不确定性）原则

不确定性在供应链中随处可见。由于不确定性的存在，导致需求信息的扭曲。因此，要预见各种不确定因素对供应链运作的影响，减少信息传递过程中的信息延迟和失真。降低安全库存总是和服务水平的提高相矛盾。增加透明性，减少不必要的中间环节，提高预测的精度和时效性对降低不确定性的影响都是极为重要的。

6. 创新性原则

创新必须在企业总体目标和战略的指导下进行，并与战略目标保持一致；要从市场需求的角度出发，综合运用企业的能力和优势；发挥企业各类人员的创造性，集思广益，并与其他企业共同协作，发挥供应链整体优势；建立科学的供应链和项目评价体系及组织管理系统，进行技术经济分析和可行性论证。

7. 战略性原则

供应链的系统结构发展应和企业的战略规划保持一致，并在企业战略指导下进行。通过战略的观点减少不确定影响，并注重供应链发展的长远规划和预见性。

（二）供应链设计的步骤

基于产品的供应链设计步骤可以归纳为如图 1－16 所示。

第一步，分析市场竞争环境。目的在于找到针对产品市场、开发供应链的有效途径。

第二步，总结和分析企业现状。主要分析企业供需管理的现状（如果企业已经有供应链管理，则分析供应链的现状）。

第三步，提出供应链设计项目，分析其必要性。

第四步，提出供应链设计的目标。

第五步，分析供应链的组成，提出组成供应链的基本框架。

第六步，分析和评价供应链设计的技术可能性。

第七步，分析新设计的供应链要解决的问题。主要解决以下问题：供应链的成员组成（供应商、设备、工厂、分销中心的选择与定位、计划与控制）；原材料的来源问题（包括供应商、流量、价格、运输等问题）；生产设计（需求预测、生产什么产品、生产能力、供应给哪些分销中心、价格、生产计划、生产作业计划和跟踪控制、库存管理等问题）；分销任务与能力设计（产品服务于哪些市场、运输、价格等问题）；信息管理系统设计；物流管理系统设计等。

第八步，检验新的供应链。

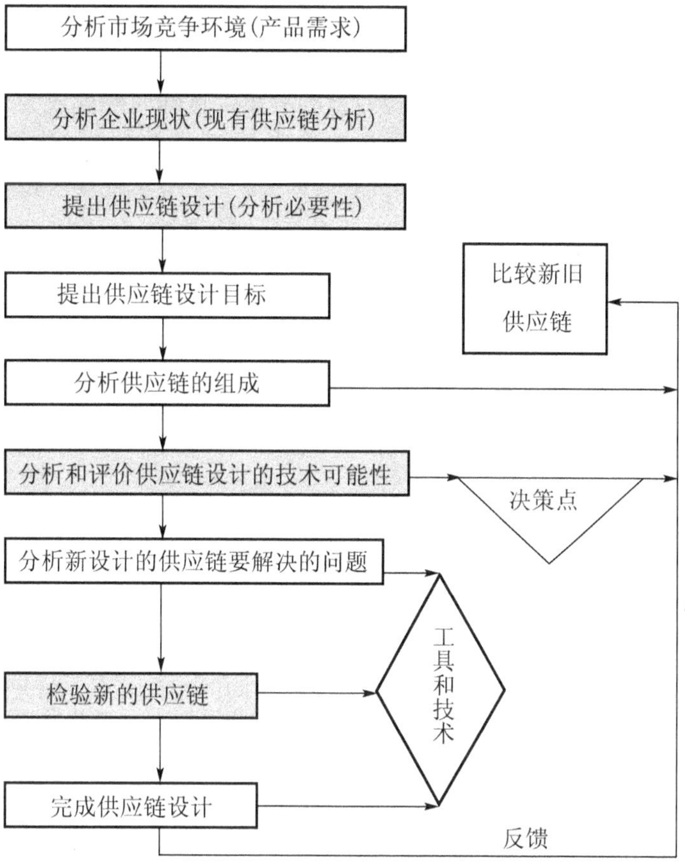

图1－16　供应链设计的步骤模型

五、供应链的优化方法

供应链优化即“在有约束条件或资源有限的情况下的决策方案”，它主要有整体优化和局部优化两种类型。整体优化是从大量方案中找出最优方案，局部优化是在一定量的类似方案中找出最优方案。

优化问题由决策变量、目标函数和约束条件组成。决策变量是需要做的决策，如何时、何地从供应商中订购原材料，何时生产，何时把产品交给客户，交多少。目标函数是经济上或其他方面所要达到的目标，如利润最大、成本最低、生命周期最短、客户服务质量最高、延误最短、产量最大、满足所有客户需求等。约束条件是变量必须满足的条件，如供应商生产材料、零件的能力，生产线每天工作的时间、负荷，配送中心的处理收据等能力。

1．供应链优化目标

一般来说，优化目标从企业目标和公共组织目标两个角度来考虑。

（1）企业目标。优化目标必须能转换成明确的、可以衡量的目标。更具体的目标通常是利润及其衍生物——成本和收入。成本因素（最低）和客户服务质量（最大）通常是矛盾的，为了能相互比较，必须转换成同一量纲，把所有的目标转成一个总目标。成本最低包含许多不同的成本因素，客户服务通常用收入来表达，这样它可以和成本一起用利润最大来衡量。如果不是所有目标都能转换成和价格有关的因素，则使用权重或定义这些目标的优先级。权重反映了不同目标的相对重要程度，这样问题就成为一个单目标规划问题。

（2）公共组织目标。主要有3方面的因素：环境、经济和社会。每一方面都能对供应链设计产生影响。

① 环境。设施建设、交通运输会对环境造成影响，环境对人类身体和下一代有影响，主要包括：当地空气质量（对人有影响，威胁健康）；区域空气质量（对庄稼、树木不利）；噪声；长期危害（能量危机、臭氧层变薄、温室效应）等。

② 经济。主要和经济系统的改进有关，包括：提高国家竞争力（包括减少工业运输成本）；支援不发达地区；增强区域联系，扩大外延；市场标准化（标准的、开放的）；提高就业、改革和出口的经济绩效。

③ 社会。主要和居民、员工有关，包括：工作场地和运输中的活动安全；经营工作条件；关注残疾人；社会资产的改变（收入分配的影响）。

2. 优化方法

（1）基于规则的系统。它不是优化工具，但是广泛应用于控制系统中。基于规则的系统能控制几百甚至几千个规则。规则系统与规则之间的相互关系非常复杂。如果系统改变而规则没有改变，系统不能保证所求出的解最优。基于规则的系统有神经元、ILOG等。

（2）线性规划。在供应链中应用最广泛的优化工具，通常用于资源分配问题。任何有决策变量、线性目标函数和线性约束条件的问题都属于线性规划。

（3）约束传播。受约束条件的影响，每一约束都有一定的变量范围。变量域的减少会引起与约束条件相关的变量数目减少。此法在大网络约束条件时尤其有效。

（4）进化类算法。通过改进已有的解找出最优解，如遗传算法等。它求解过程简单，运行速度很快，特别适合那些约束条件和目标函数比较复杂的问题，如非线性函数。

以上只是一些常用优化方法，并未包括所有的优化方法。

3. 供应链中的不同优化层次

供应链有3个优化层次：战略层，即高层规划，周期通常为长期，主要用于分析获取资源和其他决策，如新设施的建立，新产品供应链的设计，决策公司整个供应链的供应/制造/配送/库存计划；战术层，即中层规划，周期通常为一季或一月；经营层，即底层规划（规划、再次规划和实施），周期通常为1周、1天或1班。

同理，优化问题也分为战略决策、战术优化和经营规划3类。战略决策主要根据供应链的网络设计来决定车间、配送中心和供应商的地点、规模和数目。一般认为，库存管理是战术优化，而仓库选址属于战略决策。战术优化是在给定供应链结构的基础上对供应计划、物流设施的优化。经营规划包括人员、设备和材料的分配，运输路线的规划等。经营规划实施频率高，需要定期规划以适应机器失效、物料库存、其他延误等。战略决策优化通常假定战术和经营规划最优。

复习思考题

一、简答题

1. 如何理解供应链的涵义及其特征？
2. 供应链是如何产生的？
3. 供应链的类型有哪些？
4. 近年来发生的哪些变化使得供应链变得更加重要？
5. 供应链设计需要考虑哪些要素？
6. 简述供应链设计的原则与步骤。

二、不定选择题

1. 供应链的基本特征有（　　）。
   A. 复杂性　B. 动态性　C. 面向用户需求　D. 交叉性　E. 系统性
2. 下列有关供应链的叙述正确的是（　　）。
   A. 供应链管理和物流管理的区别有权威的界定
   B. “大而全，小而全”的概念属于供应链的范畴
   C. 信息在供应链上可以向下流动，也可以向上流动
   D. 有效的供应链管理要求企业迅速准确地了解顾客需求
3. 根据供应链容量与客户需求关系可以将供应链划分为（　　）。
   A. 平衡的供应链　B. 有效性供应链
   C. 动态性供应链　D. 反应性供应链
   E. 倾斜的供应链
4. 物理有效性供应链选择供应商的标准有（　　）。
   A. 成本　B. 质量　C. 速度　D. 柔性　E. 灵活性
5. 有效性供应链管理对企业提出了哪些要求（　　）。
   A. 企业应迅速准确地了解顾客需求
   B. 选择最佳方式，以最低的成本满足顾客需求
   C. 制定明智的供应链决策，包括从原料采购决策到产品制造在内的所有供应链决策
   D. 化零为整的销售
   E. 将产成品分销给消费者，收取货款
6. 企业内部的供应链管理关注企业内部资源的调配，主要应用供应链管理系统和（　　）编制出基于物料和能力约束的企业计划。
   A. DRP　B. ERP　C. MRP　D. MRP Ⅱ
7. 影响供应链设计的环境因素有（　　）。
   A. 客户的需求变化　B. 竞争环境
   C. 经济　D. 政府法规
   E. 人口
8. 为了建立市场覆盖范围目标，管理者应考虑（　　）。
   A. 顾客购买行为　B. 供应链类型

C. 供应链结构　　D. 控制程度

E. 分销类型

9. 产品特性有（　　）。

A. 产品服务的市场标准　　B. 产品的寿命周期

C. 产品的类型　　D. 产品的多样性

E. 产品的包装

10. 供应链管理形成的动因有（　　）。

A. 物流管理的落后

B. 计算机网络的发展推动了制造业的全球化、网络化过程

C. 传统的企业组织中的采购、生产、销售看似整体，但却缺乏系统性和综合性的企业运作模式，无法适应网络化竞争的社会发展需要

D. 企业追求集成带来的实际效果，即集成效应

E. 政府的宏观调控

【课后案例】

百丽打造"按需运转"供应链

20世纪80年代，中国人的衣服开始伴随着改革开放向"绿、蓝、黑、灰"的单调告别，对服饰数量的旺盛需求推动了服装业从传统手工业作坊和地摊式促销向现代化工业生产、销售的转型和升级；步入改革开放的第二个十年，流行色和品种逐渐成为老百姓穿戴的关键词，品牌效应开始显现，中国服装业也在出口导向型经济增长模式的驱动下，凭借成本优势，在制造领域创造了价值。

21世纪后，制造利润的逐渐微薄，消费者需求结构的变革使服装行业开始面临一场从大规模、统一式、工业式生产向小规模、高频次甚至是大规模个性化定制时代的变革，中国企业必须谋求转型之路，获得产业链中的话语权，而摆在中国服装企业面前的难题是，如何迎合消费者从盲目追求流行与品牌回归到更理性、更个性的消费心理，通过变革与创新，上演从制造到品牌的破茧蜕变？

百丽的发展历程为中国服装制造业提升在全球服装行业产业链中的地位提供了较为现实的参考。早在1992～1995年，初生的百丽同众多国内服装加工企业一样以加工贸易立足；1995年后，伴随着消费者需求的演进，百丽开始谋求脱离下游制造业的手段，尝试"以各大商场及区域经销商为依托，产、供、销联合一条龙式"的直线连锁经营方式，并建立品牌零售网络；步入21世纪，百丽进一步整合零售网络资源和进行业务多元化，顺应了服装市场"小批量、多品种、多规格"的竞争方向，实现了企业规模和利润率的齐头、快速并进。而在背后支撑百丽变革成功的"核动力"就是百丽的极速供应链，它如齿轮般处处同消费者的需求紧紧咬合。

1. 将需求渗透至生产

全世界最出色的时装设计师一般都聚集在高级时装行业，这是一个限制极其严格、市场极其狭窄、顾客不见得比设计师多多少的特殊行业。由于高级时装用料考究、价格昂

贵，甚至为了保持高贵的价值而往往采用极小量的手工生产，它难以惠及普通消费者。而一般的流行服饰品牌则以时尚为号召，以工业化的方式大批量地生产，在美感上，它难以逃脱平庸、从众的美学观念，赋予消费者独特的心理价值。而百丽对服装概念的定义有点类似于西班牙服装品牌 Zara：成为人们买得起的时尚，这源于高级时装行业与大众成衣工业之间的断裂地带，越来越多的人需要购买“一流形象、二流产品、三流价格”的产品，而且对这部分人群来说，购买动力除价格外，还来自品牌、质量、款式三个方面，甚至对后两者的关注度在某种程度要高于前者。

这就对百丽的产品模式提出了“小批量、多品种、多规格”的要求，也就是要尽可能求新、求变，而百丽必须了解消费者日益多变和个性化的需求，并将之渗透到商品的开发和制造中。在这一过程里，“快速”是成功的基石。

为最大限度顺应消费者的个性化和时尚化需求，百丽每个自主品牌每个季度平均要推出 300 ～ 400 款新鞋样式，而每个品牌的设计团队都由设计师和产品研发团队组成，为了保证产品的新颖性，一方面，百丽每个品牌的设计团队都是独立的，这样会防止创意上的雷同；另一方面，设计团队的创意不仅仅来自各类时尚展中的流行趋势，也不会仅仅在法国、意大利的工作室中谱写阳春白雪，还会结合产品以往的销售情况、市场状况和竞争对手来进行综合考量。

各个品牌的设计图纸在诞生后会被带到订货会上，由接到订单的各品牌货品部与工厂接洽负责下订单和补单。同时，为了能够从供应链后端发力，减少环节，避免浪费和增加速度，以支持零售端很好地迎合市场，百丽采取了与其他品牌外包制造截然不同的做法。百丽 2006 年开始投资 5 亿元人民币兴建百丽工业园，将制造掌握在自己手里使得百丽可以采取措施加快生产速度，如百丽工厂的一个特点是采取小生产流水线混合生产的方式，即统一订单的鞋即使款式不同也能在一条生产线上生产的方式，鞋的制造速度被大大加快。百丽的一款鞋从生产到上架，只有 20 多天。

为了有效地控制库存，百丽任何一款产品的首批订单永远都是 50%，其余的单子会结合市场的反馈通过补单的方式来完成，销售情况的回馈由各货品部的产品经理来完成，他们会对销售情况进行调研，并预测余下品牌的预期销售情况，再在每周下达补货订单。当然，百丽不会白白浪费这段能够快速反馈、融合消费者需求的反冲带，百丽各品牌的设计师们会在第一批货投放到市场后，亲自去一线调查跟踪，根据鞋子的实际销售情况和消费者的反应，来决定是否和如何对产品进行改款。

为了保证消费者总能在店铺中及时地看到新款式和新商品，多品牌经营的百丽在仓储物流上进行了资源整合。为降低库存成本和增加发货速度，百丽取消了产品的成品仓库，也就省去了在成品仓库拿货提货的环节。产品从工厂生产出来后，直接装箱发送到各地，在各区域的配送中心开始汇集，所有的品牌都在统一的仓库存放，并通过统一的物流中心发货。这样，百丽的产品在流通上实现了快速直达，而接下来的任务就是在终端发力，让整个供应链环节如环状般贯通起来，形成一个能够咬合消费者需求的齿轮，并且能够急速运转。

2. 零售终端不仅仅“零售”

对于供应链活动中非常重要的环节——零售终端，百丽非常重视。从 1995 年开始，百丽就开始尝试发展零售网络；从 2002 年开始，百丽更大力整合零售网络资源，开始大幅度扩大直营零售终端的建设；仅 2007 年，百丽的直营零售网点便达到 6143 家。对此，以女装品牌为主的百丽认为，女性消费者的随机性非常大，对她们来说，店面的覆盖率对推动她们的消费行为有着非常重要的作用——这也同瑞银的抽样调查中显示的服装消费者的品牌忠诚度相对较低，对款式和质量相对更为看重的数据相吻合，因此，百丽对渠道的理念是"凭借渠道带动品牌"。

关于百丽渠道建设中直营零售网点为主的情况，百丽也有自己的考虑。在百丽的快速供应链体系中，对消费者需求的反馈和把握是重中之重，也是百丽商业模式成功的命脉，而零售终端作为与消费者接触的一线阵地，自然肩负着反馈消费者需求的重任，而显然只有直营网点才能更好地完成这一任务，"顾客试了鞋说明她一定是对某些方面已经非常满意，而最后不购买的原因可能只是因为某些细节方面不满意，某一款产品开始不畅销，并不说明它不好，把这些试、问概率很高，但销售却不好的产品，根据顾客的意见进行小的修改后重新上市，很快将成为畅销产品！"尽管百丽所有的终端安装了IT系统，但顾客买鞋时候的很多信息是无法通过机器传递的，而在信息反馈的及时性、全面性和准确性方面，加盟商显然无法同直营店相比。

当然，在每一个终端的IT系统虽然不能反馈回来大量关于顾客体验的信息，但却能够帮助百丽实现产品的快速流转和信息反馈，从而增强顾客的购物体验。在百丽的零售终端中，电脑中的销售系统能够让售货员对每天新货配送情况，如鞋的数量、款式和号码一目了然。而在打烊后，售货员也会把销售情况录入到IT系统里，进行补单、调配货的工作，这使得百丽的每一个终端零售店面都和供应链的其他环节实现了相通。

在零售终端的建设上，百丽整合旗下资源打包进入的方式为百丽获得了很强的议价能力，百丽能够同商场实现"按照每月销售收入的百分比来计算租金"的模式，这使百丽极大降低了库存压力和资金链断裂的风险。

如今，为了顺应消费者电子购物的潮流，百丽已将直营零售渠道扩展到了网络，除了建设官方自营网站外，百丽还在国内某最大的C2C平台和B2C平台分别开设了运动店、时尚店和商城店，除了利用网络拓展直销渠道外，百丽也非常重视在网络上的消费者反馈。例如，在百度贴吧百丽吧，经常可以看到百丽的工作人员在贴吧中收集消费者的意见和宣传企业，这与某些品牌的贴吧无相关企业进行管理而成了消费者用来抒发怨气的平台形成了鲜明的对比。可以预见的是，在未来，网络必然成为百丽供应链提速的生力军。

讨论题

1. 百丽打造的"按需运转"供应链是如何实现处处与消费者的需求相结合的？
2. 百丽打造的"按需运转"供应链未来发展方向是什么？

【实训项目】

快速消费品行业供应链设计

【实训目标】

1. 培养学生调查设计的能力；
2. 加强学生对供应链结构的全面认识；

3. 培养学生系统思考问题、统揽调查全局的能力。

【实训目的】

1. 直接到快速消费品行业某类产品（如饮料、服装、化妆品等）的销售终端（专卖店、柜台等）进行了解、跟踪、调查（有条件的可到生产厂家进行调查）；

2. 结合供应链的定义，分析从原料采购到生产加工，一直到销售终端整个过程，设计出该类产品的供应链。

【实训内容】

1. 每个同学自行选择产品，进行调查设计；

2. 对同类产品的不同厂家设计出不同的供应链，并对比分析；

3. 分析所设计供应链中存在的问题。

【实训要求】

1. 提交一份不少于 15 分钟对该类产品供应链分析的 PPT 报告，要求图表丰富，数据真实；

2. 教师在课堂组织讨论课，分析学生所提交的 PPT 报告。由学生讲解所写报告，教师点评分析。

【成果与检验】

每位同学的成绩由两部分组成：课堂对 PPT 讲解成绩（40%）和对该类产品供应链分析内容成绩（60%）。

第二章　供应链管理

【学习目标】

知识目标

1. 了解供应链管理思想的来源；
2. 掌握供应链管理的定义、原则、内容；
3. 掌握供应链管理的目标、模式、基本任务；
4. 了解供应链管理效益及发展趋势。

能力目标

1. 能够分析物流管理与供应链管理之间的关系；
2. 能够运用供应链管理的竞争优势指导实际工作；
3. 能够灵活运用供应链管理的主要职能和流程解决实际问题。

课前思考题

为什么说供应链管理既是一种新的管理模式，也是一种新的管理理论？

【引导案例】

乳业供应链管理："修元正本"提升核心竞争力

"三鹿"引发的婴幼儿奶粉"三聚氰胺"事件，使得乳品安全再度成为大众关注的焦点。"三聚氰胺"事件看似偶然，实际上却是长期以来乳业供应链上游环节建设薄弱的必然结果。中国乳品企业要真正实现健康发展，必须加强供应链管理，尤其是从源头入手，切实抓好奶源建设，促进供应链上游与中游的整合，"修元正本"提升企业核心竞争力。

1. 中国乳业供应链发展现状

乳业供应链是指与乳业生产密切相关的产业群组成的网络结构，包括饲料原料、饲料加工、饲养繁殖、原乳收集、原乳加工、乳制品的流通和终端销售等环节。目前，乳品企业与经销商的联系较为紧密，双方共同建设市场，维护市场秩序。但是，乳品企业和经销商对销售终端的控制力度稍显薄弱。目前，乳制品的主要渠道由批发市场转移到了大、中型超市。乳品企业间展开了销售渠道和销售终端的激烈争夺。为了维护老顾客、抢夺新顾客，乳品企业在市场营销上使出浑身解数，不惜重金投入各类宣传和促销。与之相反，乳品企业对上游奶源建设的投入却极其有限，和原料奶供应者的联系十分松散，缺乏有效的整合。

在我国原料奶供应者主要是个体散户，20头牛以下的养殖规模在全国占97.6%，产奶数量占67%。散户饲养方式导致奶牛单产量低、原料奶质量差、菌落数高、奶质难以控制。数量众多的个体散户也无力对饲料供应等环节进行整合。

2. 中国乳品企业供应链管理困境

乳品行业是资源型行业，其可持续的、良性的发展根本上依赖于奶源的数量和质量。世界乳业发达的国家都高度重视奶源的建设，并探寻出有效的供应链管理机制，其中最典型的是新西兰模式。新西兰的牧场经营人和乳制品公司之间已经形成了产权关联型的利益关系。乳制品公司是牧场经营人所有的合作公司，牧场经营人既是乳制品合作公司的“股东”，也是乳制品公司的“供应商”。例如，新西兰最大的乳品合作公司——恒天然公司的董事会中有9位董事是牧场经营人股东选举产生的，另外3位独立董事是由董事会推荐经股东大会批准产生的。董事会在维护鲜奶供应牧场经营人的利益方面发挥重要作用。股东委员会是集团公司的另一个重要权力机构，主要职责是评价董事会关于公司运营的年度计划和公司报告等。农业合作组织将分散的农民组织起来，农业合作组织制度为组织体系提供了有力的制度支持。

目前，中国乳品企业供应链管理与新西兰相比差距还很大。中国乳品企业缺乏新西兰这样的供应链管理主要有以下原因：首先，乳品企业缺乏向上整合动力。根据成本—收益比较，乳品企业对产业链条上端投入大、风险高、收益小、周期长，而对下游增加投入风险小、收益高、周期短。在企业资源有限的情况下，企业更愿意对产业链下游投入，而缺乏对上游进行整合和管理的动力。其次，目前个体养殖户规模小，利益需求多样化，相互间进行联合的成本很高，难以形成利益共同体，与乳品企业展开博弈。第三，政府监管力度不够，为企业“投机”行为预留了空间。

3. 加强奶源建设势在必行

市场是“试金石”。“三聚氰胺”事件再次印证了乳品行业要健康发展，必须先做好奶源建设；乳品企业要打造企业竞争力，必须对供应链上游有效整合。乳品加工的上游环节包括饲料加工、饲养繁殖、乳品收集。企业应探索和开创产权联系型的利益机制，对饲料加工、饲养繁殖资源进行整合，并将原乳收集的质量控制牢牢把握在企业自身手中，从根本上提升原料奶质量，确保乳品的安全、营养和健康。

“三聚氰胺”事件也深刻地教育了消费者。消费者未来的选择将更加“理性”。乳业行业的发展已经开始从速度型向效益型转变、从规模型向质量型转变、从市场导向向原料导向复归。在这个关键的转正时期，哪个企业率先开展奶源建设，哪个企业就能更快地把握住市场机遇，在下一轮的乳品企业洗牌中脱颖而出。

备注：本案例出自网络物流天下：www. 56885. net

讨论题

1. 分析中国乳品企业供应链管理困境的根源在哪里？
2. 你如何帮助中国乳品企业设计供应链？

第一节　供应链管理概述

上一章我们介绍了供应链概念，对供应链这一复杂系统，要想取得良好的绩效，必须找到有效的管理方法，供应链管理思想就是在这种环境下提出的。

一、供应链管理思想的来源

1. 传统采购管理的进展

采购管理在企业管理中的重要性在提高。企业与原料供应商关系的变化，在信息、技术、资金、人员等方面有更多的交流。20世纪70年代日本的成功经验：企业与供应商建立特殊伙伴关系。企业与供应商的关系不仅仅是一种单纯的交易关系，还应该是更紧密的合作关系；合作关系体现为：供应商在产品开发上的早期参与；企业与供应商在计划、生产、质量、成本等方面互通信息；在成本和质量改进上互相帮助；双方在资金上的互相支持，供应商专门针对顾客企业所作的“顾客化投资”，双方在人员上的互相交流等。

2. 流通领域的变革：QR，ECR出现

20世纪80年代中期和90年代初期：出现快速响应（Quick Response，QR）；高效客户响应系统（Efficient Consumer Response，ECR）。1985年，美国服装业采用著名流通领域咨询公司KSA公司提出的QR系统后，服装生产周期从66周下降到21周，销售额增加了30%～60%，库存周转率提高了30%～90%。ECR是1993年KSA公司受美国食品业委托，在对美国食品零售业所作的现状调查的基础上提出的增强竞争力的另一个新系统。ECR提出了四个应该变革的领域：①高效的商品搭配；②高效的商品补充；③高效的促销活动；④高效的新商品开发。并提出了实现ECR所需的四种技术：①营销技术；②物流技术；③信息技术；④组织化技术。

3. BPR对供应链重构的推动

BPR（Business Process Reengineering，企业流程再造）对企业改进自己的供应链起了极大的促进作用。BPR的重要支持手段是信息技术，通过应用信息技术实现整个供应链上的信息共享，去除冗余步骤。各种ERP、SCM软件的推出是企业开展供应链管理的技术保障。

4. TOC（约束理论）

20多年前，E. M. Goldratt开发了一套OPT生产管理软件。为普及该软件，E. M. Goldratt将其原理写成畅销小说“The Goal”，销售了250多万本，获得巨大成功；E. M. Goldratt继续解决OPT存在的问题，提出了约束理论（Theory of Constraints）。约束理论的中心思想是：一个系统的产出速度和产出量取决于系统各个环节中的瓶颈环节，企业管理要改善这些瓶颈环节。

5. 跨国公司对SCM理论的贡献。

世界经济一体化进程加速，跨国公司的供应链变得更长、更复杂，SCM理念首先在跨国公司中实现；HP开发了用于SCM的决策支持系统，在改善各地区之间的运作方式上取得巨大成功；DEC很早就建立了全球供应链模型；美国三大汽车公司从20世纪80年代中期，就开始了新型供应链管理方式的探索，在建立伙伴关系、应用信息技术等方面都有极为可贵的经验。

6. IT与网络技术的推动

IT技术的进步：网络技术、Internet、EDI、C－S、Web技术的应用，使企业的技术手段增加，效率显著提高，基于网络的SCM成为可能。目前已有“E-Supply Chain”的提法。SCM面临的新问题：如何实现多种数据的集成，如何在网上建立伙伴关系，如何在供应链各成员之间分享网络带来的利益等。

7. 有关学术组织的推动

美国于1996年成立了 Supply Chain Council（SCC），该协会由两个咨询公司 PRTM 和 AMR 公司发起，现已有450个团体会员，大部分五百强企业以及很多软件供应商、咨询公司和学者等是该协会会员。SCC 提出了一个 SCOR（Supply Chain Operation Reference）的参考模型，提供统一用语、定义 SCM 流程、分析 SCM 活动的工具。该协会每年定期召开若干次国际会议，交流和探讨 SCM 的经验、研究成果等。

二、供应链管理定义

本章从这一大的背景出发，介绍供应链管理定义、原则、内容和供应链管理的目标、模式、基本任务，最后还需了解21世纪供应链管理效益及发展趋势。

1. 供应链管理定义

供应链管理作为管理学的一个新概念，已经成为管理哲学中的一个新元素。但在相关文献中，并没有关于供应链管理的明确定义或有关活动的清晰描述。以下是几个经典的对供应链管理的描述。

哈兰德（Harland）将供应链管理描述成对商业活动和组织内部关系、与直接采购者的关系、与第一级或第二级供应商的关系、与客户的关系等整个供应链关系的管理。斯科特（Scott）与韦斯特布鲁科（Westbrook）将供应链管理描述成一条连接制造与供应过程中每一个元素的链，包含了从原材料到最终消费者的所有环节。

供应链管理的广义定义，包含了整个价值链，即从原材料开采到使用结束整个过程中的采购与供应管理流程。巴茨（Baatz）进一步将供应链管理扩展到物资的再生或再利用过程。供应链管理主要集中在如何使企业利用供应商的工艺流程、技术和能力来提高他们的竞争力，在组织内实现产品设计、生产制造、物流和采购管理功能的协作。当价值链中的所有战略组织集成为一个统一的知识实体，并贯穿整个供应链网络时，企业运作的效率将会进一步提高。

由于广义供应链管理描述的价值链非常复杂，企业无法获得供应链管理提供的全部利益，因此产生了第二种较狭义的供应链管理定义：在一个组织内集成不同功能领域的物流，加强直接战略供应商、生产制造商、分销商、最终消费者的联系。通过利用直接战略供应商的能力与技术，尤其是供应商在产品设计阶段的早期参与，已经成为提高生产制造商效率和竞争力的有效手段。

第三种供应链管理的定义出现在研究批发商和零售商中的运输及物流文献中，它强调地理分布与物流集成的重要性。毫无疑问，物流是商业活动中一个重要的功能，而且它已经发展成为供应链管理的一部分。产品的运输和库存是供应链管理最原始的应用场所，但不是供应链管理定义中至关重要的组成部分。

2001年，我国发布实施的国家标准《物流术语》（GB/T18354—2001）对供应链的定义是："生产及流通过程中，涉及将产品或服务提供给最终用户的上游或下游企业所形成的网链结构"。并将供应链管理定义为："利用计算机网络技术全面规划供应链中的商流、物流、信息流、资金流等，并进行组织、协调与控制。"

2．供应链管理的内容

在相关的文献中，对供应链管理所涉及的范围和内容的论述比较少见。本书对供应链管理内涵主要涉及的四个主要领域：供应（Supply）、生产计划（Schedule Plan）、物流（Logistics）、需求（Demand）进行讨论，如图2－1所示。

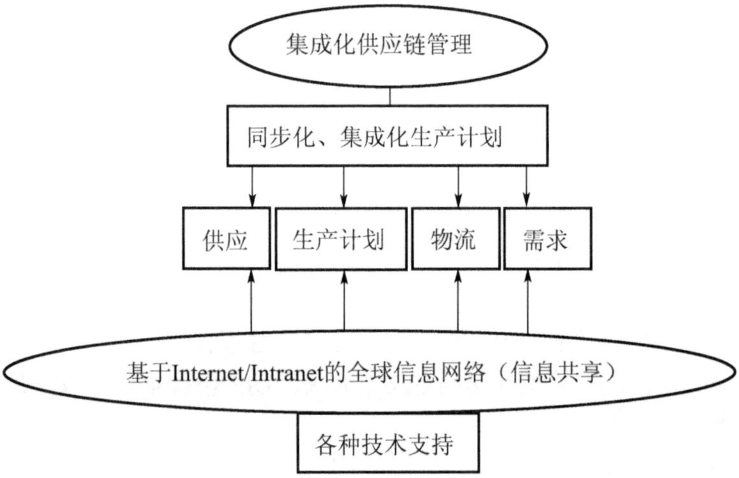

图2－1　供应链管理内容

供应链管理是以同步化、集成化生产计划为指导，以各种技术为支持，尤其以互联网为依托，围绕供应、生产作业、物流（主要指制造过程）、满足需求来实施的。供应链管理主要包括计划、合作、控制从供应商到用户的物料（零部件和成品等）和信息。供应链管理的目标在于提高用户服务水平和降低总的交易成本，并且寻求两个目标之间的平衡（这两个目标往往有冲突）。在以上四个领域的基础上，我们可以将供应链管理细分为职能领域和辅助领域。职能领域主要包括产品工程、产品技术保证、采购、生产控制、库存控制、仓储管理、分销管理；而辅助领域主要包括客户服务、制造、设计工程、会计核算、人力资源、市场营销。

由此可见，供应链管理关心的并不仅仅是物料实体在供应链中的流动，除了企业内部与企业之间的运输问题和实物分销以外，供应链管理还包括以下主要内容。

（1）战略性供应商和用户合作伙伴关系管理；

（2）供应链产品需求预测和计划；

（3）供应链的设计（节点企业、资源、设备等的衡量、选择和定位）；

（4）企业内部与企业之间物料供应与需求管理；

（5）基于供应链管理的产品设计与制造管理、生产集成化计划、跟踪和控制；

（6）基于供应链的用户服务和物流（运输、库存、包装等）管理；

（7）企业间资金流的管理（汇率、成本等问题）；

（8）基于互联网的供应链交互信息管理等。

供应链管理注重总的物流成本（从原材料到最终产成品的费用）与用户服务水平之间的关系。为此，须将供应链各个职能部门有机地结合在一起，从而最大限度地发挥出供应链整体的力量，达到供应链企业群体获益的目的。

三、供应链管理的原则及目标

1．供应链管理的原则

供应链管理既是一种新的管理模式，也是一种新的管理理论。在经济高速发展的今天，供应链管理是一项复杂的系统工程，已经从企业的内部延伸到企业的外部，覆盖面包括供应商、制造商、分销商、最终客户，涉及的领域极其广泛。供应链管理也是一门新的边缘性管理学科，供应链管理的原则如下：

（1）供应链管理必须站在一个战略的高度来对供应链中的核心能力和资源进行集成。

（2）供应链管理必须以客户为中心，使整个供应链成为一个具有高度竞争力的、能为消费者提供最大价值的源泉。

（3）强调供应链中贸易伙伴之间的密切合作，共享利益，共担风险。

（4）应用现代信息技术和通信技术，如条码技术、POS系统、电子数据交换等。

（5）遵从共同的标准和规范，将它们应用于原材料、产品、服务、运输单元和位置的标识。IAN（International Article Numbering Association）标识和自动数据采集标准是改进过程的重要部分。

2．供应链管理的目标

纵观我国近几年供应链管理的研究状况可以看出，供应链管理的概念应该拓展，至少应该包含如下几层涵义：供应链管理是一种基于横向思维的管理理论；供应链管理是一种横向集成管理模式；供应链管理的目标是在总成本最小化、客户服务最优化、总库存最少化、总周期时间最短化以及物流质量最优化等目标之间寻找最佳平衡点，以实现供应链绩效的最大化。

（1）总成本最小化。众所周知，采购成本、运输成本、库存成本、制造成本以及供应链的其他成本费用都是相互联系的。因此，为了实现有效的供应链管理，必须将供应链各成员企业作为一个有机整体来考虑，并使实体供应物流、制造装配物流与实体分销物流之间达到高度均衡。从这一意义出发，总成本最小化目标并不是指运输费用或库存成本，或其他任何供应链运作与管理活动的成本最小，而是整个供应链运作与管理的所有成本的总和最小化。

（2）客户服务最优化。供应链管理的本质在于为整个供应链的有效运作提供高水平的服务。而由于服务水平与成本费用之间的背反关系，要建立一个效率高、效果好的供应链网络结构系统，就必须考虑总成本费用与客户服务水平的均衡。供应链管理以最终客户为中心，客户的满意度是供应链赖以生存与发展的关键。因此，供应链管理的主要目标就是要以最低化的总成本费用实现整个供应链客户服务的最优化。

（3）总库存最小化。在实现供应链管理目标的同时，要使整个供应链的库存控制在最低的程度，“零库存”反映的即是这一目标的理想状态。因此，总库存最小化目标的达成，有赖于实现对整个供应链的库存水平与库存变化的最优控制，而不只是单个成员企业库存水平的最低。

（4）总周期时间最短化。当今的市场竞争不再是单个企业之间的竞争，而是供应链与供应链之间的竞争。从某种意义上说，供应链之间的竞争实质上是基于时间的竞争，如何实现快速有效的客户反应，最大限度地缩短从客户发出订单到获取满意交货的整个供应链的总周期时间已成为企业成功的关键因素之一。

（5）物流质量最优化。在市场经济条件下，企业产品或服务质量的好坏直接关系到企业的成败。同样，供应链管理下的物流服务质量的好坏直接关系到供应链的存亡。如果在所有业务过程完成以后，发现提供给最终客户的产品或服务存在质量缺陷，就意味着所有成本的付出将不会得到任何价值补偿，供应链的所有业务活动都会变为非增值活动，从而导致无法实现整个供应链的价值。因此，达到与保持物流服务质量的高水平，也是供应链物流管理的重要目标。而这一目标的实现，必须从原材料、零部件供应的零缺陷开始，直至供应链管理全过程、全人员、全方位质量的最优化。

从传统的管理思想来看，上述目标相互之间呈现出互斥性：服务水平的提高、总周期时间的缩短、交货品质的改善，必然以库存、成本的增加为前提，而无法同时达到最优。然而，通过运用供应链集成化的管理思想，从系统的观点出发，改进服务、缩短时间、提高品质与减少库存、降低成本是可以兼得的。

四、供应链管理的模式

供应链管理以先进的技术和理论为基础，利用有效的方法配合咨询技术手段来整合供应商、制造商、分销商和零售商，使商品可以按准确的数量生产；并在准确的时间配送到准确的地点。供应链管理有三种重要模式：协同商务、电子化企业和业务外包。

1．协同商务

在协同商务中，供应商、制造商、分销商、零售商和服务提供商以互利互惠、互信互补为原则，共同去面对市场竞争。协同规划可以让生产商和销售商共同制定生产预测，使生产更有目的性；协同供应可以在供需双方建立起真正完整的库存管理，达到供应链库存费用降低的目的；协同开发可以集中供应链上所有成员的智慧，进行产品设计，有效提高产品成功推出的机会，缩短产品周期。

事实上，供应链上游的设计和制造所要解决的问题和其中隐藏的利润要比下游更多。协同的市场关系可以让合作企业采用联合推广的方式推出产品，甚至可以分摊市场营销费用。协同商务的推行会引起企业文化和内部管理深层次的改变，也会使供应商、制造商、分销商、服务提供商之间的关系发生变化，带来企业经营管理模式的创新。

2．电子化企业

电子化企业是实施供应链管理的个体，电子化企业的竞争优势表现为真正意义上实现电子商务。电子化企业应具备企业信息门户、企业资源规划系统、电子供应链管理系统。系统是企业的电子门户系统，建立在协同商务的概念之上，它支持供应链企业的员工、客户以及合作伙伴间的交流平台，还支持与其他管理系统的连接。系统是企业内部的资源管理系统，集中企业内部价值链的所有信息，合理调配企业各方面的资源。实现电子化后，企业就可以通过收集大量信息来指导生产，真正实现用户需求拉动产品和供应链的运作，对整个供应链进行有效整合，在降低成本的同时提高服务水平，形成有效的竞争优势。

3．业务外包

外包辅助业务可以把企业有限的资源集中到企业的核心竞争力上，以便获得最大的投资回报，并可以充分利用合作企业的资源，获得最大的竞争优势。传统企业往往是“大而全”型，这通常会导致经营陷入困境、交货延期、库存过多等一系列问题。业务外包可以有效利用整条供应链的资源、缩短产品周期、节约资金、降低库存、减少经营风险，使企业获得更强的竞争优势。

五、供应链管理原理

供应链管理中蕴含着有别于传统管理的丰富的管理思想，有着深刻的哲理，应该进行深入的分析研究。而且，管理方法、手段、技术等的研究和应用应该基于正确的管理理论，应该以供应链管理原理为指导。

1. 资源横向集成原理

资源横向集成原理揭示的是新经济形势下的一种新思维。该原理认为，在经济全球化迅速发展的今天，企业仅靠原有的管理模式和自己有限的资源，已经不能满足快速变化的市场对企业所提出的要求。企业必须放弃传统的基于纵向思维的管理模式，朝着新型的基于横向思维的管理模式转变。企业必须横向集成外部相关企业的资源，形成“强强联合，优势互补”的战略联盟，结成利益共同体去参与市场竞争，以实现在提高服务质量的同时降低成本、在快速响应顾客需求的同时给予顾客更多选择的目的。

2. 系统原理

系统原理认为，供应链是一个系统，同时也是它所从属的更大系统的组成部分。从系统层次性的角度来理解，相对于传统的基于单个企业的管理模式而言，供应链管理是一种针对更大系统（企业群）的管理模式。

供应链的系统特征首先体现在其整体功能上。这一整体功能是组成供应链的任一成员企业都不具有的特定功能，是供应链合作伙伴间的功能集成，而不是简单叠加。供应链系统的整体功能集中表现在供应链的综合竞争能力上，这种综合竞争能力是任何一个单独的供应链成员企业都不具有的。其次，体现在供应链系统的目的性上。供应链系统有着明确的目的，这就是在复杂多变的竞争环境下，以最低的成本、最快的速度、最好的质量为用户提供最满意的产品和服务，通过不断提高用户的满意度来赢得市场。第三，体现在供应链合作伙伴间的密切关系上。这种关系是基于共同利益的合作伙伴关系，供应链系统目的的实现，受益的不只是一家企业，而是一个企业群体。因此，各成员企业均具有局部利益服从整体利益的全局观念。第四，体现在供应链系统的环境适应性上。在经济全球化迅速发展的今天，企业面对的是一个迅速变化的买方市场，要求企业能对不断变化的市场作出快速反应，不断地开发出符合用户需求的、定制的“个体化产品”去占领市场以赢得竞争。第五，体现在供应链系统的层次性上，供应链各成员企业分别都是一个系统，同时也是供应链系统的组成部分。

3. 多赢互惠原理

多赢互惠原理认为，供应链是相关企业为了适应新的竞争环境而组成的一个利益共同体，其密切合作是建立在共同利益的基础之上，供应链各成员企业之间是通过一种协商机制，来谋求一种多赢互惠的目标。供应链管理改变了企业的竞争方式，将企业之间的竞争转变为供应链之间的竞争，强调核心企业通过与供应链中的上下游企业之间建立战略伙伴关系，以强强联合的方式，使每个企业都发挥各自的优势，在价值增值链上达到多赢互惠的效果。

4. 合作共享原理

合作共享原理具有两层涵义，一是合作，二是共享。合作原理认为，由于任何企业所拥有的资源都是有限的，它不可能在所有的业务领域都获得竞争优势，因而企业要想在竞争中获胜，就必须将有限的资源集中在核心业务上。与此同时，企业必须与全球范围内的在某一方面具有竞争优势的相关企业建立紧密的战略合作关系，将本企业中的非核心业务交由合作企业来完成，充分发挥各自独特的竞争优势，从而提高供应链系统整体的竞争能力。共享原理认为，实施供应链合作关系意味着管理思想与方法的共享、资源的共享、市场机会的共享、信息的共享、先进技术的共享以及风险的共担。

5. 需求驱动原理

基于需求驱动原理的供应链运作模式是一种逆向拉动运作模式，与传统的推动式运作模式有着本质的区别。需求驱动原理认为，供应链的形成、存在、重构，都是基于一定的市场需求而发生的，并且在供应链的运作过程中，用户的需求是供应链中信息流、产品/服务流、资金流运作的驱动源。在供应链管理模式下，供应链的运作是以订单驱动方式进行的，商品采购订单是在用户需求订单的驱动下产生的，然后商品采购订单驱动产品制造订单，产品制造订单又驱动原材料（零部件）采购订单，原材料（零部件）采购订单再驱动供应商。这种逐级驱动的订单驱动模式，使供应链系统得以准时响应用户的需求，从而降低了库存成本，提高了物流的速度和库存周转率。

6. 快速响应原理

快速响应原理认为，在全球经济一体化的大背景下，随着市场竞争的不断加剧，经济活动的节奏也越来越快，用户在时间方面的要求也越来越高。用户不但要求企业要按时交货，而且要求的交货期越来越短。因此，企业必须能对不断变化的市场作出快速反应，必须要有很强的产品开发能力和快速组织产品生产的能力，源源不断地开发出满足用户多样化需求的、定制的“个性化产品”去占领市场，以赢得竞争。

7. 同步运作原理

同步运作原理认为，供应链是由不同企业组成的功能网络，其成员企业之间的合作关系存在着多种类型，供应链系统运行业绩的好坏取决于供应链合作伙伴关系是否和谐，只有和谐而协调的关系才能发挥最佳的效能。供应链管理的关键就在于供应链上各节点企业之间的联合与合作以及相互之间在各方面良好的协调。供应链的同步化运作，要求供应链各成员企业之间通过同步化的生产计划来解决生产的同步化问题，只有供应链各成员企业之间以及企业内部各部门之间保持步调一致，供应链的同步化运作才能实现。

8. 动态重构原理

动态重构原理认为，供应链是动态的、可重构的。供应链是在一定的时期内、针对某一市场机会、为了适应某一市场需求而形成的，具有一定的生命周期。当市场环境和用户需求发生较大的变化时，围绕着核心企业的供应链必须能够快速响应，能够进行动态快速重构。市场机遇、合作伙伴选择、核心资源集成、业务流程重组以及敏捷性等是供应链动态重构的主要因素。从发展趋势来看，组建基于供应链的虚拟企业将是供应链动态快速重构的核心内容。

第二节　供应链管理的基础

一、物流管理与供应链管理的联系与区别

供应链管理起初主要强调物流管理过程中在减少企业内部库存的同时，也应考虑减少企业之间的库存。随着供应链管理思想越来越受到重视，其视角早已拓宽，不再仅着眼于降低库存，其管理触觉伸展到了企业内外的各个环节、各个角落。

（一）物流管理与供应链管理的联系

供应链管理是一种流程的集成化管理，它包含了从供应商到最终客户提供产品、服务和信息以创造客户价值的整个流程，当代对于供应链管理的理解只是少许不同于集成化的物流管理。然而，对于供应链管理更广泛的理解正在出现，供应链管理包含了从源供应商提供产品、服务和信息以增加客户价值，到终端客户的所有流程的集成，它不再仅仅是物流的另一种称呼。供应链管理涵盖了物流管理中没有包含的要素，如信息系统集成、计划与控制活动的协调。供应链管理与物流管理的联系可以从物流管理和供应链管理两个方面分析。

1．从物流管理角度分析

（1）物流管理是供应链管理的一个子集或子系统。从各种关于物流管理和供应链管理的定义来看，有一点是一致的，即物流管理承担了为满足客户需求而对货物、服务从起源地到消费地的流动和储存进行计划与控制的过程。它包含了内向、外向和内部、外部流动，物料回收以及原材料、产成品的流动等物流活动的管理。而供应链管理的对象涵盖了产品从产地到消费地传递过程中的所有活动，包括原材料和零部件供应、制造与装配、仓储与库存管理、订单录入与订货处理、分销管理、客户交付、客户关系管理、需求管理、产品设计、预测以及相关的信息系统等。它连接了所有的供应链成员企业。从这个意义上讲，物流管理是供应链管理的一种执行职能，即对供应链上物品实体流动的计划、组织、协调与控制。也就是说，物流管理与供应链管理所涉及的管理范畴有很大的不同，物流管理是供应链管理的一个子集或子系统，供应链管理将许多物流管理以外的功能跨越企业间的界限整合起来。

（2）物流管理是供应链管理的核心内容。物流贯穿整个供应链，是供应链的载体、具体形态或表现形式（供应链的载体还包括信息流、资金流）。它衔接供应链的各个企业，是企业间相互合作的纽带。没有物流，供应链中生产的产品的使用价值就无法得以实现，供应链也就失去了存在的价值。因此，物流管理很自然地成为供应链管理体系的重要组成部分，它在供应链管理中的地位与作用可以通过供应链上的价值分布看出，如表 2－1 所示。

表 2－1　供应链上的价值分布　　单位：%

产品	产品	制造	分销
易耗品（如肥皂、香精）	30 ～ 50	5 ～ 10	30 ～ 50
耐用消费品（如轿车、洗衣机）	50 ～ 60	10 ～ 15	20 ～ 30
重工业（如工业设备、飞机）	30 ～ 50	30 ～ 50	5 ～ 10

物流价值（本处指采购和分销之和）在各种类型的产品和行业中都占到了整个供应链价值的一半以上。所以，物流管理是供应链管理的核心，有效地管理好物流过程，对于提高供应链的价值增值水平有举足轻重的作用。

2. 从供应链管理角度分析

（1）供应链管理是物流运作管理的扩展。供应链管理要求企业从仅仅关注物流活动的优化，转变到关注优化所有的企业职能，包括需求管理、市场营销和销售，制造、财务和物流，将这些活动紧密地集成起来，以实现在产品设计、制造、分销、客户服务、成本管理以及增值服务等方面的重大突破。鉴于成本控制对市场的成功非常关键，物流绩效将逐渐根据整个企业的 JIT 和快速反应目标做出评估。这种内部的定位要求高层管理将企业的战略计划和组织结构的关注点放在物流的能力上。

（2）供应链管理是物流一体化管理的延伸。供应链管理将公司外部存在的竞争优势机会包含在内，关注外部集成和跨企业的业务职能，通过重塑它们与其代理商、客户和第三方联盟之间的关系，来寻求生产率的提高和竞争空间的扩大。通过信息技术和通信技术的应用，将整个供应链连接在一起，企业将视自己和他们的贸易伙伴为一个扩展企业，从而形成一种创造市场价值的全新方法。

（3）供应链管理是物流管理的新战略。供应链管理在运作方面关注传统的物流运作任务，如加速供应链库存的流动，与贸易伙伴一起优化内部职能，并提供一种在整个供应链上持续降低成本以提高生产率的机制。然而供应链管理的关键要素在于它的战略方面。供应链管理扩展企业的外部定位和网络能力，将公司构造成一个变革性渠道联盟，以寻求在产品和服务方面的重大突破。

（二）物流管理与供应链管理的区别

物流管理与供应链管理虽然存在一定的联系，但也存在着众多的不同，主要表现在以下几个方面。

1. 存在基础和管理模式不同

任何单个企业或供应链，只要存在物的流动，就存在物流管理；而供应链管理必须以供应链导向为前提，以信任和承诺为基础。物流管理主要以企业内部物流管理或企业间物流管理这两种形式出现，主要表现为一种职能化管理模式；供应链管理则以流程管理为表现形式，它不是对多个企业的简单集合管理，而是对多个企业所构成的流程进行管理，是一种流程化的价值链管理模式。

2. 导向目标不同

物流管理的目标是以最低的成本产出最优质的物流服务。对于不存在供应链管理的环境，物流管理在单个企业战略目标框架下实现物流管理目标；对于供应链管理环境，物流管理指供应链物流管理，以供应链目标为指导，实现企业内部物流和接口物流的同步优化。而供应链管理是以供应链为导向，目标是提升客户价值和客户满意度，获取供应链整体竞争优势。

3. 管理层次不同

物流管理对运输、仓储、配送、流通加工及相关信息等功能进行协调与管理，通过职能的计划与管理达到降低物流成本、优化物流服务的目的，属于运作层次的管理。而供应链管理聚焦于关键流程的战略管理，这些关键流程跨越供应链上所有成员企业及其内部的传统业务功能，供应链管理站在战略层次的高度设计、整合与重构关键业务流程，并作出各种战略决策，包括战略伙伴关系、信息共享、合作与协调等决策。

4. 管理手段不同

既然物流管理与供应链管理的管理模式和层次都存在区别，其管理手段自然也不同。物流管理以现代信息技术为支撑，主要通过行政指令或指导，运用战术决策和计划来协调和管理各物流功能；供应链管理则以信任和承诺为基础，以资本运营为纽带，以合同与协议为手段，建立战略伙伴关系，运用现代化的信息技术，通过流程化管理，实现信息共享、风险共担和利益共存。

综上所述，物流管理与供应链管理在存在基础、管理模式、导向目标、管理层次以及管理手段等方面都存在较大的差别，但从管理范畴与内容上来说，物流管理是供应链管理的一个子集或子系统，同时也是供应链管理的核心内容。供应链管理是较物流管理更宽泛的一个概念，包括物流、市场营销、产品研发与设计等在内的所有业务流程的管理，其目的在于追求整个供应链系统的成本最低化、服务最优化及客户价值最大化；而物流管理是集中于货物、服务及相关信息有效率、有效益的储存与流动的计划、实施与控制，是供应链管理的一部分，其目的是通过物流这一子系统的最优化为供应链整体作出贡献。

二、供应链管理的特征

1. 管理目标呈现多元化特征和超常的性质

在传统的管理活动中，管理目标一般是针对现有问题来制定的，设计的管理行为主要着力于最终解决问题，因此管理的目标比较单一，以最终能解决问题为管理的追求。供应链管理的目标则较复杂，它不仅追求问题的最终解决，而且关注解决问题的方式，要求以最快的速度、最优的方式、最佳的途径解决问题。这就使得管理的目标既有时间方面的要求，也有成本方面的要求，同时还有效果方面的追求。

例如，“在最合适的时间，将合适的产品，以最低的价格送到合适的消费者手中。”这正说明了供应链管理的目标多元化。在供应链管理的各项目标中，有些目标以常规眼光来看是相互矛盾和冲突的。传统管理目标的定位主要是建立在企业自身可以利用的资源基础之上，即企业在确定管理目标时，是以现有的资源条件作为决策依据，强调目标的现实可行性。但在供应链管理中，企业的管理目标却往往较少受到自身资源实力的限制。这是因为通过内外资源的集成使用，企业可以超越自身实力来进行管理目标定位，从而延伸企业的目标，显示出超常的性质。

2. 管理视域极大拓宽

管理视域代表着管理主体行为的活动范围。管理视域越窄，管理行为就越受限制，管理的影响力度也就必然越小。在集成思想指导下，供应链管理的视域得到极大的拓宽，过去那种围绕企业内某具体部门，或某个企业、某个行业的点、线或面式的管理疆域，现在已被一种更加开放的全方位、立体式的管理空间所取代。在这里，管理的触角从一个部门伸到了另外一个部门，从企业内伸到了企业外，从本行业伸到了其他相关的诸多行业。总之，管理视域是全方位、立体状的，从而为供应链管理提供了充分自由的运作空间。

【知识链接】

零售业流传着一个著名的故事：就是纸尿布和啤酒的关系。一家超市连续几周发现，纸尿布和啤酒的销售有着极大的关系。啤酒畅销时，纸尿布的销量也比较好；反之，纸尿布销量增加时，啤酒的销量也会增加。经过分析，原来那些新爸爸在给婴儿买纸尿布的时候，一般会买一些啤酒。这样商家就把纸尿布和啤酒摆放在一起，结果这两者的销售出现了同等快速的增加。这样的商业信息不是靠人能够领悟出来的，它依靠的是商家强大的客户数据挖掘能力。只有信息化才能有这样的威力。

3. 管理要素更加多样，包容度大大增加

在过去的管理活动中，人、财、物是基本的管理要素。随着社会科技的进步，一方面，上述管理要素的内容不断演化更新；另一方面，各种新的管理要素也大量涌现，各种管理要素的重要性也相继发生转换。由于科技已上升为经济增长的主要推动力量，因而它在管理中的地位也变得至关重要。在供应链管理中，管理要素的种类和范围都比以往有更大的拓展。从人、财、物，到信息、知识、策略等，管理对象无所不包，几乎涵盖了所有的软、硬资源要素，因而使得管理者的选择余地大大增加，同时管理难度也进一步加大。尤其应引起管理人员注意的是，软性要素在供应链管理中的作用日渐重要。由于供应链管理中知识、智力的含量大大增加，在许多情况下，信息、策略和科技等软性要素常常是决定供应链管理成败的关键。

4. 管理系统的复杂度增加，系统边界日益模糊

从本质上来看，企业供应链管理行为既是由企业内在本质所决定的并受企业支配的各项活动的总和，又是随着外界环境的变化而变化并受外在环境刺激所作出的各种决策和对策的反应。供应链管理行为所涵盖的不只是企业内部的技术行为，而是涉及一系列广泛而又复杂的社会经济行为。它融合了宏观与微观、纵向与横向、外部环境与内部要素的交互作用，并且彼此之间形成一个密切相关的、动态的、开放的有机整体。而且，其中的各项要素之间又交织成相互依赖、相互制约、相互促进的关系链，从而使得供应链管理行为极其复杂，难以把握。另外，由于供应链管理打破了传统管理系统的边界限制，追求企业内外资源要素的优化整合，即企业的内部资源、功能及优势与外界的可以相互转化、相互协调、相互利用，形成一种“内部优势外在化、外部资源内在化”的态势，从而使管理的系统边界越来越难以确定。因此，在供应链管理中，必须运用非常规的分析方法，才有可能较好地把握管理系统的内在本质。

三、供应链管理的运营保障机制

供应链管理实际上是一种基于“竞争—合作—协调”机制，以分布式企业集成和分布式作业协调为保证的新型企业运作模式。供应链的管理过程包括两方面：一是通过产品技术、服务的扩散机制来满足社会的需求；二是通过市场的竞争机制来发展壮大企业的实力。

供应链管理通过合作机制、决策机制、激励机制、自律机制、反馈机制来实现满足客户需求、提高客户满意度、留住核心客户的目标，从而实现供应链管理的最终目标。

1. 合作机制

供应链本身就是一种企业联合体，合作是供应链能够发挥优势的关键，供应链合作机制体现了供应链上企业战略合作关系和各自资源的共享、集成与优化利用。通过合作机制，供应链上的企业采购、研发、生产、销售周期大大地缩短，而且通过采取新型的虚拟制造和动态协作联盟技术，提高了协作的工作效率，真正实现了一种更高级别的供应链集成模式。这种模式是为了使得供应链上企业动态、灵活地满足顾客需求而建立的，是基于时间竞争的，是未来发展的重要方向，具有很强的竞争优势。

2. 决策机制

供应链上企业的决策不仅仅是单个企业自己的事情，决策的依据也不仅仅是企业自身收集的信息，而是同链上的多个企业一起通过信息的共享，在开放的信息网络环境下，不断进行信息交换和共享，达到供应链企业同步化、集成化计划与控制的目的。企业必须改变以前传统的决策模式，进行决策的层次划分，不同层次的决策问题交由不同层次的协作部门来处理，最终实现决策的科学化、有序化。特别是决策支持系统的开发，更加有助于企业在基于开放性信息环境下进行的群体决策。

3. 激励机制

为了保证供应链的活力，必须引入一定的激励机制，只有建立在合理的利益分配基础上的供应链，才能实现合作、群体决策，并最终实现供应链整体在“TQCSF”几个方面有上佳表现［T（时间），Q（质量），C（成本），S（服务），F（柔性）］。激励机制的建立需要有客观、公正的供应链管理业绩评价指标和评价方法，这是理论界和实践界需要迫切解决的关键问题之一，也是导致供应链管理实践效率不高的一个主要问题。

4. 自律机制

供应链的自律机制需要链上的所有企业都要不断地提升自己，向行业内领先的企业看齐，并定期检讨自身存在的问题，通过对自己业务流程、服务质量、管理模式等进行绩效考核，不断地改进，以使企业能保持和发展自己的竞争力。企业通过推行自律机制，可以降低成本，增加利润及销售量，更好地了解竞争对手，提高客户满意度，提升企业信誉，企业内部部门之间的业绩差距也可以得到缩小，从而提高企业的整体竞争力。

5. 反馈机制

供应链的反馈机制是建立在以上四个基础上的，是自律机制的更高层次。为了保证供应链能够不断地发展，需要建立反馈机制，不断地强化供应链的服务能力、反应速度、合作效率等，最终提高供应链的整体竞争力。

四、供应链管理的竞争优势

供应链管理是一种集成的管理思想与方法，是提高供应链整体运作效率的整体管理模式。供应链管理强调核心企业与最杰出的企业建立战略合作关系。因此，它有以下几个基本的竞争优势。

（1）系统观念与系统整合。不再孤立地看待各个企业及各个部门，而是考虑所有相关的内外联系体。通过对业务流程的重组，实现供应链所属企业的整合，而不是将它们简单地连接起来。

（2）共同目标。满足顾客需求是供应链各参与方共同的绩效目标，供应链的运作由最终客户的需求来拉动，而不是由生产推动。

（3）主动积极的管理。对在供应链中与增加价值及成本有关的所有联系体进行积极主动的管理。

（4）企业间的协作。在企业主动关注整个供应链及其管理的同时，供应链中各成员之间的业务伙伴关系便得到了强化，这种新型的关系主要体现在共同解决问题与信息共享等方面。

（5）开发核心竞争能力。只有企业本身具有核心竞争能力，供应链业务伙伴关系才会持久。供应链网络利于借助其他企业的核心竞争能力来形成、维持乃至强化自身的核心竞争能力。

五、供应链管理的战略意义

1．对现代流通方式的创新

流通方式在传统称谓上一般称为批发和零售，即传统的批发在社会商品的流通中占据相当大的份额，对社会资源的配置起到巨大的作用。实际上在流通方式的革命中，我们一直都希望自己的商圈相对稳定，并积极寻求这一路径。供应链管理为我们提供了这一方法，所以说供应链管理是现代流通方式的创新，是新的利润源。在供应链中，上下游企业形成了战略联盟，因此它们的关系是相对稳定的。它们通过信息共享，形成双赢关系，实现社会资源的最佳配置，降低社会总的成本，避免了企业间的恶性竞争，提高了各企业和整个供应链及全社会的效益。供应链向我们展示了现代全新的流通方式。

2．加速现代生产方式的产生和发展

供应链管理是适应现代生产方式而产生和发展起来的现代流通方式，反过来，它的不断完善和水平的提高又加速了现代生产方式的发展。现代生产方式是依据比较优势的理论，以现代信息技术为手段，以企业的核心竞争优势为中心，实现全球化的采购、全球化的组织生产和全球化的销售。于是现代物流成为与现代生产方式衔接的枢纽，与现代物流共生的供应链管理成为现代生产和现代物流的有力工具。

3．改变现代社会竞争的方式

在传统的生产和流通中，竞争方式主要是企业之间的竞争，既有同业之间的竞争，也有供应链中上下游企业之间的竞争。这是一种低档次的竞争，往往以降价为主要手段，这种竞争的结果往往破坏了生产和流通的规律和次序，使企业的效益下降，更有甚者，导致了产品的加速灭亡。

现代的供应链管理使上下游企业形成战略联盟，社会竞争从企业的竞争转为供应链之间的竞争。竞争的核心是组织和管理手段的现代化程度，是现代信息技术更高水平的竞争。这将导致这个社会现代化程度的提高。

4．导致企业机构和供应链的重构

供应链的管理不仅是技术和管理方法，还涉及企业组织和产业组织的重构这样深层次的问题。要真正实施供应链的管理，在企业内部要进行业务流程的重构，企业组织机构的重构。在重构中，要冲破“大而全”、“小而全”的传统生产和流通方式，以核心竞争力的思想为指导；在企业外部要进行供应链的重构，选择好自己的战略联盟伙伴；规范联系的程序和技术，并对风险和利益进行合理的承担。

5. 促进现代信息技术的应用

由于利益主体的不同，供应链的管理比企业的管理更为复杂。特别是供应链各企业的地域分布更广，因此，现代信息技术是供应链管理必不可少的技术。在供应链管理的主要方法 ECR 和 QR 中，都运用了如 EDI、POS、自动补货（CAO）、预先发货通知（ASN）、厂家管理库存（VMI）等信息技术。它们在供应链管理中产生，反过来又促进了供应链管理的成熟和不断发展。

第三节 供应链管理形成动因及发展趋势

一、供应链管理的形成动因

首先，供应链管理是管理指导思想的转变。

自从1911年泰勒创建科学管理理论以来，管理学已经历了将近百年的历史，管理理论经过了五个阶段：①古典管理理论阶段；②行为科学理论与管理理论丛林阶段；③以战略管理为主的研究企业组织与环境关系的阶段；④企业再造阶段；⑤全球化和知识经济时代的组织管理阶段。在20世纪80年代以前，管理理论的大厦一直建立在亚当·斯密分工理论的基础上。强调分工成为传统管理模式的主要特征，这种管理模式一直持续到企业再造理论的产生。

20世纪80年代以后，随着以高科技为主导的时代的到来，经济增长的推动因素逐渐由劳动力、资本转为科技知识，世界经济一体化发展也越来越快，由此导致了人类社会实践的规模和范围越来越大，其复杂性也愈益增加。现代企业的任何一项管理活动，都要涉及大量的技术、经济以及政治、环境、社会心理和伦理等问题。许多问题是跨企业、跨国界的，它打破了传统分工的界限，管理的指导思想也从着重分工转为集成。这种管理哲学的变革，对供应链管理思想的产生起到积极的促进作用。

其次，由于全球化市场竞争越来越激烈，企业面临的风险也越来越大，企业仅靠自身已不能取得竞争优势，不得不联合起来，形成各种虚拟组织，以取得在市场中的领先优势。

最后，供应链管理产生的第三个动因来自于一个经济学原理，那就是交易可以使每个人或每个企业的状况变得更好。即使每个人或者每个企业在所有方面都不比别人强，还是能在交易中得到最大的利益。因此企业应该将自己的主要精力集中在最核心的业务上，其他业务可以外包出去，这样就可以最大限度地提高企业的获利能力。

二、供应链管理的发展趋势

21世纪，全过程可视的实时管理和高效率动作将使供应链管理实现划时代的广泛应用。各种各样的组织形式和管理因素相互作用构成了形形色色的供应链管理模式。随着经济的进步，我们可以看到供应链管理的发展趋势，主要表现在以下几个方面。

1．信息网络化

随着信息和通信技术的持续发展，互联网促进了物流市场的全球化。所有的企业包括供应者、接受者以及第三方物流企业都能从一个更为开放的信息中受益，通过使用这种信息，企业可以降低或消除不必要库存，改进计划，采取更为积极的措施，促进产品流的通畅，削减开支、改进服务。一个真实的不断增长的全球共享信息网络实现了物流超级供应链的广泛连通和信息共享，缩短了企业、机构等与其供应商的距离。通过应用这种网络化的信息平台，许多大型生产企业或物流公司在供应链管理方面取得了领先地位，如美国通用电气现在已通过互联网将其全球范围内的8万个供应商连接起来，并于1997年在网上向供应商订购价值10亿美元的产品，而在2000年网上订购量增长了5倍左右。

2．业务可视化

随着互联网的信息共享体系的形成，供应链管理可视化出现了一个比较严峻的问题。许多企业发现越来越多的重要商业信息完全在其各种商业伙伴（零售商、运输单位、物流服务单位等）的控制下，企业自身却无法实现可视。这显然和供应链一体化管理的原则相违背。理想的供应链系统应能使企业建立一个可视化系统，监督它的执行，分析它的结果和反馈，并能随时采取改进行动。这样一个可视化系统要求企业获得贯穿供应链上所有环节的必要数据而不仅仅是几个孤立的商业单元，能够从监督计划的执行到确定计划是否实际，到实时检测问题并采取及时的纠正措施等。也就是说，在物流企业整个业务处理过程中，要随时能够进行性能—计划分析，通过分析历史数据不断改进处理过程。

3．设计一体化

许多物流企业只从了解作为单一费用中心的日常订单处理、运输、储存、库存控制、包装和其他有关活动的角度出发，精心创建一些高效运作的部门，这些部门与公司内部其他部门或公司外部其他单位基本没有联系，导致部门运行结果并不能提高整个物流企业运作水平的尴尬局面的出现。设计一体化的思想正是纠正这种只重局部、忽略整体的现象。设计一体化要求物流经理们将大量精力投入到对顾客、产品或渠道水平等服务费用的研究上，关心产品是如何经原料、生产、采购、销售、流动而成为商品的，顾客最终是否满意等，实现对物流企业运作的整体研究与设计，从而提高管理物流供应链费用的能力和整个物流企业的收益率。在设计一体化中，基于行为的费用研究是十分重要的，这项研究将零碎的现象和有意义的管理性能测量相联系。收入情况应能反映采购、物料需求计划、生产计划以及销售费用控制的效果。此外，设计一个与公司内部的营销、销售、采购、财务、生产、配送、运输之间以及外部的顾客、供应者、运输企业、零售商之间的组织与过程连接的无缝信息通道也是非常重要的。

4．服务专业化

全球性的第三方专业物流公司是未来物流发展的主力军。作为物流系统集成商，第三方物流公司通过对其客户的集成，可以实现管理精细、井然有序的“多点停留配送”，在遍布世界的供应商、销售商之间进行原材料、零部件和产品的采购与传递等业务，提供共同运送、合并运送、海空托运与本地货运、客户代理、储存与配送等多种物流服务，在客户、运输公司、物流网点间建立起实时通信，实现高效的设备与设施管理、供需平衡。换句话说，是第三方物流企业管理着通向最终消费者的整个全球供应链。例如，一个生产和销售个人计算机及相关产品的全球性公司和一个第三方物流公司建立起合作关系，这一合作关系决定了第三方物流公司实现对计算机公司整个全球供应链的管理，负责在供应商、计算机公司工厂以及客户配送中心间制订计划，移动所有零部件和最终产品。由于第三方物流公司的参与，计算机公司可以全身心地投入产品的研发与生产，有效避免建立信息系统和库存所带来的沉没成本，与第三方物流公司其他客户共同货运实现数量折扣，利用第三方物流公司的陆海空货运服务扩大市场占有率，建立多种顾客联系通道以灵活满足顾客需要，等等。

5. 运输综合化

综合运输是国际货运的主要方式，每年运量超过相当于 930 万件 20 英尺标准集装箱的货物。许多大型公司凭借所掌握的现代管理计划和高效运作技术，不断抓住新的联运机会。

例如，日本丰田汽车公司在美国肯塔基佐治亚城的工厂能够每周 5 次收到来自于日本的汽车配件，这些配件首先在日本装入集装箱，然后通过横跨太平洋的海上运输，在美国东海岸转运火车到达佐治亚。这仅仅是丰田公司遍布 25 个国家 35 个制造厂的全球网络中一个联运供应链的例子。在美国和欧洲，综合运输是政府的一个优先发展战略。美国颁布的陆路综合运输法案批准在未来几年中投入数十亿美元帮助各州、地区改善各运输模式接口，力图以其作为催化剂，促进经济的增长，实现美国经济的持续发展。对联运资产的高级管理研究将是今后物流供应链管理的一个重要研究方向。

今后，水运资源、空运资源、支线公路与铁路系统资源以及专业的服务支持资源将作为一个相互连接的整体，从战略投资和优化配置与维护的角度进行系统管理，以保证为全球供应链提供持续、有效的支持。

6. 连接无缝化

在供应链管理发展过程中，相关系统、外部环境的协调发展是一个关键，实现和这些系统及环境的无缝连接，才能实现最终意义上的供应链全盘管理。作为物流企业供应链管理的最重要的连接单位，政府贸易辅助系统的应用举足轻重。

随着世界各国政府贸易及海关计算机辅助系统的应用与普及，物流供应链的环境条件必将得到极大改善，为实现供应链管理的各环节无缝连接创造了条件，保证了全球供应链管理的真正实现。

7. 大量定制化

大量定制化包括低成本、快速、高效地向顾客运送各种定制化的产品与服务。大量定制化从顾客需求差异中受益，为物流企业带来竞争优势。大量定制化奏效的关键是自治、高技能的工人、流程及模块单元，通过管理者对模块的重新配置、协调，满足顾客具体的需求。供应链管理技术涉及不同门类、不同专业、不同学科的先进技术和方法，供应链的部件生产与产品流通跨越多个公司或单位，这些构成了大量定制化的模块单元，信息技术的应用可以帮助管理者方便地将供应链动态网络中的不同模块协调起来，确保满足顾客需求的实现，从而实现差异优势。

戴尔电脑公司通过采用大量定制化的独特战略，成为全球个人电脑行业中一家举足轻重的公司。在戴尔的全球供应链系统中，顾客可以先提出自身要求，戴尔再按这些要求生产电脑。顾客订单通过互联网传入，订单系统与戴尔自身的供应链控制系统相嵌接，确保了库存恰好满足快速生产电脑的要求，降低了自身库存。同时，戴尔的供应商在戴尔工厂附近建立了仓库，使戴尔可以JIT式地订购零件。正是有效利用信息技术，实现从订单接收到管理供应链中的库存的整体事务，与许多供应商建立了战略集成伙伴关系，戴尔实现了大量定制战略，降低了零件在快速改变的电脑行业中过时的风险，实现了在台式电脑市场的领先地位。

三、供应链环境中的业务外包

根据荷兰斯特拉提克斯集团的爱伦·德·鲁吉的研究，在日本和欧洲，企业的平均生命周期为12.5年。在美国，有62%的企业平均生命周期不到5年，存活能超过20年的企业只占企业总数的10%，只有2%的企业能存活50年。美国1997年倒闭的企业有10万家。英国壳牌石油公司（Royal Dutch Shell）的一项调查表明，1970年名列美国《财富》杂志前500强的大企业，其生命周期只有40～50年，到1983年它们有1/3已经消失。

【知识链接】

美国凡士通（Firestone）轮胎公司曾是全球著名的老牌轮胎生产企业，它把固特异（Good Year）轮胎公司视为主要的竞争对手。但在20世纪70年代，一家著名的法国轮胎公司进军美国轮胎市场，它的主要产品是最新发明的子午线轮胎。由于未能有效地做出战略调整，到1979年凡士通公司已经陷入困境。在20世纪80年代末，凡士通公司被一家著名的日本企业普林斯通（Bridge Stone）轮胎收购。

传统企业通过“纵向一体化”实现对资源的直接控制，适合于市场环境相对稳定的情况，企业通过规模效益得到发展。但是在强调快速满足用户需求的今天，拥有大量的子公司、设备或雇佣大量的职工并不一定能达到此目的，相反，这种对“原材料—制造—分销—销售”全过程控制的管理模式已经不再具有吸引力。

在当前这种竞争世界中，企业欲获得竞争优势，必须从企业与环境出发，培育自己的核心竞争力。供应链管理强调的是把主要精力放在企业的关键业务（企业核心竞争力）上，充分发挥其优势，同时与全球范围内的合适企业建立战略合作关系，企业中非核心业务由合作企业完成，这就是所谓的“业务外包”（Outsourcing）。实施供应管理的企业可以通过业务外包，获得比单纯利用内部资源更多的竞争优势。

（一）企业的核心竞争力

所谓核心竞争力，是指企业借以在市场竞争中取得并扩大优势的决定性力量，首先阐述这一概念的是美国著名管理学家普兰·哈拉德与赫梅尔，他们于1990年在权威杂志《哈佛商业评论》上发表了题为《公司的核心竞争力》的文章。随后核心竞争力这一概念成为欧美企业界和管理学界的讨论热点，不少商学院开设了专门分析公司核心竞争力的课程。核心竞争力有以下几个特点。

1. 核心竞争力的价值性

核心竞争力对于实现客户看重的价值能够做出显著的贡献，如降低成本、提高产品质量、提高服务效率等。

尽管可能存在着强大的竞争作用力，核心竞争力的价值性可以使企业在与同行业竞争者的竞争中受到保护，因为企业相比其他竞争者更能满足消费者某一方面的需要，并且这种价值能够为客户所感知，从而在竞争中占有优势。

核心竞争力的价值性也体现在企业提供的产品和服务中，受消费者欢迎的产品可以为购买方带来收益，客户与企业的合作可以相互提供价值。

客户的忠诚以及竞争对手创造同样价值需付出的努力就构成了潜在竞争者的进入壁垒。而且核心竞争力的价值性可以为客户提供可感知的价值，这种价值往往是不可替代的，并且具有积累性和存量的特征，会随着企业的经营不断加强，从而防御来自替代品的威胁。

2. 核心竞争力的不可模仿性

核心竞争力之所以能够成为竞争优势的持续来源，使企业在激烈的行业竞争中长期屹立不倒，根本的原因是其具有不可模仿性。在同行业竞争中，核心竞争力的不可模仿性保证了企业的竞争优势难以被模仿和超越，始终保持企业所提供的产品和服务的差异性，使企业始终在同行业竞争中处于优势地位。这种不可模仿性同时限制了购买者的选择空间，购买者无法在行业中得到同质或相似的产品和服务，使其难以产生对企业产品价格的敏感性，从而削弱了客户讨价还价的能力，保证了企业的主动性。

通过形成产品和服务的差异化，不可模仿性意味着企业的经营流程有别于同行业内的其他企业，同时终端产品的差异性会给企业带来较高的收益，也可以在某种程度上缓解来自供应商的压力。构成不可模仿性基础的一系列有形与无形的模仿障碍，一方面通过建立起强大的进入壁垒，可以有效地将潜在竞争者挡在行业之外；另一方面当企业面对替代品威胁时，其所处地位会比其他竞争对手更为有利。

3. 核心竞争力的延展性

企业在某一方面的核心竞争力一旦形成之后，可以支持公司向多个产品或服务领域发展，而不是只适用于某一种产品或服务。核心竞争力的延展性，实际上是为企业在同行业竞争中开辟了后路，一旦竞争环境恶化，企业可考虑在相关行业求得发展。

延展性为企业提供了进入相关行业的可能，可以有效防御来自供应方和购买方的威胁，因为企业在条件成熟时，可以通过基于核心竞争力的纵向一体化实现对产供销的控制。而竞争优势的可转移性，使企业在面临潜在进入者和替代品的威胁时，具有更加灵活的选择。

由以上分析我们可以看出，集中资源加强对企业核心竞争力的培育，可以作为企业的另一种有力的竞争战略加以实施。培育核心竞争力的战略，能够通过实现价值性、不可模仿性和延展性三方面的特征，有效防御行业其他竞争力的威胁，建立起企业的持续竞争优势。企业能够在市场竞争中长久发展，并不是光靠表面的策略，关键是企业能否找到自己的核心竞争力，并且利用它向外发展。

既然市场竞争强调企业根据自身特点，专门从事某一领域、某一专门业务，在某一方面形成有自己特色的竞争能力，这就促进企业全力打造自己的核心竞争力，而将其他非核心竞争力业务外包给其他企业，即所谓业务外包。

（二）业务外包的两种典型形式

1. OEM生产模式

OEM（Original Equipment Manufacture）的中文含义为“原始设备制造商”。OEM也代表发包方或委托方。所谓OEM生产模式，主要是指拥有自主产权的企业利用自己掌握的“关键核心技术”，负责产品的设计开发、市场营销等专业业务，而把具体的生产加工业务委托给其他EMS（Electronic Manufacturing Services，“电子制造服务商”，也代表承包方、受托方）企业承担。

在我国，OEM生产模式常被称为委托加工、专业代工、委托生产和贴牌生产等。按照这种模式所生产的产品常被称为OEM产品。如今，由于客户的需求日新月异，产品生命周期不断缩短，全球市场面临更加激烈的竞争。为了加快产品上市、抢占市场份额，同时尽可能降低生产成本，许多行业的OEM厂商纷纷扩大了业务外包的比重，与EMS供应商缔结更加紧密的战略合作。OEM厂商致力于产品研发、市场营销和售后服务，而EMS供应商所提供的专业代工服务具有更强的独立性、更大的创造性和更大的规模经济效益，不仅能够为OEM厂商提供生产制造的代工服务，而且有能力为OEM厂商实现某种零部件的技术革新，甚至完成产品的全部技术更新。特别是在电子信息产业中，大到网络服务器、个人电脑、笔记本电脑，小到打印机、显示器、扫描仪、键盘、音响等，绝大部分都是OEM产品。

对于OEM厂商而言，通过利用EMS方提供的全方位制造服务，可以节省设备投资成本、往来运送及零件库存成本，从而加快资金周转。对于EMS承包商而言，一方面，由于同时为许多客户采购通用零部件，使自己与零部件供应商之间建立起长期、良好的合作关系，在零件的获取与缺货的调度方面处于有利地位，而且能够利用规模经济效应，大大降低采购成本和生产成本；另一方面，由于应用供应链管理等现代化管理手段，能够实时获取企业内各部门的资料进行分析及决策，从而帮助OEM厂商提高生产竞争力、降低营运管理成本。因此，OEM生产模式使OEM厂商和EMS供应商实现了“双赢”。

【小知识】

“我们考虑得最多的是经济的生产规模，在产品零部件的技术发展趋势上，我们掌握的信息比OEM厂商还要多，因此，在生产中我们比OEM厂商更懂得如何降低成本，这是他们不得不依赖EMS供应商的重要原因，而我们则通过增加承揽外包业务来增加公司的利润。”

——全球最大的EMS供应商美国旭电公司的技术副总裁：贝尔康

近年来许多跨国公司纷纷将自己的制造、组装甚至测试业务都外包给EMS，如思科、爱立信、摩托罗拉、IBM和诺基亚等，使得EMS市场每年以20%～25%的增长率快速成长。目前，OEM厂商选择合作伙伴的策略已发生了明显变化。以前，它们多是与本地EMS合作，只有38%的OEM与提供全球服务代理的EMS进行合作，但自2000年起，OEM开始要求与其合作的EMS方必须具备全球制造和发货配送的能力，2002年后全球性制造和服务方面的业务外包比重提高到56%。

2. 物流业务外包模式

物流业务外包的主要目的是通过将物流业务外包来获得高水平的服务和实现高质量的物流运作，同时减少成本，避免在物流设施建设中投入大量资金。据物流界权威的调查表明，有一半的企业由于业务外包而改善了对物流的控制；美国、日本和韩国等在欧洲的配送中心业务有三分之一是由第三方物流公司管理的；在英国，早在1997年，配送中心与商店间的配送业务就有近47%是由外包实现的。近年来，在物流业务外包的运作中，不断涌现出新型的业务方式和管理模式，如第三方物流、第四方物流、供应商管理库存等，本书将在后面的章节详细介绍“物流业务外包”内容。

（三）企业的业务外包形式

20世纪90年代以来，激烈的市场竞争和快速多变的市场需求使企业面临不断缩短交货期、提高质量、降低成本和改进服务的压力。企业单靠自己的力量往往力不从心，要取得竞争优势，就要把主要精力放在关键业务上，充分发挥其优势，同时与外部合适的企业联系，把非关键业务交由它们完成，这就是业务外包。

业务外包的出现与企业经营观念的转变有着直接的关系。传统观念认为，企业只有拥有一切经营条件，并自己从事业务活动，才能获得竞争力。但是随着20世纪80年代后期柯达等公司业务外包的成功运作，人们逐渐认识到评价企业的真正尺度不是销售规模和员工人数，而是投资回报率。受此思想的影响，企业不再过分追求规模和业务量的大小，而是注重关键业务，把那些与核心业务无关的工作委托给外部企业完成。业务外包实质上是借用、整合外部资源以提高竞争力的资源配置方式。在这种方式下，企业可以获得诸如生产、设计、研发、营销、管理等功能，但却不一定拥有上述功能相应的实体、组织，突破了企业有形的组织界限。我们常见的外包形式有以下几种。

1. 生产外包

最早出现的外包就是劳动密集型产业生产部分的外包，如可口可乐、波音、戴尔、耐克这些国际企业，本身不直接生产产品，而是集中公司资源，专营附加值最高的业务，生产则委托人工成本较低的国家代为加工生产。

这些厂商或拥有设计，或拥有品牌，或在销售上具有独特竞争优势，所以他们将生产过程外包给了其他厂商，从而获取了更大的利润。

2. 销售外包

销售外包有两种形式：一是销售代理，二是特许经营。

（1）销售代理。国外品牌如IBM、微软、康柏等著名计算机厂商进入中国市场都是采用销售代理的方式来实现的。过去，很多生产企业在全国甚至全球各地投资建设营销分公司、办事处，投资巨大不说，管理难度也很大。而现在，更多的企业开始用招募代理、经销商的方式构建经销渠道。这些企业在组织销售产品时，不再专门花费时间和精力去组建自己的销售网络，而是将产品销售交给专业的销售代理公司去做，以取得最佳效果。

（2）特许经营。庞大的麦当劳帝国在全球拥有数万家特许专营店，每年完成数百亿美元的销售额，而其中的绝大部分，是麦当劳并不拥有产权的特许店所完成的。特许经营企业总部利用自己最擅长的部分如品牌、技术、配方、专利等优势，来吸引其他企业投资，专门从事该特许经营品的销售、推广等工作。特许经营是销售外包的一种形式，特许经营企业总部不需要将大量精力放在选址、建店、招募工人、管理店铺等工作上面，只是要求这些特许加盟者按照成熟的管理、培训手册进行运作，凭借其优势项目收取特许经营费，从而实现盈利和扩大市场的目标。

3．脑力资源外包

脑力外包就是把企业管理层面上的业务如产品设计、技术创新、对外公关、人员培训等发包出去，让这方面的专家打理。比如研发外包，就是企业将价值链上研究开发这一个环节外包给外部做研发更优秀的企业，以达到合理利用资源、增强企业竞争力的目的。

4．管理外包

企业将一部分管理职能交给外部专业公司来进行，比较常见的有财务管理、后勤管理、办公行政管理、人力资源管理、物流管理等。企业节省了管理方面的开支，从繁杂的日常管理事务中解脱出来，专注于创造利润的部分，从而确保市场优势。

以上的外包模式既可以单独采用其中的一种，也可以根据企业、市场的需要进行组合利用。企业可以作为众多外包服务企业的组织者和策划者，把有关生产、销售、研发、管理等业务进行外包，本身占据核心统帅地位，根据其对市场的理解、分析与预测，不断调整改变外包的内容、合作伙伴与合作范围、期限等，以期尽快、最大量地占领市场，取得良好的效益。

对企业而言，因外包所带来的利益有：

（1）因获得服务所产生的成本降低；

（2）企业组织降低的人事成本；

（3）服务交送的弹性；

（4）取得专业知识；

（5）服务改善；

（6）额外的管理时间；

（7）专注于核心服务；

（8）品质改善；

（9）资本投资减少；

（10）资金流通。

供应链管理改变了企业的竞争方式，将企业之间的竞争转变为供应链之间的竞争，尤其是在业务外包思想的指导下，强调核心企业通过和供应链中上下游企业之间建立战略伙伴关系，以强强联合的方式，使每个企业都发挥各自的优势，在价值增值链上达到“共赢”的效果，这种竞争方式改变了企业的组织结构、管理机制、企业文化，形成了一种新的企业模式。

四、全球供应链管理发展趋势

（一）全球供应链管理发展趋势的表现

随着经济的进步，我们可以看到供应链管理的发展趋势，主要表现在以下几个方面。

1．时间与速度方面

越来越多的公司已认识到时间与速度是影响市场竞争力的关键因素之一。现在对时间与速度的重视已扩大至其他领域，尤其是在供应链环境下，时间与速度已被看作是提高整体竞争优势的主要来源，一个环节的拖沓往往会影响整个供应链的运转。供应链中的各个企业通过各种手段实现它们之间物流、信息流的紧密连接，以达到对最终客户要求快速反应、减少存货成本、提高供应链整体竞争水平的目的。

2. 质量方面

物流供应链管理涉及许多环节，需要环环紧扣，并确保每一个环节的质量。因为一个环节如运输服务质量的好坏，直接影响到供应商备货的数量、分销商仓储的数量，最终影响用户对产品质量、时效性以及价格的评价。厂商们开始认识到，即使其产品在其他方面都有出色的表现，一旦交付延迟或损坏，都是客户所不能接受的。劣质的物流业绩会毁灭产品在其他方面的出色表现。

3. 资产生产率方面

另一个将改变物流供应链管理的因素是货主越来越关心资产生产率。在改进资产生产率方面，一直很受重视的是存货水平的减少和存货周转的加快，因为存货所发生的费用是资产占用的重头部分，减少存货可以减少存货成本。固定设施如仓库的投资也是影响资产生产率的重要方面，通过减少存货和利用公共仓库而减少自有仓库已成为明显的趋势。与此类似的还有减少自有运输工具增加外包。

4. 组织方面

当前对物流供应链管理有重要影响的一个趋势是货主开始考虑减少物流供应商的数量，这个趋势非常明显与迅速。跨国公司客户更愿意将它们的全球物流供应链外包给少数几家，最好是一家物流供应商。因为这样不仅有利于管理，而且有利于在全球范围内提供统一的标准服务，更好地显示出全球供应链管理的整套优势。虽然跨国公司希望只采用有操作全球供应链能力的少数几家物流供应商，但目前还没有一家物流供应商声称能够完全依靠自身实力满足，因此，物流供应商间的联盟应运而生。

5. 客户服务方面

另一个对物流供应链管理具有影响的趋势是对客户服务与客户满足的重视。传统的量度是以“订单交货周期”、“完整订单的百分比”等来衡量的，而目前更注重客户对服务水平的感受，服务水平的量度也以它为标准。例如，一些公司已采用订单准时交送的百分比、订单完整收到的百分比（货损货差率）、账单准确的百分比等指标。客户服务重点的转变的结果便是重视与物流公司的关系，并把物流公司看成是提供高服务水平的合作者。

（二）全球供应链管理发展的十大趋势

对于一个企业来讲，供应链管理发展是企业发展的重要因素，如何良好地发展，需要知道十大全球供应链发展趋势。

（1）全球化加剧引发企业进行大规模的组织结构调整，以适应全球供应链的组织结构的需要。

（2）降低成本和确保进入本土市场的压力，持续成为驱动全球化加速的动因。

（3）尽管每一全球化的行动可以平均缩减17%的成本，许多公司仍然难以认识到管理成本方面的节省。

（4）全球化的主要目标国家集中在中国和印度，东欧也逐渐成为首选的外包目的地。

（5）产品的质量与安全以及供应链物流及安全性是供应链战略全球化扩张的最重要的考虑因素。

（6）缺少的供应链的弹性以及管理合作伙伴的内部能力是全球化战略实施的主要障碍。

（7）环境的可持续发展是未来全球化战略发展的主要考虑因素，而且日益受到合格性和满足客户需求的驱动。

（8）由更高层次的供应链实施所带来的供应链成熟度的变革，使供应链呈现出发展后的停滞期。

（9）未来，对更进一步的供应链弹性的需求将超过产品质量与客户服务，成为改善供应链战略的主要的驱动因素。

（10）首席运营官跨行业及地区的工作日程正倾向于供应链弹性和业绩的改善。

五、供应链管理在我国企业中的应用

近年来供应链管理的研究主要集中在供应链管理的战略管理体系方面，研究内容扩展到了与所有加盟企业的长期合作关系，特别集中在如何合作制造、怎样建立战略性合作伙伴关系方面，突破了仅仅研究供应链连接这一类狭隘的问题，其内容已远远超越了供应链出现初期的那种以短期的、基于某些业务活动的经济关系的研究，现在更偏重于供应链同步化管理、供应链运营的长期计划和控制的研究。

国内目前才刚刚开始对供应链管理的研究工作。过去国内企业对供应链的关注主要集中在供应链上的一小段——供应商与制造商这一层面，研究的内容主要局限于供应商的选择和定位、库存的减少、成本的降低、质量控制、供应链连续性和经济性保障等问题，没有考虑从供应商、分销商、零售商到最终用户的完整供应链上的各个问题，更没有着重考虑和研究供应链管理的战略性等问题。因此，目前在我国还没有形成真正意义上的供应链，供应链管理的研究与应用也显得不够深入。

为了适应国际供应链管理发展的需要，我国企业必须真正按照“链”的特性进行企业流程改造，使供应链上的每个节点企业都具有自组织和自适应的能力。我国企业在应用供应链管理的过程中需要关注以下几点。

1. 供应链系统的设计

如何将供应商、制造商、协作商和分销商有机地集成起来，使之结成相互关联的利益—风险动态联盟，是企业进行供应链管理首先需要设计解决的主要问题。在这里，企业首先考虑其内部环境的集成情况、对市场需求的满足能力、可能的合作伙伴、与合作伙伴的密切程度、合作的策略等问题。在供应链管理的指导思想下，不仅要考虑企业内部因素的影响，而且还要考虑供应链外部因素对产品、成本和服务的影响。设计供应链系统的目的，就是为了扩大企业生产、设计、资源能力的范畴，把影响和阻碍企业生产运行的因素延伸到企业外部，借助于供应链上所有企业组成的联合共同体来消除这些不利因素，以满足市场需求。因而，供应链系统设计是供应链管理实现的重要内容。

2. 供应链数据信息的统一和集成

集中协调不同企业的关键数据是供应链管理有效运作的基本要求。这里所说的关键数据是指反映供应链企业运作和管理状况的信息，如订货预测、库存状态、缺货情况、生产计划、销售计划、运输安排、在途物资、采购申请等数据。为便于管理人员迅速、准确地获得各种信息，应该充分利用网络、通讯、信息处理等技术手段实现供应链关键数据信息的集成，达到共享供应链管理所需重要信息的目的。

3. 集成化的管理控制模式

供应链上的节点企业都不是孤立存在的，其中任何一个企业的生产、计划与控制、决策都会影响整个供应链上其他企业的相关活动，因此，供应链企业需要运用系统论、协同论、精细生产等理论与方法，研究适应于供应链管理的集成化生产、计划与控制模式以及决策支持系统。

4. 供应链系统的组织改造

现行企业的组织结构都是以职能部门为核心来构建的，比较适应于独立部门执行任务的管理方式，但不适应于供应链管理这种讲究横向合作的业务运作。因此，必须基于供应链管理的要求研究供应链及其企业的流程重构问题。为了保证供应链上不同的企业在不同的地域由多个部门协同工作以取得整个供应链系统最佳的效果，必须根据供应链的特点优化运作流程，确定供应链系统的组织架构以及管理模式。

5. 符合国情的供应链绩效测评体系

供应链管理不同于单个企业的管理，因而其绩效评估和激励系统也有所不同。在设计新的组织结构和激励机制的时候，必须考虑与新的绩效测评体系相一致。

复习思考题

一、简答题

1. 什么是供应链管理？供应链管理的重点在于解决哪些问题？
2. 供应链管理过程包括哪些基本内容？
3. 供应链管理以先进的技术和理论为基础，包括哪些重要模式？
4. 怎样理解供应链管理的运营保障机制？
5. 随着经济的进步，我们怎样看供应链管理的发展趋势？

二、不定选项题

1. 供应链管理形成的动因有（　　）。
   A. 物流管理的落后
   B. 计算机网络的发展推动了制造业的全球化、网络化过程
   C. 传统的企业组织中的采购、生产、销售看似整体，但却缺乏系统性和综合性的企业运作模式，无法适应网络化竞争的社会发展需要
   D. 企业追求集成带来的实际效果，即集成效应
   E. 政府的宏观调控
2. 以下关于供应链管理的叙述中不正确的是（　　）。
   A. 供应链管理是制造商与它的供应商、分销商及用户协同合作，为顾客所希望并愿意为之付出的市场，提供一个共同的产品和服务
   B. 供应链管理所涉及的理论源于产品的分销和运输管理，因此供应链管理就是后勤管理
   C. 供应链管理是计划、组织和控制从最初原材料到最终产品及其消费的整个业务流程，这些流程连接了从供应商到顾客的所有企业

D. 供应链管理更着重于从原材料商到最终用户所有关键业务流程的集成，因此许多非后勤管理的流程也必须集成到供应链管理中来

3. SCM关键的第一步即（　　）。

A. 需求管理　　B. 客户关系管理

C. 库存管理　　D. ERP管理

4. 企业内部的供应链管理关注企业内部资源的调配，主要应用供应链管理系统和（　　）编制出基于物料和能力约束的企业计划。

A. DRP　　B. ERP　　C. MRP　　D. MRPⅡ

5. 在经济高速发展的今天，供应链管理已经从企业的内部延伸到企业的外部，覆盖面包括供应商、制造商、分销商、最终客户，涉及的领域极其广泛。下列不是供应链管理的目标的是（　　）。

A. 物流质量最优化　　B. 客户服务最优化

C. 总库存最小化　　D. 资源配置最优化

6. 与传统企业管理相比，（　　）不属供应链管理的战略意义。

A. 对现代流通方式的创新　　B. 加速现代生产方式的产生和发展

C. 改变现代社会竞争的方式　　D. 导致企业机构和供应链的冲突

7. （　　）不属于供应链管理的基本特征。

A. 管理目标呈现多元化特征和超常的性质

B. 管理视域极大拓宽

C. 管理要素更加多样，包容度大大增加

D. 管理系统的复杂度减少，系统边界日益清晰

8. 物流供应链合作关系发展的主要特征是以（　　）为核心。

A. 集成/合作　　B. 产品/物流　　C. 供应/服务　　D. 物流/信息

9. 企业供应链营销竞争的关键是（　　）。

A. 以效率最大化为中心　　B. 节约成本，创造价值

C. 以顾客满意度为中心　　D. 以市场需求为导向

10. 企业供应链营销的中心是（　　）。

A. 以效率最大化为中心　　B. 节约成本，创造价值

C. 以顾客满意度为中心　　D. 以市场需求为导向

【课后案例】

广百股份：全程供应链管理，再造竞争优势

说起零售业内的竞争，无论是国际上的零售大佬还是国内的零售龙头企业以及普通的百货公司，大家的心情几乎一样，就像一位业内人士所说："零售业的竞争可以用'惨烈'两个字来形容！"

但是竞争惨烈不表示没有出路，在这场没有硝烟的战争中，谁能够笑到最后，就看谁能够在竞争中推陈出新，谁能够充分利用信息化的手段，从而保证自己无论是对供应商还

是对消费者都能够占据绝对的优势。

广州市广百股份有限公司（下简称广百），在经过上市融资后，拿出2 800万元用于广百信息化平台的升级改造，从而协助广百股份的信息化建设实现从最初的单项管理到企业全面业务系统应用，同时在完成内部业务系统集成整合的基础上，广百开始了全程供应链管理建设。

1. 竞争惨烈急需改革创新

说起如何在群狼窥视下获得百货业的竞争胜利，一位业内人士就指出，“竞争是市场经济的代名词，要想获得利润，就必须要在竞争中获得胜利。那么如何才能够在这场竞争中获胜呢？其实，国家商务部在关于百货分等定级的评价标准中，已经给出了暗示，就是提出不论对于达标百货企业还是金鼎百货企业都要充分利用电子商务”。

其实，对于全程供应链管理，零售业内人士都深知它能够为企业再造竞争优势，而且已经有很多企业在纷纷加快供应链管理的投入与建设，以适应连锁零售多业态、快速扩张和有效管理的需求。

“作为华南地区零售业的龙头企业，我们当然不会放松警惕，广百的信息化建设很早就开始着手，从2007年开始，就提出了要建设全程供应链管理。要想继续保持广百的龙头企业的地位，必须加快速度，完成项目的基础部署，并尽快实现本企业和节点企业的普及应用，从而抢占竞争先机。”作为广百信息化实施的主要参与人，毛祖铁对于全程供应链管理有着更加清醒的认识。

同时，广百的相关负责人还指出，广百的供应链管理需求，既要求通过广百股份和供应商的促销协同实现对消费者群体的有效争夺，同时通过供应商管理、合同管理、商品管理、结算管理、订/退货管理、销售/库存数据共享等实现与上游供应商的互动；又要求建立有效的B2C信息门户，以强化企业和消费者的信息沟通渠道。这一基于全程供应链管理应用的构想，能有效提升广百供应链管理能力和由此带来的市场竞争能力。

2. 多赢互利，共建系统

众所周知，许多企业在IT投资方面都遇到了巨大的“黑洞”，原因是项目初期不仅有巨额的硬件投资，还需要企业长期投入庞大的持续运营成本。而且，由于系统自建和持续运营的成本巨大，按管理信息化投资的合理回收期，至少需要3～5年才能平衡。所以，要建设全程供应链管理系统，广百还要面临投入风险、收入风险、竞争风险、安全管理、技术差异、实施难度、企业掌控、机会成本和供应商体验等各方面的挑战与风险。

如何解决这些风险呢？经过多方考察论证，广百最终决定采用由自己投资进行硬件建设，而软件投资和供应链服务运营服务则由专业的第三方供应链管理服务商——广州合智创享信息科技有限公司负责，以服务收入双方分成的方式，构建广百全程供应链管理系统，从而实现整体规划、分步实现广百全程供应链管理。

广百相关负责人认为，这一模式既能保证企业核心信息的安全，又避免广百在系统升级过程中大量的信息改造投入，降低了投入风险。广百设定目标，按时考核，将重心放在过程控制和结果管理上，更专注于自身优势，发展核心业务。

对于全程供应链管理，广百的相关负责人很有信心，因为广百全程供应链项目涉及制造商、供应商、网上专卖经营者、物流配送商、公共支付平台、电子商务平台提供商，基本涉及了电子商务活动的方方面面。该项目建设成功后，系统的运营将带动一大批企业运用电子商务手段来实现其网上销售的业务活动，从而给电子商务带来极大的交易量。随着采用该电子商务系统经营者的增加，将有力促进电子商务标准体系建设。

3. 系统投入，效益立现

从2007年开始，广百就逐步开始推行全程供应链管理，而且在实施的过程中不断调整完善。供应链管理系统从投产到现在，已经让整个广百发生了巨大的变化，其产生的效益也极为可观。

作为零售企业，促销是其业务环节中的重点，而广百全程供应链管理系统能够精确支持广百各门店的促销活动，尤其是对VIP顾客群的精确细分，针对不同细分客户群的消费特征，引导供应商促销资源的定向投放，以差异化的促销行为，把促销资源投入到对自身品牌或类别商品最有价值细分的顾客群身上，达成较高的促销绩效。这项功能不仅能够提升广百和供应商的毛利率，还能与供应商实现良性互动与双赢。同时，广百的VIP顾客通过个性化促销、个性化新品推荐等个性化服务行为享受到更多的促销优惠，产生一种差异化的购物体验，将能有效提升顾客的忠诚度。

同时，供应链管理系统还服务于广百的商业品牌战略，为广百和供应商提供面向VIP顾客的关怀服务平台。利用互联网传媒能力进行企业宣传，强化品牌影响力，收集现有顾客群体对广百网上购物的基本需求，为以后时机成熟电子商务业务模式的正式实施打下良好的数据基础。除此之外，供应链管理系统还帮助广百股份在供应商、物流、过程管理、消费者满意度、部门协同以及竞争的合理化等方面都取得了不错的成效。

随着市场环境和竞争层次升级，广百在专注零售业务发展的同时，还将企业的IT应用和企业经营管理的整理能力提升到战略高度。在此要求下的广百全程供应链管理则必须继续在建设模式、应用模式、运营模式上创新不止，确保广百能够在激烈残酷的竞争环境中保持优势。

资料来源：网络物流天下：www. 56885. net

讨论题

1. 广百股份的全程供应链管理思想体现在哪些方面？
2. 广百全程供应链管理模式未来发展的趋势怎样？

【实训项目】

企业的供应链协作——啤酒游戏

【实训目的】

1. 训练学生的观察及团队合作能力。

2. 锻炼学生逆向思考问题的能力，让学员明白站在单个企业的角度，即便看起来企业各方面已经达到最好，但不一定没有改进的余地，通过供应链管理往往可进一步对其进行优化。

【实训内容】

1. 通过啤酒游戏，比较最后每个小组的总成本，选出两部分中总成本最低的小组，并由小组成员总结原因。

2. 体会单环节库存优化和通过供应链协作整体优化库存的不同之处，从而总结出供应链管理的优势和特点。

【实训组织】

1. 把学员分成两部分，每部分若干小组，每个小组有四个成员来模拟供应链，他们分别代表供应链中的生产商、经销商、批发商和零售商，同时，实训老师扮演客户。

2. 每个成员将根据本期自下游成员收到的订单发出货物，并以此为依据参考销售的历史记录预测未来需求的变化，结合本期期末库存量向上游的成员发出订单。

3. 任意两个成员之间的订单传递需要两个经营周期，货物的运送也需要两个经营周期。换句话讲，每个成员从发出订单到得到该订单的订货需要四个经营周期。

4. 总的经营周期是50周。

5. 成本的计算，每次订货的费用为1元，库存费用也为1元，缺货（有效库存为负值）的罚金为2元，总成本最少者获胜。第一部分小组中成员之间不允许互相交流库存和订单信息。在第二部分小组中，通过零售商公布真实的需求信息来和模拟供应链中需求信息共享。

6. 为了使结果更具有可比性，两个部分小组的零售商接受的客户的订购数量的变化都是相同的，变化幅度为0.68。

【实训要求】

1. 提交一份不少于1 500字的报告，要求图表丰富，数据真实；

2. 教师在课堂组织讨论课，分析学生所提交的报告。由学生讲解所写报告，教师点评分析。

【实训检验】

每位同学的成绩由两部分组成：课堂讨论成绩（40%）和卷面成绩（60%）。

第三章　供应链管理技术

【学习目标】

知识目标

1. 了解供应链管理基本技术；
2. 了解供应链中信息技术组成；
3. 掌握信息技术在供应链管理中的应用；
4. 掌握供应链管理环境下的生产管理组织与计划模式；
5. 掌握供应链管理物流技术；
6. 掌握供应链管理营销运作技术。

能力目标

1. 能够掌握信息技术在供应链管理中的应用；
2. 能够分析“牛鞭效应”产生的原因；
3. 能够制订供应链管理环境下的生产计划；
4. 能够运用延迟策略技术指导生产；
5. 能够熟练运用企业物流外包的实施策略；
6. 能够运用供应链营销管理手段提高企业的竞争优势。

课前思考题

信息集成技术对信息技术实现的影响与作用如何？

【引导案例】

粤华燃气供应链一体化气源物流分销项目

1. 行业背景

中国燃气行业市场巨大、前景可观。近年来，天然气资源的开发、建设和利用使国内城市燃气的发展进入了一个新的发展时期，可以说我国燃气市场的高速扩张期正在到来。虽然外资于2008年大举进入城市燃气市场，但是由于政策限制和气源缺乏，目前竞争优势还不明显。随着各种股权背景下的燃气公司在全国圈地争夺的日趋激烈，燃气分销领域的竞争格局将逐渐由垄断转向激烈的市场竞争，品牌竞争今后将逐渐受到重视。未来几年内，城市燃气行业整体将会越来越完善，并将逐步赶上发达国家的水平。

2. 企业背景

作为华南地区最具竞争力的民营燃气运营企业之一的粤华燃气发展有限公司（以下称粤华燃气）组建于2002年，主要从事城市管道燃气的投资、建设和运营服务；分销管道燃气、燃气器具并提供售后服务。粤华充分利用了2006年广东省政府大力推广使用天然气、鼓励民营企业投资城市基础设施的契机，除了为广州经济技术开发区及广州市供应管道天然气外，还开始积极拓展外埠市场，并取得广州以外五十多个城市的燃气经营权，成为我国最大也是最重要的民营城市燃气营运商。

目前，公司的核心业务为天然气生产、采购、销售与燃气配送物流，为全国50多个城市提供燃气供应和发展服务，其中非管道供气城市近30个，产品主要采用公路运输方式予以配送，罐装方式分为CNG（压缩天然气）和LNG（液化天然气）两种。各成员企业由公司总部统一向上游采购和结算，终端用户的城市主要分布在华北地区、华东地区和华南地区。

未来，粤华燃气的业务将扩展到管道运输和非天然气的能源采购与分销业务；服务对象将由粤华集团内部成员企业扩展到市场客户；服务模式将逐渐由第三方扩展到第四方物流供应商的功能。

3. 项目背景

为了在激烈的市场竞争中争得先机，努力将自身打造成为具备国际竞争力的能源物流分销商，粤华燃气确立了新的发展规划，他们以建立供应链一体化的气源分销与物流服务信息平台为手段，建立集成的一体化数据采集与分析系统，实现与上游供应商、下游用户的紧密的供需协同，在气源紧张的大前提下能够最大限度地确保用户用气的需求，从而能够使企业在快速发展的燃气营运市场中进一步提升核心竞争力。

2007年初，粤华燃气就派专人先后考察了全国8家代表性的物流软件供应商，其中不乏国际顶级品牌的供应链信息管理系统供应商，经过面对面的交流和实地案例的考察，粤华燃气向其中四家有实力的中外公司发出了邀标函。最终，蓝信资讯凭借优秀、典型的大型企业一体化供应链分销与物流平台的成功案例与强大的综合实施能力胜出。

4. 企业症结

蓝信顾问通过与企业全方位的接触发现，粤华燃气目前仍采用人工方式或简单的信息传递方式来协调供应链中的各个环节的衔接，这对于处于快速发展期的粤华燃气来说，显然已经无法实现总部对分散在全国各地的几十个城市、十几家供应商、几十万用户的燃气供需的协调与保障。如果再出现严重的供需矛盾或者能源危机，对于这样一个缺少信息系统支撑的庞大企业来说就更加雪上加霜！例如，2007年由于上游供应商的气源紧张给企业带来的“气”荒危机，以及年底深圳市出现的管道事故抢险情况，都让企业承受了不小的压力，同时也让企业领导层深刻体会到了信息系统的必要性。

粤华燃气各层领导在与蓝信顾问交流后，对企业的信息系统提出了以下几点关键需求。

（1）供应链上下游的业务协同。企业需要一个能够连接下游客户、上游供应商以及承运商等多方业务实体的信息交换平台，能够快速准确地将各业务实体间的信息分发与共享。

（2）科学的需求预测。企业需要综合各种因素，如长短期天气因素、用户组成结构（如工业用户和民用户的类型等）、终端用户的发展规划、宏观政策影响等，建立科学的预测模型，可以对下游用户的需求进行主动预测，进而进行主动补货，以防止需求供给不足而发生的危机和过量需求扰乱市场的现象。

（3）预警功能。行业的特殊性要求企业在业务运作的多个环节设置预警功能，如异常库存容量预警、订单执行延迟预警、车辆在途状态预警等，帮助管理者提前预见危机的到来，做好应对的准备。

（4）应对危机的处置预案。预警功能并不能完全杜绝危机的出现，一旦发生紧急情况，企业应该在事先制定好的应急处置预案的指导下执行相应的操作，最大限度地降低危机所带来的影响。

（5）运输过程的安全监控。借助GPS系统监控运输的全过程，加强运输保障力度。

（6）优化调度管理。综合调度系统的优化涉及多方面的资源平衡，包括要气需求、气源供给能力、运力资源的约束、线路的选择等。企业应在总结人工调度经验的基础上，结合相关的数学方法建立优化调度模型，逐步实现科学调度管理。

5. 蓝信的解决方案

蓝信根据对燃气发展业务模式的基本假设，并结合蓝信多年的供应链及物流的项目规划经验，对粤华燃气气源调度平台系统进行了总体规划。

（1）平台内部系统。平台内部系统是本次项目建设的重点，围绕企业的核心业务——集中采购和物流配送，系统规划了包括订单管理、协同计划、采购管理、运输管理等11个主要系统模块。其中系统管理是辅助模块，是支撑整个系统运行的基础；决策支持系统（BI）模块独立于其他模块，是从业务平台的规划中抽取有用数据，形成数据库，采用一定的分析模型，满足管理者对数据的深层次分析需求。

（2）企业内部需要与平台集成的系统。OA系统、EHR系统、GPS－GIS系统、财务系统，门户网站是粤华燃气现有的、平台之外的系统，平台在设计过程中，将采用相应的技术，针对粤华燃气的业务需求与现有系统作接口。

（3）企业外部需要做接口的系统。目前所了解到的客户的SCAD（遥测、遥信、遥控、遥调）系统、供应商的ERP系统、WMS系统等属于企业外部的系统，从技术层面讲，由于平台采用的是开放式标准，外部接口与企业内部的系统接口方式相同，难度不大。但考虑外部接口涉及企业之间的信息安全等问题，协调难度较大，因此，系统将在这些接口的处理上，保留人工录入的方式，并预留接口功能。

总之，通过粤华燃气的气源综合调度平台，实现对公司气源分销与物流业务进行综合管理，终端客户管理及需求预测，下游库存实时监控与预警，订单管理及状态预警，客户库存的VMI管理、上游供应商公共关系管理，合同管理、结算管理、途中监控与预警、运力调配、项目化智能排程、路径优化等业务功能的一体化管理；同时，新系统也将成为粤华燃气调度中心、粤华燃气加气母站、粤华燃气运输车队、下游客户、承运商、上游供应商等多个业务实体的协同集成信息平台。

6. 项目的进展概况

本项目已经进入了后期安装调试阶段，为了能够在冬季用气高峰到来之前实现系统的正常运转，双方项目组成员正在夜以继日加快项目进度。

7. 案例

相信2011年的冬季，粤华燃气将凭借与蓝信资讯全力打造的企业供应链一体化的气源分销与物流服务信息平台，从容应对用气高峰的到来。通过总部对数据的集中分析和业务的集中管控，实现对气源需求的科学的削峰填谷，以更加有力的措施和手段保障气源的供给，树立用户对粤华品牌的绝对信心，进而赢取企业在激烈的市场竞争中的优势地位。

讨论题

1. 粤华燃气将凭借企业供应链一体化的气源分销与物流服务信息平台能够保障气源的供给的根据是什么？

2. 粤华燃气建立的供应链一体化的气源分销与物流服务信息平台包含哪些内容？

物流信息技术是指现代信息技术在物流各个作业环节中的应用，是物流现代化极为重要的领域之一，尤其是飞速发展的计算机网络技术的应用使物流信息技术达到了新的水平。物流信息技术是物流现代化的重要标志，也是物流技术中发展最快的领域。从数据采集的条形码系统，到办公自动化系统中的微机、互联网和各种终端设备等硬件以及计算机软件都在日新月异地发展。同时，随着物流信息技术的发展，产生了一系列新的物流理念和新的物流经营方式，推进了物流业的变革，供应链管理也不例外。在本书前几章讨论了供应链的基础理论、供应链管理问题。本章将讨论供应链管理技术，包括供应链管理信息技术、生产运作技术、物流技术、营销运作技术等。

第一节　供应链管理信息技术

信息共享是供应链管理成功实施的关键。供应链的协调运行建立在各个节点企业高质量的信息传递与共享的基础上，因此，有效的供应链管理离不开信息技术系统提供准确、可靠、及时的信息支持。在供应链的运作和管理中，信息化是最基本也是最重要的实现管理目标的手段。现代先进的信息技术的广泛应用又大大地推动了供应链管理的迅猛发展。

一、供应链中信息构成

一切对供应链的管理决策有用的知识、消息、情报等都可以被称作供应链信息。在供应链的物流、信息流、资金流中，信息流的流动最频繁，流量最大，变动最快。它是物流和资金流正确实施的依据，高质量的信息流能实现供应链管理的目标，使物质流和资金流达到效率最优、成本最低。供应链中的信息可分为以下几个部分。

1. 从供应链环节的角度划分

（1）供应源信息。主要包括：能在多长的订货供货期内，以什么样的价格，购买到什么产品，产品能被送到何处。该信息内容还包括订货状态、更改以及支付安排等。

（2）生产信息。主要包括：能生产什么样的产品，数量多少，在哪家工厂进行生产，需要多长的供货期，需要进行哪些权衡，成本多少，批量订货规模多大。

（3）配送和零售信息。主要包括：哪些货物需要运送到什么地方，数量多少，采用什么方式、价格如何，在每一地点的库存是多少，供货期有多长。

（4）需求信息。主要包括：哪些人将购买什么货物，在哪里购买，数量多少，价格多少。需求信息包括需求预测和需求分布的有关信息。

2. 从供应链层次结构的角度划分（如图 3 -1 所示）

（1）个人信息。获得的关于单个人的信息。

（2）工作组信息。组织中各个团体或者部门的信息。

（3）企业信息。关于整个企业的相关信息。

（4）供应链信息。企业所在的供应链的相关信息。

3. 信息管理在供应链中的重要作用

（1）及时收集信息。

（2）通过掌握的信息控制生产成本，以最优惠价格满足顾客需求。

（3）优化配置供应链，形成正确的供应链管理决策。

（4）实现最优的配送和付款方式。

（5）获得客户反馈意见，提供良好的售后服务。

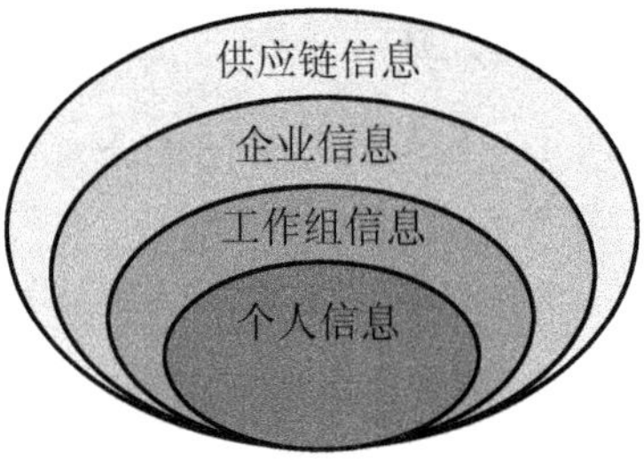

图3－1　供应链中的信息层次结构

4. 供应链中有效信息的特征

（1）信息必须正确。信息描述的事实至少没有方向性错误。没有描述供应链真实状况的信息，就很难做出科学的决策。这并非要求所有信息都百分之百的正确，而是要求所有得到的信息描述的事实至少没有方向性错误。

（2）信息必须能及时获取。管理者需要的是及时的信息。准确的信息常常存在，但这些信息要么已经过时，要么虽然没有过时，但其形式却不适用。要做出科学的决策，管理者需要及时且能够利用的信息。

（3）信息必须恰好是必需的。管理者需要能够利用的信息，决策者需要他们能够利用的信息。通常公司有大量与决策无益的信息，因此，公司必须考虑哪些信息应该保留，以使宝贵的资源不被浪费在搜集无用数据上，而重要信息却被遗漏了。

二、供应链中信息技术

（一）信息标准化技术

信息技术推动了人类从工业社会到信息社会的过渡。随着信息社会的到来，信息资源的开发和信息的产生、处理以及分配，已经成为世界增长最快的产业之一，而与信息产业不可分割的信息技术标准化，也越来越受到人们的重视。在物流信息系统建设中，通过标准化来实现系统间的数据交换与共享，促使物流活动的社会化、现代化和合理化已经成为必然趋势。用现代化的信息技术来支撑现代物流活动具有重要意义。

物流标准化汇集与物流信息系统相关的现有的国家标准，并提出待制定的相关国家标准，明确标准化制定工作的需求，并在一定程度上反映现有标准化状况，为物流信息系统设计人员提供参考和依据，为进一步采用国际标准和国外先进标准提供支撑。物流信息标准化的组成包括基础标准、业务标准和相关标准等。

1. 基础标准

基础标准是制定标准时所必须遵循的、全国统一的标准，是全国所有标准的技术基础和方法指南，具有较长时期的稳定性和指导性。

2. 业务标准

业务标准是针对物流活动（装卸、搬运、仓储、运输、包装和流通加工）的技术标准，对物流信息系统建设具有指导意义。

业务标准分为六个类别：201 物品分类编码标准是描述和表征物品的分类代码，其中不同的分类代码标准适用于不同的场合；202 参与方分类代码标准用来标识物流活动参与各方（如发货人、收货人和保险人等）；203 位置分类编码标准可实现对物理位置和地理位置的唯一标识，如位置码可以标出仓库、货位等具体、详细的物流位置；204 运输分类编码标准主要针对车辆、船舶和集装箱等进行标识；205 单证分类编码标准规定标准单证，包括单证格式、单证指示和编码等；206 是时间和计量分类编码标准，规定时间表示法和标准计量单位系统，是物流管理的基础。上述六类标准都有各自的具体内容。

3. 相关标准

伴随人类社会技术的进步（特别是通信和信息处理技术的进步）产生了专门领域的标准。其中，EDI（电子数据交换）广泛应用于商业贸易和政府审批（如报关等），它与物流活动密切相关，而 GPS（全球定位系统）则是提供对运输工具（含运输物品）的动态实时跟踪和导航的工具系统，也与物流活动密切相关。

4. EDI 相关代码标准

EDI 相关代码标准主要有：EDI 基础标准（主要包括 EDIFACT 基础标准和开放式代码标准）、EDI 代码标准（主要包括管理、贸易、运输、海关、银行、保险和检验等各行业的代码标准）、EDI 报文标准（主要包括海关报文标准、账户报文标准、退休金、卫生、社会保障、统计、通用运输、集装箱运输、危险品、转运以及各种商业报关标准等）、EDI 单证标准（主要包括各式各样的贸易单证标准，如管理、贸易、运输、海关、银行、保险、检验等单证标准）、EDI 网络通信标准（主要包括用于 EDI 的各种通信规程和网络协议）。除以上标准外，还有 EDI 管理标准、EDI 应用标准以及 EDI 安全保密标准等。

5. 条形码技术标准

把表示信息的数字转化为代码，再用按特定规则排列的黑白相间的条形符号表示出来就形成了条形码。条形码的应用非常广泛，几乎在所有自动识别领域都可以应用，但是应用最广泛的还是商业领域。目前我国已经有 4 万多家企业申请使用条形码，有 50 多万种产品使用条形码标识。在工业发达国家，条形码在电子商务中的应用已经相当普遍。条形码技术标准主要包括条形码规则、条形码设备、条形码检测方法和条形码应用等方面的内容。

在我国，物流领域的国家标准尚未制定完成，因此在跟踪国际标准和国外先进标准的同时，要大力推进相关标准的制定，实现物流信息系统的畅通运行。

（二）信息编码技术

代码，是以条形码形式表现的、用来实现对相关项目及数据进行标识的一组数据结构。对于一项贸易的所有信息，代码是访问数据库和明确标识相关项目的关键因素。这些代码一方面以条形码的形式来表现，另一方面也用于 EDI 报文之中，这就需要确定代码标准在全世界范围内的统一性。

目前，国际上通用的是 EAN. UCC 系统，这是一种全球统一的标识系统，由国际 EAN 和 UCC 共同管理。EAN. UCC 系统主要应用于贸易项目、物流单元（运输/或仓储）、资产和位置这三个领域。相应地，该编码系统可以划分成三个部分：全球贸易项目标识代码（Global Trade Item Number，GTIN）、系列货运包装箱代码（Serial Shipping Container Code，SSCC）、全球位置码（Global Location Number，GLN）。

1. 全球贸易项目标识代码

全球贸易项目标识代码（GTIN）是为全球贸易项目提供标识的一种代码，所谓贸易项目，是指一项产品或服务，这些产品和服务需要获取预先定义的信息，并且可以在供应链的任意一点进行标价、订购或开具发票，以便所有的贸易伙伴进行交易。GTIN 对贸易项目进行编码和符号标识，能够实现对商品零售、进货、存货管理、自动补货、销售分析及其他业务的自动化。

2. 系列货运包装箱代码

系列货运包装箱代码（SSCC）是用来对物流单元进行唯一标识的数据结构。SSCC 可以用来标识所有的物流单元（运输或储藏），用 UCC/EAN—128 条形码标识。通过识读每个物流单元上的 SSCC 建立商品物理流动与相关信息间的链接，就能使物流单元的实际流动被逐一跟踪和自动记录，也为诸如直接换装、运输行程安排、自动售货等方法的应用提供实施的机会和空间。

系列货运包装箱代码又由扩展位、厂商识别代码、项目代码三部分组成。

3. 全球位置码

全球位置码（GLN），是用来标识作为一个法律实体的机构或组织的代码，同时也能用来标识物理位置或者公司内的功能实体。GLN 的使用，主要可以分为两种方式：其一，在 EDI 中用来标识所有的相关位置；其二，与应用标识符一起，用条形码符号进行表示。

（三）信息标识技术

信息标识技术主要是借助条形码和电子标签表示和实现标识功能。

1. 条形码的基本组成和结构

（1）条形码的分类。条形码可分为一维条形码和二维条形码。一维条形码是通常我们所说的传统条形码。一维条形码按照应用可分为商品条形码和物流条形码。商品条形码包括 EAN 码和 UPC 码，物流条形码包括 128 码、ITF 码、三九码、库德巴（Coda bar）码等。二维条形码根据构成原理及结构形成的差异，可分为两大类：一类是行排式二维条形码（Stacked or Tiered Barcode）；另一类是棋盘式二维条形码（Checkerboard or Dot Matrix type）。

（2）条形码的结构。一个完整的条形码的组成次序依次为：静区（前）、起始符、数据符、终止符、静区（后）。如图 3－2 所示。

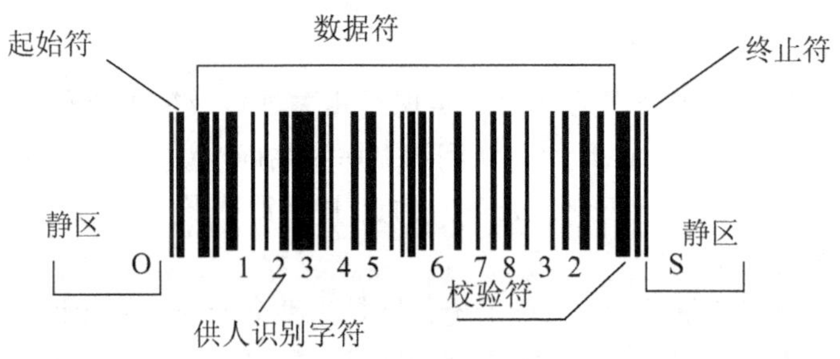

图 3－2　条形码的组成

① 静区。静区是指条形码左右两端外侧与空的发射律相同的限定区域。它能使阅读器进入准备阅读的状态，当两个条形码相距较近时，静区将有助于对它们加以区分。静区的宽度通常不小于 6 毫米（或 10 倍模块宽度）。

② 起始符和终止符。起始符和终止符指位于条形码开始和结束位置的若干条与空，标志条形码的开始和结束，同时提供了码制识别信息和阅读方向的信息。

③ 数据符。数据是位于条形码中间的调控结构，它包含条形码所表达的特定信息。

④ 构成条形码的基本单位是模块。模块是指条形码中最窄的条或空，模块的宽度通常以毫米或mil（千分之一英寸）为单位。构成条形码的一个条或空称为一个单元，一个单元包含的模块数是由编码方式决定的。有些码制中，如EAN码，所有单元由一个或多个模块组成；而另一些码制，如三九码中，所有单元只有两种宽度，即宽单元和窄单元。

（3）一维条形码。一维条形码数据容量为30个字符左右，只能包含字母和数字，是在计算机应用和实践中产生，用于商业、邮政、图书管理、仓储、工业生产过程控制、交通领域，能够有效地表示出商品代码和物流代码中的各种信息。目前存在的一维条形码码制多种多样，但国际通用和公认的物流条形码码制只有三种：EAN—13条形码、ITF—14条形码和UCC/EAN—128条形码。

（4）二维条形码。二维条形码是指在水平和垂直方向的二维空间存储信息的条形码。它具有密度高、容量大等特点，含有更多的物品信息，用它可以表示数据文件（包括汉字文件）、图片等。

二维条形码是各种证件及卡片等大容量、高可靠性信息实现存储、携带并自动识别的最理想方法。它解决了使用一维条形码时不得不依赖数据库和信息无法汉化的问题，为条形码的应用提供了更广阔的前景。

2. 电子标签

电子标签是以电子数据形式存储标识物体代码的标签。它的作用与条形码类似，都是标识代码的标识符号，用来存储需要识别传输的信息。但是它与条形码的区别在于，电子标签是一种集成电路，能够自动或者在外力的作用下，把存储的信息主动发射出去。

电子标签一般包括线圈、天线、存储器和控制系统四个部分，主要应用于射频识别技术之中。当射频自动识别装置发出微波查询信号时，安装在被识别物体上的电子标签将接收到的部分微波能量转化为直流电，供电子标签内部电路工作，而将另外部分微波通过自己的天线反射回电子标签读取装置。由电子标签反射回的微波信号携带了电子标签内部存储的数据信息，反射回的微波信号经读取装置进行处理后，得到电子标签内存储的标识代码信号。上述工作原理如图3－3所示。

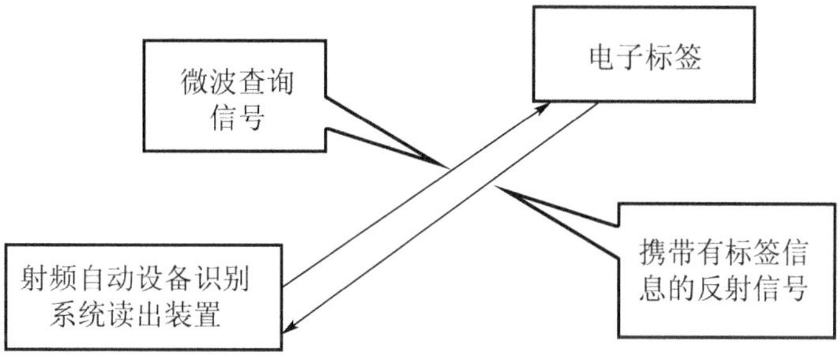

图3－3　电子标签的工作原理

（四）信息识读技术

信息识读技术主要包括条形码识别、射频识别、生物识别、语音识别、图像识别以及光学识别技术，它借助一定的专用技术和设备，将图形化的符号、声音、图像、文字等信息转换成计算机可识别的数字信息，并进行数据的分析和处理。

1．条形码识别技术

条形码识别技术（Barcode）是在计算机的应用实践中产生和发展起来的一种自动识别技术。它是为实现对信息的自动扫描而设计的，是实现快速、准确、可靠的数据采集的有效手段。条形码技术的应用解决了数据录入和数据采集的“瓶颈”问题，为供应链管理提供了有利的技术支持。条形码自动识别技术中包含采集技术、译码技术、信息传输技术和计算机处理技术四大部分。

2．射频识别技术

射频识别技术（Radio Frequency Identification，RFID）指利用无线电波对记录媒体进行读写的技术。它基于电子标签内微薄的负载阻抗存储的电子数据变化的特点，实现对电子标签内电子数据的读取。射频识别的范围从几十厘米至几米，因此非常适用于要求非接触的数据采集和交换的场合，例如物料跟踪、运载工具的识别、货架识别等。

3．生物识别技术

生物识别技术，是指以人的现场参与和不可替代性为前提，根据个人自身的物理特性，以及人体特征具有不可复制的特性，进行身份识别的技术。根据生物特征的不同，可以将生物识别技术划分为指纹识别、虹膜识别、视网膜识别、面像识别、语音识别、步态识别、静脉识别。

4．语音识别

语音识别技术，是指以语音为研究对象，通过比较用户的发音与计算机的音速、词汇或语言的模板，从现有模型库中找出一个最接近的模型或序列作为识别结果，目的是最终实现人机自然交流的识别技术。

5．图像识别技术

图像识别技术，是指通过光学照相处理、视频信号处理和计算机处理等技术，首先对图像信号进行预处理，滤去干扰和噪声，进行集合校正和色彩校正，从而提高性噪比，然后将处理过的图像进行分类，确定类别名称，接着进行图像分割，选择需要提取的特征进行测量和特征提取，最后根据测量结果进行分类的技术。按照图像识别的流程，可以将其分为图像处理和分析以及图形理解和模式识别两个过程。

6．光学识别技术

光学识别（Optical Character Recognition，OCR）利用光学技术，通过强有力的逻辑进行字符的判断和识别。OCR 识别技术主要应用于：办公自动化中印刷汉字、英文、日文等的自动输入；建立汉字文献档案库；中文书刊资料的自动输入；汉字文本图像的压缩存储和传输；书刊自动阅读器和盲人阅读器；书刊资料的再版输入和古籍整理；智能全文信息管理系统和英汉翻译系统；名片识别管理系统；车牌自动识别系统；网络出版；表格、票据和发票的识别系统；身份证识别管理系统等。

（五）信息传输技术

信息传输技术是通讯技术与计算机网络技术相结合的产物，是实现信息共享和信息交换的重要手段与方式。随着信息社会的来临和计算机技术的迅速发展，特别是高速计算、大容量存储、分布式处理等技术的发展，对信息传输技术提出了更高要求，极大地促进了网络与通讯技术特别是数字数据通讯技术的发展，光纤通讯、卫星通讯、CSM、CDMA 等技术纷纷涌现。

1．通信技术

通信技术是依托数据通讯网平台和通讯协议规则，完成节点之间通讯线路的连接和实现信息交换的支撑技术。它包括数据通讯网、分组交换网、数字数据网、帧中继、卫星数据网、数字移动通讯网、通讯协议等。

2．计算机网络技术

计算机网络技术，就是利用通讯设备和线路将地理位置不同、功能独立的多个计算机系统互联起来的技术手段，可实现网络中的资源共享和信息传递。计算机网络技术主要由网络实体技术、网络互联技术和网络安全技术组成。

（六）信息处理技术

信息处理技术是以计算机硬件和软件为基础，实现信息的获得、提取、标准化的重要手段，信息处理的内容包括数值运算、文字处理以及图像、声音等多媒体信息处理。随着企业信息化的要求，人们对信息的产生、传播和处理能力也日益提高，电子数据交换（EDI）和可扩展的标识语言（XML）随之成为信息处理的重要方式。

1．电子数据交换

电子数据交换（Electronic Data Interchange，EDI），国际标准化组织（ISO）将之描述成“将贸易（商业）或行政事务处理按照一个公认的标准，变成结构化的事务处理或信息数据格式，从计算机到计算机的电子传输”。而 ITU—T（原 CCITT）将 EDI 定义为“计算机与计算机之间的结构化的数据交换”。由于使用 EDI 可以减少甚至消除贸易过程中的纸面文件，因此 EDI 又被人们通俗地称为“无纸贸易”。总之，EDI 指的是：按照协议，对具有一定结构特征的标准经济信息，经过电子数据通讯网，在商业贸易伙伴的计算机系统之间进行交换和自动处理的全过程。

2．可扩展标识语言（XML）

XML 语言在继承了 SGML 的可扩展性、结构性及可校验性优点的同时，又避免了 SGML 的反复性。从表面上看，XML 文件与 HTML 文件比较相似，都以一对相互匹配的起始和结束标记符来标记信息，但 XML 与 HTML 语言相比，仍存在明显的特点，主要表现在以下三个方面。

（1）可扩展性方面。HTML 不允许用户自行定义自己的标识或属性，而在 XML 中，用户能够根据需要自行定义新的标识及属性名，以便更好地从语意上修饰数据。

（2）结构性方面。HTML 不支持深层的结构描述，XML 的文件结构嵌套则可以复杂到任意程度，能标识面向对象的等级层次。

（3）可校验性。HTML 没有提供规范文件，以支持应用软件对 HTML 文件进行结构校验，而 XML 文件可以包括一个语法描述，使应用程序可以对此文件进行结构确认。

XML 的出现突破了 EDI 的发展瓶颈，它目前已经取代了传统的 EDI，成为企业之间信息交换的有力工具。人们已经开始建立基于 XML 的电子商务。

（七）信息跟踪技术

在物流活动的各个作业环节中，信息的实时跟踪、处理是各项活动顺利进行的有效手段和重要保障，是物流现代化的重要标志。信息跟踪技术的应用系统主要包括全球定位系统（GPS）和地理信息系统（GIS）。

1. GPS技术

全球定位系统（Global Positioning System，GPS），是利用导航卫星星座（通信卫星）、地面监控系统和信号接收台站对运动目标进行动态定位的系统。它具有如下特点：

（1）全球、全天候工作。GPS系统能够为用户提供连续的、实时的三维位置，三维速度和精密时间，而完全不受天气影响。

（2）定位精度高。单机定位精度优于10m，采用差分定位，精度可以达到厘米级和毫米级。

（3）功能多、应用广。随着人们对GPS认识的加深和开发的深入，GPS系统的功能越来越强大，应用领域也越来越广泛。

GPS系统在物流领域已得到越来越广泛的应用。GPS的用户需配备GPS接收机才能使用GPS系统，接收卫星发射的信号，以获得必需的导航定位信息，并据此进行导航和定位。

2. GIS技术

地理信息系统（Geographic Information System，GIS），是计算机科学、地理学、测量学、地图学等多门学科综合的技术。由于GIS的涉及面太广，要给出GIS的准确定义是困难的，从不同的角度出发，给出的定义就会不同。虽说GIS是一门对学科综合的边缘学科，但其核心仍是计算机科学，基本技术是数据库、地图可视化及空间分析。因此可以将其定义为：GIS是处理地理数据的输入、输出、管理、查询、分析和辅助决策的计算机系统。

GIS的基本功能是将表格性数据（无论它来自数据库、电子表格文件或直接在程序中输入）转换为地理图形显示，然后对现实结果浏览、操作和分析。其显示范围可以从洲际到非常详细的街区地图，现实对象包括人口、销售情况、运输路线以及其他内容。GIS应用于物流分析，主要是指利用GIS强大的地理数据功能来完善物流分析技术。物流地理信息系统主要包括客户地址定位、自动定位、交互定位、机构区域定位、机构区域划分、站点选址、投递排序和线路编辑。完整的GIS物流分析软件集成了车辆路线模型、最短路径模型、分配集合模型和设施定位模型等。

（八）信息集成技术

从系统的角度来分析，物流信息技术是多种信息技术集成的一体化物流管理体系。相关的技术包括信息标准化技术、信息编码技术、信息标识技术、信息识读技术、信息传输技术、信息处理和信息跟踪技术等。通过信息集成、过程优化及资源优化，实现数据共享以及信息识读、传递、处理和跟踪。信息集成强调的是整体观念，它是从信息集成和系统优化的角度提出来的，因而表现为系统化、信息化、集成化、网络化、虚拟化、智能化等特征。

1. 实现信息的无缝连接技术

通过网络技术，供应链的各个参与方可以将需求、供给信息在网络上进行发布，经由查询、匹配、优化，信息的提交与处理可以在短时间得以完成，为企业节约成本，缩短时间，提高企业的竞争力，实现供应链伙伴间信息的集成、共享和传递。

现代物流信息系统的集成将以往孤立的单项系统的功能和要素，按照系统论的观点进行集成优化管理。系统集成技术针对大量存在的自动化孤岛，力图实现信息准确、高效的共享和交换，这是改善物流技术和管理水平的首要问题。

信息的无缝连接技术是一个建立在用户信息与空间数据库接口基础上的概念，它是空间数据库与空间数据集成的结果，即在用户的接口上实现对空间数据按空间、时间和专题的透明访问。空间透明或空间无缝是指对空间数据集按空间三维进行集成，形成地理空间上无缝连接的整体集成信息。

2. 物联网技术

物联网（Internet of Things，IOT）这个词，国内外普遍公认的是 MIT Auto－ID 中心 Ashton 教授 1999 年在研究 RFID 时最早提出来的。在 2005 年国际电信联盟（ITU）发布的同名报告中，物联网的定义和范围已经发生了变化，覆盖范围有了较大的拓展，不再只是指基于 RFID 技术的物联网。

“物联网技术”的核心和基础仍然是“互联网技术”，是在互联网技术基础上的延伸和扩展的一种网络技术；其用户端延伸和扩展到了任何物品和物品之间，进行信息交换和通信。因此，物联网技术的定义是：通过射频识别（RFID）、红外感应器、全球定位系统、激光扫描器等信息传感设备，按约定的协议，将任何物品与互联网相连接，进行信息交换和通信，以实现智能化识别、定位、追踪、监控和管理的一种网络技术叫做物联网技术。

物联网 1999 年诞生，2005 年普及，2009 年大发展。自 2009 年 8 月温家宝总理提出“感知中国”以来，物联网被正式列为国家五大新兴战略性产业之一，写入“政府工作报告”，物联网在中国受到了全社会极大的关注，其受关注程度是在美国、欧盟以及其他各国不可比拟的。物联网的概念与其说是一个外来概念，不如说它已经是一个“中国制造”的概念，它的覆盖范围与时俱进，已经超越了 1999 年 Ashton 教授和 2005 年 ITU 报告所指的范围，物联网已被贴上“中国式”标签。

众所周知，因特网实现了世界上计算机与计算机、人与计算机、人与人之间的对话与交互。而物联网则正在实现世界上物与物、人与物、人与自然之间的对话与交互。通过装置在各类物体上的射频识别电子标签 FIID、二维码、红外感应器、全球定位系统、激光扫描器等组成的智能传感器，经过接口与无线通信网络、因特网互联，以实现人与物、物与物相互间智能化地获取、传输与处理信息的网络称为“物联网”，其核心是智能传感网技术。

“物联网”的精髓是感知，感知包括传感器的信号采集、协同处理、智能组网、信息服务，以达到控制指挥的目的。其中，传感网是感知的网络，是物和物的互联；移动通信网是信息传输的网络，是人和人的互联；因特网是连接虚拟信息共享的网络，而物联网是连接现实物理世界的网络。实质上，物联网是传感网与因特网、移动通讯网，“三网”高效融合的产物，是信息系统与物理系统高效融合的产物（又称为信息物理融合系统）。

- 微型计算机的出现，使数字化信息处理技术普及化，形成了第一次 IT 产业化浪潮。
- 因特网和移动网的出现，使全球性信息传输技术普及化，形成了第二次 IT 产业化浪潮。
- 传感网、物联网的出现，破解了智能化信息获取技术，使虚拟因特网与现实传感网高效融合，为信息传输和信息处理，提供强大的需求驱动力，将掀起第三次 IT 产业化浪潮。

三、信息技术在供应链管理中的应用

随着经济全球化的日益加剧，供应链管理在企业中得到越来越普遍的应用，从而将越来越多的供应商、制造商、零售商直至最终用户连接成一个整体的功能网络，这也要求供应链中各企业相互合作，使服务与客户之间的缝隙越来越小，形成无缝隙供应链（Seamless SC），而这也使得供应链的集成变得尤为重要。

信息在沿着供应链向上传递过程中具有波动程度放大的特性，即所谓的牛鞭效益（Bullwhip Effect），而供应链的协调运行是建立在组成供应链的各个节点企业高质量的信息传递与信息共享的基础上，但供应链节点企业之间往往相互制约和影响，它们的信息系统相互独立，信息的可得性、及时性受到影响，再加上对企业外部的信息未予足够的重视，致使各企业开发出的信息系统最终成为一个个“信息孤岛”，很难与其他企业交换信息，同时，大多数企业都有由过去遗留下来的异构的系统、应用、商务流程以及数据源构成的应用环境，应用环境的通信状况是混乱的，只有很少的接口文档，而且这些系统常常来自不同的软件开发商、供应商，因此可以想象要集成供应链中不同企业的信息系统是非常复杂的，为此企业不得不在数据转换方面进行大量额外的投资，但依然难以保证转换信息的正确性、完整性和高效率，造成供应链集成巨大投资没有得到相应的回报。

1．信息集成对企业供应链管理的必要性

在传统的信息沟通模式下，企业之间的信息交流通过电话、传真、普通邮件等途径进行。电话、传真虽然可以跨越时空的界限，但是使用成本高，信息处理的数量有限；普通邮件的传递速度太慢，满足不了快速传递信息的要求。为了实现供应链的同步化运作，要求供应链成员企业的信息系统连接起来，将成员企业内部的应用软件与外部客户和供应商的应用软件进行连接，实现信息及时共享，从而达到实时快速的业务处理和决策。通过集成异种数据库系统、文件系统和业务应用系统，提供透明的访问接口来实现信息共享的过程就是信息集成。

（1）信息技术是实施供应链管理的保证。当今世界已经进入到以计算机和信息为特征的信息时代。在信息社会中，信息已经成为企业生存和发展的重要资源，为了在市场中获得更有利的竞争地位，企业必须重视信息在企业生产经营中的巨大作用。企业是一个多层次多系统的结构，信息是企业各系统和成员之间密切合作、协同工作的“粘合剂”。为了实现企业的目标，必须通过信息的不断传递，一方面进行纵向的上下级的信息传递，把不同层次的经济行为协调起来；另一方面进行横向的信息传递，把各部门、各岗位的经济行为协调起来，通过信息技术处理人、财、物和产、供、销之间的复杂关系。因此，企业就有一个信息集成的问题。在一个由网络信息系统组成的信息社会里，企业通过网络从内外两个信息源中搜集和传播信息，捕捉最能创造价值的经营方式、方法和技术，创建网络化的企业运作模式。因此，研究供应链管理就必须研究供应链的信息集成问题。

（2）通过信息共享减小需求放大效应。当供应链的各成员企业只根据来自其相邻下游企业的需求信息进行决策时，系统将产生需求放大效应。零售商根据客户需求向批发商订货，批发商接受零售商的订单，然后向生产厂商订货。为了确定订货的批量，批发商必须预测零售商的需求，如果批发商不能准确获知最终客户的需求数量，它必须根据零售商已经发出的订单来进行预测；同样制造厂商根据分销商的订单预测顾客需求量，然后组织生产。这样，供应链的各成员企业都只根据来自相邻的下游企业的需求信息进行生产和供应决策，各企业之间缺乏有效的信息沟通，造成需求信息的失真，而且，需求信息的不真实性沿着供应链逆流而上，产生逐级放大的现象，当需求信息到达制造厂商时，其预测的需求信息和消费市场中客户的实际需求之间存在很大的偏差，这就是需求放大效应。由于需求放大效应的影响，上游供应商订单的变动性明显大于下游供应商需求的变动性，为了满足需求，上游供应商往往维持比下游供应商更高的库存水平，从而产生更高的成本。这种现象的发生将对供应链所有成员都产生负面影响。

研究表明，减小需求放大效应的有效方法是在供应链内部共享客户的需求信息，即为供应链的每一个成员企业提供有关客户实际需求的全部信息。通过需求信息共享，供应链的每个成员企业都可以使用客户的实际需求数据来进行更加准确的预测，而不是依据相邻下游企业发出的订单来预测。

（3）通过信息集成改进生产计划和控制。订单和准确的市场需求信息是计划的依据，在传统的管理模式下，由于销售商和制造商之间没有充分的信息共享和信息交流，从销售商得到的市场需求信息不够准确及时，生产决策带有盲目性。在供应链管理模式下，制造商需要销售商随时提供产品的销售情况，经过统计分析，对未来的市场需求做出更加准确的预测，及时调整生产计划，提高对市场需求变化的响应速度。

如果供应链中任何一个企业不能准时交货，都会导致供应链的不稳定或中断，导致供应链对用户的响应速度下降。理想的情况下，要求供应链的上游企业准时为下游企业提供其需要的配套零部件。只有各成员企业之间以及企业内部各部门之间保持步调一致，供应链的同步化才能实现。

借助信息技术，成员企业可以使生产计划和实时的生产进度信息为合作伙伴所共享，改善生产的计划和控制。通过供应链合作伙伴的信息共享，供应链上游企业通过了解下游企业的生产进度情况实现准时供应。在这种情况下，下游企业可以避免不必要的库存，而上游企业可以更加灵活主动地安排生产和调拨物资。下游企业可以了解到上游企业的生产进度后适当调节生产计划。通过及时共享最终用户需求、库存、生产计划、生产进度等信息，使供应链的各个环节紧密衔接在一起，避免供应链上的企业和企业之间出现供需脱节的现象，从而保证供应链的整体利益。

（4）通过信息集成实现准时采购。在传统的管理模式中，采购的目的很简单，就是为了补充库存，即为库存而采购。采购部门并不关心企业的生产过程，不了解生产进度和产品需求的变化，因此，采购过程缺乏主动性，采购部门制订的采购计划很难适应制造需求的变化。在供应链管理模式下，采购的目的是为了及时响应用户的需求，采购活动是以订单驱动的方式进行的。制造订单是在用户需求订单的拉动下产生的，然后，制造订单拉动采购订单，采购订单再拉动供应商。在订单驱动的采购方式下，采购管理采用准时采购法。准时采购法的基本思想是在恰当的时间、恰当的地点，以恰当的数量和质量提供恰当的物品。

要实现准时采购，供需双方必须围绕订单进行同步运作，采购方式必须是并行的。当采购部门产生一个订单时，供应商就开始着手进行物资的准备工作，与此同时，采购部门编制详细的采购计划，制造部门也进行生产的准备工作，当采购部门把详细的采购订单提供给供应商时，供应商就能迅速地组织生产。当用户需求发生改变时，制造订单又驱动采购订单发生改变。这是一种快速的改变过程，这种准时化的订单驱动的方式简化了采购工作流程。采购部门的主要工作是沟通供应与制造部门之间的联系，协调采购和制造的关系，使供应链系统得以准时响应用户的需求，从而降低库存成本，提高物流的速度和库存周转率。

（5）通过信息集成改进物流管理。要提供最佳的服务，物流系统必须要有良好的信息处理和传输系统。在传统的管理模式下，需求和供应信息都是逐级传递的，因此，上级供应商不能及时掌握市场信息，对市场信息的反馈速度比较慢，从而导致需求信息的扭曲，造成一方面库存不断增加，另一方面需求出现时又无法满足。在供应链管理模式下，需求和供应信息不是逐级传递的，而是网络式传递的，企业通过电子商务可以很快掌握供应链上不同环节的供求信息。在传统的管理模式下，许多企业可以跟踪企业内部的物流过程，但是没有能力跟踪企业之外的物流过程，这是由于没有实现企业之间的信息共享和信息反馈。通过成员企业之间的信息集成，可以提高对物流的跟踪能力，使供应链的物流过程更加透明化，也为实时控制物流过程提供了条件。通过制造商和运输部门的实时交换信息，及时地把客户关于运输、包装和装卸等方面的要求反映给相关部门，提高了供应链成员企业对用户个性化需求的响应能力。

2. 供应链信息集成的模式

目前供应链信息集成的模式主要有以下三种。

（1）基于 EDI 的供应链信息集成模式。目前的供应链信息集成方面的应用主要是基于传统的 EDI。EDI 是为支持事务处理而在异构的平台或应用间用电子格式进行数据交换，为了实现数据交换的自动化，EDI 将企业的业务规则包含在固定事务集合中，也就是说传统的 EDI 是以固定事务集合的传递为基础的，事务集合中定义了字段的长度和顺序，还包括一定的商业规则。

EDI 需要企业之间制定统一的商业规则、协议，并开发专用的 EDI 接口，将企业的数据转换成 EDI 所规定的数据进行传输，并且 EDI 需要自己专门的网络，要通过增值网传输。由于企业的供应链同时与多个企业关联，不同企业的业务规则不同，而且企业自己的或商业伙伴的业务规则会经常发生变化。所以这种僵化的模式一方面限制了企业通常所必需的发展需求，如引进新的产品和服务，发展新的合作企业等，另一方面也增加了企业供应链信息集成的成本。

（2）基于 XML/CXML 的供应链信息集成模式。随着 XML 技术的出现，使得供应链的集成又向前迈进了一大步。XML 的开放性和可扩展性适应了灵活多变的商业规则。而 XML 的自描述性通过 Schema 模式进行解析，保证了计算机可以依赖特定的数据解释程序自动识别文档内容。XML 的异构性则使得多个企业之间的系统可以任意地转换，实现了异构系统中数据的转换，而 Schema 文件的扩展性适应了供应链企业变化多的特点，便于供应链企业的加入和退出。

虽然基于 XML 的供应链集成解决了企业之间动态集成的问题，但频繁地对 Schema 文件进行修改并不能解决所有的问题，同时 XML 仅仅是一种定义语言的语言，不能有效地解决信息的语义问题，于是产生了一种基于 XML 的行业标准——CXML1.0，它是面向

Internet 中 B2B 模式电子商务交易的行业标准，它在众多的电子商务交易中抽象出一种以订单为中心，并紧密围绕供货方和采购方的交易模型，另外还定义了一种信息交换机制，从而完成了订单的采购、处理与交运等一系列过程。这一标准使不同企业之间的交互变得易于实现与管理，并且提高了企业之间的互操作能力，减少了实施费用。

（3）基于规则的供应链信息集成模式。为了满足顾客的需求，提高顾客价值，供应链管理需要来自各个节点企业的准确、实时的信息，因此供应商、制造商、分销商以及顾客之间的信息流对于实施供应链的协调运作至关重要。为此企业必须加强供应链信息集成，信息集成意味着企业能够使顾客订单、库存报告、销售数据、生产计划、运输安排、在途物资等关键信息从一个企业（部门）开放地、自动地流向另一个企业（部门），也就是说企业与企业之间、部门与部门之间必须实现信息共享，保证对分布信息源的受控访问以及支持对分散的功能活动协调，实现集成化供应链管理。

基于规则的供应链信息集成需要确立各类数据源格式转换、数据集成的方式和语义转换，以及相应的业务规则引擎，从而能够在数据和流程等不同层次上对供应链进行集成，并利用可视化的方式尽量减少集成的工作量和复杂程度。其应满足以下条件：一是可重构性。即在供应链中各个企业系统原有软硬件资源基础上，通过调整系统的结构、功能等使系统具有快速适应能力；二是异构性。供应链中不同企业各自的信息系统基础设施和应用系统的结构和功能、系统接口可能千差万别，因此集成要满足异构性的条件；三是敏捷性。通过对供应链中各个企业信息系统的集成，使整个供应链具有很好的快速反应能力。

3. 供应链中信息集成的方法

实现供应链的同步化运作的关键是实现信息共享和加快成员企业之间信息传递和处理的速度，减少信息传递过程中延迟的时间。因此，供应链成员企业之间需要进行信息集成。

供应链的信息集成的方式有以下几种：

（1）信息消费者访问信息提供者的共享文件系统或者数据库系统，从中读取有关的信息；

（2）信息消费者接收信息提供者用电子邮件的方式发送的信息；

（3）信息消费者访问信息提供者用业务应用代理封装的业务应用系统，通过业务应用代理读取有关的数据；

（4）信息消费者接收信息提供者用电子商务文档的方式发送的信息，自动导入自己的业务应用系统中。

4. 信息技术在供应链管理中的应用

信息技术在供应链管理中的应用可以从两方面理解：一是信息技术的功能对供应链管理的作用，如：Internet、多媒体、EDI、计算机辅助设计（CAD - Computer Aided Design，CAD）/计算机辅助制造（Computer Aided Manufacturing，CAM）、综合业务数字网（Integrated Services Digital Network，ISDN）等的应用；二是信息技术本身所发挥的作用（如 CD - ROM、ATM、光纤的应用）。信息技术特别是最新信息技术（如多媒体、图像处理和专家系统）在供应链中的应用，可以大大减少供应链运行中的非增值行为。

供应链管理涉及的主要领域有产品、生产、财务与成本、市场营销/销售、策略流程、支持服务、人力资源等多个方面，通过采用不同的信息技术可以提高这些领域的运作绩效。

（1）EDI是供应链管理的主要信息之一，特别是在国际贸易中有大量文件传输的条件下。它是计算机与计算机之间的相关业务数据的交换工具，它有一致的标准从而使交换成为可能。典型的数据交换是传向供应商的订单。EDI的应用较为复杂，其费用也很昂贵，不过最新开发的软件包、远程通信技术使EDI更为通用。利用EDI能清楚职能部门之间的障碍，使信息在不同职能部门之间通畅、可靠地流通，能有效减少低效工作和非增值业务（non - value added）；同时可以通过EDI快速地获得信息，更好地进行通信联系、交流和更好地为用户提供服务。

（2）计算机辅助设计（CAD - Computer Aided Design，CAD）/计算机辅助工程（Computer Aided Engineering，CAE）/计算机辅助制造（Computer Aided Manufacturing，CAM）、电子资金转账（Electronic Funds Transfer，EFT）和多媒体的应用可以缩短订单的交货期。

（3）企业内部联系与企业外部联系同样重要。如果把交货看做一个项目，为了消除物流和信息流之间的障碍，就需要应用多媒体技术、共享数据库技术、人工智能、专家系统和CIM。这些技术可以改善企业内和企业之间计算机支持的合作工作，从而提高整个供应链系统的效率。比如在企业内建立企业内部网络（Intranet）并设立电子邮件（E-mail）系统，使得职工能便捷地互相收发信息。互联网的应用可以方便地从其他地方获得有用数据，这些信息可使企业在全球竞争中获得成功，使企业能在准确可靠的信息帮助下做出正确的决策。信息流的提前期也可以通过E-mail和传真的应用得到缩短。信息时代的发展需要企业在各业务领域中适当运用相关的信息技术。

（4）战略规划受到内部（生产能力、技能、职工合作、管理方式）和外部信息因素的影响。而且供应链管理强调战略伙伴关系的管理，这意味着要处理大量的数据和信息才能做出正确的决策去实现企业目标。如可以利用电话会议、多媒体、网络通信、数据库、专家系统等收集和处理数据。决策的准确度取决于收集的内外部数据的精确度和信息交换的难易度。

（5）产品设计和工程、流程计划可被当做一个业务流程，产品本身需要产品、工程、流程计划的设计，这些可以用质量功能展开（Quality Function Deployment，QFD）、认证（Conformite Europeenne，CE）、CAD/CAE和计算机辅助工艺过程设计（Computer Aided Process Planning，CAPP）集成在产品开发中。

（6）市场营销和销售是信息处理量较大的两个职能部门。市场研究在一定程度上是信息技术革新的主要受益者。市场营销作为一个流程需要集成市场研究、预测和反馈等方面的信息，EDI在采购订单、付款、预测等事务处理中的应用，可以提高用户和销售部门之间数据交换工作的效率，保证为用户提供高质量的产品和服务。

（7）会计业务包括产品成本、买卖决策、资本投资决策、财务和产品组合决策等。计算机信息系统包括在线成本信息系统和数据库，主要采用在线共享数据库技术和计算机信息系统完成信息的收集和处理。技术分析专家系统（Expert System for Technology Analysis，ESTA）、财务专家系统能提高企业的整体投资管理能力，而且在ESTA中应用人工智能（AI）和神经网络技术可以增强某些非结构性问题的专家决策。AI的应用可以提高质量、柔性、利用率和可靠性，EDI和EFT应用在供应链管理当中可以提高供应链节点企业之间资金流的安全和交换的快速性。

（8）生产过程中的信息量大而且繁杂，如果处理不及时或处理不当，就有可能出现生产的混乱、停滞等现象，MRP Ⅱ、JIT、CIMS、MIS 等技术的应用就可以解决企业生产中出现的多种复杂问题，保障企业生产和整个供应链的正常运行。

（9）客户/服务技术可以用于企业之间的信息共享，以改善企业的服务水平，同时各种网络新技术的应用也可以改善企业之间的信息交互使用情况。信息自动化系统提高了分销、后勤、运输等工作的效率，减少了纸面作业，从而可降低成本和提高用户服务水平。

（10）供应链设计当中运用 CIM、CAD、Internet、E-mail、专家支持系统等技术，有助于供应链节点企业的选择、定位和资源、设备的配置。决策支持系统（DSS）有助于核心企业决策的及时性和正确性。

（11）人力资源管理当中，人类行为工程（Human Performance Engineering，HPE）也开始在企业管理当中得到应用，其主要职能是组织、开发、企业人力资源激励。在企业系统的工作设计、培训、组织重构中应用 HPE 可以帮助企业提高从最高领导到车间的人力效率，同时多媒体、CAD/CAM 和 Internet 等技术的应用可以改善职工之间的合作水平与降低工作压力。

【知识链接】

例如，沃尔玛的专用通信系统可以使公司每天将所有的 POS 数据送到 4 000 家供应商，使它们立即知道零售商的要求。

美国大型连锁超市杰·西·潘尼（J. C. Penny）的快速响应系统可实现从供应商到商店再到客户的快速、低成本的采购和购进产品的分销。

美国著名的霍尔马克（Hallmark）贺卡公司与它的零售商开发了一套高度集成化的连续补货系统，来保证在即将到来的节假日有合适的贺卡。零售商在出售商品时，通过扫描贺卡上的商品条码，然后将销售数据传送到霍尔马克。

第二节　供应链管理生产运作技术

一、供应链管理中的牛鞭效应

牛鞭效应，是经济学上的一个术语，指供应链上的一种需求变异放大现象，是信息流从最终客户端向原始供应商端传递时，无法有效地实现信息的共享，使得信息扭曲而逐级放大，导致了需求信息出现越来越大的波动，此信息扭曲的放大作用在图形上很像一根甩起的牛鞭，因此被形象地称为牛鞭效应（Bullwhip Effect），如图 3－4 所示。可以将处于上游的供应方比作梢部，下游的用户比作根部，一旦根部抖动，传递到末梢端就会出现很大的波动。与终端客户距离越远，这种现象的影响就越大。

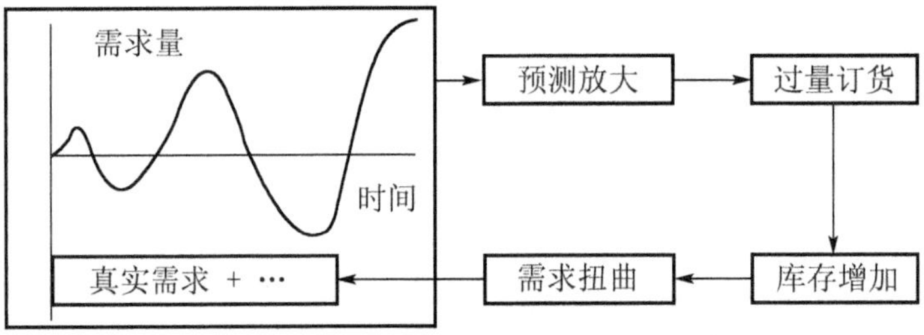

图3-4 牛鞭效应

“牛鞭效应”是市场营销活动中普遍存在的高风险现象，它直接加重了供应商的供应和库存风险，甚至扰乱生产商的计划安排与营销管理秩序，导致生产、供应、营销的混乱。解决“牛鞭效应”这一难题是企业正常的营销管理和良好的顾客服务的必要前提。

1. “牛鞭效应”产生的原因

牛鞭效应产生的本质原因是企业之间存在着一定程度的不信任，不能保证有效地实现信息的共享，这种信息扭曲如果和企业制造过程中的不确定因素叠加在一起，将会导致巨大的经济损失。供应商和零售商已经注意到尽管某种产品的需求变动并不大，但供应链中的库存和延期交货水平却波动很大。

例如：宝洁公司（P&G）在研究“尿不湿”的市场需求时发现，该产品的零售数量是相当稳定的，波动性并不大。但在考察分销中心的订货情况时，却意外地发现其订单的变动程度比零售数量的波动明显增大了，而分销中心说，他们是根据汇总的销售商的订货需求量进行订货的。通过进一步研究后发现，零售商往往根据对历史销量及现实销售情况的预测，确定一个较客观的订货量，但为了保证这个订货量是及时可得的，并且能够适应顾客需求增量的变化，他们通常会将预测订货量作一定放大后向批发商订货，批发商出于同样的考虑，也会在汇总零售商订货量的基础上再作一定的放大后向销售中心订货。这样，虽然顾客需求量并没有大的波动，但经过零售商和批发商的订货放大后，订货量就一级一级地放大了。

具体地说，产生“牛鞭效应”的原因主要有6个方面，即需求预测修正、订货批量决策、价格波动、短缺博弈、库存责任失衡和应付环境变异。

（1）需求预测修正。需求预测修正是指当供应链的成员采用其直接的下游订货数据作为市场需求信息和依据时，就会产生需求放大。例如，在市场销售活动中，假如零售商的历史最高月销量为1 000件，但下月正逢重大节日，为了保证销售不断货，他会在月最高销量基础上再追加$A\%$，于是他向其上级批发商下订单（$1+A\%$）×1 000件。批发商汇总该区域的销量预计后（假设）为12 000件，他为了保证零售商的需要又追加$B\%$，于是他向生产商下订单（$1+B\%$）×12 000件。生产商为了保证批发商的需要，虽然他明知其中有夸大成分，但他并不知道具体情况，于是他不得不至少按（$1+B\%$）×12 000件投产，并且为了稳妥起见，在考虑毁损、漏订等情况后，他又加量生产，这样一层一层地增加预订量，导致了“牛鞭效应”。

（2）订货批量决策。在供应链中，每个企业都会向其上游订货，一般情况下，销售商并不会来一个订单就向上级供应商订货一次，而是在考虑库存和运输费用的基础上，在一个周期或者汇总到一定数量后再向供应商订货；为了减少订货频率，降低成本和规避断货风险，销售商往往会按照最佳经济规模加量订货。同时频繁的订货也会增加供应商的工作量和成本，供应商也往往要求销售商在一定数量或一定周期订货，此时销售商为了尽早得到货物或全额得到货物，或者以备不时之需，往往会人为提高订货量，这样，由于订货策略导致了"牛鞭效应"。

（3）价格波动。价格波动是由于一些促销手段或者经济环境突变造成的，如价格折扣、数量折扣、赠票、与竞争对手的恶性竞争和供不应求、通货膨胀、自然灾害、社会动荡等。这种因素使许多零售商和推销人员预先采购的订货量大于实际的需求量，因为如果库存成本小于由于价格折扣所获得的利益，销售人员当然愿意预先多买，这样订货没有真实反映需求的变化，从而产生"牛鞭效应"。

（4）短缺博弈。当需求大于供应时，理性的决策是按照订货量比例分配现有供应量，比如，总的供应量只有订货量的40%，合理的配给办法就是按其订货的40%供货。此时，销售商为了获得更大份额的配给量，故意夸大其订货需求是在所难免的，当需求降温时，订货又突然消失，这种由于短缺博弈导致的需求信息的扭曲最终导致"牛鞭效应"。

（5）库存责任失衡。库存责任失衡加剧了订货需求放大。通常的做法是供应商先铺货，待销售商销售完成后再结算。这种体制导致的结果是供应商需要在销售商（批发商、零售商）结算之前按照销售商的订货量负责将货物运至销售商指定的地方，而销售商并不承担货物搬运费用；在发生货物毁损或者供给过剩时，供应商还需承担调换、退货及其他相关损失，这样，库存责任自然转移到供应商，从而使销售商处于有利地位。同时在销售商资金周转不畅时，由于有大量存货可作为资产使用，所以销售商会利用这些存货与其他供应商易货，或者不顾供应商的价格规定，低价出货，加速资金回笼，从而缓解资金周转的困境；再者，销售商掌握大数量的库存也可以作为与供应商进行博弈的筹码。因此，销售商普遍倾向于加大订货量掌握主动权，这样也必然会导致"牛鞭效应"。

（6）应付环境变异。应付环境变异所产生的不确定性也是促使订货需求放大加剧的现实原因。自然环境、人文环境、政策环境和社会环境的变化都会增强市场的不确定性。销售商应对这些不确定性因素影响的最主要手段之一就是保持库存，并且随着这些不确定性的增强，库存量也会随之变化。当不确定性的预测被人为渲染，或者形成一种较普遍认识时，为了保持有应付这些不确定性的安全库存，销售商会加大订货，将不确定性风险转移给供应商，这样也会导致"牛鞭效应"。

【小知识】

丢失一个钉子，坏了一只蹄铁；
坏了一只蹄铁，折了一匹战马；
折了一匹战马，伤了一位骑士；
伤了一位骑士，输了一场战斗；
输了一场战斗，亡了一个帝国。
——西方民谣

2. 解决“牛鞭效应”的方法

从供应商的角度看，“牛鞭效应”是供应链上的各层级销售商（总经销商、批发商、零售商）转嫁风险和进行投机的结果，它会导致生产无序、库存增加、成本加重、通路阻塞、市场混乱、风险增大，因此妥善解决就能规避风险，减量增效。企业可以从如下6个方面进行综合治理。

（1）加强预测。为了提高预测的精确度，需要考虑多种因素，有历史资料、定价、季节、促销和新产品等因素，有些数据掌握在零售商和分销商手中，必须与他们保持良好的沟通，及时获得这些数据和了解他们对未来的需求。目前，许多供应链正在采取合作预测的策略，即供应链上下游成员间分享预测数据并使用同样的预测工具，提高预测准确性。

（2）订货分级管理。从供应商的角度看，并不是所有销售商（批发商、零售商）的地位和作用都是相同的。按照帕累托定律，他们有的是一般销售商，有的是重要销售商，有的是关键销售商，而且关键销售商的比例大约占20%，却实现了80%的销量。因此供应商应根据一定标准将销售商进行分类，对于不同的销售商划分不同的等级，对他们的订货实行分级管理，如对于一般销售商的订货实行满足管理，对于重要销售商的订货进行充分管理，对于关键销售商的订货实现完美管理，这样就可以通过管住关键销售商和重要销售商来减少变异概率；在供应短缺时，可以优先确保关键销售商的订货；供应商还可以通过分级管理策略，在合适时机剔除不合格销售商，维护销售商的统一性和渠道管理的规范性。

（3）参考历史资料，适当减量修正，分批发送。供应商根据历史资料和当前环境分析，适当削减订货量，同时为保证需求，供应商可使用联合库存和联合运输方式多批次发送。这样，防止价格波动，在不增加成本的前提下，也能够保证订货的满足。

（4）建立伙伴关系，规避短缺情况下的博弈行为。通过实施供应链战略伙伴关系，可以降低产生“牛鞭效应”的机会。在这些战略联盟中，供需双方相互信任，公开业务数据，共享信息和业务集成。这样，相互都了解对方的供需情况和能力，供应商就能在销售旺季来临之前更好地设计生产能力和安排生产进度以满足产品的需求，避免了短缺情况下的博弈行为发生。

（5）加强出入库管理，合理分担库存责任。联合库存管理策略是合理分担库存责任、防止需求变异放大的先进方法。在供应商管理库存的环境下，销售商的大库存并不需要预付款，不会增加资金周转压力。相反地，大库存还会起到融资作用，提高资本收益率，甚至大库存还能起到制约供应商的作用，因此它实质上加剧了订货需求放大，使供应商的风险异常加大。联合库存管理则是对此进行修正，使供应商与销售商权利责任平衡的一种风险分担的库存管理模式，它在供应商与销售商之间建立起了合理的库存成本、运输成本与竞争性库存损失的分担机制，将供应商全责转化为各销售商的部分责任，从而使双方成本和风险共担，利益共享，有利于形成成本、风险与效益平衡，从而有效地抑制了“牛鞭效应”的产生和加剧。

使用电子数据交换系统（EDI）等现代信息技术对销售情况进行适时跟踪也是解决“牛鞭效应”的重要方法。

（6）缩短提前期。一般来说，订货提前期越短，订量越准确。根据 Wal - Mart 的调查，如果提前 26 周进货，需求预测误差为 40%，如果提前 16 周进货，则需求预测的误差为 20%，如果在销售时节开始时进货，则需求预测的误差为 10%。并且通过应用现代信息系统可以及时获得销售信息和货物流动情况，同时通过多频度小数量联合送货方式，实现实需型订货，从而使需求预测的误差进一步降低。因此，鼓励缩短订货期是破解“牛鞭效应”的一个好办法。

二、供应链管理环境下的生产管理组织与计划模式

1. 供应链管理环境下的生产管理组织模式

在供应链管理环境下，生产管理组织模式和以往生产管理组织模式一个显著的不同就是，供应链管理环境下生产管理是开放性的、以团队工作为组织单元的多代理制。图 3－5 显示了这种多代理制的供应链生产管理组织模式。

在供应链联盟中，企业之间以合作的方式进行生产，企业生产决策通过 EDI/Internet 实时地在供应链联盟中由企业代理通过协商决定，企业建立一个合作公告栏（在 Internet 上），实时地与合作企业进行信息交流。在供应链中要实现委托代理机制，对企业应建立一些行为规则：①自勉规则；②鼓励规则；③激励规则；④信托规则；⑤最佳伙伴规则。企业内部也是基于多代理制的团队工作模式，团队有一位主管负责团队与团队之间的协调。协调是供应链管理的核心内容之一。供应链管理的协调主要有三种形式，即供应—生产协调、生产—分销协调、库存—销售协调。

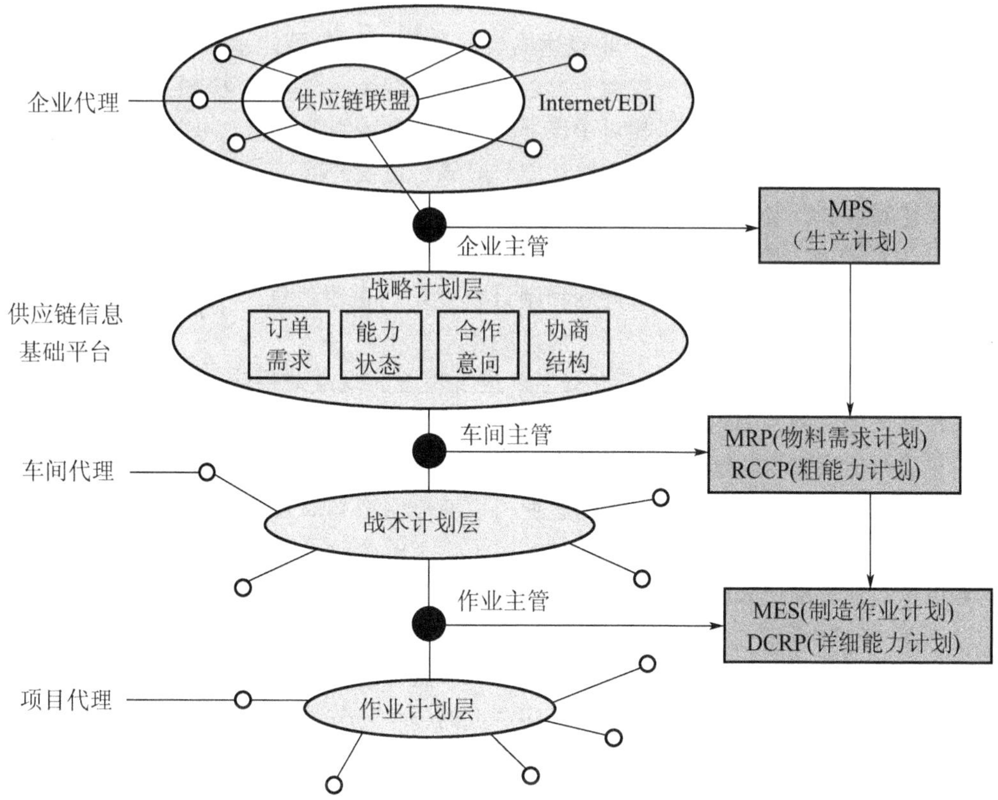

图 3－5　供应链环境下的生产管理组织模型

2．供应链管理环境下的生产管理计划模式

供应链管理环境下的生产计划模式与传统生产计划模式有显著不同，是因为在供应链管理下，与企业具有战略伙伴关系的企业的资源通过物资流、信息流和资金流的紧密合作而成为企业制造资源的拓展。在制订生产计划的过程中，主要面临以下三方面的问题。

（1）柔性约束。柔性约束实际上是对承诺的一种完善。承诺是企业对合作伙伴的保证，只有在这一基础上企业间才能具有基本的信任，合作伙伴也因此获得了相对稳定的需求信息。然而，由于承诺的下达在时间上超前于承诺本身付诸实施的时间，因此，尽管承诺方一般来讲都尽力使承诺与未来的实际情况接近，误差却是难以避免的。柔性约束的提出为承诺方缓解了这一矛盾，使承诺方有可能修正原有的承诺。可见，承诺与柔性约束是供应合同签订的关键要素。对生产计划而言，柔性约束具有多重含义：

① 如果仅仅根据承诺的数量来制订计划是容易的，但是，柔性约束的存在使这一过程变得复杂了。柔性约束是双方共同制定的一个合同要素，对于需方而言，它代表着对未来变化的预期；而对供方而言，它是对自身所能承受的需求波动的估计。本质上供应合同使用有限的可预知的需求波动代替了可以预测但不可控制的需求波动。

② 下游企业的柔性约束对企业的计划产量造成的影响，在于企业必须选择一个在已知的需求波动下最为合理的产量。企业的产量不可能覆盖整个需求的变化区域，否则会造成不可避免的库存费用。在库存费用与缺货费用之间取得一个均衡点是确定产量的一个标准。

③ 供应链是首尾相通的，企业在确定生产计划时还必须考虑上游企业的利益。在与上游企业的供应合同之中，上游企业表达的含义除了对自身所能承受的需求波动的估计外，还表达了对自身生产能力的权衡。可以认为，上游企业合同中反映的是相对于该下游企业的最优产量。之所以提出是相对于该下游企业，是因为上游企业可能同时为多家企业提供产品。因此，下游企业在制订生产计划时应该尽量使需求与合同的承诺量接近，帮助供应企业达到最优产量。

（2）生产进度。生产进度信息是企业检查生产计划执行状况的重要依据，也是滚动制订生产计划过程中用于修正原有计划和制订新计划的重要信息。在供应链管理环境下，生产进度计划属于可共享的信息。这一信息的作用在于：

① 供应链上游企业通过了解对方的生产进度情况实现准时供应。企业的生产计划是在对未来需求做出的预测的基础上制订的，它与生产过程的实际进度一般是不同的，生产计划信息不可能实时反映物流的运动状态。供应链企业可以借助现代网络技术，使实时的生产进度信息能为合作方所共享。上游企业可以通过网络和双方通用的软件了解下游企业真实需求信息，并准时提供物资。在这种情况下，下游企业可以避免不必要的库存，而上游企业可以灵活主动地安排生产和调拨物资。

② 原材料和零部件的供应是企业进行生产的首要条件之一，供应链上游企业修正原有计划时应该考虑到下游企业的生产状况。在供应链管理下，企业可以了解到上游企业的生产进度，然后适当调节生产计划，使供应链上的各个环节紧密地衔接在一起。其意义在于可以避免企业与企业之间出现供需脱节的现象，从而保证了供应链上的整体利益。

（3）生产能力。企业完成一份订单不能脱离上游企业的支持，因此，在编制生产计划时要尽可能借助外部资源，有必要考虑如何利用上游企业的生产能力。任何企业在现有的技术水平和组织条件下都具有一个最大的生产能力，但最大的生产能力并不等于最优生产负荷。在上下游企业间稳定的供应关系形成后，上游企业从自身利益出发，更希望所有与之相关的下游企业在同一时期的总需求与自身的生产能力相匹配。上游企业的这种对生产负荷量的期望可以通过合同、协议等形式反映出来，这样，在下游企业编制生产计划时就必须考虑到上游企业的这一能力上的约束。

三、供应链管理环境下生产计划的制订

在供应链管理下，企业的生产计划编制过程有了较大的变动，在原有的生产计划制订过程的基础上增添了新的特点。如图3－6所示。

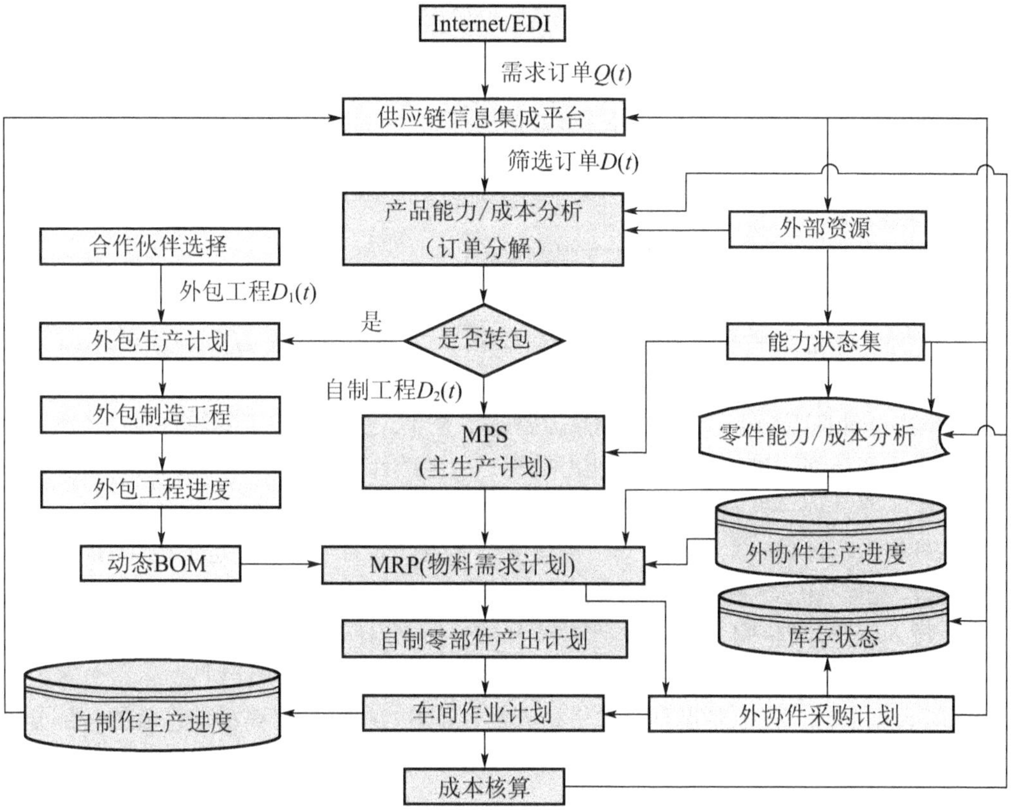

图3－6　供应链环境下的生产管理计划模型

1．具有纵向和横向的信息集成过程

这里的纵向指供应链由下游向上游的信息集成，而横向指生产相同或类似产品的企业之间的信息共享。

在生产计划过程中提出了基于业务外包和资源外用的生产决策策略。把成本分析纳入了生产作业计划决策过程中，真正体现以成本为核心的生产经营思想。通过在主生产计划和投入出产计划中分别进行的粗、细能力平衡，上游企业承接订单的能力和意愿都反映到了下游企业的生产计划中。企业在编制主生产计划时所面临的订单，在两种情况下可能转向外包：一是企业本身或其上游企业的生产能力无法承受需求波动所带来的负荷；二是所

承接的订单通过外包所获得利润大于企业自己进行生产的利润。无论在何种情况下，都需要承接外包的企业的基本数据来支持企业的获利分析，以确定是否外包。同时，由于企业对该订单的客户有着直接的责任，因此也需要承接外包的企业的生产进度信息来确保对客户的供应，充分体现了供应链管理思想，即基于价值链增值与用户满意的供应链管理模式。

2．丰富了能力平衡在计划中的作用

在通常的概念中，能力平衡只是一种分析生产任务与生产能力之间差距的手段，再根据能力平衡的结果对计划进行修正。在供应链管理下制订生产计划过程中，能力平衡发挥了以下作用：

① 为修正主生产计划和投入出产计划提供依据，这也是能力平衡的传统作用。

② 能力平衡是进行外包决策和零部件（原材料）急件外购的决策依据。

③ 在主生产计划和投入出产计划中所使用的上游企业能力数据，反映了其在合作中所愿意承担的生产负荷，可以为供应链管理的高效运作提供保证。

④ 在信息技术的支持下，对本企业和上游企业的能力状态的实时更新使生产计划具有较高的可行性。

3．计划的循环过程突破了企业的限制

在企业独立运行生产计划系统时，一般有三个信息流的闭环，而且都在企业内部：①主生产计划—粗能力平衡—主生产计划。②投入出产计划—能力需求分析（细能力平衡）—投入出产计划。③投入出产计划—车间作业计划—生产进度状态—投入出产计划。

在供应链管理下，生产计划的信息流跨越了企业，从而增添了新的内容：

① 主生产计划—供应链企业粗能力平衡—主生产计划。

② 主生产计划—外包工程计划—外包工程进度—主生产计划。

③ 外包工程计划—主生产计划—供应链企业生产能力平衡—外包工程计划。

④ 投入出产计划—供应链企业能力需求分析（细能力平衡）—投入出产计划。

⑤ 投入出产计划—上游企业生产进度分析—投入出产计划。

⑥ 投入出产计划—车间作业计划—生产进度状态—投入出产计划。

需要说明的是，以上各循环中的信息流都只是各自循环所必需的信息流的一部分，但可对计划的某个方面起决定性的作用。

三、供应链管理环境下生产延迟策略

1．延迟策略产生的背景

在全球市场中，由于不同国家和地区客户的偏好、语言、环境以及所遵行的政府法规的不同，单一产品常常需要有多个型号和版本来满足特定地区客户的特定要求。例如，售往不同国家的计算机，其电源模件为适应当地电压、频率和插头型式而会有所不同；键盘和说明书必须适合当地语言；通讯产品由于支持它的通讯协议不同，也会有所差异。在有些情况下，一种产品的本地化版本的要求是由于政府干预而产生的。对于运作管理人员而言，迎接这些存在于大多数产品中的和大量产品种类相关的挑战，日益迫切。

市场全球化、多样化的客户需求和技术更新加速是产品种类激增的根本原因。这种“激增”带来多重消极影响。

首先，对预测者而言，预测多个版本的需求简直就是天方夜谭。对于诸如计算机及其外设等高技术产品的预测错误常常超过400%。预测错误导致对一些版本的产品过多预测，而对另一些版本则过少预测，其结果就是一些产品库存过多而另一些则缺货。

其次，在保持一定的客户服务水平的高压之下，许多运作管理人员仅仅选择了一种简单方法予以应对——尽其所能多存储产成品以备不时之需。由于技术更新相当迅猛，每年由于陈旧过时而核销作废的库存常以千万甚至亿元记。

此外，由产品种类激增带给运作的另一负面影响是，由于企业必须管理大量的产品供货，需要有高额的行政管理开支。产品供货的高复杂度也意味着较高的制造成本，这是由于需要有较专业化的工艺、物料、准备转换手段和质量保证方法。同时，由于不同的产品需要有不同的现场支持物料和技术，因而要保持有效的总体产品支持或高水准的客户现场服务，将更加困难。

为了解决上述运作问题，企业投入大量资源以提高供应链效率。这些投资包括：建立可减少订单处理信息延误的信息网络；使用包括特殊运载工具的快速运输手段；重新设厂以更接近客户；使用更尖端的预测技术；建立复杂供应链库存管理系统；使用各种高效的物料转运和加工的工厂自动化设备。这些措施取得了不同程度的成功。

近些年来，我们看到一种趋势在增多，即重新设计产品和工艺以使产品种类的负面影响得到改善。一种“重新设计产品和工艺以使流程中形成多个产品的差异点尽可能向后延迟”的策略，即所谓“延迟”策略应运而生。换言之，“延迟”就是在流程下游的某一点（差异点）之前，将不采用特定工艺使在制品转变成具体的产成品。

产品激增一方面使运作管理人员面临巨大的挑战和压力，另一方面在产品和工艺设计，甚而在供应链设计中也蕴含巨大的机遇。实施恰当的延迟策略技术，可提升供应链的柔性，降低成本，提高效益，改进顾客服务水平。

2. 延迟策略技术的内涵

随着经济的快速发展，顾客的需求呈现出多样化、个性化，并且产品的生命周期逐渐缩短，更新换代愈发频繁，为此，企业既要满足顾客多样化的需求，又要努力降低产品的成本。在这种趋势下，单独的推式流程与拉式流程都无法实现这种要求，人们提出了延迟策略技术。

延迟策略技术（Post ponement Technology，PT）是一种为适应大规模定制生产而采用的策略，通过这种策略能够使企业实现产品多样化，从而满足顾客多样化的需求。实现延迟化策略的关键技术是模块化，即模块化产品、模块化工艺过程、模块化分销网络设计。

延迟策略技术的基本思想是，在供应链中，将产品的生产过程分为通用化阶段与差异化阶段，生产企业事先只生产中间产品或可模块化的部件，尽可能延迟产品差异化的业务，待最终用户对产品的外观、功能与数量提出要求后才完成产品的差异化业务。

延迟策略技术作为一种有效减小企业预估风险的方法，已作为一种哲理应用于生产系统的建立与运作中。社会个性化需求消费趋势要求制造业必须采用产品多样化战略，但当增加产品品种时，其业务流程的协调、控制等工作变得更加重复和复杂，使其总成本相应地增加，灵活性降低，这些变化往往削弱了产品多样化战略的优势。在供应链运作过程中，如果越接近购买目的，产品的差异性就会越强。然而，在生产过程中，如果寻找不同产品的差异点，尽可能延迟差异点产生的时间，就可以减少制造的复杂性，同时也可使市场需求的预测误差减小，降低需求的不稳定性。所以，延迟策略技术可以看做是为减小预估风险适应产品多样化生产而采用的一种理想策略，通过这种策略运用能使成本受控的同时，实现产品多样化，满足个性化的需要。

3．延迟策略技术应用的前提条件

本书将企业产品中的各种零部件分为两大类：一类是通用零部件，另一类是定制零部件。产品优化方向是减少定制零部件数。本书还将产品的生产环节分成两部分。一部分是大规模生产环节，另一部分是定制环节。过程优化方向是减少定制环节数。但并非所有的产品生产过程都可以采用延迟策略，即延迟策略的实施必须具备以下几个条件。

（1）产品可模块化生产。产品在设计时，可分解为几个较大的模块，这几个模块经过组合或加工便能形成多样化的最终产品，这是延迟策略实施的重要前提。

（2）零部件可标准化、通用化。产品可模块化只是一个先决条件，更重要的是零部件具有标准化与通用化的特性，这样才能彻底从时间上与空间上将产品的生产过程分解为通用化阶段和差异化阶段，并保证最终产品的完整。

（3）经济上具有可行性。实施延迟策略一般会增加产品的制造成本，除非它的收益大于成本，否则延迟策略没有必要执行。如果最终产品的制造在重量、体积和品种上的变化很大，推迟最终的产品加工成型工作，能节省大量的运输成本和减少库存产品的成本，并简化管理工作，那么延期策略的实施便会带来巨大的经济利益。

（4）适当的交货提前期。通常来说，过短的提前期不利于延迟策略的实施，因为它要求给最终的生产与加工过程留有一定的时间余地，过长的提前期则无需延迟策略。

4．延迟策略技术应用的供应链模型

延迟策略技术应用的供应链模型包括生产、装配、包装和配送等在内的物流过程，是将从原料供应、产品制造、产品配送整个供应链管理过程由延迟分界线划分为需求推动和产品拉动两个阶段。

（1）供应链需求推动阶段是指生产的通用化过程，处于供应链流程的前段制造过程，是所有客户需求的产品都要经过的流程部分。按照长期预测进行计划、生产和运送基本功能单元，从事通用的零部件生产组装，以推动方式经营为主。在通用生产、装配、包装过程中进行通用模块或通用部件的组装。

（2）供应链产品拉动阶段是指生产的定制化过程，处于供应链流程的后段制造过程，重点是从事产品差异化生产，对产品特殊功能单元进行生产、装配、包装及运送，这一过程以拉动方式经营为主。按照订单生产，根据确实掌握的订单资讯，进行快速且具弹性的执行，以满足用户个性化需求。

（3）应用延迟策略技术的供应链运行基本思路是：通过对产品构造差异点的分析，将产品构成单元中分成不变的（即通用的）部分和为实现差异化（即定制的）部分。在延迟分界线处设立缓冲区，定制品到达缓冲区并不立即下单制造或往下游移动，而是利用延迟策略技术，等到确实掌握了订单，再将定制品根据个性化需求加以修改，与特殊的部件和模块进行有效的组合，实现定制化服务。在此过程中能自动地减少或消除不合适的或错误的生产、库存、配送，降低成本和缩短交货期。

为确保该模型的效果，推动阶段中的产品流程设计，借助于标准化、模块化、通用化等技术在定制品到达延迟策略技术边界之前，尽量减少在定制品构造的差异性，尽可能延长通用化过程，形成规模经济。同时，也尽可能使通用的部件和模块往供应链下游运动，推迟特殊生产、装配、包装过程的时间，直到获得足够市场需求信息再安排生产。由于集中需求的信息总比分散数据更准确，这样既能获取风险分担和资源共享的好处，同时也降低了系统的库存成本，提高了供应链运作的稳定性和同步性。

5. 延迟策略技术的实施

传统的物流管理总是强调依据预测进行库存，生产适当提前，保证一定库存量。而延迟策略技术的核心内容是：企业在整个生产流程中将不同产品需求中相同程序制作过程尽可能最大化，而对定制需求或最终需求，也就是体现个性化需求部分的差异化的制作过程尽可能被延迟。采取延迟策略技术的制造型企业可从以下几个方面着手实施。

（1）生产式延迟。生产式延迟又称为成型延迟，就是通过设计产品和生产工艺，把制造某种具体产品、使其差异化的决策延迟到开始生产之时。使一类或一系列的产品延迟区分为专门的产成品，这种方法称为延迟产品差异。一般来说，多个产品在生产流程的初始阶段可以共享一些共同的工艺和（或）零部件，在工艺流程的某一点或某些点上使用将定的工艺和部件来定制加工半成品，这样，一个通用产品直到流程的这一点之后就成为不同的产成品。这一点通常就是产品差异点。延迟的实质就是重新设计产品和工艺以使产品差异点延迟。

（2）拉动式延迟。现代生产存在两个极端，一个是在建立库存的环境下把产品存储起来卖给消费者。由于生产是在顾客发出订单之前就已经发生了，这种建立存货的计划完全是建立在预测基础上的。另一个极端是，企业等顾客下订单，然后运用订单的完全特定的信息，启动整个供应链流程来生产和配送产品。这样就不可能生产出不恰当的产品，但是这是以顾客长时间的等待为代价的。根据预测生产的模式（推的模式）向根据订单生产的模式（拉的模式）转换的邻接点常常被称为是推拉边界。拉动式延迟就是要使推拉边界尽早地在流程中出现。根据预测生产的步骤越少，则半成品的存货量就越少，按照顾客订单的确切要求而实施的步骤就会越多。

大多数制造型企业是在建立存货的生产和按订单生产之间的某一个点上进行运作的。一些供应链中，早期的步骤是在预测的基础上进行的，然后生产出的中间产品被存储起来。根据延迟策略技术的思想，在供应链上体现产品差异性和定制化水平的作业，应放在需求完全被确定的时刻进行，这样，过早的生产和不恰当的库存都可以减少。剩下的定制化步骤仅仅是在收到客户订单后才进行。通过这种方式，更多的流程步骤被延迟到下了订单之后，成功地实施拉动式延迟策略技术。

（3）物流式延迟。物流延迟策略又称为时间延迟，是推迟产品的运动时刻，表现在地理上的延迟。在未收到客户订单时的物品，特别是价格高的物品应储存在物流网络的若干个中心仓库，采用集中库存方式，而不是将物品存放在消费地点。一旦接到客户订单，就立即从若干中心仓库实施最优调度程序，将物品直接送到客户所在地仓库或直接快运给客户。

物流延迟的基本观念是在一个或多个战略地点（中心仓库）对全部货品进行预估，而将进一步库存（即消费地库存）部署延迟到收到客户的订单时进行。一旦物流程序被启动，所有努力都将被用来尽快将产品直接向客户方向移动。因此，在这一范畴中，配送的预估性质就被订单替代而彻底放弃。物流延迟的潜力随着加工和配送能力的提高以及具有高度精确性和快速的订单发送而得到提高。

（4）结构式延迟。结构式延迟策略要求彻底改变产品结构，使用那些能够使一些零部件和流程步骤标准化的设计。如果早期的步骤能够标准化，使这些步骤产生的结果无差别，那么产生产品差异的点就会有效地得以推迟，被称之为结构式延迟，是因为延迟是通过产品结构形式的改变而得以实现的。

例如：过去，在日本生产组装的主机有两种电源和保险丝装置，一种是面向北美市场的 110V 电压的；另一种是面向欧洲市场的 220V 电压的。当时订货至交货的时间很长，并且很难预测在北美和欧洲的需求量，这就可能导致一个洲的产品大量积压，而另一个洲的产品又供货不足出现脱销。但是，如果重新设计一下主机，使之具有通用的电源和保险丝装置，那么产品在送达最终客户之前就不需要进行差异化设计。采用通用的电源装置还有一个附加的好处，就是无论什么时候，只要产品的供求不平衡，产品就可以顺畅地由一个洲运往另一个洲。这样，在日本的主机产量就是全球所需打印机数量的总和，而不用再像以前使用有差异的电源时那样，需要预测 110V 和 220V 的裸机应该各自生产多少。这就是一个典型的结构式延迟的例子，电源和保险丝装置被标准化了，从而改变了产品的结构。

四、供应链管理环境下的生产控制

供应链环境下的企业生产控制和传统的企业生产控制模式不同。前者需要更多的协调机制（企业内部和企业之间的协调），体现了供应链的战略伙伴关系原则。供应链环境下的生产协调控制包括如下几个方面的内容。

（1）生产进度控制。生产进度控制的目的在于依据生产作业计划，检查零部件的投入和出产数量、出产时间和配套性，保证产品能准时装配出厂。供应链环境下的进度控制与传统生产模式的进度控制不同，供应链环境下的进度控制在获得客户确切需求和购买意向之前，不过早地做准备工作或采购零部件，不提前、不过量，严格按订单生产合格产品。在未获知客户的精确要求和购买意向之前，尽量使产品保持中性及非委托状态，制造相当数量的标准产品或基础产品是以实现规模化经济为基础的，等收到客户订单后，才从事产成品的生产，最后工序按订单生产装配可以满足需求的多样性和缩短交货期。

（2）供应链的生产节奏控制。供应链的同步化计划需要解决供应链企业之间的生产同步化问题，只有各供应链企业之间以及企业内部各部门之间保持步调一致时，供应链的同步化才能实现。供应链形成的准时生产系统，要求上游企业准时为下游企业提供必需的零部件。如果供应链中任何一个企业不能准时交货，都会导致供应链不稳定或中断，造成供应链对用户的响应性下降，因此严格控制供应链的生产节奏对供应链的敏捷性是十分重要的。

（3）提前期管理。基于时间的竞争是 20 世纪 90 年代一种新的竞争策略，具体到企业的运作层，主要体现为提前期的管理，这是实现 QCR、ECR 策略的重要内容。供应链环境下的生产控制中，提前期管理是将供应链上的产品生产过程分为“不变”与“变”两个阶段，将不变的通用化生产过程最大化，生产具有通用性的标准部件，当接到客户订单时，企业便能以最快的速度完成产品的差异化过程与交付过程，以不变应万变，从而缩短产品的交货提前期，并降低供应链运作的不确定性，可谓竞争优势明显，是对供应链业务流程的一种创新。因此，建立有效的供应提前期的管理模式和交货期的设置系统是供应链提前期管理中值得研究的问题。

（4）库存控制和在制品管理。库存在应付需求不确定性时有其积极的作用，但是库存又是一种资源浪费。在供应链管理模式下，实施多级、多点、多方管理库存的策略，对提高供应链环境下的库存管理水平、降低制造成本有着重要意义。这种库存管理模式涉及的部门不仅仅是企业内部。基于JIT的供应与采购、供应商管理库存（Vendor Managed Inventory，VMI）、联合库存（Pooling）管理等是供应链库存管理的新方法，对降低库存都有重要作用。因此，建立供应链管理环境下的库存控制体系和运作模式对提高供应链的库存管理水平具有重要作用，是供应链企业生产控制的重要手段。

第三节　供应链管理物流运作技术

供应链管理以先进的技术和理论为基础，利用有效的方法配合咨询技术手段来整合供应商、制造商、分销商和零售商，使商品可以按准确的数量生产；并在准确的时间配送到准确的地点。但在经济全球化迅速发展的今天，企业仅靠传统的管理模式和自己有限的资源，已经不能满足快速变化的市场对企业所提出的要求。企业必须放弃传统的基于纵向思维的管理模式，朝着新型的基于横向思维的管理模式转变。物流客户将整个供应链的物流管理外包给具有集成管理、信息技术、第三方物流运作等知识能力的第四方，即由第四方来拟定一套供应链整合方案，并负责对解决方案的实施过程进行监控和评价，以便提高供应链的整体运作绩效。

随着全球经济一体化进程的加快、信息技术在物流领域的应用和发展、对一体化多渠道市场需求的增长和物流服务供应商服务能力的扩充和完善，物流业务外包服务将逐步被社会认识、了解、认可和进一步采用。

一、物流业务外包

物流业务外包是企业业务外包的一种主要形式，也是一种专业的物流运作技术。物流外包是供应链管理环境下企业物流资源配置的一种新形式，完全不同于传统意义上的外委、外协。它要从企业实际情况出发，通过合理的资源配置，进行系统的宣传、培训，制订出切合实际的企业物流外包计划，发展供应链，其目的是打造企业的核心竞争力。物流业务外包如图3－7所示。

所谓物流业务外包（Outsourcing），即制造企业为集中资源，节省管理费用，增强核心竞争能力，将其物流业务以合同的方式委托给专业的物流企业运作。外包是一种长期的、战略的、相互渗透的、互利互惠的业务委托和合约执行方式。

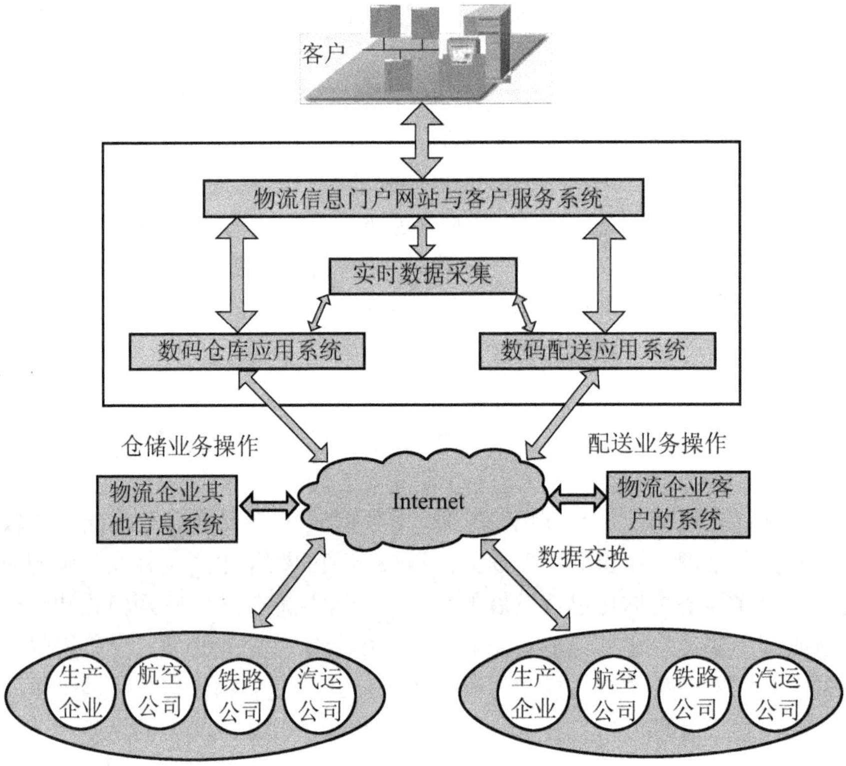

图3－7　物流业务外包图

（一）物流外包的约束条件分析

物流外包作为一个提高物资流通速度、节省物流费用和减少在途资金积压的有效手段，确实能够给供需双方带来较多的收益，尽管供需双方均有信心和诚意，但在实践的过程中，物流外包又举步维艰，常常出现问题，甚至失败。阻碍物流外包发展的因素既有体制的制约、人为的失误，也有观念的陈旧和技术的缺陷，这些因素既存在于物流供应商方面，也存在于物流需求商方面。

1．物流外包的外部约束条件分析

企业没有选择物流外包，也并不一定是钟情于自营物流，而是担心物流外包的条件和时机尚未成熟。如果区域物流平台能以低于或接近企业自营物流成本及时为企业提供全方位的物流服务，企业没有理由选择自营物流。就目前而言，虽然运输体系有了很大的改善，但整合各种物流资源的区域物流平台尚未真正建立，物流商未能使企业消除成本和时间方面的顾虑。消除企业担忧，及时为企业顾客提供低成本的物流服务，正是企业物流外包的重要前提，也是最重要的外部约束条件。离开这一点来谈企业物流外包就只能是空谈。影响物流外包的外部约束条件主要有：

（1）区域物流平台。区域物流平台是区域物流的载体，是一个包括诸多的复杂网络体系。它包括基础设施、物流设备和各种标准。这是整合了区域物流资源的物流服务体系，有了这样坚实的平台，就可以在成本和时间方面消除客户担心。但目前还没有建立这样的平台或正在建设中，如各港口城市的物流中心、物流园区，也并不是完全定位在为企业物流外包服务。看来，物流园区建设仍是物流外包的重要平台，但园区建设一定要合理规划和布局，以市场培育，企业物流外包为重心，通过市场培育为解决物流成本和服务及时性问题提供保证，经过一定时间可以逐步达到规模经济，进入了规模经济，成本就不再是担心的问题。因此消除企业担心之日，也就是企业物流外包实现之时，也是区域物流市场形成之时。

（2）基础设施的建设与整合。基础设施的建设一定要围绕区域物流平台，进行物流基础设施建设和物流资源整合，尤其要发展区域综合配送中心。过去有不少零散的设施和资源，需要通过区域物流平台进行整合，防止各自为攻、低水平重复建设和恶性竞争。

（3）综合物流商的培植。物流成为热点后，各路军团纷纷涌入第三方物流，包括外企、民企纷纷来抢滩，这对于物流业的发展是有利的，但是要形成有实力的综合物流商，才能解决成本和服务物流外包及时性问题。综合物流商培植也要以区域物流平台为载体，探索一种投资主体多元化的全新物流平台模式。

（4）信息系统建设。信息系统建设也是一个很重要的问题，对于沟通供需，缩短时空距离，解决及时性问题，实现物流与信息流统一是非常重要的。建立区域物流平台的信息系统有利于快速地采集、处理和反馈信息，解决速度问题，同时也能降低物流成本。建设信息系统要以区域物流平台的信息系统为轴心，以电子商务为依托。

2. 物流外包的内部约束条件分析

（1）企业物流观念。企业的物流观念和对于资源的认识是影响物流外包的因素。物流外包要有外部压力和比较优势，而企业高层对物流外包重要性的认识，也是影响物流能否外包的条件，对物流外包的认识是基于企业对竞争战略的认识，对企业自身资源的认识，事关企业战略。但目前企业对物流及物流外包的认识还刚起步，有的还停留在狭隘资源观上，为此，对企业进行现代物流理念的普及和培训也是重要的。要加深企业对供应链的认识，突破企业边界，真正放弃“大而全”、“小而全”的计划经济模式，树立基于供应链的统一资源观，以资源整合的思想重新审视企业资源、分析资源的优势与劣势。

（2）物流体制。企业物流体制是影响企业物流外包的另一个因素，因为企业物流相对分散，这给物流外包增加了难度。为此，企业需要进行物流和内部供应链一体化，建立适应物流外包的物流管理体制，即集成化的管理模式。

（3）物流信息化。物流信息化程度也是制约物流外包的一个不可忽视的要素，没有物流信息化，就无法快速沟通供需，与第三方物流的信息交流也无法在速度上满足物流外包的要求。为此，要实现物流外包就要建立与第三方物流对接的信息系统与电子商务平台，以期快速响应需求，满足JIT的需要。

总之，要实现物流外包，就要研究企业物流外包的外部和内部条件，同时推进，有计划、有选择地分阶段实施。

（二）企业物流外包的实施策略

企业物流外包在目前的内外环境上还面临许多困难，不可能一蹴而就，需要一个过程。

1. 物流外包的主要业务形式

制订物流外包计划要对企业物流业务进行ABC分类管理，制订外包的时间表，先从市场供需较好、较易实现的C类业务开始，然后在试点的基础上由浅入深地展开。在制订外包计划后要对其进行评估与可行性分析。其次要选择合适的区域物流平台和物流商承担物流外包业务，要对承担物流外包的物流商进行科学评估，在评估后要进行谈判、签约，以合同方式固定下来，实现基于合同物流的物流外包。物流外包的主要业务形式有：

（1）物流业务部分外包。

（2）物流业务完全外包。

（3）物流系统接管。

（4）物流战略联盟。

（5）物流系统剥离。

（6）物流业务管理外包。

这是物流外包从低级向高级发展的过程，也是供应链成熟的过程。每个企业在开展物流外包时，一定要认真分析自身条件，选择适合自己的物流外包阶段，不可一刀切。

2. 实施物流外包的收益

（1）企业将有限的资源集中用于发展主业。制造企业将物流业务外包给第三方物流企业，可以使企业实现资源的优化配置，减少用于物流业务方面的车辆、仓库和人力的投入，将有限的人力、财力集中于核心业务。

（2）企业节省费用，增加盈利。从事物流外包业务运作的第三方物流企业利用规模经营的专业优势和成本优势，通过提高各环节能力的利用率，实现费用节省，使企业能从分离费用中获益。

（3）企业加速商品周转，减少库存，降低经营风险。第三方物流服务提供者借助精心策划的物流计划和适时的运送手段，最大限度地加速库存商品周转，减少库存，为企业降低经营风险。

（4）可以提升企业形象。第三方物流提供者利用完备的设施和训练有素的员工对整个供应链实现完全的控制，帮助顾客改进服务，树立自己的品牌形象。同时制造企业也可以借助于第三方物流企业的品牌形象，提升自己的企业形象。

（5）降低管理难度，提升管理效率。物流业务外包既能使制造企业享受专业管理带来的效率和效益，又可将内部管理活动变为外部合同关系，把内部承担的管理职责变为外部承担的法律责任，有利于简化管理工作。

3. 如何建立成功的物流外包关系

物流外包已经被许多企业视为一项有价值的战略，但任何物流职能的外包都需要认真计划、实施与管理。在开始时的有效计划和协调能保证平稳地过渡。企业必须确定在整合流程上有详细的计划，以便项目能够得到跟踪，也必须有通畅的沟通渠道，以及高层管理部门的支持，并审慎地选择3PL，建立服务和支持体系，制定对3PL公司明确的绩效期望。一致的绩效评价，将确保良好关系的建立。以下步骤可供实施物流外包的企业参考。

（1）拟定外包战略。应该结合自营方案，对外包进行审慎的考虑与衡量，了解自己的目标和3PL需求，明确的目标将有助于建立选择3PL的标准，这些标准包括IT能力、联盟伙伴、顾客服务和文化匹配。这将帮助发现各种选择的相关优势与劣势。

（2）制订严格的物流服务提供商选择程序。从开始就应把提供商纳入到过程中，检查其行业来源、现有客户和财务状况，认真分析管理水平、战略方向、信息技术状况、劳动关系和企业文化及相容性。

（3）明确定义自己的期望。大量的外包关系之所以不成功，在于不切实际的期望。物流公司通常在提交标书时，对为之服务企业的运输能力、规模及频度等方面的信息了解得不充分，企业对自身的物流活动也缺乏准确的或详细的认知。此外，提供服务的成本，特别是在信息技术方面，往往被低估或有误解。这样的结果会引发物流公司的成本计算及合同执行不能反映实情。

（4）签订有效的合同。详细列出责任、期望与解决问题的方法，建立激励机制，做到双方利益共享，以提高作业水平与生产率。

（5）制订良好的规范与流程。给物流公司一个作业说明书，并包含全部规范、流程与其他外包合同有效执行的必要信息。

（6）发现并避免潜在的冲突点。双方应经常注意可能发生的冲突点，提前发现它们并制订一个处理程序。

（7）与物流伙伴有效沟通。缺乏沟通是仅次于缺乏计划的又一外包关系失败的原因，必须在作业的所有方面进行频繁的和双向的沟通。3PL公司必须被看做企业的延伸，纳入客户企业的战略规划中。

（8）衡量绩效、沟通结果。当关系建立的时候，双方应该对绩效标准予以明确，取得一致与进行沟通，并定期衡量绩效。

（9）激励与奖励物流服务提供商。根据良好的绩效进行奖励，绝不能想当然。问候、表扬、奖金、奖品或宴请等都可成为激励的方式。

（10）成为一个好的伙伴。良好的伙伴关系能使双方受益。为自己及其自己的客户服务的物流服务提供商的能力通常会影响到你自己的绩效。

（三）企业实施物流外包的注意事项

企业对第三方物流服务提供商的状况进行考察和评估后，决定实施物流外包，为了防止物流外包流于形式或失败，需要注意以下几点。

（1）制订具体的、详细的、具有可操作性的工作范围。工作范围即物流服务要求明细，它对服务的环节、作业方式、作业时间、服务费用等细节做出明确的规定，工作范围的制订是物流外包最重要的一个环节，它是决定物流外包成败的关键要素之一。

（2）协助第三方物流服务供应商认识企业。视第三方物流服务供应商的人员为内部人员，一般需要与第三方物流服务供应商分享公司的业务计划，让他了解公司的目标及任务，因为对于一个对企业一无所知的人来说，你很难要求他能有良好的表现。

（3）建立冲突处理方案。与第三方物流服务供应商的合作关系并不总是一帆风顺的，其实若彼此的看法能适当地表达，公司将从中获益良多，所以为避免冲突的发生，事前就应该规划出当冲突发生时双方如何处理的方案，一旦有一方的需求不能得到满足时，即可加以引用并借以改进彼此的关系。

（4）不断进行调整。市场就是战场，形势千变万化，所以外包后，仍要亲自视察和监督，因为唯有亲自看到，才知道问题所在，才能及时得到纠正。

（5）保持弹性。物流外包的项目应该是慢慢扩展的，要注意到第三方物流服务供应商所能提供服务的宽度，让其保持一定的弹性，以最灵活的方式为公司提供最佳的服务。

二、第四方物流

第四方物流作为一种专业的物流运作技术，其核心是整合物流服务资源和能力，为客户提供一体化的、综合的物流服务。第四方物流运作模式是第四方物流企业在开展物流服务活动时的组织模式、运行模式、运行机制和支撑体系的有机综合体，其运作效率直接影响着客户对第四方物流企业的满意度及第四方物流企业的效益。

（一）第四方物流的概念

物流概念最早形成于美国，当时称作“Physical Distribution”（即PD），汉语是实物配送的意思。1963年这一概念进入日本，当时对物流的定义是“在连接生产和消费间，对物资实施保管、运输、装卸、包装、加工等功能，以及作为控制这类功能后援的资讯功能，它在物资销售中起到桥梁作用”。中国引入这一概念在20世纪80年代，当时“物流”英文称“Logistics”，原意为后勤，后来转用于物资的流通，形成了沿用至今的现代物流概念。它是以满足消费者的需求为目标，把制造、运输、销售等市场情况统一起来思考的一种战略措施。物流作为与资金流、信息流并列的三大流通系统之一，是继劳动、资源之后的第三个利润的源泉。21世纪是国际物流业大发展的时代，信息化、网络化、智慧化、柔性化、标准化和社会化将是其特点。

一般情况下，供方将物资提供给需方即完成了物流服务，而第三方物流（Third Party Logistics 即3PL，TPL）是指物流服务的供方、需方之外的第三方去完成物流服务为特征的物流运作方式。以航运或航空运输，铁路或公路运输为依托的企业，目前所发展的就是这种第三方物流。

第四方物流（Fourth Party Logistics，4PL）负责第三方物流安排之外的功能整合。如图3-8所示。

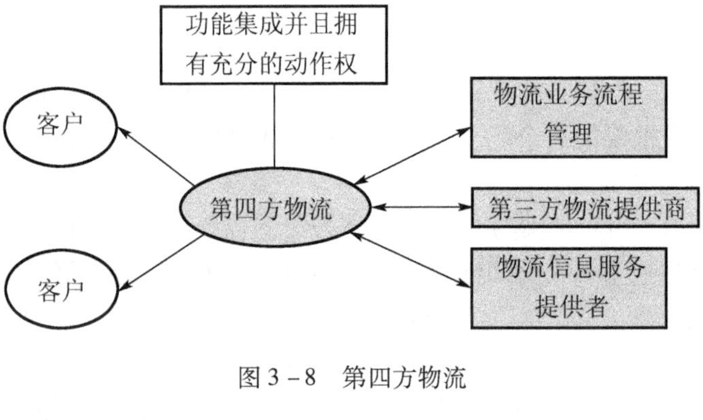

图3-8　第四方物流

美国的安盛管理咨询公司（Accenture）最早提出了第四方物流（Fourth Party Logistics，4PL）的概念，把它定义为：“一个供应链的整合者及协调者，调集和管理组织本身与其他互补性服务者所有的资源、能力和技术来提供综合的供应链解决方案”。因为全球性供应链管理，单靠第三方物流来组织、整合，不可能做到包罗万象，除了要保持速度及有效运作，它必须围绕本身性质和重整来经营，采用合作而不是直接控制的方法来获得能力。为此，需将单个组织以外的知识与资源纳入第四方物流。

（二）基于第四方物流运作的物流服务

在信息化环境下，随着互联网在物流行业的深入应用，物流服务提供商必然要在互联网上为客户提供标准化的物流服务，这也是第四方物流运作和供应链集成的必然要求。

物流服务是第四方物流运作的核心，物流服务的功能及技术实现直接决定着第四方物流的运作效率和效益。第四方物流运作模式及管理方式的发展，使物流运作打破了传统的企业及地域的界限。同时，物流服务的专业化分工以及市场竞争的加剧，也使物流服务呈现了一些新的特征，这些特征主要包括：分布性、异构性、动态性、竞争性、协同性和可重构性等。

物流服务的这些特性对第四方物流的敏捷化运作和协同管理提出了新的挑战，为了支持更快地选择合适的物流服务、更好地实现运作过程中的协同，客观上要求对物流服务建立一种准确的、基于统一技术标准的模型，具体的需求包括：

（1）针对物流服务分布性、异构性以及可重构性的特点，为了实现物流服务远程的协作和良好的互操作与集成，物流服务应该采用一种统一的基于标准的描述规范和通信协议，并实现物流服务的接口描述和服务实现的分离。

（2）针对物流服务动态性的特点，物流服务模型应该支持静态信息和动态信息相结合的描述模型，既能反映物流服务的静态特性，同时又能反映物流服务及物流资源的动态特性。

（3）为了增强第四方物流对市场的敏捷性，支持快速准确地获取所需要的备选物流服务集，物流服务模型应该具备机器可理解和处理的语义信息，从而增强服务检索的智能性和检索结果的准确性。

（4）为了支持快速地从备选的物流服务集中选择合适的物流服务，物流服务模型除了具备服务功能模型语义描述以外，还应该具有决定服务选择评价标准的非功能性描述，即服务质量 QOS（Quality of Service，QOS）信息描述。

基于第四方物流运作的物流服务是以面向服务计算和 Web 服务技术及服务外包理念为基础，以对第三方物流企业及相关的 IT 集成商、咨询机构、物流行业协会及社会公共服务机构的物流资源和物流能力封装为手段，具备一定力度的以第三方物流企业及相关机构提供的物流服务功能为基本服务单元，能够基于第四方物流信息平台实现服务语义表达、网络化注册、智能匹配与选择以及服务自动组合与执行的物流功能实体。

第三方物流供应商及相关的 IT 集成商、咨询机构、物流行业协会及社会公共服务机构是物流服务的提供商，供应链的全球一体化必然要求作为供应链综合解决方案的第四方物流能够有效地整合地域上分散的、异构的物流服务，而基于第四方物流运作的物流服务的实现有利于第三方物流企业及相关机构快速地发布自身的物流服务能力，使第四方物流运营商通过第四方物流信息平台快捷地根据特定的市场物流外包需求形成供应链的综合解决方案，并通过标准的协议和技术进行物流过程的协同。

（三）基于物流服务的第四方物流运作流程

基于物流服务的第四方物流运作流程是面向服务的第四方物流运作模式运行的主要过程，它的运作涉及物流客户、第四方物流服务平台、物流服务注册中心 UDDI、物流服务提供商及政府、银行等公共服务机构。基于物流服务的第四方物流运作流程的实现由物流服务封装与发布、物流外包任务提交与任务规划、物流服务链建模与生成以及物流服务链执行过程监控与绩效评价4个主要过程构成。

1. 物流服务封装与发布

在第四方物流运作模式下，物流服务的提供者既包含传统的第三方物流企业，也包含IT集成企业提供的系统集成资源与服务以及咨询机构提供的智力资源和管理咨询解决方案，这些物流服务的提供商提供的物流服务在地理上是分散的，而且这些物流服务的表达方式在语法及语义上往往是异构的。为了有效地实现对物流服务高效查找和优化配置，面向服务的第四方物流运作模式将通过两阶段建模的方式对所有的物流服务进行建模和表达，即应用Web服务的相关技术，把第三方物流、IT系统集成商及咨询机构提供的物流服务进行Web服务封装，通过标准的WSDL描述语言对所有的物流服务进行统一描述，并对物流服务的初始物流服务质量QOS信息进行定义，在此基础上，把带有QOS信息的物流服务在第四方物流信息平台的服务注册中心进行注册，以供后续的物流服务的查找、匹配和调用。

2. 物流外包任务提交与任务规划

物流外包任务提交与任务规划是接收客户提交的物流外包任务，并进行物流外包任务的初步规划形成满足用户需求的物流子任务的集合并进行规范化的描述，其运作过程由以下3个阶段构成。

（1）物流外包任务的接收，客户可以通过第四方物流信息平台直接提交物流外包需求，或者第四方物流运营商根据客户物流外包的需求，接收到物流外包合同后在第四方物流信息平台中进行信息的输入。

（2）基于第四方物流信息平台，通过调用历史的案例库、知识库及物流任务分解引擎，第四方物流运营商根据客户的需求进行物流外包任务的综合规划与分解，具体的任务包括根据合同要求分析和进行货物从送货地点到目的地的路线规划、运输方式选择以及各物流环节的职能规划（如运输、存储、流通加工等），从而形成面向全局和过程协作的物流子任务。

（3）应用任务描述语言对物流子任务的功能和需求进行规范化描述，并基于领域本体对物流子任务的功能和需求进行语义标注。

3. 物流服务链建模与生成

面向服务的第四方物流运作模式围绕着物流服务链展开，物流服务链建模与生成阶段包含物流服务链概念建模、物流服务匹配与选择以及物流服务链生成3个过程。

（1）根据物流外包服务在时间、质量、成本等约束条件下，根据各分解的物流子任务在时序上的约束关系，建立物流服务执行的网络计划模型，即物流服务链的概念模型。

（2）以物流子任务的需求为输入条件，调用第四方物流信息平台的服务匹配引擎进行物流子任务与物流服务的功能和QOS匹配，匹配的结果形成针对每项物流子任务的备选物流服务集，并以物流服务的执行时间、服务质量、物流成本、可靠性、服务信誉等作为评价指标，采用层次分析法、模糊综合评价法等方法对备选的物流服务进行综合评价，选择适合的物流服务。

（3）基于物流任务的物流服务执行链概念模型及选出的物流服务，应用物流服务组合技术（OWL/S、BPEL等）生成第四方物流信息平台环境下的可执行的物流服务链。

4. 物流服务链执行过程监控与绩效评价

物流服务链执行过程监控与绩效评价是第四方物流运作管理的主要内容，整个过程基于第四方物流信息平台开展，其实现的功能包括物流服务执行状态管理、物流执行过程协同、物流绩效评价管理以及物流执行链重构管理等功能。其中，物流服务执行状态管理通过 GPS、GIS、RFID 等技术手段主动采集物流服务执行状态以及物流服务提供商输入物流状态相结合的方式进行物流实时状态的采集，并可以实时地对物流执行链的执行状况进行监控和管理，客户可以通过第四方物流信息平台实时查询服务任务的执行进度和状况。

物流执行过程协同是在物流服务执行链的综合调配下支持 3PL 供应商、IT 系统集成商及物流咨询机构在物流服务执行过程中实现物流信息、流程以及知识的协同。物流执行链重构管理是在物流服务执行链执行过程出现异常情况时能够快速地启动物流服务链的重构、物流服务提供商匹配、选择以及物流服务执行链的再生成功能，以保证物流服务按客户的要求顺利执行。

物流绩效评价则是对第四方物流运作模式的综合评价，既包含整个物流服务执行链的执行效率与绩效评价，也包括对物流服务链执行过程中各物流服务提供商的绩效进行评价，并把相关的绩效评价结果更新到物流服务的 QOS 描述库中，为以后的物流服务评价与选择提供参考依据。

（四）基于物流服务的第四方物流运作模式

面向服务架构和 Web 服务技术的出现为网上提供一体化和标准化的网上物流服务提供了技术的保障。

作为现代物流运作模式的第四方物流，其优化运作及供应链优化是一项复杂的系统工程，是现代服务理念、现代物流管理理论和信息技术的综合集成。基于物流服务的第四方物流运作涉及大量的关键支撑技术，本书结合第四方物流的特点及面向服务的第四方物流的本质特征，从第四方物流优化运作的层面提出了 3 种基于物流服务的第四方物流运作模式。

1. 协同运作模式

在这种模式中，第四方物流和第三方物流共同开发市场，第四方物流向第三方物流提供一系列的服务，包括技术、供应链策略、进入市场的能力和项目管理的能力。第四方物流的思想和策略通过第三方物流具体实现，以达到为客户服务的目的。第四方物流和第三方物流一般会采用商业合同的方式或者战略联盟的方式合作。

2. 方案集成商模式

在这种模式中，第四方物流集成多个服务供应商的能力，为客户提供运作和管理整个供应链的解决方案。第四方物流作为一个枢纽，对本身和第三方物流的资源、能力和技术进行综合管理，借助第三方物流为客户提供全面的、集成的供应链方案，第三方物流通过第四方物流的方案为客户提供服务。

3. 行业创新者模式

在这种模式中，第四方物流以整合整个供应链的职能为重点，为多个行业的客户开发和提供供应链解决方案。第四方物流将第三方物流加以集成，向下游的客户提供解决方案。因此，第四方物流作为上游第三方物流的集群和下游客户集群的纽带责任非常重要。行业解决方案会给整个行业带来最大的利益。第四方物流会通过卓越的运作策略、技术和供应链运作实施来提高整个行业的效率。

第四方物流不仅控制和管理特定的物流服务，而且对整个物流过程提出策划方案，并通过电子商务将这个过程集成起来。预测表明，第四方物流作为能与客户的制造、市场及分销数据进行全面、在线链接的一个战略伙伴，与第三方物流一样，在可预见的将来是可以得到广泛应用的。

第四节　供应链管理营销运作技术

作为新兴服务产业，物流本身的发展与企业营销理念的发展相伴相随。21世纪是中国物流大发展的时代，经济贸易的高速发展，促使物流服务逐渐成为我国企业中最为经济合理的综合服务模式，已经呈现知识化、集约化、全球化、网络化的发展趋势。企业营销理念的核心已经从产品制造转向产品销售再转向为客户服务，"以满足客户需求为目的"的经营理念已经为企业所接受。因此，营销工作不得不紧紧抓住客户满意这个创新的动力源。

一、物流营销概述

1．物流营销概念

物流营销是指：物流服务外部供给者为了有效满足物流需求而系统地提供服务概念、价值、价格、沟通的行为组合。

科学、合理的物流活动是物流企业获得持续竞争优势的一个关键因素，预示着企业把握着巨大的战略潜力。物流活动离不开营销策略的正确运用，只有把物流与营销结合成一个共同的竞争战略，物流系统才能够成为一个有效的系统，有利于提高企业的竞争优势。

物流营销是市场营销的组成部分，是传统的市场营销体系在新形势下的必然发展。物流营销是一个新概念，也是市场需求链的最集中、最具活力的环节。它的使命是围绕市场需求，计划最可能的供给路径，在最有效和最经济的成本前提下，为客户提供满足的产品、服务空间流动和时间延伸的需要。

2．物流营销活动的原则

（1）合作原则。现代物流的特点要求在更大的范围内进行资源的合理配置，因此物流企业本身并不一定必须拥有完成物流业的所有功能。物流企业只有做好自身的核心物流业务，外包出其他业务，才能取得更大的物流服务效益。

（2）规模原则。物流企业产生效益取决于它的规模，所以进行营销时，首先要确定某个客户或某几个客户的物流需求是否具有一定的规模，即需求容量，然后再去为其设计有特色的物流服务。

（3）回报原则。物流企业营销活动是要满足客户物流需求，为客户提供价值，其真正价值在于能为自身带来短期或长期的利润的能力。一方面，追求回报是营销发展的动力；另一方面，回报是维持市场关系的必要条件。因此，物流营销目标必须注重产出和物流企业在营销活动中的回报。

3．物流营销的意义

（1）提高营销能力。在市场竞争日益激烈的现代社会，物流企业应以市场为导向，重视客户的需求，加强企业的服务意识。物流营销可以很有效地为物流企业收集客户需求、市场信息、产品状况等方面的信息，使物流企业有的放矢，提高物流资源配置的能力，最大限度地满足客户的需要，实现企业的营销目的。

（2）集中优势减少风险。现代物流领域的设备设施、信息系统等投入较大，加上物流需求的不确定性和复杂性，投资有巨大风险。物流营销可以集中资源优势，使企业实现资源优化配置，将有限的人力财力集中于核心业务，并进行重点研究，发展基本技术，开发新产品等，以增加竞争力。

（3）降低运行成本。物流营销之所以能够显著降低交易成本，主要是因为其主体是由诸多节点和线路组成的网络体系。由原来点和点、要素和要素之间偶然的、随机的关系变成了网络成员之间的稳定的、紧密的联系。从交易过程看，物流营销有助于减少物流合作伙伴之间的相关交易费用。同时，物流营销可以减少库存。物流提供者借助精心策划的物流计划和适时的运送手段，可以最大限度地减少库存，改善需求企业的现金流量，实现成本优势。另外，由于物流企业的规模经营，使得物流业务外包的费用比单个企业自身经营的费用要低，其中的差值就是物流企业所节约的成本，也是其客户服务利润的来源。

（4）提高物流能力。物流营销可以更好地处理信息，更好地分析所获得的市场信息、客户信息。用营销知识分析物流市场情况，有利于物流企业进行内部治理、资源配置，提高服务质量，增加物流灵敏性。这样，物流企业可以及时、优质地配送货物。所以，信息资源最大范围的共享、优质的客户服务体系、准时化、小批量的配送系统，可以提高物流企业的核心竞争力。

（5）提升企业形象。物流营销以客户为服务中心，物流提供者与客户是战略伙伴关系。他们为客户着想，通过全球性的信息网络使客户的供给链治理完全透明化。通过遍布全球的运送网络和服务提供大大缩短了交货期，帮助客户改进服务，树立自己的品牌形象。物流企业通过“量体定做”式的设计，制订出以客户为导向、低成本高效率的物流方案，使客户在同行者中脱颖而出，为企业在竞争中取胜创造了有利条件。

二、供应链营销概述

1. 供应链营销的概念及特点

以顾客满意度为中心是企业供应链营销竞争的关键。从营销角度来看，供应链是由有着共同顾客的供应商、制造商、批发零售商和顾客等成员，本着合作共赢、平等互利原则组成的整体网状结构。

营销视野下的供应链其内涵包括：①供应链构成的基础是由于有着共同的顾客，而不仅仅是因为存在供需关系；②供应链既是客观存在的价值链、供需链，又是企业主动组成的、有目标的实体或虚拟组织；③供应链成员之间平等互利，没有核心企业。

从营销角度看，供应链管理的目标是创造顾客、保留顾客和满足顾客需要，为实现这个目标，供应链的产品开发、原材料采购、生产制造、仓储、运输以及销售、售后等活动都应该贯彻营销思想，即供应链营销。所谓供应链营销就是：供应链建立、维持、强化整个供应链活动中的客户关系并使之商品化，识别不同的服务市场，设计营销方案，以顾客的满意为中心来优化供应链的活动和管理。

2. 供应链营销的特点

由于顾客在服务、价值等方面的期望越来越高，供应链管理必须更加以市场营销为导向。被重新定义的供应链服务包括产品的包装、组装及服务。例如，顾客要求的无商标仓储，根据顾客要求粘贴商标、装袋或装盘。总之，供应链将发展成“顾客满意化的中心”。

随着对供应链管理部门的期望不断提高，市场营销帮助供应链管理人员进一步关注真正的顾客需求和期望。供应链营销要求整个供应链中的所有个体和与之关联的群体的需求保持步调一致，从而使供应链营销具有以下特点：

（1）供应商与客户之间相互作用的重点正在从交易转向关系。

（2）供应链营销的重点在于有利于客户和客户群自始至终实现价值的最大化。

（3）供应链营销战略重视与几个关键“市场”建立和扩展关系。它重视组织里面的“内部”市场，它也重视与客户、供应商、推荐渠道、影响市场和招聘市场建立广泛深入的外部关系。

（4）质量、客户服务和市场营销是紧密联系的，然而对它们的管理往往各自单独进行，供应链营销把这些因素集合起来使之更加联系紧密。

三、供应链营销管理手段

传统的营销局限于最终产品生产活动结束后的流通领域，是少数供应链成员的阶段性工作。供应链营销以顾客的需要为起点，顾客需要得到满足为终点，通过对供应链所有环节的计划、组织、协调、控制、激励等一致行动，让顾客在合适的时间、合适的地点、以合适的价格、合适的方式获取合适的产品，同时让供应链成员获得更大的效益。供应链营销管理有供应链产品、供应链定价、供应链促销和供应链网络与渠道四个主要手段。

1. 供应链营销管理的产品

供应链产品是供应链为顾客提供的所有产品和服务，虽然许多供应链成员不直接面对顾客，不直接为顾客提供产品和服务，但在营销视野下，提供让顾客满意的供应链产品是供应链所有成员的共同任务。

传统的供应链产品开发主要由各企业独立完成，其他供应链成员几乎不参与。例如，制造企业的开发需求仅来源于顾客和制造企业内部，而不能从其他成员处获得。营销视野下的供应链产品开发有网络化、合理化和个性化等特征。

首先，供应链产品开发是网络化、一体化的并行工程，供应链成员虽然分布于各地，但通过信息网络进行连结，整个开发过程协调一致。其次，开发时要把供应链的生产、仓储、运输、销售和售后服务等考虑进去以实现供应链整体的合理化，即DFSCM（Design for Supply Chain Manufacture）、DFSCS（Design for SC Storage）、DFSCT（（Design for SC Transport）、DFSCS（Design for SC Sale）和DFSCAS（Design for SC After Sale），以上统称之为DFA（Design for All）。再次，开发过程中让最终顾客参与设计，为顾客开发个性化的供应链产品。

供应链产品开发的组织形式采用供应链开发团队模式，供应链开发团队模式具有团队化与协作化、需求多元化、创新客户化、信息共享化和知识共享平台化等特征。供应链开发团队模式是一种长期合作模式，有效地解决了供应链产品创新、DFA和产品个性化等问题。

2．供应链营销管理的定价

传统的供应链定价是供应链上下环节两者之间的博弈，是上下环节在竞争、联合思想主导下的短期、刚性行为，定价决策权分布于各个环节，对市场的价格反应迟钝。营销视野下的供应链定价基于最终顾客，由供应链成员在长期合作、共赢思想主导下进行定价，定价有较大的柔性，对最终顾客市场的定价反应灵敏。

对市场价格相对稳定的供应链产品，可以采用供应链成本定价法和供应链产品生命周期定价法。供应链成本是一种跨企业的成本，将成本的含义延伸到了整个供应链，包括各个企业的作业成本和企业之间的交易成本。供应链成本定价法的定价基础是供应链成本，最终产品的价格由供应链成本和目标利润两部分组成，只有当供应链成本小于顾客成本时，供应链产品的价格才有竞争力。同时，应根据供应链产品的生命周期适时调整价格，供应链产品有导入期、成长期、成熟期和衰退期四个阶段，在不同的阶段采用不同的定价策略。供应链产品生命周期处于什么阶段是由顾客决定的，这就决定了供应链产品生命周期定价是由顾客驱动的链式反应。

对市场价格变化剧烈的供应链产品，要在长期合作和共赢思想指导下，将定价决策权前移（往接近顾客方向移），或成立供应链定价中心，以提高供应链定价对市场的响应性。

3．供应链营销管理的促销

促销的形式多样，促销的实质是激励，通过促销这种外在的刺激，激发顾客或企业的内在需求并产生行为。传统的促销，供应商、制造商和批发零售商既是促销主体又是促销对象，从营销角度来看，这种缺乏合作的分级分层促销存在不少弊端：①分级促销，浪费严重，促销费用没有用在最需要的地方——顾客身上；②单一主体的促销缺乏资源和上游支持；③基于核心企业的联合促销责权利不均，非核心企业积极性不高。营销视野下的供应链促销为供应链统一组织进行的联合促销，供应链成员之间由传统的委托代理关系变为新型合作关系，促销对象是顾客，促销费用由供应链成员共同分担，且承担的促销费用要与其所获得的收益相匹配。责权利平衡的供应链促销能充分调动供应链成员的促销积极性，联合促销可以节约促销费用，并能取得更好的促销效果。与供应链产品开发不同，供应链促销是短期行为，其组织方式可采用项目组织模式。

4．供应链营销管理的网络与渠道

传统的供应链网络设计主要基于成本、产品、技术等要素，如运用线性规划设计供应链网络以使整体成本最优。营销视野下的供应链网络设计主要基于顾客，关注顾客成本而不是供应链成本，关注顾客对产品获得的便利性而不是供应链本身，因此，营销视野下的供应链是一种扩展了的营销渠道——供应链渠道。供应链企业通过供应链渠道与顾客产生连结，供应链渠道的主要目标是保证顾客对产品的易获得性，同时又具有物流、信息流、资金流等通道功能。对供应链渠道的构建和优化，主要依据是供应链渠道覆盖率、供应链渠道成本等。

四、供应链营销管理内容

以供应链一体化为基础的供应链营销不是等待产品生产出来之后才开始寻找顾客进行推销，而是以关键顾客和合适顾客的需要为起点，以顾客需求满足过程中的价值最大化为目标的全方位全流程的互动活动。供应链营销管理内容包括：建立良好的顾客关系，直面终端顾客，提供个性化服务；异业结盟，协同服务，实现顾客价值最大化；让供应链成为顾客化大规模定制的生产线；信息化库存使供应链成为库房；让供应链上的所有企业一起为顾客服务；通过现代信息技术提高顾客价值。

1. 建立良好的顾客关系，直面终端顾客，提供个性化服务

现在还有不少企业仍然怀念过去的“好时光”：生产出一个好产品，设计一句好广告词，在电视上找一个好时段做广告，然后等着顾客上门，一手交钱一手交货，当顾客抱怨时能推就推，这是卖方经济时代的典型模式，但这种“好时光”已一去不复返了。“广告已经逐渐失去联络的作用了”，这是美国最近的一项调查得出的结论。调查表明，90%的顾客表示已经受够了浮夸的广告，72%的顾客认为现在的广告很无聊。

随着消费的日益感性化，顾客已不满足大众化的同类消费了，个性化消费已渐渐成为潮流：个性化产品、个性化服务、方便性获得、即时性享受。在这种情况下，企业如果仍然坚持有距离的营销模式，后果是不可想象的。

直面顾客，首先与顾客建立良好的关系，通过顾客关系管理对顾客行为的准确分析和顾客的合理分类，然后根据企业合适顾客和关键顾客的需求特点设计产品和服务，从而为他们提供个性化服务。面对面的沟通，让顾客参与产品方案设计，知晓制造过程，在约定的时间和地点交付，顾客消费培训，顾客抱怨的及时响应等，只有这样才能赢得顾客，赢得市场。

直面顾客，提供个性化服务单靠一个企业是难以做到的。只有发挥供应链一体化的资源优势才能为顾客提供从产品设计到售后服务的全面服务。

2. 异业结盟，协同服务，实现顾客价值最大化。

在传统的企业那里，“肥水流入外人田”是不可想象的，因此他们奉行自建网络，自产自销，自给自足。在供应链管理环境下，供应链中的企业都具有各自的资源优势，并且都可以也都愿意以自身的优势资源为其他企业提供支持和服务，追求以最低的成本、最快的速度响应市场，获得最大化的利益。因此它们不仅愿意与供应链中的企业结盟，而且也愿意与供应链之外的非同业结盟，组成异业同盟，来实现营销目标。比如，海尔公司为了更好地为顾客提供服务，使顾客服务价值最大化，特地成立了“海尔俱乐部”。俱乐部通过与顾客日常生活息息相关的单位签订协议，保证海尔俱乐部的会员在该单位消费时同样享受会员的待遇。目前它已与宾馆、超市、快餐连锁店、旅行社甚至风景点签约，组成了一个庞大的顾客服务网络，以满足顾客的个性化需求。这一计划一推出就获得了满堂喝彩，且好评如潮。无疑，在营销之路上，海尔又先走了一步，而这种做法的精髓就是其“市场链”营销理念的具体体现。

3. 让供应链成为顾客化大规模定制的生产线

以往的营销只有等到产品出厂之后才开始，而产品的设计、生产、检测、包装、运输都是营销之前的事。到目前为止，仍然有不少的企业还在这么做。

供应链营销管理改变了产品设计、生产、储存、配送、销售、服务的方式。供应链已经成为一条规模庞大、设备精良的现代化生产线，有效地缩短了生产线的长度，便顾客化定制成为现实。

（1）降低生产线长度，提高效率。根据 George Stalk 的研究，生产线的长度减少一半

生产效率可以提高 30%，成本下降 17%；生产线如果减少一半生产效率可以提高 75%，成本下降 30%，损益平衡点将下移 50%。因此，企业自然会减少生产线的数量，在生产线内也是集中于较少的有核心优势的品种上，围绕核心顾客进行生产和服务，而其他品种和生产业务通过业务外包形式分散到供应链上的其他有优势的企业去生产，从而使各企业都能通过供应链实现资源的最佳配置，有效降低成本，提高效率。

（2）顾客参与设计。在现代竞争环境下，供应链一体化的营销应从产品的构思开始。一种全新产品的诞生往往源于顾客的建议。被称为 PC 机之父的 Steven Jobs 在产品开发中，曾派工程师走访了 30 所大学，并成立了一个潜在顾客团，询问大学中需要什么样的机器，根据调查和咨询结果，他推出了存储量大、程序简单和兼容的分体式计算机，立即受到广泛欢迎。

顾客的知识、经验、欲望和需求都成了企业重要的资源。根据顾客数据库的信息构思，与顾客开展“头脑风暴”，让顾客参与设计、评价，按顾客需求计划组织生产，保持库存最小化以节约成本，敏捷物流以赢得最佳时机，与供应商、销售商、零售商、顾客服务机构结盟等，都是营销。而其中的核心就是让顾客满意，让顾客能称心如意地享受。

（3）顾客化定制和敏捷制造被认为是以顾客为导向的、生产顾客满意的全新生产方式，利用供应链资源进行顾客化定制和敏捷制造，保证产品与顾客需求始终一致，是现代生产的重要特征。

【知识链接】

利丰公司的“无烟工厂”

利丰公司是香港最大的贸易公司，但该公司老总说利丰是一个“无烟工厂”。因为该公司所做的工作是设计、购买合格原材料，制造管理专家根据顾客的需求提出生产计划，对生产过程进行排期，对整个供应链的原材料供应、产品制造、储存、配送进行协调，检查生产环节但并不管理工人，而且也没有自己的工厂。在与 26 个国家或地区的大约 7 500 家供应商、生产商、物流商打交道时，如果每家有 200 个工人，就会有 100 万工人同时或在一段时间内为该公司的顾客服务，而利丰公司老总实际上却并不管 1 个工人。他只对设计、流程、标准、质量进行监控，从原材料采购到产品配送都不在利丰公司的车间完成，而是在利丰公司的供应链上有序进行，因此，整条供应链就成了利丰公司的生产线。

4．信息化库存使供应链成为库房

供应链一体化的物流管理与传统的物流管理的本质区别是：传统的物流管理是按照销售商或生产制造商的要求将原材料从供应商那里配送到生产商那里，或者将产品从生产商那里配送到销售商那里的一个转移过程，它强调的是单个企业物流系统的优化，即对运输、仓储、包装、装卸、搬运、配送和信息传递的“纵向一体化”管理。这种“蚂蚁搬家”式的物流管理模式使物流传输速度慢，物流流程长，库存积压大、成本高。

供应链一体化的物流管理的精髓是以信息代替库存，以供应链作为库房，实现物流的敏捷配送。以信息代替库存，以供应链作为库房的思想已经在DELL、IBM、GE等许许多多企业中得到应用，收益巨大。例如，利丰公司在韩国购纱、台湾染色、泰国缝制、欧美销售的整个过程中，地域跨度大，交货时间短，工序复杂，如果按照传统的物流管理方法，没有几个月的时间很难完成从设计、原材料选购、缝制、上柜的全过程。但信息化库存的前提是依靠供应链一体化优势使产品开发、材料采购、生产计划、寻找供应商和生产商、融资、制造控制、包装、运输等在同一时间并行运作，从而使原材料能够准时送到加工厂，产品能够准时送到销售点，顾客能够便捷地购买到所需要的产品。在这个过程中，公司虽然没有建立庞大的库存体系，但是，信息化库存却使物流更具敏捷性，“这样做的结果是公司节省成本，顾客收益最大”。

5. 让供应链上的所有企业一起为顾客服务

传统的营销模式中，供应商与制造商、制造商与销售商、批发商与零售商、零售商与顾客之间是一种基于价格与利润挤压的博弈关系，从供应商到终端顾客实质上是一条“博弈链”，一方的获益往往是另一方的让利。

但供应链营销管理模式改革了这种弊端，因为供应链一体化的基础就是信任与合作的双赢性战略联盟，一方的成功是以自身的核心优势服务另一方的成功，整个供应链的成功是以供应链上的每一个成员企业的成功为基础的，一方的失败或受损会导致其他企业甚至整个供应链的受损，因此他们是“一损俱损，一荣俱荣”的共生共赢的关系。

利丰公司的老板曾说：“良性的供应链一体化不仅能够使顾客、供应商、制造商、零售商等都获利，而且还可以在他们的协调一致的运行下，降低成本，扩大收益，为顾客提供最大化的价值。”因为通过供应链上的无缝连接，可以把供应链的成本降低，使从供应商直到终端顾客的每一个成员都分享好处。如果供应链中的某企业篡改供应链规则，压榨供应商或对顾客服务质量漠视，在卖方市场环境下，顾客只能忍气吞声，但在现实环境下，会导致顾客的遗弃，同时供应链其他成员也将采用一致行动，或者核心企业主持“公道”将他清除出供应链，因为他的存在可能造成供应链的崩盘。

6. 通过现代信息技术提高顾客价值

现代信息技术不仅是供应链营销的纽带，也是提高顾客价值的一个重要方面的内容。

（1）通过现代信息技术的应用建立起来的高效的专业化供应链能够使企业通过电话、网络、顾客关系管理系统以及面对面的接触和顾客建立良好的沟通和服务支持渠道，同时也通过现代信息技术的应用使得上游的零件供应商能够及时准确地知道公司所需零件的数量、时间，从而大大减少了存货，避免了库存风险，降低了产品价格，使顾客得到实惠。

（2）面向顾客的、安全可靠的平台系统，使顾客能够方便、安全地与企业进行便捷即时的沟通。优秀的信息平台系统可以在顾客一进入就能够很快地辨别其身份和需求，从而快速提供个性化的服务，就好像亚马逊公司一样。

（3）利用现代信息技术能够使企业内部供应链顺畅连接，形成以顾客为导向的服务链。

（4）提供良好的在线顾客服务。一方面，通过设立网上自我故障排除和技术支持信箱等服务，让顾客能够通过网络便捷地解决自己的问题。同时，对于维修等不能通过网络解决的，企业也可以通过在线联络将其外包出去，让其他的专业公司承担这一责任，实现专业分工合作，为顾客提供优质的服务。

【小案例】

DELL公司从信息技术提高顾客价值

DELL在网络上的日营业额达到4 000万美元，接收到的电子订单数以千计，这就牵涉订单信息的统计、分类以及正确地传到生产部门。而这一切如果由人工操作的话，不仅任务繁重，差错率也会居高不下。

如果企业直接面向顾客定制产品的话，则不宜使用长流水线式作业，而是要缩短流程、减少工序，这样，每个生产环节的工作强度就增大了，难度提高了，相应地，对每个环节上的技术含量、生产条件的要求自然也就高了，检测、后期服务等技术都要提高。

再从财务上来看，零单购买加大了企业的财务压力，这就更要求企业财务工作有很高的技术和效率，诸如小批量购进原材料款的管理、货款的管理、企业账目管理等都要清晰明了。

最后从降低库存、节省成本角度看，它要求企业与供应商进行密切的联系，也同样离不开电子数据交换（EDI）来实现，这样才能做到以信息代替库存，降低成本，真正发挥出顾客服务的优势来。所有这些环节都离不开企业的信息技术的集成。只有在信息技术集成的条件下，才能真正实现顾客化定制。

物流企业在为客户服务的过程中，要转变传统服务理念、创新营销理念，从客户的角度对自身各个环节业务操作提出更加严格的标准，不断创新，超越客户的要求，与客户谋求共同发展，才能够迎接新的机遇和挑战。中国的物流公司在全球化的浪潮中，必将风雨兼程地一路走去，最终，比肩而立于世界物流强者之林。

复习思考题

一、简答题

1. 常用供应链管理技术包括哪些技术？
2. 供应链中信息技术包括哪些技术？
3. 供应链信息集成的模式类型。
4. 延迟技术策略应用的前提条件有哪些？
5. 延迟策略技术应用的供应链模型包括哪些物流过程？
6. 物流外包的内部约束条件包含哪些？
7. 一般供应链管理营销运作技术包含哪些内容？

8. 供应链营销管理与传统营销管理有何异同?

二、不定选择题

1. 以下哪一项不是信息技术的内容（　　）。
   A. 微电子技术　　B. 机械制造技术
   C. 感测技术　　D. 通信网络技术
2. 供应链中，顾客与供应商之间通过构筑（　　）来建立新型的顾客关系。
   A. 信息流　　B. 知识流
   C. 资金流　　D. 信息流和知识流
3. 关于信息技术的重要性的论述正确的是（　　）。
   A. 供应链管理的运作根本不需要信息技术的支撑
   B. 集成离不开现代信息技术的应用
   C. 供应链管理依赖于信息技术
   D. 信息共享是供应链管理的关键
   E. 信息技术在供应链管理中很少应用
4. 以下哪一项不是EDI的构成要素（　　）。
   A. EDI软件和硬件　　B. 通信网络
   C. 数据标准化　　D. 电子商务
5. “无纸贸易”被誉为一场“结构性的商业革命”，是以下哪种技术起主要促进作用（　　）。
   A. 数据的自动识别技术　　B. 数据的自动采集技术
   C. 电子数据交换技术　　D. 互联网与网络技术
6. 产生“牛鞭效应”的本质原因是（　　）。
   A. 信息不对称　　B. 缺少合作
   C. 利益分配不合理　　D. 自然条件因素
7. 生产物流合理化对工程会产生哪些影响（　　）。
   A. 降低生产成本　　B. 保证在制品的顺畅流转
   C. 缩短生产周期　　D. 使生产物流均衡稳定
   E. 延长生产周期
8. 产品设计策略中，标准化产品的好处有（　　）。
   A. 比个性化产品享受更多经验效果
   B. 设计成本较低
   C. 可以方便应用延迟策略技术
   D. 可以有效地在各地建立生产基地
   E. 紧密地跟随市场需求
9. 依靠信息技术，（　　）已经成为企业获得消费者和市场需求信息的有效途径。
   A. 电视　　B. 报纸
   C. 半导体收音机　　D. 互联网
   E. 物联网
10. 企业供应链营销竞争的关键是（　　）。

A. 以效率最大化为中心　　　　B. 节约成本，创造价值
C. 以顾客满意度为中心　　　　D. 以市场需求为导向

【课后案例】

医药企业信息系统建设方案

随着我国医药流通领域的对外开放，国外著名的医药流通企业逐步进入中国市场，不仅带来了资本，也带来了新的经营模式。尤其是近几年来，随着国内规模药企“跑马圈地”的加快，物流网络和信息网络的建设对药企的持续发展发挥着越来越重要的作用。

一方面，利用信息手段对药品进出仓库、在库管理、销售流向等进行及时的信息追踪成为药品监管的趋势；另一方面，不少药企也在利用电子商务、信息增值服务、网络邮购等手段开辟企业新的赢利空间上做出了有益的尝试。目前，上至政府有关部门、下至企业，都对信息化建设给予了更多的关注；但客观而言，我国不同省份的药企在信息化技术的运用和管理水平上的差异很大，缺乏统一的建设标准。因此，新版《药品经营质量管理规范》(俗称GSP标准)，可以作为药企信息化建设的指导性文件。

1. GSP的要求

解读新版GSP标准，对药企的信息管理水平的要求其实可以分为两个方面：一是立足于质量管理，对药品的进、销、存业务进行动态的监控；二是站在物流管理的角度，要求现代物流药品经营企业具备一定程度的信息化物流管理手段。

(1) 信息化管理基本要求。在新版《药品经营质量管理规范》总则第七条中：企业应建立计算机管理信息系统，能覆盖药品购进、储存、销售等经营环节质量控制的全过程；应对购销单位、经营品种和销售人员等建立数据库，对其法定资质和经营权限进行自动关联控制，对库存药品进行有效管理；有实现接受药品监督管理部门监管的条件。

本条要求药企经营要实现全程信息化管理；但是“有实现接受药品监督管理监管的条件”，对医药企业信息技术的运用留下了伏笔。

(2) 数据安全性管理。新版《药品经营质量管理规范》总则第八条规定：在企业计算机管理信息系统中，每个经授权进入系统操作的使用者应有唯一的用户身份，使其操作活动能跟踪到相应的责任人；企业计算机管理信息系统电子记录的录入、更改、保存等应有相应的管理规定和操作程序，以保证记录的原始性、真实性、准确性；更改和删除记录应在权限范围内进行，其更改和删除的原因和过程应在记录中体现；电子记录应采用可靠的方式储存或备份，其保存时应符合相关规定。

(3) 零售企业信息化基本要求。企业应建立计算机管理信息系统，能满足经营管理全过程及质量控制的有关要求，并有接受当地药品监督管理部门监管的条件。零售连锁企业门店不能有独立的信息系统，数据必须集中在总部管理，门店不能单独采购。

(4) 对现代物流药品批发企业信息化要求。按照新版GSP标准中有关《现代物流药品批发企业》的认证标准：物流中心业务系统与物流系统均应配备企业级服务器，采用双机热备；应配备核心三层交换机双机热备，二层可网管交换机、工控机、安全的网络环境以及可靠的不间断电源等；物流中心计算机管理软件应与物流规模相适应，满足物流中

心运营要求，应包括：业务系统软件、物流信息系统软件、数据库软件、网络安全与应用安全管理软件、操作系统软件等。

实际上，再加上所要求的自动仓库（AS/RS）系统、自动输送设备、条码扫描复核设备、拆零拣选所使用的数码拣选系统（DPS至少300枚）或无线射频技术（RF至少20台）等，现代物流药品批发企业的信息化建设要求更高，内容更多。

2. 药企信息化规划与建设

各家医药企业的经营模式不一样，在药品流通供应链中所处的地位与扮演的角色也不一样，企业的管理与发展水平也不一样，因此药企信息化建设规划应偏重于业务实际和企业发展需要，不应照搬先进企业的规划案例。

（1）建立内外一体化的信息网络。为了实现企业的经营管理目标，需要打通企业内部信息壁垒和供应链企业间的信息和业务壁垒，建立企业内外一体化信息管理系统，实现企业内部和合作企业间信息通畅、业务协同，整合企业内外部资源，提高企业业务处理效率、增强数据挖掘和分析能力、加强企业管理控制能力，辅助决策科学合理。因此，笔者主张企业建设的内外一体化的信息网络必须支持企业的各项业务和管理需求。

（2）企业信息化建设具体内容。企业信息化的建设，大体上可以分为内部信息化建设和外部信息化建设两个阶段，企业在具体的建设实施过程中，可以根据实际业务需要情况，按照业务的内在联系和系统逻辑关系，制定相应的实施步骤，而不必拘于阶段的限制。一般来说，内部信息化建设可以包括ERP建设、办公自动化建设、物流作业体系信息化建设、商业BI建设等；外部信息化建设可以包含上下游信息交互建设、多节点和角色间财务支付建设、电子商务建设等。

（3）明确信息化是企业内部经营管理系统化、网络化的手段。医药流通企业要想从容应对目前医药流通领域的压力和挑战，首先要练内功、运用先进的管理思想和现代化的管理手段规范企业内部的管理，整合企业内部资源，打造企业的核心竞争力。具体来说是要形成信息流、物流、资金流、工作流的统一，提高工作效率，快速响应市场，提供优质服务。企业应采用以信息流拉动物流，物流带动资金流，工作流贯穿于信息流、物流和资金流的管理模式，提升企业的管理水平。

尤其是规模药企，往往业务和物流体系首先实现了网络化，但是信息建设却相对滞后，这就导致了业务规模越大，“信息孤岛”的现象越明显，因此信息建设最终要成为企业运营网络化的手段。

（4）实现与上下游企业的协同。按照现代物流管理原则，处于中间环节的企业必须和上游供应商、下游客户建立伙伴关系。这种合作关系除了人与人的交流外，还需要信息系统等技术支撑，否则工作就得不到顺利开展。通过信息系统，供应商可以查询自己供应品种在批发企业的库存情况，以便及时安排生产，保证货源，及时供货；下游客户可以通过系统发送自己的需求和订货业务，系统根据客户的需求计划制订相应的采购计划，根据客户的订货，安排出库发货、配送、收款等工作。

通过信息系统把上游供应商和下游客户紧密地联系在一起，实现客户、批发企业、供应商的供应链管理关系，达到企业间协同管理的真正合作伙伴关系。这种信息在供应链中畅通无阻伙伴关系的实现既有助于整个供应链节点企业效益的提高，也有助于对药品流向的及时监控。

（5）搭建资讯平台，提供增值服务。通过信息系统实现与上游供应商和下游客户的供应链管理后，就可以利用自己连接上游供应商和下游客户的中间环节的优势，整合上下游的资源，利用自己的信息平台建立医、药、病等资料库，并为上游供应商发布新品信息和促销信息，为下游客户发布需求信息，为合作伙伴提供资讯服务平台。通过资讯平台，一方面实现信息共享、共同发展的总体目标；另一方面，可以通过资讯平台的增值服务，把信息转化为商品，为企业创造新的利润点。

3. 信息化建设方法

ERP建设仅仅是医药企业信息化建设中的一项重点，而不是全部。因此医药企业的整体信息化建设应量需而行、分步实施，切不可贪大求多。

（1）按照企业发展情况和业务的实际，医药企业信息化建设的第一步应该实施业务系统（ERP），把企业的采购、销售、库存、质量（GSP）、物流配送、结算等业务有效地管理起来，优化流程、规范管理，并对业务数据归集、整理、科学分析，辅助领导决策。业务系统的建设，是任何企业都必须经历和实施的，否则企业难以做大。

（2）在ERP系统成功后，建设财务和人力资源系统，实现业务、财务、人力资源的集成，实现业务、财务、人力资源一体化管理，实现业务结算和财务账务处理、业务人员工作量和绩效考核、工资福利和财务账务处理的集成管理，实现领导对企业业务数据、财务数据、人力资源数据的多维度、多角度的综合分析，帮助领导及时、准确地掌控企业的整体经营情况，以便从整体战略层面对企业进行管理、决策。

（3）实施集团企业内部节点间协同办公管理系统（OA），把企业的日常办公、财务核算、业务处理有机地结合，真正实现企业经营管理信息化、集成化、网络化，达到“无墙办公”的目的。不过需要强调的是，OA系统的建设步骤可以适当提前，建设规模可以先从某一个节点企业试点。

（4）着力于实现对上下游客户资源的整合和信息系统的对接，实现合作伙伴间的异地开票、异地结算、异地查询等功能，实现资源和业务的共享；在这一阶段，企业也可以自身为中心，利用商业智能（BI）技术实现供应链决策的最优。

4. 药企信息化建设的作用

总的说来，现代医药企业规模越大，越需要用信息手段来管理企业，从而给企业带来更大的效益。医药企业信息化建设应该实现以下五个方面的作用。

（1）提高工作效率。提高工作效率主要是提高部门内部的工作效率和提高部门间的工作效率。提高部门内部的工作效率，主要是运用计算机的强大运算能力和网络技术的信息共享能力，提高部门内部的信息透明度和业务的处理速度，提高部门内部的信息共享和业务沟通、流转效率。提高部门间的工作效率主要是通过业务流程的规范，提高部门间的信息共享、事务处理和部门间业务发生问题的处理效率，打破部门间的信息壁垒，提高业务处理的整体运作效率，增强企业对市场需求的反应能力，快速响应市场，提高竞争力。

（2）加强管理控制能力。加强对业务的监控能力，规范业务流程，监控关键业务点。加强业务监控能力，主要是通过信息系统规范业务处理流程，对供需双方的交易过程和业务处理流程中容易出现漏洞的环节重点监控，防止跑冒滴漏的现象发生。

（3）降低运营成本。企业运营成本的降低主要是从两个方面实现：提高工作效率和资源运用率，降低企业单位运营成本。利用计算机的强大的计算能力和网络技术的信息共享能力，整合企业资源，规范和优化业务流程，提高时间、人员、资金、商品、设备等资源的利用效率，提高业务处理效率，降低企业的单位运营成本；加强管理控制，降低损失浪费，节约成本。通过对业务的管理和监控，减少业务差错，降低损失和费用，加强信息透明度，减少商品过期、毁损等现象，杜绝损失浪费，减少积压和库存量，降低资金的占用。

（4）实现企业协同管理。企业的协同管理包括两个方面，企业内部的协同和企业与外部的协同。企业内部的协同主要包括企业内部部门间、人员间的信息共享、业务协同、资源整合。企业外部的协同主要包括与供应商、客户的协同。企业通过信息系统与供应商、客户实现供应链管理，完成商品、往来的信息共享、业务流程对接、资源共享的紧密合作关系。通过信息系统的应用，帮助企业突破空间和时间限制，实现经营模式的创新。

（5）决策支持。决策支持主要包括为企业决策者提供辅助决策需要的经营分析数据和提高决策执行力两个方面：①辅助经营决策。计算机的数据处理能力高，提高了数据分析的及时性、准确性，可以有效地从众多的业务数据中提炼有用的数据，进行加工、整理、分析，从而寻找经营规律，为企业的决策者制定决策时提供准确的分析数据，使决策更加有依据和科学合理。②提高决策执行力。通过信息系统把企业决策者的经营决策，及时准确地传输到各分支机构，并且固化到业务流程和具体的业务操作中，避免经营决策在执行过程中被其他因素所干扰，提高决策的执行力。

资料来源：www.56555.net 网络

讨论题

1. 我国医药信息化发展的关键是什么？

2. 为什么说药企信息化建设规划应偏重于业务实际和企业发展需要，不应照搬先进企业的规划案例？

3. 医药企业信息化建设的收益如何体现？

【实训项目】

供应链中的信息系统应用

【实训目标】

1. 培养学生对供应链信息应用能力的了解；
2. 加强学生对供应链中的信息系统应用的全面认识；
3. 培养学生系统思考问题、统揽调查全局的能力。

【实训目的】

1. 了解供应链中的信息系统应用。
2. 实际体会信息技术的应用在物流和供应链管理中几乎无处不在的现象。

【实训内容】

1. 通过实地了解，请你列举出所考察的企业中有哪些信息技术应用，至少要列出3项。

2. 针对你所了解的知识，上述信息技术应用哪些属于业务系统信息技术？哪些属于标准应用信息技术？

3. 你所考察的企业中实施了ERP或SCM管理系统吗？如果有，你认为其系统还有哪些不足？如果没有，你认为它们需要ERP或SCM管理系统吗？为什么？

【实训组织】

1. 选择本城市的大卖场或第三方物流公司作为考察对象，收集其有关资料，拟定考察方案。

2. 现场深入了解其信息技术应用的实施方法、具体要求，以及信息技术应用前后的差别。

3. 与你选定的考察对象同类的企业相比，该企业有哪些技术属于较先进的信息技术应用？

【实训要求】

1. 提交一份不少于1 500字的报告，要求图表丰富，数据真实；

2. 教师在课堂组织讨论课，分析学生所提交的报告。由学生讲解所写报告，教师点评分析。

【实训检验】

每位同学的成绩由两部分组成：课堂讨论成绩（40%）和卷面成绩（60%）。

第四章　供应链管理方法

【学习目标】

知识目标

1. 了解QR的产生背景，掌握快速反应的概念和具体策略；
2. 了解ECR产生的背景、其与快速反应的异同；
3. 掌握ECR的概念，理解ECR在我国的发展状况；
4. 了解CPFR产生的背景与保障体系；
5. 掌握CPFR的内涵与本质特点，理解实施CPFR的优势；
4. 了解ERP的管理思想，掌握ERP的概念。

能力目标

1. 能够运用QR的实施方法和技术指导企业实际运作；
2. 能够运用ECR的构建技术指导企业实际运作；
3. 能够运用CPFR的实施过程指导企业实际运作；
4. 能够运用ERP的主要功能模块指导企业实际运作。

课前思考题

1. 你所了解的企业有哪些管理供应链的方法?
2. 沃尔玛是如何用供应链进行管理的?
3. 如何有效地满足顾客的要求?
4. 你所知道的使用企业资源计划系统的企业有哪些?

【引导案例】

沃尔玛公司的QR物流管理系统

2001年4月21日，伦敦《星期日泰晤士报》上的一则短讯引起全球哗然：美国电脑业一代枭雄——微软总裁比尔·盖茨，再度被人从“世界首富”的宝座上拽了下来，取而代之的是美国传统零售业巨头——沃尔玛公司总裁罗布森·沃尔顿。据该报报道，沃尔玛的飞速发展，令沃尔顿身价涨到453亿英镑（约合654亿美元），从而一举击败盖茨，成为世界上最富有的人。

为什么会发生这样的事情呢，从下述材料中我们可以找到答案。

沃尔玛公司于1986年开始在物流管理中建立QR系统，主要功能是进行订货业务和付款通知业务。通过电子数据交换系统发出订货明细清单和受理付款通知，提高订货速度和准确性，节约相关事务的作业成本。它的具体运作如下：

①由沃尔玛公司设计出POS数据的输送格式，通过EDI系统向供应方传送POS数据。

②供应方根据沃尔玛公司传送来的POS信息，及时了解沃尔玛公司的商品销售状况、

把握商品的需求动向，并及时调整生产计划和材料采购计划。供应方利用EDI系统在发货之前向沃尔玛公司传送预先发货清单（Advanced Shipping Notice，ASN），这样，沃尔玛公司事前可以做好进货准备工作，同时可以省去货物数据的输入作业，使商品检验作业效率化。

③沃尔玛公司在接收货物时，用扫描读取机读取包装箱上的物流条形码，把扫描读取机读取的信息与储存在计算机内的预先发货清单ASN进行核对，判断到货和发货清单是否一致，从而简化了检验作业。

④在此基础上，利用电子支付系统EFT向供应方支付货款。同时只要把ASN数据和POS数据比较，就能迅速知道商品库存的信息。这样做使沃尔玛公司不仅节约了大量事务性作业成本，而且还能压缩库存，提高商品周转率。

⑤沃尔玛公司还把零售店商品的进货和库存管理的职能转移给供应方，由生产厂家对沃尔玛公司的流通库存进行管理和控制，即采用生产厂家管理的库存方式（VMI）。沃尔玛公司让供应方与之共同管理营运流通中心，在流通中心保管的商品所有权属于供应方。供应方对POS信息和ASN信息进行分析，把握商品的销售和沃尔玛公司的库存动向，在此基础上，决定什么时间，把什么类型商品，以什么方式向什么店铺发货。发货的信息预先以ASN形式传送给沃尔玛公司，以多频度、小数量的方式进行连续库存补充，即采用连续补充库存方式（ICRP）。由于采用VMI和ICRP，供应方不仅能减少本企业的库存，还能减少沃尔玛公司的库存，实现双方库存水平最小化。另外，对沃尔玛公司来说，省去了商品进货的业务，节约了成本，同时能集中精力于销售活动。并且，事先能得知供应方的商品促销计划和商品生产计划，能够以较低的价格进货，这些为沃尔玛公司进行价格竞争提供了条件。

沃尔玛取得的成绩

沃尔玛一向是传统行业的典范。一些人因此猜测说，新经济作为“世界经济火车头”的地位将重新被传统产业所取代。然而，沃尔玛却属于那种顺应数码时代的需求、懂得如何应用数字化工具的传统企业；也是那种由于导入了新经济管理模式，从而获得新的竞争能力的传统行业最好的范例。沃尔玛的成功，不在于所从事的行业类别，而在于它将传统与现代经营模式成功地结合在一起，电子化了传统企业，从而得以在新兴数码时代纵横驰骋，所向披靡。这家世界最大的传统零售商“不灭的神话”，正是借助高科技的巨大力量才得以实现的。

资料来源：赵刚. 供应链管理［M］. 2004.

讨论题

1. 如何理解沃尔玛的成功，不在于所从事的行业类别，而在于它将传统与现代经营模式成功地结合？

2. 沃尔玛的成功经验可否借鉴到我国其他行业企业？

供应链管理理论的产生远远落后于具体的技术与方法。供应链管理最早多是以一些具体的方法出现的。本章将讨论最常见的供应链管理方法：快速反应（QR）、高效客户反应（ECR）、协同规划、预测和连续补货（CPFR）、企业资源计划（ERP）。

第一节 快速反应

快速反应（Quick Response，QR）是供应链管理的主要方法之一，它并不单纯是某种技术，而是一种全新的业务方式，是一种由技术支持的业务管理思想，即在供应链中，为了实现共同的目标，至少在两个环节之间进行的紧密合作。这种合作的实施会产生积极的效果，如：增加销售额、加快库存周转，尤其重要的是，降低了成本，提高了企业的效益与核心竞争力。

一、快速反应（QR）的产生背景及含义

1. 快速反应（QR）的产生背景

20世纪六七十年代，美国的杂货行业面临着国外进口商品的激烈竞争。80年代早期，美国产的鞋、玩具以及家用电器的国内市场占有率下降到20%，而国外进口的服装占据了美国市场的40%。面对与国外商品的激烈竞争，美国纺织与服装行业在70年代和80年代采取的主要对策是在寻找法律保护的同时，加大现代化设备的投资。到了80年代中期，美国的纺织与服装行业是受进口配额系统保护最严重的行业之一。纺织业成为美国制造业生产率增长最快的行业。尽管上述措施取得了巨大的成功，但服装行业进口商品的渗透却在继续增加。一些行业的先驱们认识到，保护主义措施无法保护美国服装制造业的领先地位，他们必须寻找其他方法。

1984年，美国服装、纺织以及化纤行业的先驱们成立了一个“用国货为荣委员会”（Crafted with Pride in USA Council）。该委员会的任务是为购买美国生产的纺织品和服装的消费者提供更大的利益。1985年，该委员会开始做广告，提高了美国消费者对本国生产服装的认同度。该委员会也拿出一部分经费，研究如何长期保持美国的纺织与服装行业的竞争力。1985—1986年，科特·塞门（Kurt Salmon）协会进行了供应链分析，结果发现，尽管系统的各个部分具有高运作效率，但整个系统的效率却十分低。于是，纤维、纺织、服装以及零售业开始寻找那些在供应链上导致高成本的活动。结果发现，供应链的长度是影响其高效运作的主要因素。

整个服装供应链，从原材料到消费者购买，时间为66周。其中，11周在制造车间，40周在仓库或转运，15周在商店。这样长的供应链不仅各种费用大，更重要的是，建立在不精确需求预测上的生产和分销，因数量过多或过少造成的损失非常大。整个服装供应链系统的总损失每年可达25亿美元，其中2/3的损失来自于零售商或制造商对服装的降价处理，以及在零售时的缺货。进一步的调查发现，消费者离开商店而不购买的主要原因，是找不到合适尺寸和颜色的商品。

这项研究导致了快速反应（Quick Response，QR）策略的应用和发展。QR是零售商及其供应商密切合作的策略。应用这种策略，零售商和供应商通过共享POS系统信息、联合预测未来需求、发现新产品营销机会等，对消费者的需求做出快速的反应。从运作的角度来讲，贸易伙伴需要用电子数据交换系统来加快信息的流动，并共同重组他们的业务活动，以将订货前导时间和成本极小化。在补货中，应用QR可以将交货前导时间降低75%。

2. 快速反应（QR）的含义

《中华人民共和国国家标准物流术语》国家标准（GB/T18345—2001）给快速反应（QR）下的定义是：物流企业面对多品种、小批量的买方市场，不是储备了“产品”，而是准备了各种“要素”，在用户提出要求时，能以最快速度抽取“要素”，及时“组装”，提供所需服务或产品。

QR的含义是指在供应链中，为了实现共同的目标，零售商和制造商建立战略伙伴关系，利用EDI等信息技术，进行销售时点的信息交换以及订货补充等其他经营信息的交换，用多频度小数量配送方式连续补充商品，以实现缩短交货周期，减少库存，提高客户服务水平和企业竞争力的供应链管理方法。一般来说，供应链中的共同目标包括如下：

（1）提高顾客服务水平。即在正确的时间、正确的地点用正确的商品来反应消费者的需求。

（2）降低供应链的总成本。增加零售商和厂商的销售额，从而提高零售商和厂商的获利能力。

作为一种供应链的战略和运作方式，QR的核心就是能在适当的时间和地点及时地给客户提供适当的产品。QR业务成功的前提是零售商和厂商的良好关系。实现这种关系的方法之一就是战略伙伴关系。

QR这种新型的合作方式意味着双方都要告别过去的敌对竞争关系，要以战略伙伴关系来提高向最终用户的供货能力，同时降低整个供应链的库存量和总成本。

只有当贸易双方用技术来有效地管理彼此间的商品流和信息流的时候，并在管理中接受这种新的“开放”关系的时候，快速反应才能真正发挥作用。QR最重要的作用是，在降低供应链总库存和总成本的同时提高销售额。所以成功的“快速反应”伙伴关系将提高供应链上所有伙伴的获利能力。

二、实施快速反应（QR）的策略

快速反应（QR）是美国纺织服装业发展起来的一种供应链管理方法。它是美国零售商、服装制造商以及纺织品供应商开发的整体业务概念，目的是减少从原材料到销售点的时间和整个供应链上的库存，最大限度地提高供应链管理的运作效率。

QR要求零售商和供应商一起工作，通过共享POS信息来预测商品的未来补货需求，以及不断地监视趋势以探索新产品的机会，以便对消费者的需求能更快地做出反应。QR的着重点是对消费者需求做出快速反应。QR的具体策略有：待上架商品准备服务（Floor Ready Merchandise）、自动物料搬运（Automatic Material Handling）等。实施QR可分为三个阶段。

第一阶段：对所有的商品单元条码化，即对商品消费单元用EAN/UPC条码标识，对商品储运单元用ITF—14条码标识，而对贸易单元则用EAN/UCC—128条码标识。利用电子数据交换系统传输订购单报文和发票报文。

第二阶段：在第一阶段的基础上，增加与内部业务处理有关的策略。例如，自动补货与商品即时出售等，并采用电子数据交换系统传输更多的报文，如发货通知报文、收货通知报文等。

第三阶段：与贸易伙伴密切合作，采用更高级的QR策略，以对客户的需求做出快速反应。一般来说，企业内部业务的优化相对来说较为容易。但在贸易伙伴间进行合作时，往往会遇到诸多障碍。在QR实施的第三阶段，每个企业必须把自己当成集成供应链系统的一个组成部分，以保证整个供应链的整体效益。

三、实施快速反应（QR）的步骤

实施快速反应（QR）需要经过6个步骤，如图4－1所示。每一个步骤都需要以前一个步骤作为基础，并比前一个步骤有更高的回报，但是需要额外的投资。

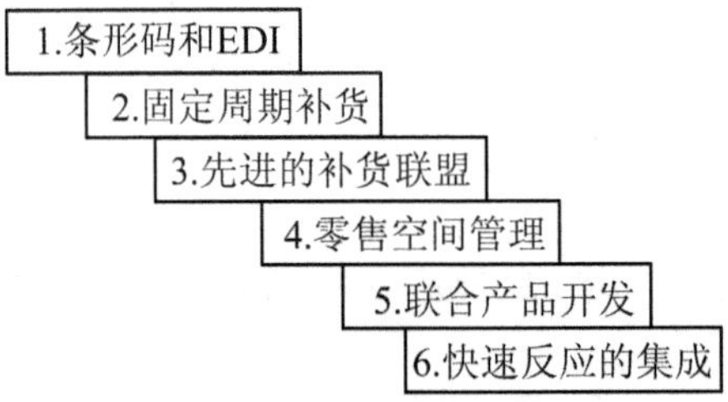

图4－1　实施QR的6个步骤

1. 安装使用条形码和EDI

零售商首先必须安装条形码（UPC码）、POS扫描和EDI等技术设备，以加快POS机收款速度、获得更准确的销售数据并使信息沟通更加流畅。许多零售商和厂商都了解EDI的重要性，所以已经实施了一些基本的交易（如采购订单、发票等）的EDI业务。而且很多大型零售商也强制其厂商实施EDI来保证快速反应。但EDI的全面实施还需要时间。

2. 固定周期补货

自动补货是指基本商品销售预测的自动化。自动补货使用基于过去和目前销售数据及其可能变化的软件进行定期预测，同时考虑目前的存货情况和其他一些因素，以确定订货量自动补货是由零售商、批发商在仓库或店内进行的。

QR的自动补货要求供应商更快、更频繁地运输重新订购的商品，以保证店铺不缺货，从而提高销售额。

3. 先进的补货联盟

建立先进的补货联盟是为了保证补货业务的流畅。零售商和消费品制造商联合起来检查销售数据，制订关于未来需求的计划和预测，在保证有货和减少缺货的情况下降低库存水平。还可以进一步由消费品制造商管理零售商的存货和补货，以加快库存周转速度，提高投资毛利率。

4. 零售空间管理

零售空间管理是指根据每个店铺的需求模式来规定其经营商品的花色品种和补货业务。一般来说，对于花色品种、数量、店内陈列及培训或激励售货员等决策，消费品制造商也可以参与甚至制定决策。

5. 联合产品开发

厂商和零售商联合开发新产品，其关系的密切超过了购买与销售的业务关系，缩短从新产品概念到新产品上市的时间，而且经常在店内对新产品进行试销。这一步的重点不再是一般商品和季节商品，而是服装等生命周期很短的商品。

6. 快速反应的集成

通过重新设计业务流程，将前五步的工作和公司的整体业务集成起来，以支持公司的整体战略。

快速反应前四步的实施，可以使零售商和消费品制造商重新设计产品补货、采购和销售业务流程；第五步使配送中心得以改进，可以适应频繁的小批量运输，使配送业务更加流畅。最后一步零售商和消费品制造商重新设计其整个组织、业绩评估系统、业务流程和信息系统，设计的中心围绕着消费者而不是传统的公司职能，它们要求集成的信息技术。

四、实施快速反应（QR）的成效

实施 QR 能够给零售业带来巨大的效益。一般来说，大型综合超市每年节约的成本占销售额的5.3%，百货商店为4.9%，专门店为5.0%。这些效益为实施若干快速反应技术后的成本和收益之差。

快速反应之所以能够得到许多企业的推崇，并发挥重要作用，得益于其在提高顾客满意度、提高供应链整体运作效率、缩短提前期等方面的卓越表现，最终实现企业整体竞争能力的提升。

1. 提高顾客满意度

客户满意是制造企业实现最终目标——赢利的先决条件。满意的客户带给企业更多的收益，不满意的客户则带给企业更高的成本和更差的企业形象。客户满意的影响因素主要有质量、可靠性、价格等，这些因素都受到同一个因素——提前期的影响。例如，提前期越短，应付客户变动需求所需的库存成本就越低，客户成本下降，客户满意程度上升；提前期缩短可认为是更好的交货绩效，良好的质量可以减少退货和返工的比率，缩短提前期，提高客户满意度；缩短提前期可从更高的准时交货比率和更好的成本预测能力两个方面改善交货过程的可靠性，进而提高客户满意度。

2. 提升供应链运作效率

除对客户满意产生积极的影响外，缩短提前期还能有效提高供应链的运作效率，进而提高供应链的整体运作绩效。例如，客户通常愿意以更高的价格购买更好的产品和服务，如更快和更准时地交货、更好的服务、更高的质量等。企业通过不断改进影响供应链快速反应能力的因素，提高客户满意度，获取更高的产品和服务价格，从而增加供应链收益。

3. 缩短提前期

快速响应市场能给企业带来极大的收益，该结论可以从上述分析中直接得出。但是需要指出的是，缩短提前期不仅产生收益，还需要付出一定的成本，因而不可能无限制地缩短提前期。这自然会产生一个问题：供应链的提前期是否存在一个衡量基准？答案是肯定的，该基准就是响应市场的时间。

上述分析表明，QR 的广泛运用，所获得的巨大进步及其在商业部门日益增大的渗透率都表明了 QR 战略巨大的发展潜力。同时，上述分析也为把时间和反应速度作为衡量企业快速反应能力不可或缺的重要评价指标奠定了基础。

第二节　高效客户反应

一、高效客户反应产生的背景与定义

高效客户反应（Efficient Consumer Response，ECR）也叫“有效客户反应”或“有效客户响应”，它的应用始于食品杂货分销系统中，是分销商和供应商为消除系统中不必要的成本和费用，给客户带来更大效益而进行密切合作的一种供应链管理方法。

1. 高效客户反应（ECR）产生的背景

ECR首先出现在美国食品杂货行业，是美国食品杂货行业开展供应链体系构造的一种实践。ECR在美国食品杂货行业得到全面认可和实践的原因主要有以下几个方面。

（1）零售业态间的竞争激化。20世纪80年代末，美国食品杂货产业中出现了一些新型的零售业态，对原有的超市构成了巨大的威胁，成为食品零售市场中的主要竞争者。作为零售企业亟待提高的能力首先就是：如何在最短的时间内，能对顾客的需求做出响应，从而实现快速、差异化的服务；同时借助于单品管理，提高零售企业的作业效率。在这种要求和发展目标的引导下，美国食品杂货行业开始了ECR的实践和探索，并最终形成了供应链构筑的高潮。

（2）日益膨胀的促销费用和大量进货造成成本高昂、消耗增加的压力。由于市场竞争加剧，生产企业被迫降低商品价格以促销，结果生产商的负担加重，各种促销活动日益降低了生产企业的收益。生产企业为了将损失降低到最小程度，并保持持续不断增长的销售，只有不断扩大新产品的生产，通过广泛的产品线来弥补大量促销造成的损失，而这又造成企业之间无差异竞争情况加剧，同时使零售企业的进货和商品管理成本加大。由于ECR实践的推行能够有效地解决上述问题，避免无效商品的生产、经营，通过确定商品的培育、经营提高产销双方的效率，所以，美国ECR的推行吸引了大量生产企业的加入。

（3）构建新型的供应链管理体系的需要。ECR在美国推行过程中还有一个背景和特点是值得人们注意的，即当时随着产销合作或供应链构筑的呼声越来越高，特别是QR和战略联盟的日益发展，生产企业与零售商直接交易的现象越来越普遍，与此同时，批发业则日益萎缩，产销之间都开始在交易中排除批发商环节。但是在ECR的推行过程中，并不是盲目地排斥批发商，而是在重新认识批发商重要性的同时，通过批发商经营体系的改造和现代经营制度的建立，将其有机地纳入到供应链体系的构筑中。

在上述背景下，美国食品市场营销协会（Food Marketing Institute，FMI）联合包括可口可乐、宝洁公司等6家企业与流通咨询企业科特·塞门公司一起组成研究小组，对食品业的供应链进行调查、总结、分析，于1993年1月提出了改进该行业供应链管理的详细报告。该报告系统地提出高效客户反应（Efficient Consumer Response，ECR）的概念体系。经过美国食品市场营销协会的大力宣传，ECR的概念被零售商和制造商接纳并被广泛地应用于实践中。

2. 高效客户反应（ECR）的定义

《中华人民共和国国家标准物流术语》国家标准（GB/T18345—2001）给ECR下的定义是：“以满足顾客要求和最大限度降低物流过程费用为原则，能及时做出准确反应，使提供的物品供应或服务流程最佳化的一种供应链管理战略。”

高效客户反应是一种运用于工商业的策略，供应商和零售商通过共同合作（如建立供应商、分销商、零售商联盟）来改善其在货物补充过程中的全球性效率，而不是以单方面的行动来提高生产力，这样能节省由生产到最后销售的贸易周期的成本。

ECR 的最终目标是建立一个具有高效反应能力和以客户需求为基础的系统，使零售商及供应商以业务伙伴方式合作，提高整个食品杂货供应链的效率，而不是单个环节的效率，从而大大降低整个系统的成本、库存和物资储备，同时为客户提供更好的服务。

二、实施高效客户反应的原则

实施高效客户反应的原则如下：

（1）以较少的成本，不断致力于向供应链客户提供更优的产品、更高的质量和更好的产品分类、更佳的库存服务以及更多的便利服务。

（2）ECR 必须由相关的商业带头人启动，该商业带头人应决心通过代表共同利益的商业联盟取代旧式的贸易关系，而达到获利之目的。

（3）必须利用准确、适时的信息，以支持市场开发、生产及后勤决策。这些信息将以 EDI 的方式在贸易伙伴间自由流动，它将影响以计算机信息为基础的系统信息的高效利用。

（4）产品必须随其不断增值的过程，即从生产至包装，直至流动至最终客户的购物篮中，以确保客户能随时获得所需产品。

（5）必须采用通用一致的工作措施和回报系统。该系统注重整个系统的有效性（即通过降低成本与库存以及更好的资产利用，实现更优价值），清晰地标识出潜在的回报（即增加的总值和利润），促进对回报的公平分享。

三、高效客户反应的要素

ECR 提出供应链的 4 个核心要素：有效的店铺空间安排、有效的商品补货、有效的商品促销、有效的新产品导入。

1. 有效的店铺空间安排

实施这一战略，其目的是通过有效地利用店铺的空间和店内布局，以最大限度地提高商品的获利能力。利用计算机化的空间管理系统，零售商可以提高货架的利用率。有效的商品分类要求店铺储存消费者需要的商品，把商品范围限制在高销售率的商品上，从而提高所有商品的销售业绩。

2. 有效的商品补货

该战略是通过努力降低系统的成本，从而降低商品的售价。其目的是将正确的产品在正确的时间和正确的地点以正确的数量和最有效的方式送给消费者。

3. 有效的商品促销

有效的促销战略的主要内容是简化贸易关系，将经营重点从采购转移到销售。快速周转消费品，行业把更多的时间和金钱用于对促销活动的影响进行评价。消费者则可以从这些新型的促销活动所带来的低成本中获利。

4. 有效的新产品导入

不管哪一个行业，新产品导入都是一项重要的创造价值的业务。它们能够为消费者带来新的兴趣、快乐，为企业创造新的业务机会。有效的新产品导入包括让消费者和零售商尽早接触到这种产品。首要的策略就是零售商和厂商应该为了双方的共同利益而密切合作。这个业务包括把新产品放在一些店铺内进行试销，然后再按照消费者的类型分析试销的结果。根据这个信息决定怎样处理这种新产品，处理办法包括：淘汰该产品、改进该产品、改进营销技术、采用不同的分销策略。

四、高效客户反应的问题及难点

1. ECR带来的问题

美国食品杂货行业开始ECR的实践和探索后，最终形成了供应链构筑的高潮。但引入ECR概念后也引起了如下问题。

（1）批发商。引入ECR后，批发商感到的威胁最大。虽然批发商的分销规模很大，但他们无法有效地管理分销系统，他们的商品都存放在各地的仓库或成百上千的货车上，当货物在不同地点移动时损耗很大。

大多数批发商发生的成本比行业的经营成本低，这种差异是由于各种促销和数量折扣引起的。ECR的目的是减少这些折扣，这就会使批发商无利可图。

（2）食品杂货连锁店。与批发商相比，大的零售连锁店可以更低成本采用ECR。由于这些连锁店提高了效率，它们可以采取大部分的促销战略，这样连锁店就可以利用财务上的优势从独立店及批发商的手中获取更高的市场份额。

（3）鲜活产品。食品超市和其他零售商的区别是：是否提供鲜活食品。由于这些鲜活食品部门目前没有采用ECR，所以一些食品零售商不愿完全接受ECR。

（4）促销和每日低价。与零售商所进行的促销不同，ECR带来的好处来自商品在供应链上的更通畅的流动。这种通畅的物流可以通过更少的促销活动来实现，所以，采用每日低价策略的零售商更有可能在ECR模式下获得成功。

（5）信息系统。过去几年食品业在管理信息系统投入巨资，目前来说，食品零售商平均将销售额的1.6%投入到信息系统的开发上，尽管投资巨大，食品零售业还是落后于其他零售业。虽然食品零售商是条形码（UPC）的先锋，但是他们并没有从这项投资中获得很大利益。主要原因是：①高级管理人员并不了解计算机的系统；②MIS管理人员不尽职；③目前食品零售业中的MIS经理对大型机构比较满意，对分布式处理不太欣赏。

2. 实施ECR的难点

美国食品营销研究所认为，如果在美国全国都采用ECR的话，每年可为食品行业的物流系统节约300万美元左右的没有附加价值的系统成本，普通商品的零售已经在20世纪90年代采用了快速反应的战略。例如，沃尔玛、凯马特等大型连锁店很早就意识到了有效供应链的价值，其他的零售商也很快采用了有效的供应链战略。但在食品行业，由于大家还是倾向于贸易促销，所以ECR的实施遇到了前所未有的障碍，即使仓储店等零售商已经增加了食品的经营，食品零售业还是没有意识到这一点。

（1）制造商的问题。很多问题都归咎于食品的制造商，每当它们要增加销售额，就会增加食品超市的食品库存和陈列。对食品生产商的销售代表来说，一旦销售额下降了，最简单的办法就是打一个电话给零售商，然后以极低的价格送去一卡车产品。

所以，一些大的零售商采用 ECR 后，却发现节约的成本并不能弥补营业利润下降带来的损失。另一些零售商的问题是，放弃远期购买的损失要大于降低库存费用带来的收益。

（2）技术方面的障碍。除了贸易促销以外，食品行业实现 ECR 还面临着一些技术问题。

与其他零售商相比，食品行业的信息系统一直比较落后。

大多数食品超市和其供应商使用的还是过时的系统，从技术观点来说，它们还没有为实施 ECR 做好充分的准备。

Cleveland 咨询协会最近对 61 家大型食品制造商的调查表明，虽然大多数制造商声称已经认识到了供应链集成的价值，但只是说一说而已，并没有采取实际的行动。

尤其值得一提的是，由于目前 EDI 还没有得到广泛的实施，条形码的应用也极为有限，系统的集成程度很低，所以实施决策还是不可能的。

3. 新的解决方案

尽管面临着很多困难，一些系统工程公司已经开始为食品零售商和供应商提供一些软件包和服务，以帮助它们实施 ECR。例如，达拉斯的 EDS 公司推出了叫做正确步骤服务的项目，其目标是运用公司的专业经验为客户实施 ECR 提供技术支持。

EDS 公司使用正确步骤来评价客户目前的能力和 ECR 要求客户所具有的能力。比较的结果构成“差距分析”，这种差距分析使顾客知道他们在企业文化、核心业务、信息技术和业务战略方面的缺陷。这种分析方法还会告诉顾客，如果他们要克服这些缺陷，需要做出哪些努力。

EDS 公司为客户提供了一种转型方案并帮助客户实施 ECR，在适当的时候，公司还会使用自己的数据中心。

芝加哥的 IRI 公司也能为客户提供一套软件包和数据库服务，以帮助客户实施 ECR。其核心技术是 Logi CNet 系统，该系统把供应链上所有信息源提供的数据综合起来，然后为自动补货提供技术支持。

Giant Food 公司是 IRI 的一个客户，该公司比其他大多数食品超市更好地利用了 ECR 的竞争优势，因为其他超市用的还是 20 年前的老系统，它们对 POS 终端所提供的数据根本没作处理。

对 Giant Food 来说，ECR 并不是一个全新的概念，它在直接店铺送货（DSD）系统中早就使用了 ECR。在使用数据交换/统一通信标准自动接收 DSD 商品方面，Giant Food 是个先行者。

Giant Food 正在与宝洁公司联合实施 ECR 项目，使宝洁公司可以根据不断变化的信息自动向 Giant Food 运货。但与 Giant Food 有业务往来的其他大部分食品制造商还没有将 EDI 和现有系统集成起来，这是 Giant Food 继续发展 ECR 的一个障碍。

五、高效客户反应系统中的关键技术

ECR 系统作为一个供应链管理系统，高效客户反应的问题及难点不能回避，需要把市场营销、物流管理、信息技术和组织革新技术有机结合起来作为一个整体使用，是实现低成本的流通、基础关联设施的建设、消除组织间的隔阂、协调合作以满足消费者需要、以实现 ECR 目标的关键技术。ECR 系统的结构如图 4－2 所示。

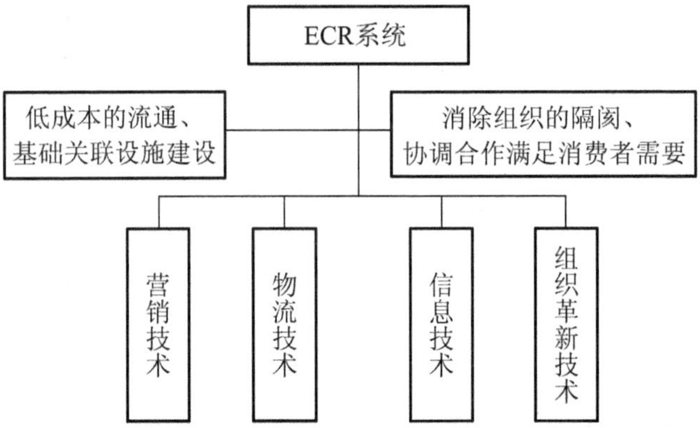

图 4－2　ECR 系统的构造图

1．营销技术

在 ECR 系统中采用的营销技术主要涉及商品类别管理和店铺货架空间管理。

（1）商品类别管理。商品类别管理是以商品类别为管理单位，寻求整个商品类别整体收益最大化。具体来说，企业对经营的所有商品按类别进行分类，确定和衡量每一个类别商品的功能、收益性、成长性等指标。在此基础上，结合考虑各类商品的库存水平和货架展示等因素，制订商品品种计划，对整个商品类别进行管理，以便在提高消费者服务水平的同时增加企业的销售额和收益水平。商品类别管理的基础是对商品进行分类。分类的标准、各类商品功能和作用的设定根据企业的使命与目标不同而不同。但是原则上，商品不应该以是否方便企业来进行分类，而应该以客户的需要和客户的购买方法来进行分类。

（2）店铺空间管理。店铺空间管理是对店铺的空间安排、各类商品的展示比例、商品在货架上的布置等进行最优化管理。在 ECR 系统中，店铺空间管理和商品类别管理同时进行、相互作用。在综合店铺管理中，管理人员对于该店铺的所有类别的商品进行货架展示面积的分配；对于每个类别下的不同品种的商品，进行货架展示面积分配和展示布置，以便提高单位营业面积的销售额和单位营业面积的收益率。

2．物流技术

ECR 系统要求及时配送和顺畅流动。实现这一要求的方法有连续库存补充计划、自动订货、预先发货通知、供应商管理库存、直接转拨、店铺直送等。

（1）连续库存补充计划。连续库存补充计划是利用及时准确的 POS 数据确定销售出去的商品数量，根据零售商或批发商的库存信息和预先规定的库存补充程序，确定发货补充数量和发送时间。以小批量、多频度方式进行连续配送，补充零售店铺的库存，提高库存的周转率，缩短交货周期、时间。

（2）自动订货。自动订货是基于库存和需求信息，利用计算机进行自动订货的系统。

（3）预先发货通知。预先发货通知是生产厂商或者批发商在发货时利用电子通讯网络提前向零售商传送货物的明细清单。这样，零售商事前可以做好货物收货准备工作，同时可以省去货物数据的输入作业，使商品检验作业效率化。

（4）供应商管理库存。供应商管理库存是生产厂商等上游企业对零售商等下游企业的流通库存进行管理和控制。具体来说，供应商基于零售商的销售、库存等信息，判断零售商的库存是否需要补充，如果需要补充的话，自动地向本企业的物流中心发出发货指令，补充零售商的库存。供应商管理库存方法包括了POS、自动订货、预先发货通知和连续库存补充计划等技术。在采用供应商管理库存法的情况下，虽然零售商的商品库存决策主导权由供应商把握，但是，在店铺的空间安排、商品货架布置等店铺空间管理决策方面仍然由零售商主导。

（5）直接转拨。直接转拨（Cross Docking）是在零售商的流通中心把来自各个供应商的货物按发送店铺迅速进行分拣装车，向各个店铺发货。这样，在交叉配送的情况下，流通中心仅是一个具有分拣装运功能的通过型中心，有利于交货周期的缩短，减少库存，提高库存周转率，从而节约成本。

（6）店铺直送。店铺直送（Direct Store Delivery，DSD）方式是指商品不经过流通配送中心，直接由生产厂家运送到店铺的运送方式。采用店铺直送方式可以保持商品的新鲜度，减少商品运输破损，缩短交货周期。

3. 信息技术

ECR系统应用的信息技术主要有：EDI技术和POS信息技术。

（1）EDI技术。信息技术最大的作用之一是实现商务作业的无纸化或电子化。一方面，利用EDI在供应链企业间传送订货单、发货清单、价格变化信息、付款通知单等文书单据。ECR系统的一个重要信息技术是电子数据交换。例如，厂商在发货的同时预先把产品清单发送给零售商，这样零售商在商品到货时，用扫描仪自动读取商品包装上的条码获得进货的实际数据，并自动地与预先到达的商品清单进行比较。

因此，使用EDI能提高事务作业效率。另一方面，可以利用EDI在供应链企业间传送交换销售时点信息、库存信息、新产品开发信息和市场预测信息等直接与经营有关的信息。例如，生产厂商可利用销售时点信息把握消费者的动向，安排好生产计划；零售商可利用新产品开发信息预先做好销售计划。因此，使用EDI技术可以提高企业，乃至整个供应链的效率。

（2）POS信息技术。ECR系统的另一个重要信息技术是POS。对零售商来说，通过对在店铺收银台自动读取的POS数据进行整理分析，可以掌握消费者的购买动向，找出畅销商品和滞销商品，做好商品类别管理。可以通过利用POS数据做好库存管理、订货管理等工作。对生产厂商来说，通过电子数据交换系统利用及时准确的POS数据，可以掌握消费者需要，制订生产计划，开发新产品，还可以把POS数据和电子订货系统（Electronic Ordering System，EOS）数据结合起来分析把握零售商的库存水平，进行生产厂商管理库存的管理。

现在，许多零售企业把POS数据和客户卡、点数卡等结合起来使用。通过客户卡，可以知道某个客户每次在什么时间购买了什么商品，金额多少，到目前为止总共购买了哪些商品，总金额是多少。这样，可以分析客户的购买行为，发现客户不同层次的需要，做好商品促销等方面的工作。

4. 组织革新技术

应用ECR系统不仅需要组成供应链的每一个成员紧密协调和合作，还需要每一个企业内部各个部门间紧密协调和合作，因此，成功地应用ECR系统需要对企业的组织体系进行革新。

（1）企业内部的革新技术。在企业内部的组织革新方面，需要把采购、生产、物流、销售等按职能划分的组织形式改变为以商品流程为基本的职能横断形的组织形式。具体地讲，就是把企业经营的所有商品按类别划分，对应于每一个商品类别设立一个管理团队，以这些管理团队为核心构成新的组织形式。在这种组织形式中，给每一个商品类别管理设定经营目标（如客户满意度、收益水平、成长率等），同时在采购、品种选择、库存补充、价格设定、促销等方面赋予相应的权限。每个管理团队由一个总负责的商品类别管理人和6～7个负责各个职能领域的成员组成。由于商品类别管理团队规模小，因此容易进行内部交流，各职能间易于协调。

（2）企业间的革新技术。在组成供应链的企业间需要建立双赢型的合作伙伴关系。具体而言，就是厂商和零售商都需要在各自企业内部建立以商品类别为管理单位的组织。这样，双方相同商品类别的管理就可聚集在一起，讨论从材料采购、生产计划到销售状况、消费者动向等有关该商品类别的全盘管理问题。另外，需要在企业间进行信息交换和信息分享。当然，这种合作伙伴关系的建立有赖于企业最高决策层的支持。

（3）成本计算的革新技术。ECR是供应链各方推进真诚合作来实现消费者满意和实现基于各方利益的整体效益最大化的过程。这就引申出一个问题，即由供应链全体协调合作所产生的利益如何在各个企业之间进行分配。为了解决这个问题，需要搞清楚什么活动带来多少效益，什么活动耗费多少成本。为此，需要把按部门和产品区分的成本计算方式改变为基于活动的成本计算方式。基于活动的成本计算方式于20世纪80年代后期在美国开始使用，这种方式把成本按活动进行分摊，确定每个活动在各个产品上的分配，以此为基础计算出产品的成本。进行基于活动的管理的目的在于，排除不需要的无效的活动，从而减少成本。

第三节　协调规划、预测和连续补货

一、CPFR的产生

随着经济环境的变迁、信息技术的进一步发展以及供应链管理逐渐为全球所认同和推广，供应链管理开始更进一步地向无缝连接转化，从而促使供应链的整合程度进一步提高。高度供应链整合的项目就是沃尔玛所推动的CFAR和CPFR，这种新型系统不仅是对企业本身或合作企业的经营管理情况给予指导和监控，更是通过信息共享来实现联动的经营管理决策。

1. CPFR产生的背景

当今世界，激烈的市场竞争和快速多变的市场需求使企业面临不断缩短交货期、提高质量、降低成本和改进服务的压力，迫使供应商、制造商、分销商和零售商走向合作。因此，供应链作为包括供应商、制造商、分销商和零售商的“由物料获取并加工成中间件或成品，再将成品送到用户手中的一些企业和部门构成的网络”，成了学术界和企业界研究和实践的热点。但供应链是错综复杂的，供应链的业务活动不仅要跨越供应链通道（供应商、制造商、分销商、零售商和其他合作伙伴）的范畴，而且要跨越功能、文化和人员的范畴，在努力减少成本、增加效率和获得竞争的过程中，不得不重新构思、重新定义和重新组织供应链合作伙伴关系和模式。为了建立新型合作伙伴关系，一种面向供应链的策略——合作计划、预测与补给（Conllaborative Planning，Forecasting and Replenishment，CPFR）应运而生，并逐渐成为供应链管理中一个热门的研究问题。

2. CPFR 的产生

CPFR 的形成始于沃尔玛所推动的 CFAR，CFAR（Collaborative Forecast and Replenishment）是利用 Internet 通过零售企业与生产企业的合作，共同做出商品预测，并在此基础上实行连续补货的系统。后来，在沃尔玛的不断推动之下，基于信息共享的 CFAR 系统正在向 CPFR 发展，CPFR（Collaborative Planning，Forecasting and Replenishment）是在 CFAR 共同预测和补货的基础上，进一步推动共同计划的制订，即不仅合作企业实行共同预测和补货，同时将原来属于各企业内部事务的计划工作（如生产计划、库存计划、配送计划、销售计划等）也由供应链各企业共同参与。

1995 年，由沃尔玛与其供应商 Warner Lambert、管理信息系统供应商 SAP、供应链软件商 Manugistics、美国咨询公司 Benchmarking Partners 等 5 家公司联合成立了工作小组，进行 CPFR 的研究和探索，1998 年美国召开零售系统大会时又加以倡导，目前实验的零售企业有沃尔玛、凯马特和威克曼斯，生产企业有 P&G、金佰利、HP 等 7 家企业，可以说，这是目前供应链管理在信息共享方面的最新发展。从 CPFR 实施后的绩效看，Warner－Lambert 公司零售商品满足率从 87% 提高到 98%，新增销售收入 800 万美元。在 CPFR 取得初步成功后，组成了由零售商、制造商和方案提供商等 30 多个实体参加的 CPFR 委员会，与 VICS（Voluntary Interindustry Commerce Standards）协会一起致力于 CPFR 的研究、标准制定、软件开发和推广应用工作。美国商业部资料表明，1997 年美国零售商品供应链中的库存约 1 万亿美元，CPFR 理事会估计，通过全面成功实施 CPFR 可以减少这些库存的 15% ～25%，即 1500 亿 ～2500 亿美元。由于 CPFR 巨大的潜在效益和市场前景，一些著名的企业软件商如 SAP、Manugistics、i2 等正在开发 CPFR 软件系统和从事相关服务。

二、CPFR 的定义和特点

1. CPFR 的定义

CPFR（Collaborative Planning，Forecasting and Replenishment）是在吸收 QR、ECR 管理理念，集成 VMI、JMI 等技术优势基础上建立的一种供应链管理技术，它依赖于信息技术支持，强调协作关系，在整个供应链的范围内，联合进行计划、预测、补货等业务流程操作，从而提高供应链效率。

我国《物流术语》国家标准的定义是：应用一系列的信息处理技术和模型技术，提供覆盖整个供应链的合作过程，通过共同管理业务过程和共享信息来改善零售商和供应商之间的计划协调性，提高预测精度，最终达到以提高供应链效率、减少库存和提高客户满意程度为目的的供应链库存管理策略。

2. CPFR的本质特征

CPFR采取了双赢的原则，始终从全局的观点出发，制订统一的管理目标以及实施方案，以库存管理为核心，兼顾供应链上其他方面的管理。因此，CPFR能在合作伙伴之间实现更加深入广泛的合作。CPFR有以下几方面的本质特征：

（1）协同。CPFR要求双方长期承诺公开沟通、信息分享，从而确立其协同性的经营战略。协同的第一步就是保密协议的签署、纠纷机制的建立、供应链计分卡的确立以及共同激励目标的形成。在确立协同性目标时，不仅要建立起双方的效益目标，更要确立协同的盈利驱动性目标，只有这样，才能使协同性得以体现在流程控制和价值创造的基础之上。

（2）计划。计划是预测的基础，计划不等于预测，预测需要建立在合理的计划基础上。CPFR的计划部分体现的是合作规划（品类、品牌、分类、关键品种等）以及合作财务（销量、订单满足率、定价、库存、安全库存、毛利等）。此外，为了实现共同的目标，还需要双方协同制订促销计划、库存政策变化计划、产品导入和中止计划以及仓储分类计划。

（3）预测。CPFR强调买卖双方必须做出最终的协同预测。CPFR所推动的协同预测不仅关注供应链双方共同做出最终预测，同时也强调双方都应参与预测反馈信息的处理和预测模型的制定和修正，特别是如何处理预测数据的波动等问题。最终实现协同促销计划是实现预测精度提高的关键。

（4）补货。销售预测必须利用时间序列预测和需求规划系统转化为订单预测，并且对供应方有约束条件，如订单处理周期、前置时间、订单最小量、商品单元以及零售方长期形成的购买习惯等都需要供应链双方加以协商解决。协同运输计划也被认为是补货的主要因素。例外状况出现的比率、需要转化为存货的百分比、预测精度、安全库存水准、订单实现比例、前置时间以及订单批准的比例，这些都需要在双方公认的计分卡基础上定期协同审核。

3. CPFR的集成特点

CPFR应用一系列处理和技术模型，提供覆盖整个供应链的合作过程，通过共同管理业务过程和共享信息，来改善零售商和供应商的伙伴关系，提高预测的准确度，最终达到提高供应链效率、降低库存和提高客户满意度的目的。CPFR主要集成特点体现在如下几个方面：

（1）面向客户需求的合作框架。在CPFR结构中，合作伙伴构成的框架及其运行规则，主要是基于客户的需求和整个价值链的增值能力。由于供应链节点企业的运营过程、竞争能力和信息来源等都存在差异，无法完全达成一致，在CPFR中就设计了若干运营方案供合作企业选择。一个企业可选择多个方案，各方案都确定了核心企业来承担产品的主要生产任务。

（2）基于销售预测报告的生产计划。销售商和制造商对市场有着不同的认识。销售商直接和最终消费者见面，故可根据POS数据来推测消费者的需求，同时销售商也和若干制造商有联系，并可了解它们的市场销售计划。根据这些，在没有泄露各自商业机密的前提下，销售商和制造商可交换它们的信息和数据，来改善它们的市场预测能力，使最终的预测报告更为准确可信。供应链节点企业则根据这个预测报告来制订各自的生产计划，从而使供应链的管理得到集成。

（3）供应过程中约束的消除。供应过程的约束主要源于企业的生产柔性不够。通常，销售商的订单所规定的交货日期比制造商生产这些产品的时间要短。这种情况下，制造商不得不保持一定的产品库存。但是如果能延长订单周期，使之与制造商的生产周期相一致，那么制造商就能真正做到按订单生产及零库存管理，就可以减少甚至去掉库存，从而可大大提高企业的经济效益。另一个有望解决的限制是贯穿于产品制造、运输及分销等过程的企业间资源的优化调度问题，以优化供应链库存和改善客户服务，最终为供应链伙伴带来丰厚的收益。

图 4－3 为 CPFR 集成系统模型示意图。

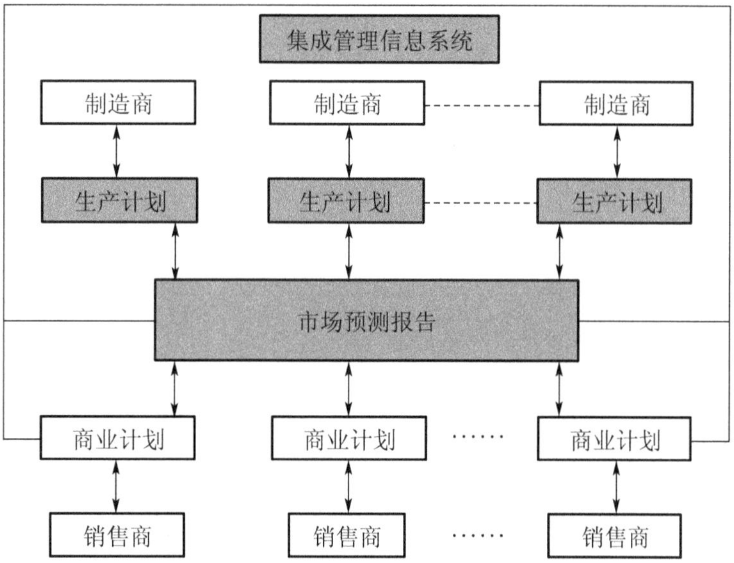

图 4－3　CPFR 集成系统模型示意图

三、CPFR 产生的原因分析

一个技术的产生，需要由多种因素来推动，有外界环境的变化，公司或企业的大力推动，也有相关技术与理论的发展。

1. 现代企业管理模式发展的必然产物

传统的企业管理模式过分依赖企业内部资源的优势，强调对内部的最优化管理与控制，企业除了拥有具有竞争优势的核心业务外，还要具有自己的原材料、半成品或零部件供应、分销网络，甚至运输企业，从而形成了企业内部“纵向一体化”的管理模式，在经济全球化蓬勃发展的今天，从管理范围、技术、基础和功能上都显得力不从心。

现代企业管理模式的发展，首先要求企业在管理范围上突破企业内部的束缚，需要企业不断加强同供应链企业之间的关系往来，彼此深入地了解，形成战略合作伙伴关系，共同致力于供应链的全面发展，CPFR 中所蕴涵的协作理念无疑适应了这个要求；其次，企业在业务处理上，需要打破传统管理模式下纵向一体化的业务流程，强化企业核心业务，实现与供应链企业间的协同运作和更有效地利用企业外部资源。

在激烈的市场竞争下，需求的瞬息万变已成为影响企业发展的根本因素，企业要谋求发展需要获得准确的需求信息，单纯地依靠企业内部的资源价值是不大的，这就要求企业更多地利用外部资源，加强与供应链上游、下游企业的信息交流，从而更加准确地预测需求，降低库存成本，提高收益，这些都为 CPFR 的产生提供了诱因。

2. 供应链集成化发展的要求

所谓供应链集成化是指供应链中的核心企业与供应链中的其他成员为了有效降低供应链内企业在营销、采购、库存等方面的成本，提高整条供应链的效率和竞争实力，满足千变万化的市场环境和市场需求而构筑一个长期合作伙伴和相对信任的链网关系。其中，核心企业通过内部网（Intranet）、外部网（Extranet）以及因特网把它的员工、供应商、经销商、分销商、零售商、客户以及其他外部信息连接起来。

供应链集成化思想是供应链管理发展的产物，也是经济全球化的必然结果，企业要谋求生存，获得更大的发展空间，需要加强同供应链其他节点企业的合作关系，需要协同供应链节点企业从更高层面上来整合供应链，CPFR 正是适应了这一要求，伴随着供应链集成化思想的出现而产生。集成化的思想催生了 CPFR，反过来，CPFR 也适应了集成化的要求，两者是互相促进和互相发挥作用的。

3. 消除牛鞭效应的要求

牛鞭效应是指供应链的信息流从末端最终客户向源端原始供应商传递时，信息扭曲会逐级放大，导致需求信息的波动越来越大，而这种信息扭曲的放大作用在图形上显示很像一条甩起的牛鞭，牛鞭效益也称长鞭效应、蝴蝶效应。牛鞭效应产生的原因有很多，主要的有需求预测差异、订货批量不稳定、库存失衡、提前期增长等因素。例如，在过去的供应链运作中，成员企业各自作自己的预测，彼此互不相干，由于需求信息的来源途径很有限，需求预测准确率低，对未来的掌控能力不足，因而企业会采取加大订货批量、增加库存储备能力的方式来应对市场变化，订货提前期也必然加长，这些都加剧了牛鞭效应的负面影响。CPFR 的出现在很大程度上缓解了牛鞭效应，具体从以下两个方面体现。

（1）建立了供应链战略合作伙伴关系。通过供应链战略伙伴关系的加强可以消除牛鞭效应。在执行的战略联盟中，供需双方相互信任，公开业务数据，共享信息和业务集成，相互之间都了解对方的供需情况和能力，避免了短缺情况下彼此间信息不对称而产生的博弈行为，从而降低了牛鞭效应的机会。

（2）通过信息共享，有效加强预测。信息共享是供应链上减少牛鞭效应的最有效措施之一，要求供应链企业间通过内部网、外部网以及因特网来实时交流和共享信息，减少信息的不对称，通过集中需求信息减少整个供应链的不确定性。同时，供应链企业间采用联合需求预测，彼此相互了解对未来的需求，提高了预测的准确性，从而在很大程度上避免了大批量订货的波动、库存失衡、提前期增长等不利情况的出现，减少了牛鞭效应。

四、CPFR供应链的实施及优势

1. CPFR供应链的体系结构

CPFR供应链管理策略，强化了信息资源的一致性和实时反馈机制，可以面向不同的供应链管理，CPFR供应链的体系结构是以CPFR概念为基础建立的供应链体系结构，分为4个功能层，如图4-4所示。

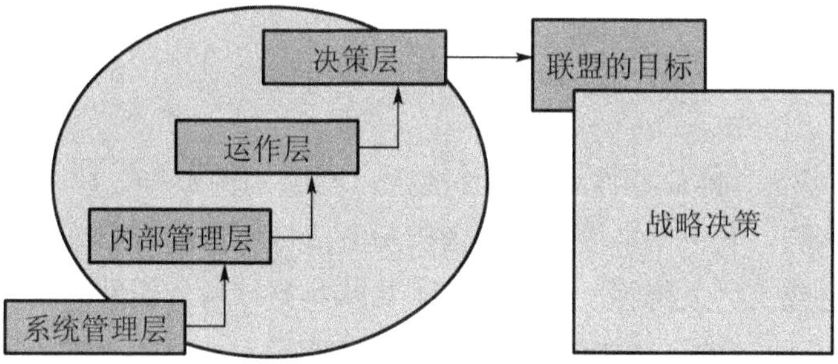

图4-4　CPFR供应链体系结构

（1）决策层。主要负责管理合作企业领导层，包括企业联盟的目标和战略的制定、跨企业的业务流程的建立、企业联盟的信息交换和共同决策。

（2）运作层。主要负责合作业务的运作，包括制订联合业务计划、建立单一共享需求信息、共担风险和平衡合作企业能力。

（3）内部管理层。主要负责企业内部的运作和管理，包括商品分类管理、库存管理、商店运营、物流、顾客服务、市场营销、制造、销售和分销等。

（4）系统管理层。主要负责供应链运营的支撑系统的管理及维护。

2. CPFR供应链业务数据的处理

CPFR服务器用于CPFR共同业务处理，由供应链的核心企业管理和维护。每个合作伙伴通过Internet与CPFR服务器连接，使供应链中较小的企业也能加入CPFR系统进行工作，且不必承受开发和维护系统的负担，同时，还便于合作伙伴采用统一的标准和技术。

合作伙伴根据分销商业务计划、制造商业务计划和供应商业务计划，达成合作协议，创建共同的业务计划，它们是整个CPFR活动的基础。零售商对来自多个POS的每种商品的销售量进行实时汇总，形成与消费者直接相关的动态POS数据，结合POS数据和存货情况形成商店需求，并将这些信息提供给CPFR服务器。分销商对来自多个分销商的商品需求进行分类汇总，形成分销中心（Distributed Center，DC）数据，结合库存信息形成分销中心需求，提供给CPFR服务器，CPFR数据流如图4-5所示。

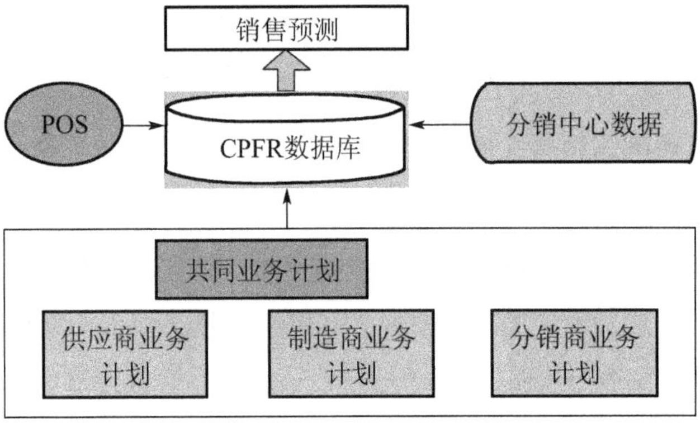

图4－5　CPFR数据流

CPFR服务器基于共同业务计划和例外准则，利用POS数据、DC数据和事件数据等，形成单一的销售预测。其中，事件是指对销售预测或订单预测有影响的事件，如促销、降价、库存控制策略或工厂关闭等。然后，基于共同业务计划、例外准则和价值评估，利用单一的销售预测、POS数据、供应链现有库存及分布信息、库存战略/季节性信息、事件数据、产品历史需求和发运数据、产品利用率数据，以及项目管理简况数据等，形成单一的订单预测。最后，预测实际订单，下达给制造商，制造商生成物料需求给物料供应商。整个供应链进行物料供应、产品生产、运输、分销和零售过程。上述运营过程的所有数据将存入CPFR数据库，作为今后运营过程的数据资源和历史数据。

3. CPFR实施的框架和步骤

CPFR供应链可以划分为如图4－6所示的9个步骤来实现。

（1）制订框架协议。框架协议的内容主要包括各方的期望值，以及为保证成功所需的行动和资源、合作的目的、保密协议、资源使用的授权等，并明确规定各方的责任、绩效评价的方法，阐明各方为获得最大的收益而愿意加强合作，以及实现信息交换和风险共担而承担的义务等。

（2）协同制订商务方案。销售商和制造商根据各自企业的发展计划交换信息，以便共同制订商务发展计划。合作方首先要建立战略伙伴关系，确定好部门责任、目标以及策略。项目管理方面则包括每份订单的最少产品数、交货提前期等。此方案是以后预测的基石，便于供应链各部门组织间的交流与合作。

（3）销售预测。销售商或制造商根据实时销售数据、预计的事务等信息来制订销售预测报告，然后将此报告同另一方进行协商，双方也可各提出一份报告进行协商。

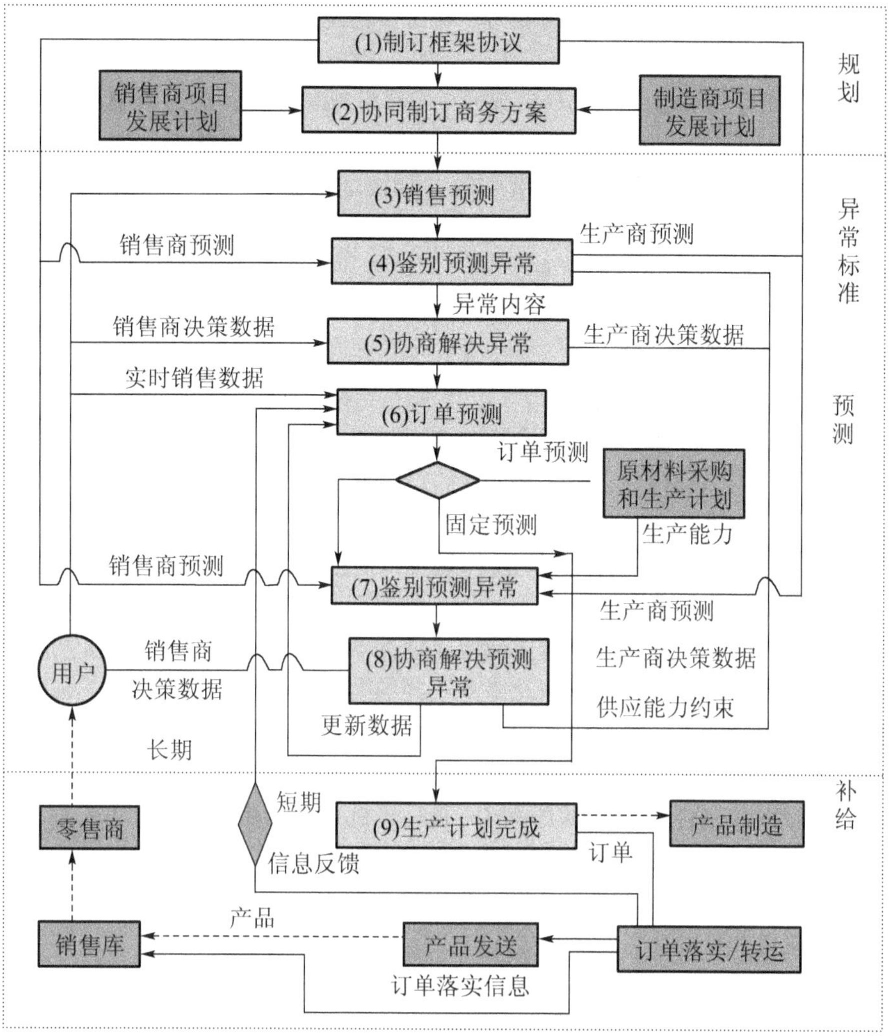

图4－6　基于CPFR的供应链运营模型图

（4）鉴别预测异常。根据框架协议中规定的异常标准，对预测报告中的每一项目进行审核，最后得到异常项目表。

（5）协商解决异常。通过查询共享信息、电子邮件、电话交谈记录、会议记录等来解决异常项目，并对预测报告做相应变更。这种解决办法不但使预测报告更加准确，减少了风险，而且还加强了合作伙伴间的交流。

（6）订单预测。综合实时及历史销售数据、库存信息及其他信息来生成具体的订单预测报告。订单的实际数量要随时间变化，并反映库存情况。报告的短期部分用来产生生产指令，长期部分则用来规划。订单预测报告能使制造商及时安排生产能力，同时也让销售商感到制造商有能力及时发送产品。

（7）鉴别预测异常。确定哪些项目的预测超出了框架协议中规定的预测极限。

（8）协商解决预测异常。解决办法和步骤与（5）类似。

（9）生产计划完成。将预测的订单转化为具体的生产指令，对库存进行补给。指令生成可由制造商完成，这取决于它们的能力、资源等情况。也可由分销商完成，这取决于它们的能力、资源等情况。

通过对欧美若干试验性项目的研究发现，CPFR为制造商、销售商带来的利益非常明显。在实施CPFR后，Warner-Lambert公司零售商品满足率从87%增加到98%，新增销售收入800万美元。由于CPFR巨大的潜在效益和市场前景，一些著名的企业软件商，如SAP等公司正在开发CPFR软件系统和从事相关的服务。CPFR是从VMI发展而来的，它保留了VMI中一些先进的技术和管理思想，同时克服了它们的不足，代表着库存技术的发展方向。

4. 实施CPFR的优势

作为一种最新的供应链管理技术，CPFR对供应链企业的组织结构和企业价值产生了重大影响。它加强了供应链企业间的合作关系，在覆盖整个供应链的范围内，依靠信息技术的支持，充分利用供应链企业在不同资源方面的优势，协同地制订发展计划，共享信息，提高需求预测的准确性，加快供应链的响应速度，降低成本，提高服务水平。从供应链整体效益来看，实现CPFR的优势主要体现在以下几个方面。

（1）加强供应链企业业务间联系，开创“双赢”或“多赢”的局面。CPFR通过建立上下游的企业间的战略关系，来提升供应链企业的竞争力。供应链成员企业可以针对贸易伙伴的战略和投资能力不同、市场信息来源不同的特点，组建一个方案组，方案组通过确认贸易伙伴从事关键业务的能力来决定哪家公司主导核心业务活动，贸易伙伴可选用多种方案实现其业务过程。零售商和制造商从不同的角度收集不同层次的数据，通过反复交换数据和业务情报改善制订需求计划的能力，最后得到基于消费者需求的单一共享预测。以单一共享预测制订的需求计划为基础能够发现和利用许多商业机会，优化供应链库存和改善客户服务，在降低库存成本和提高整条供应链效益上开创“双赢”或者“多赢”的局面，最终为供应链伙伴带来可观的收益。

（2）可以消除“牛鞭效应”，提高服务水平和加快库存周转。对于“牛鞭效应”的产生，在CPFR产生原因中已经作了详细的介绍。通过实行CPFR，建立供应链企业间战略合作伙伴关系，在信息网络集成化的基础上，共享需求信息，把握市场需求动向，从而提高供应链企业对需求的预测能力，制订联合的需求计划和联合补货策略，降低由于企业彼此间信息隔离而导致的大量库存、订货批量不稳定、提前期长等不利因素，进而提高客户的服务水平，加快库存周转。

（3）有效利用信息技术提升供应链整体运作的绩效。先进的信息共享系统使得供应链企业可以共同掌握实时的库存信息来作出调整和决策，减少了不确定性带来的额外库存和较高的库存水平。

在CPFR的实施中，最重要的是考虑什么样的信息系统和网络平台才能满足供应链企业间的信息集成和共享要求。一个好的信息系统能提供的支持主要是能准确、及时地获得信息，因为需求方面的信息总是在频繁地变化，准确、及时的信息的获得对于对需求作出迅速反应和管理决策是必不可少的前提，能反映库存信息中的异常情况，使库存信息透明化，这样才能够利用系统去识别需要管理部门引起注意的问题。目前，许多公司面对的订货类型多种多样，有大批量的订货、小批量的订货，有时还会出现不存货的产品、延迟到货的情况，而通过现代信息技术则能有效实现各类需求，可以满足系统用户和顾客两方面的需求。

（4）建立供应链上下游战略合作伙伴关系，增强联盟沟通能力。CPFR以协作关系为核心理念，要求核心企业必须协调好同合作伙伴以及内部各部门的关系。在处理同企业内部的营销部门和计划控制部门的关系时，要运用好营销部门对市场的敏锐观察力和营销策略，与定量分析很好地结合起来，预测市场的需求。

共同利益基础上的相互信任是CPFR成功的基础，良好的沟通是CPFR成功的保证。上游、下游企业建立和维护好战略伙伴关系，供应链才能实现更好的集成，才能实现在预测、生产、运输计划和竞争策略等方面的共同设计和控制。

一个一体化的、协调的供应链“超级组织”具有对市场需求变化的高度反应力，能迅速支持伙伴公司的快速发展，这已经为事实所证明。之所以能取得这样的成效，得益于供应链上的伙伴能够共同分享他们所需要的各种信息，从而使他们能够协调运作。当供应链中每个成员企业的活动都像乐队队员按乐谱演奏时，供应商就知道何时增加减少生产，物流公司能够掌握何时提供准时物流服务，分销商也可及时进行调整。这样，就能够把传统经营中经常出现流通中断或库存积压过长等问题消除，或者降低到最低限度，真正实现精细生产，提高供应链企业的核心竞争力。

5. 实施CPFR的保障体系

（1）信息共享。供应链协作各方之间是否能达成相互信任，是否能打破传统组织之间各种壁垒，是否能就业务流程达成一致或统一，是否能让合作方连接到企业的内部运作网络中来，是否能在跨平台、跨应用等方面达成协同应用和管理，是否能处理好业务合作过程中遇到的各种意外情况，这些问题都非常鲜明地摆在了合作各方的面前，只有信息得到充分共享，才能有效地解决这些问题。

（2）调整企业管理流程和制度。在实施供应链管理中，遇到的最大的难题往往不是技术带来的。一个企业决定实施供应链管理系统之前，最需要做的就是理顺企业内部的各项管理、各项业务流程以及管理秩序等，否则该供应链管理系统只会是烦恼不断。

（3）建立和完善管理信息系统。信息是供应链协作的重要载体。建立合理的信息体系是信息在供应链成员中共享的前提，通过互联网、局部网以及EDI连接协调运作整个供应链是将来供应链管理的基本技术，会使供应链中信息渠道畅通，在伙伴企业以及与最终顾客间进行充分、安全的沟通。

（4）企业联盟中的诚信机制。以强调可靠性预期为标准强调合作伙伴的可靠诚实、遵守承诺，认为信任与不信任的真正差别在于双方信心的飞跃：彼此相信对方关心自己的利益，在没有考虑彼此的影响之前谁也不会行动，这实际上强调了合作协商的重要意义。尽管通过Internet/Intranet，供应链联盟成员获得了有用的信息资源，为信息交流提供了保证，但谁也保证不了为个体利益而隐瞒私有信息的存在，因此，彼此信任问题是供应链协作中一个棘手的难题。

（5）企业之间的权力均衡。一些企业可能会由于占有稀缺资源、可控制供应链中其他企业财务、享有集中的决策权等而拥有比其他企业更大的权力，如果它从自身利益出发，利用这种权力对链中其他企业在价格、库存、信息共享等方面进行压制，那么这就导致了权力的滥用，必将严重影响供应链中的协作。

（6）培育相应的企业文化。越来越多的生产过程实际上是由一些独立的生产和销售实体联合实现的，销售渠道变得至关重要。日渐趋于成熟的世界经济强化了产品本地化的需求，日益增大的竞争压力迫使我们提供更完善的客户服务，而这就需要有相应的企业文化作支撑。

第四节　企业资源计划

一、ERP 的内涵与起源

美国加特纳（Garter Group Inc.）咨询公司最早提出了 ERP 的概念。与 MRP Ⅱ 相比，ERP 更加面向全球市场，功能更为强大，所管理的企业资源更多，支持混合式生产方式、管理覆盖面更宽。

MRP Ⅱ 的创始人奥利弗·赖特（Oliver Wright）及美国生产与库存管理协会（APICS）等给出企业资源计划明确的定义：企业资源计划（Enterprise Resource Planning，ERP）是一种基于“供应链”的管理思想，是在 MRP Ⅱ 的基础上，通过反馈的物流和反馈的信息流、资金流，把客户需要和企业内部的生产经营活动以及供应商的资源整合在一起，体现完全按用户需要进行经营管理的一种全新的管理方法。

20 世纪 90 年代以来，随着信息技术尤其是计算机网络技术的迅猛发展，统一的世界市场正在形成，MRP Ⅱ 管理系统经过扩充与进一步完善而发展为企业资源计划（Enterprise Resource Planning，ERP）。ERP 是在全球市场环境下，从企业全局角度对经营与生产进行计划的方式；是制造企业的综合的集成经营系统。ERP 是信息时代的现代企业向国际化发展的更高层管理模式，它能更好地支持企业各方面的集成，并将给企业带来更广泛、更长远的经济效益与社会效益。

二、ERP 的发展过程

ERP 是由 20 世纪 60 年代初的 MRP（物料需求计划），发展到 80 年代的 MRP Ⅱ（制造资源计划），再到 90 年代的 ERP（企业资源计划），从这个发展的历程我们可以看到一个规律，那就是随着管理模式的发展，管理系统所涉及的制造资源的深度和广度也在不断地延伸和扩展。

由此可见，随着管理模式的发展，管理系统所涉及的制造资源在开发利用的深度和广度也在不断扩大，推动社会在不断发展。ERP 的发展过程大致经历了以下几个阶段：

（1）MIS 系统阶段（Management Information System）。某混合制造企业 ERP 流程反映企业的信息管理系统，该信息系统主要是记录原始数据、支持查询、汇总等方面的工作。

（2）MRP 阶段（Material Requirement Planning）。企业的信息管理系统对产品构成进行管理，借助计算机的运算能力及系统对客户订单、在库物料、产品构成的管理能力，实现依据客户订单，按照产品结构清单展开并计算物料需求计划，实现减少库存，优化库存的管理目标。

（3）MRP Ⅱ 阶段（Manufacture Resource Planning Ⅱ）。在 MRP 管理系统的基础上，系统增加了对企业生产中心、加工工时、生产能力等方面的管理，以实现计算机进行生产排程的功能，同时也将财务的功能囊括进来，在企业中形成以计算机为核心的闭环管理系统，这种管理系统已能动态监察到产、供、销的全部生产过程。

（4）ERP 阶段（Enterprise Resource Planning）。进入 ERP 阶段后，以计算机为核心的企业级的管理系统更为成熟，系统增加了包括财务预测、生产能力、调整资源调度等方面的功能。配合企业实现 JIT 管理——全面质量管理和生产资源调度管理及辅助决策的功能，成为企业进行生产管理及决策的平台工具。

（5）电子商务时代的 ERP。Internet 技术的成熟为企业信息管理系统增加与客户或供应商实现信息共享和直接的数据交换的能力，从而强化了企业间的联系，形成共同发展的生存链，体现企业为达到生存竞争的供应链管理思想。ERP 系统相应实现了这方面的功能，使决策者及业务部门实现跨企业的联合作战。

由此可见，ERP 的应用的确可以有效地促进现有企业管理的现代化、科学化，适应竞争日益激烈的市场要求，它的导入，已经成为大势所趋。

三、ERP 系统的管理思想

ERP 作为当今国际上一个最先进的企业管理模式，它在体现当今世界最先进的企业管理理论的同时，也提供了企业信息化集成的最佳解决方案。它把企业的物流、资金流、信息流统一起来进行管理，以求最大限度地利用企业现有资源，实现企业经济效益的最大化。ERP 的核心管理思想就是实现对整个供应链的有效管理，主要体现在以下三个方面。

1. 体现对整个供应链资源进行管理的思想

在知识经济时代仅靠自己企业的资源不可能有效地参与市场竞争，还必须把经营过程中的有关各方如供应商、制造工厂、分销网络、客户等纳入一个紧密的供应链中，才能有效地安排企业的产、供、销活动，满足企业利用全社会一切市场资源快速高效地进行生产经营的需求，以期进一步提高效率和在市场上获得竞争优势。换句话说，现代企业竞争不是单一企业与单一企业间的竞争，而是一个企业供应链与另一个企业供应链之间的竞争。ERP 系统实现了对整个企业供应链的管理，适应了企业在知识经济时代市场竞争的需要。

2. 体现精益生产、同步工程和敏捷制造的思想

ERP 系统支持对混合型生产方式的管理，其管理思想表现在两个方面：

其一是“精益生产 LP（Lean Production）”的思想，它是由美国麻省理工学院（MIT）提出的一种企业经营战略体系，即企业按大批量生产方式组织生产时，把客户、销售代理商、供应商、协作单位纳入生产体系，企业同其销售代理、客户和供应商的关系，已不再是简单的业务往来关系，而是利益共享的合作伙伴关系，这种合作伙伴关系组成了一个企业的供应链，这即是精益生产的核心思想。

其二是“敏捷制造（Agile Manufacturing）”的思想。当市场发生变化，企业遇到特定的市场和产品需求时，企业的基本合作伙伴不一定能满足新产品开发生产的要求，这时，企业会组织一个由特定的供应商和销售渠道组成的短期或一次性供应链，形成“虚拟工厂”，把供应和协作单位看成是企业的一个组成部分，运用“同步工程（SE）”，组织生产，用最短的时间将新产品打入市场，时刻保持产品的高质量、多样化和灵活性，这即是“敏捷制造”的核心思想。

3. 体现事先计划与事中控制的思想

ERP 系统中的计划体系主要包括：主生产计划、物料需求计划、能力计划、采购计划、销售执行计划、利润计划、财务预算和人力资源计划等，而且这些计划功能与价值控制功能已完全集成到整个供应链系统中。

另一方面，ERP 系统通过定义事务处理（Transaction）相关的会计核算科目与核算方式，以便在事务处理发生的同时自动生成会计核算分录，保证了资金流与物流的同步记录和数据的一致性。从而实现了根据财务资金现状，可以追溯资金的来龙去脉，并进一步追溯所发生的相关业务活动，改变了资金信息滞后于物料信息的状况，便于实现事中控制和实时做出决策。

此外，计划、事务处理、控制与决策功能在整个供应链的业务处理流程中的实现，要求在每个流程业务处理过程中最大限度地发挥每个人的工作潜能与责任心，流程与流程之间则强调人与人之间的合作精神，以便在有机组织中充分发挥每个人的主观能动性与潜能。实现企业管理从“高耸式”组织结构向“扁平式”组织机构的转变，提高企业对市场动态变化的响应速度。总之，借助 IT 技术的飞速发展与应用，ERP 系统得以将很多先进的管理思想变成现实中可实施应用的计算机软件系统。

四、ERP 的基本特征

ERP 是先进的现代企业管理模式，主要实施对象是企业，目的是将企业的各个方面的资源（包括人、财、物、产、供、销等因素）合理配置，以使之充分发挥效能，使企业在激烈的市场竞争中全方位地发挥能量，从而取得最佳经济效益，如图 4－7 所示。

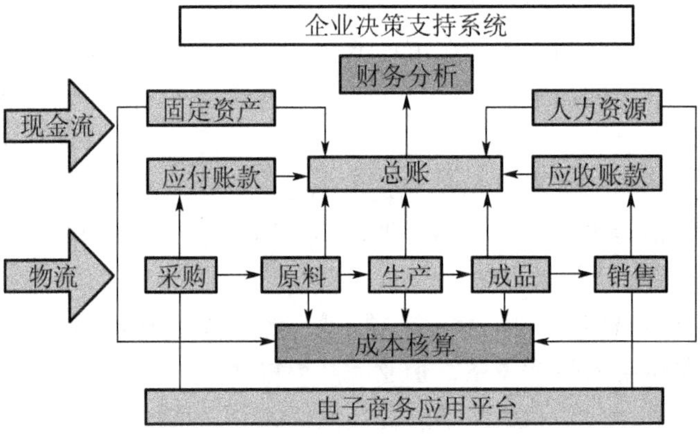

图 4－7　ERP 实施对象示意图

ERP 把企业看成是完整的系统，它借助计算机和网络技术，对企业内部和外部的有关资源进行全面的监控和管理。ERP 按照集成的方式来处理企业的各项活动，把企业各项生产经营活动看成是一个紧密连接的有机整体。ERP 系统使企业在以下四个方面实现了集成。

（1）大中型企业（特别是企业集团）的集成化管理。ERP 系统可以在企业总部与各层次的分支机构之间，实现动态、实时的信息交换，从而实现整个企业的纵向集成。

（2）ERP 系统在企业数据和信息集成的基础上，实现了企业管理功能上的集成，把企业产、供、销、人、财、物各个生产经营环节集成为一个有机整体，从而实现企业业务功能的横向集成。

(3) ERP系统将企业的全部业务流程看作是一个紧密连接的供应链系统，它将统一协调企业与供应商、分销商及客户的业务关系，从而形成了整体供应链的集成。

(4) ERP系统实现企业物流、资金流、信息流和工作流的高度的集成和统一，使企业逐步走向虚拟、敏捷和互动的高级形态。

ERP系统在MRPⅡ的基础上扩展了管理范围，提出了新的管理体系结构，把企业的内部和外部资源有机地结合在了一起。这里充分贯彻了供应链的管理思想，将用户的需求和企业内部的制造活动以及外部供应商的制造资源一同包括了进来，体现了完全按客户需求制造的思想。ERP管理系统的扩充点与主要特点如下：

(1) ERP更加面向市场、面向经营、面向销售，能够快速响应市场；它将供应链管理功能包含了进来，强调了供应商、制造商与分销商间的新的伙伴关系，并且支持企业后勤管理。

(2) ERP更强调企业流程与工作流，通过工作流实现企业的人员、财务、制造与分销间的集成，支持企业过程重组。

(3) ERP纳入了产品数据管理PDM功能，增加了对设计数据与过程的管理，并进一步加强了生产管理系统与CAD、CAM系统的集成。

(4) ERP更多地强调财务，具有较完善的企业财务管理体系，这使价值管理概念得以实施，资金流与物流、信息流更加有机地结合。

(5) ERP较多地考虑人的因素作为资源在生产经营规划中的作用，也考虑了人的培训成本等。

(6) 在生产制造计划中，ERP支持MRP与JIT混合管理模式，也支持多种生产方式（离散制造、连续流程制造等）的管理模式。

(7) ERP采用了最新的计算机技术，如客户/服务器分布式结构、面向对象技术、基于WEB技术的电子数据交换EDI、多数据库集成、数据仓库、图形用户界面、第四代语言及辅助工具等。

一般而言，除了MRPⅡ的主要功能外，ERP系统还包括以下主要功能：供应链管理、销售与市场、分销、客户服务、财务管理、制造管理、库存管理、工厂与设备维护、人力资源、报表、制造执行系统（Manufacturing Executive System，MES）、工作流服务和企业信息系统等方面。此外，还包括金融投资管理、质量管理、运输管理、项目管理、法规与标准和过程控制等补充功能。

五、ERP的主要功能模块

在企业中，一般的管理主要包括三方面的内容：生产控制（计划、制造）、物流管理（分销、采购、库存管理）和财务管理（会计核算、财务管理）。这三大系统本身就是集成体，它们互相之间有相应的接口，能够很好地整合在一起来对企业进行管理。另外，要特别一提的是，随着企业对人力资源管理重视的加强，已经有越来越多的ERP厂商将人力资源管理纳入为ERP系统的一个重要组成部分。

（一）生产控制管理模块

制造计划如图4－8所示。这一部分是ERP系统的核心所在，它将企业的整个生产过程有机地结合在一起，使得企业能够有效地降低库存，提高效率。同时各个原本分散的生产流程的自动连接，也使得生产流程能够前后连贯地进行，而不会出现生产脱节，耽误生产交货时间。生产控制管理是一个以计划为导向的先进的生产、管理方法。首先，企业确定一个总生产计划，再经过系统层层细分后，下达到各部门去执行，即生产部门以此生产，采购部门按此采购，等等。

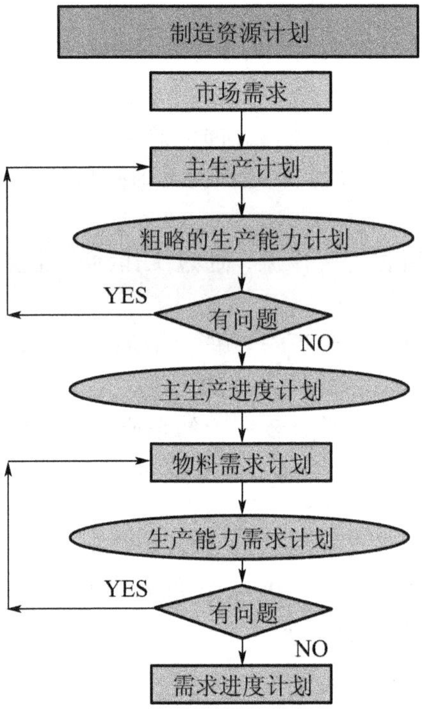

图4－8 制造计划流程图

1. 主生产计划

主生产计划是根据生产计划、预测和客户订单的输入来安排将来的各周期中提供的产品种类和数量，它将生产计划转为产品计划，在平衡了物料和能力的需要后，精确到时间、数量的详细的进度计划。它是企业在一段时期内的总活动的安排，是一个稳定的计划，是从生产计划、实际订单和对历史销售分析得来的预测中产生的。

2. 物料需求计划

物料需求计划是在主生产计划决定生产多少最终产品后，再根据物料清单，把整个企业要生产的产品的数量转变为所需生产的零部件的数量，并对照现有的库存量，可得到还需加工多少，采购多少的最终数量的物料。它是整个部门真正依照的物料需求计划。

3. 能力需求计划

能力需求计划是在得出初步的物料需求计划之后，将所有工作中心的总工作负荷，在与工作中心的能力平衡后产生的详细工作计划，用以确定生成的物料需求计划是否是企业生产能力上可行的需求计划。能力需求计划是一种短期的、当前实际应用的计划。

4. 车间控制计划

车间控制计划是随时间变化的动态作业计划，是将作业分配到具体各个车间，再进行作业排序、作业管理、作业监控。

5. 制造标准

在编制计划中需要许多生产的基本信息，这些基本信息就是制造标准，包括零件、产品结构、工序和工作中心，都用唯一的代码在计算机中识别。

① 零件代码：对物料资源的管理，对每种物料给予唯一的代码识别。

② 物料清单：定义产品结构的技术文件，用来编制各种计划。

③ 工序：描述加工步骤及制造和装配产品的操作顺序。它包含加工工序顺序，指明各道工序的加工设备及所需要的额定工时和工资等级等。

④ 工作中心：使用相同或相似工序的设备和劳动力组成的，从事生产进度安排、核算能力、计算成本的基本单位。

（二）物流管理模块

1. 分销管理

销售的管理是从产品的销售计划开始，对其销售产品、销售地区、销售客户各种信息的管理和统计，并可对销售数量、金额、利润、绩效、客户服务做出全面的分析。这样在分销管理模块中大致有三方面的功能，其结构如图 4－9 所示。

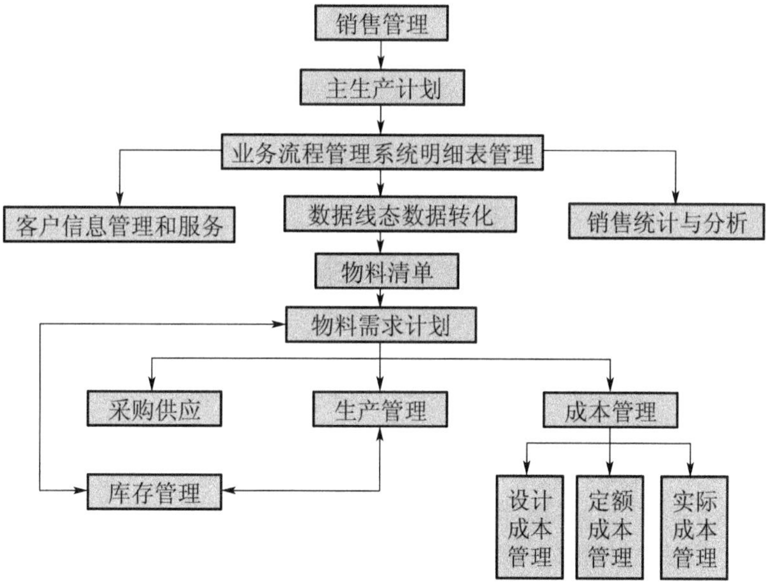

图 4－9　ERP 销售管理模块结构图

（1）对于客户信息的管理和服务。它能建立一个客户信息档案，并对其进行分类管理，进而对其进行针对性的客户服务，以达到最高效率的保留老客户、争取新客户。在这里，要特别提到的就是最近新出现的 CRM 软件，即客户关系管理，ERP 与它的结合必将大大增加企业的效益。

（2）对于销售订单的管理。销售订单是 ERP 的入口，所有的生产计划都是根据它来下达并进行排产的。而销售订单的管理贯穿了产品生产的整个流程。它包括：

① 客户信用审核及查询（通过客户信用分级，来审核订单交易）。

② 产品库存查询（通过产品库存查询来决定是否要延期交货、分批发货或用代用品发货等）。

③ 产品报价（为客户作不同产品的报价）。

④ 订单输入、变更及跟踪。

⑤ 交货期的确认及交货处理（决定交货期和发货事物安排）。

（3）销售的统计与分析。系统根据销售订单的完成情况，依据各种指标做出统计，比如客户分类统计，销售代理分类统计，等等，然后再就这些统计结果来对企业实际销售效果进行评价：

① 销售统计：根据销售形式、产品、代理商、地区、销售人员、金额、数量来分别进行统计。

② 销售分析：通过对比目标、同期比较和订货发货分析，来从数量、金额、利润及绩效等方面作相应的分析。

③ 客户服务：客户投诉记录及原因分析等。

2. 库存控制

库存控制的功能是调节存储物料的数量，以保证稳定的物流支持正常的生产，但又最小限度地占用资本。它是一种相关的、动态的及真实的库存控制系统。它能够结合、满足相关部门的需求，随时间变化动态地调整库存，精确地反映库存现状。这一系统的功能又涉及：

① 为所有的物料建立库存，决定何时订货采购，同时作为交与采购部门采购、生产部门作生产计划的依据。

② 收到订购物料，经过质量检验入库，生产的产品也同样要经过检验入库。

③ 收发物料的日常业务处理工作。

3. 采购管理

通过采购管理确定合理的订货量、优秀的供应商，以及保持最佳的安全储备，并能随时提供定购、验收的信息，跟踪和催促对外采购或委外加工的物料，保证货物及时到达。采购管理还包括，建立供应商的档案，用最新的成本信息来调整库存的成本，其具体为：

① 供应商信息查询（查询供应商的能力、信誉等）。

② 催货（对外购或委外加工的物料进行跟催）。

③ 采购与委外加工统计（统计、建立档案，计算成本）。

④ 价格分析（对原料价格分析，调整库存成本）。

（三）财务管理模块

企业中，清晰分明的财务管理是极其重要的。所以，在ERP整个方案中它是不可或缺的一部分。ERP中的财务模块与一般的财务软件不同，作为ERP系统中的一部分，它和系统的其他模块有相应的接口，能够相互集成。比如，它可将由生产活动、采购活动输入的信息自动计入财务模块生成总账、会计报表，取消了输入凭证等繁琐的过程，几乎完全替代以往传统的手工操作。一般的ERP软件的财务部分分为会计核算与财务管理两大块。

1. 会计核算

会计核算主要是记录、核算、反映和分析资金在企业经济活动中的变动过程及其结果。它由总账、应收账、应付账、现金、固定资产、多币制等部分构成。

（1）总账模块。它的功能是处理记账凭证输入、登记，输出日记账、一般明细账及总分类账，编制主要会计报表。它是整个会计核算的核心，应收账、应付账、固定资产核算、现金管理、工资核算、多币制等各模块都以其为中心来互相传递信息。

（2）应收账模块。它是指企业应收的由于商品赊欠而产生的正常客户欠款账。它包括发票管理、客户管理、付款管理、账龄分析等功能。它和客户订单、发票处理业务相联系，同时将各项事件自动生成记账凭证，导入总账。

（3）应付账模块。会计里的应付账是企业应付购货款等账，它包括了发票管理、供应商管理、支票管理、账龄分析等。它能够和采购模块、库存模块完全集成以替代过去繁琐的手工操作。

（4）现金管理模块。它主要是对现金流入流出的控制以及零用现金及银行存款的核算。它包括了对硬币、纸币、支票、汇票和银行存款的管理。在 ERP 中提供了票据维护、票据打印、付款维护、银行清单打印、付款查询、银行查询和支票查询等和现金有关的功能。此外，它还和应收账、应付账、总账等模块集成，自动产生凭证，过入总账。

（5）固定资产核算模块。它能完成对固定资产的增减变动以及折旧有关基金计提和分配的核算工作。它能够帮助管理者对目前固定资产的现状有所了解，并能通过该模块提供的各种方法来管理资产，以及进行相应的会计处理。它的具体功能有：登录固定资产卡片和明细账，计算折旧，编制报表，以及自动编制转账凭证，并转入总账。它和应付账、成本、总账模块集成。

（6）多币制模块。这是为了适应当今企业的国际化经营，对外币结算业务的要求增多而产生的。多币制将企业整个财务系统的各项功能以各种币制来表示和结算，且客户订单、库存管理及采购管理等也能使用多币制进行交易管理。多币制和应收账、应付账、总账、客户订单、采购等各模块都有接口，可自动生成所需数据。

（7）工资核算模块。它能够自动进行企业员工的工资结算、分配、核算以及各项相关经费的计提；并能够登录工资系统、打印工资清单及各类汇总报表，计算计提各项与工资有关的费用，自动做出凭证，导入总账。这一模块是和总账、成本模块集成的。

（8）成本模块。它将依据产品结构、工作中心、工序、采购等信息进行产品的各种成本的计算，以便进行成本分析和规划。还能用标准成本或平均成本法按地点维护成本。

2. 财务管理

财务管理的功能主要是基于会计核算的数据，再加以分析，从而进行相应的预测、管理和控制活动。它侧重于财务计划、分析和决策：

① 财务计划：根据前期财务分析做出下期的财务计划、预算等。

② 财务分析：提供查询功能和通过用户定义的差异数据的图形显示进行财务绩效评估，账户分析等。

③ 财务决策：财务管理的核心部分，中心内容是做出有关资金的决策，包括资金筹集、投放及资金管理。

（四）人力资源管理模块

以往的 ERP 系统基本上都是以生产制造及销售过程（供应链）为中心的。因此，长期以来一直把与制造资源有关的资源作为企业的核心资源来进行管理。但近年来，企业内部的人力资源，开始越来越受到企业的关注，被视为企业的资源之本。在这种情况下，人力资源管理，作为一个独立的模块，被加入到了ERP的系统中来，和ERP中的财务、生产系统组成了一个高效的、具有高度集成性的企业资源系统。它与传统方式下的人事管理有着根本的不同。

1. 人力资源规划的辅助决策

对于企业人员、组织结构编制的多种方案，进行模拟比较和运行分析，并辅之以图形的直观评估，辅助管理者做出最终决策。

制定职务模型，包括职位要求、升迁路径和培训计划，根据担任该职位员工的资格和条件，系统会提出针对本员工的一系列培训建议，一旦机构改组或职位变动，系统会提出一系列的职位变动或升迁建议。

进行人员成本分析，可以对过去、现在、将来的人员成本作出分析及预测，并通过ERP集成环境，为企业成本分析提供依据。

2. 招聘管理

人才是企业最重要的资源。优秀的人才才能保证企业持久的竞争力。招聘系统一般从以下几个方面提供支持：

（1）进行招聘过程的管理，优化招聘过程，减少业务工作量；

（2）对招聘的成本进行科学管理，从而降低招聘成本；

（3）为选择聘用人员的岗位提供辅助信息，并有效地帮助企业进行人才资源的挖掘。

3. 工资核算

（1）能根据公司跨地区、跨部门、跨工种的不同薪资结构及处理流程制定与之相适应的薪资核算方法。

（2）与时间管理直接集成，能够及时更新，对员工的薪资核算动态化。

（3）回算功能。通过和其他模块的集成，自动根据要求调整薪资结构及数据。

4. 工时管理

（1）根据本国或当地的日历，安排企业的运作时间以及劳动力的作息时间表。

（2）运用远端考勤系统，可以将员工的实际出勤状况记录到主系统中，并把与员工薪资、奖金有关的时间数据导入薪资系统和成本核算中。

5. 差旅费核算

系统能够自动控制从差旅申请、差旅批准到差旅费报销整个流程。并且通过集成环境将核算数据导进财务成本核算模块中去。

复习思考题

一、简答题

1. 快速反应（QR）的含义、特点及其实施的意义是什么？
2. 有效客户反应（ECR）的含义和特点及其构建的要素是什么？
3. 试分析QR与ECR两种管理模式之间的异同点有哪些。
4. 协调规划、预测和连续补货（CPFR）的含义和本质特征是什么？
5. 如何实施协调规划、预测和连续补货（CPFR）？

6. 简述供应链企业业务流程重组的实施步骤。
7. ERP 的含义及其主要功能有哪些?
8. 试析 QR、ECR、CPFR 以及 ERP 间的起源，并比较它们适应行业的异同点有哪些?

二、不定选择题

1. 快速响应（QR）业务成功的前提是(　　)。
   A. 重视 CRM　　B. 零售商和制造商具有良好的关系
   C. 效率最大化　　D. 成本最小化
2. 零售商在应用快速响应（QR）系统后，产生的效果是(　　)。
   A. 销售额大幅度增加　　B. 商品周转率大幅度提高
   C. 产品知名度大幅度扩大　　D. 企业的生产率大幅度提高
   E. 需求预测误差大幅度减少
3. 高效顾客响应（ECR）最早应用于美国的哪一个行业(　　)。
   A. 服装行业　　B. 食品杂货行业
   C. 零售行业　　D. 汽车制造行业
4. 高效顾客响应（ECR）战略的核心是(　　)。
   A. 准确的需求预测，减少需求放大
   B. 零售商、批发商和制造商紧密合作，为顾客提供更多的价值
   C. 准确的市场定位
   D. 减少库存积压，盘活企业库存资金
5. 下列对快速响应（QR）高效客户响应（ECR）的共同特征描述正确的是(　　)。
   A. 贸易伙伴间商业信息的共享
   B. 对顾客的需求做出快速反应，并迅速补货
   C. 商品供应方进一步涉足零售业，提供高质量的物流服务
   D. 企业间订货、发货业务全部通过 EDI 来进行，实现订货和出货数据的传送无纸化
   E. 降低供应链各环节的成本，提高效率
6. (　　)是一种建立在贸易伙伴之间密切合作和标准业务流程基础上的经营理念，CPFR 研究的重点是供应商、制造商、批发商、承运商及零售商之间一致的伙伴关系，以保证供应链整体计划、目标和策略的先进性的模型。
   A. ECR　　B. QR　　C. CPFR　　D. ERP
7. 要真正实现 CPFR，零售商必须向其贸易伙伴开放自己的(　　)。
   A. 库存信息　　B. 销售额信息
   C. POS 扫描数据　　D. 采购信息
8. ERP 系统的管理特点有(　　)。
   A. 加强了对整个供应链资源进行管理及协调的思想
   B. 仅在制造业中得到广泛的发展
   C. 能够实现绝对的“零”库存
   D. 体现精益生产和敏捷制造的思想
   E. 体现事先计划与事中控制的思想
9. ERP 与 MRPⅡ的主要区别体现在哪些方面(　　)。

A. 资源管理范围　　B. 生产方式管理
C. 管理功能　　D. 事务处理控制
E. 计算机信息处理技术

10. 以下哪一项不属于物流业务外包的管理模式(　　)。
A. 第三方物流　　B. 第四方物流
C. 供应商管理库存　　D. 准时制生产

【课后案例】

ERP系统让企业供应链动起来

公司背景

深圳无极通讯股份有限公司（以下简称无极公司）是一家集研发、生产、销售及服务于一体的移动通信和移动电视网络优化专业厂商，致力于为客户提供移动通信网络延伸覆盖、网络优化、室内分布系统、系统集成、无线接入系统、数字电视网络覆盖、通信软件开发以及ICT综合信息服务等产品和服务，是国家火炬计划重点高新技术企业和软件企业。

随着经济全球化发展，伴随着新一轮行业增长，经营规模不断扩大，无极公司的管理者感觉到在日常管理过程中，原有的运营模式和管理平台已经很难适应公司发展的需要，公司在管理的过程突出存在以下一些问题。

（一）基础数据编码不规范

原材料、半成品、成品缺乏统一编码，无法建立起企业的基础数据库，通过计算机实现生产管理就更加无从谈起。在缺乏基础数据情况下，产品及物料分类、命名较混乱，许多名称所包含的内容冗长，不能简明扼要地表述零部件及产品，从而造成无极生产管理过程效率低下。

（二）不能有效控制物料

管理层缺乏对公司生产状态的全面、系统、快速的了解，由于原有系统的不完善，导致各部门之间生产信息不共享，管理者不能及时和准确地掌握各部门围绕生产的运作情况。

面对基础数据的不充分，公司管理者不能准确、全面掌握生产所需物料的量，有些部门需凭借工人的经验确定部分所需物料。各部门物料的名称不统一，经常出现错误，许多物料甚至没有编码，企业内部沟通存在较大难度等现状。整理并统一基础数据、有效控制物料成为无极急需解决的问题。

（三）库存的动态监控

公司各地库存的物资种类规格多达几百种，如此庞大的数据源，仓库保管员每天都要面对大量的数据，仅仅依靠手工的方式来处理，使得数据处理成了仓库管理的一大瓶颈，月仓库盘点及报表生成都需要花费大量的时间，也使报表失去了最基本的实效性。此外，手工账无法及时准确地反映异地库的入库、上线数，异地库的管理方也不能按公司要求及时提供数据，致使公司无法实时掌握异地库的实际库存，并最终导致无法有效追查异地库存损失。

（四）产品设计工作繁重，客户需求多样化

无极公司的订单多为小批量、多品种，产品中有大量的元素需要客户最终确定，例如颜色，电源线欧标还是美标，等等，而且客户还常常有其特殊需求，造成了产品设计部门的工作繁重，BOM 的编制困难。

（五）产品设计变更管理困难

无极公司的产品中材料共用性非常高，而材料本身的变化性也很大，加上订单变更频繁，这使得产品设计变更的管理变得非常困难，容易产生生产材料短缺或库存呆滞。

正是这些问题的存在使得无极公司的高层看到企业迫切需要一些新的管理理念和新的管理工具，应打破无极原有的管理模式，公司决定还是从上线 ERP 入手，以 ERP 为平台将企业的现有数据和资源进行彻底整合。

无极的 ERP 选型考查了多家国内 ERP 公司，在经过慎重考虑后，最终选择了已有二十多年的制造业实施经验并在同行业拥有众多成功客户的神州数码易飞 ERP 产品。其具体实施如下：

1. 多方协调

基于对无极公司的具体业务流程的了解和对其主要需求的调研，在整个实施过程中，神州数码 ERP 的项目小组紧紧抓住了三条主线：信息流、物流、资金流。ERP 系统的实施应用就围绕着如何对这三者进行有效和迅速的整合而展开。

第一阶段：时间 2009 年 5 月 1 日—2009 年 8 月 31 日

本阶段主要完成的工作：①制订项目的章程，明确系统实施的策略和方法；②成立项目实施小组并明确各成员的职责，制订详细实施计划，规划系统实施必备的各项资源；③建立系统测试和培训环境，组织员工学习，完成标准教育训练；④进行当前组织机构与业务流程的整理与分析，并进行重组；⑤建立用户权限策略和各用户权限；⑥初始数据的收集、盘点及一些基础数据的录入。

第二阶段：时间 2009 年 9 月 1 日—2010 年 5 月 31 日

本阶段主要工作：①完成系统的正式上线运行；②对系统上线运行的效果进行全面评估；③对系统上线后发现的各种问题进行分析解决；④不断维护和完善系统。

第三阶段：时间 2010 年 6 月 1 日—2010 年 12 月 31 日

本阶段主要目标：①完成“ERP 管理系统”的后期巩固、完善和提高，使系统运行正常、验收合格。②公司的生产经营管理因本项目的应用收到明显成效，取得良好的经济效益和社会效益。

2. 成效显著

通过 ERP 的实施，无极公司内部管理能力得到了有效提升和改善，主要体现在以下几个方面：

（1）通过 ERP 的实施，建立了严谨的信用额度管理，在信用额度的判断上完全覆盖了与客户交易的全过程，包括订单、出货、结账、付票、兑现，上线六个月后应收款由 1500 万降至 1200 多万，达到基本合理的比例。

（2）通过 ERP 的实施，进一步规范了企业供应商的管理体系的同时，由系统锁定通过应收款判断应付款支出的管理系统，有效地降低了企业的经营风险。

(3) 通过ERP的实施，建立了一套行之有效的领用料管理模式，除提供按批领料、依工序、依仓库、依料件特性等不同的领料方式外，还使用倒扣料以及现场仓库管理。通过ERP的实施不仅订单的材料成本的核算更清晰、更完备，而且极大地降低了仓管人员的劳动强度。

(4) 规范并细化了仓库管理，包括产品名称和种类（含包装规格和类型），批号或序列号，责任方及联系电话，该批产品的数量、发货日期和发货数量，从而有效控制了各类库存资源，为产品标识和可追溯性（RECALL）的建立提供了保证，提高了对客户的服务质量。

(5) 按预测备料和按订单生产，通过ERP的导入，企业根据销售预测、已接订单、已发采购单，取替代材料，安全存量、半成品库存量、损耗等情况先行给出备料建议并可直接发放为采购单，以便提早采购长交期的材料。等真正来了订单以后，再根据该订单展开生产计划及短交期材料的采购计划。

无极通讯建成了覆盖全国的营销网络和工程服务网络，并设立了分公司、办事处，形成了一个遍布神州大地的服务网络体系。国内中国移动、中国联通、中国电信、中国网通的省级营运商、广电系统等三十余家采用无极通讯提供的产品和网络优化覆盖解决方案，东南亚、欧洲等国家和地区都有无极通讯的产品在网运行，在信息系统的帮助下，无极"技术创新"和"市场开拓"的两个轮子必将带动无极领跑于信息通信行业。

3. 研究结论

规范化管理对于企业的快速发展时期意义可谓不小，也正是因为无极公司产业特色决定了整个产业经营活动对计划的依赖，而神州数码ERP系统正好解决了无极多年来倍受困扰的问题，各项生产活动全部按计划进行，提高了产业的联动效应，而这也正是大多数电子企业当下所面临的最需要解决的问题。

讨论题

1. 无极通讯股份有限公司在经营中出现了哪些管理问题？

2. 无极通讯股份有限公司通过实施ERP之后，是否解决了管理问题，对我们有何启示？

【实训项目】

连锁零售业ECR实施状况调查

【实训目标】

1. 培养学生调查设计的能力；

2. 加强学生对ECR的全面认识；

3. 培养学生系统思考问题、统揽调查全局的能力。

【实训目的】

通过调查表与访谈的形式选取某地区的连锁零售企业，了解其ECR使用的情况、实施过程、实施后的效果，最后给出调查报告，分析存在的问题，并给出具体的建议。

【实训内容】

1. 分小组设计ECR实施状况调查问卷，进行调查；

2. 给出每个调查企业ECR的采用情况、实施过程及效果；

3. 分析实施中存在的问题，给出你的建议。

【实训要求】

1. 提交一份不少于1500字的报告，要求图表丰富，数据真实；

2. 教师在课堂组织讨论课，分析学生所提交的报告。由学生讲解所写报告，教师点评分析。

【实训检验】

每位同学的成绩由两部分组成：课堂讨论成绩（40%）和卷面成绩（60%）。

第五章　供应链战略管理

【学习目标】

知识目标

1. 了解供应链战略管理的产生背景；
2. 掌握供应链战略的概念；
3. 了解供应链战略管理的现状及发展驱动要素；
4. 掌握供应链战略管理的主要内容及对策；
5. 掌握供应链战略管理的规划与实施；
6. 掌握供应链战略联盟的实施应注意的问题及运作方式；
7. 掌握供应链合作关系的概念；
8. 掌握如何建立战略合作伙伴关系。

能力目标

1. 能够根据实际情况实施企业战略的制定问题和运作方式的选择；
2. 能够全面系统规划供应链及相关战略以最大限度地发挥供应链的绩效；
3. 能够具体问题具体分析突破传统企业的有形界限，建立合作伙伴关系，有效整合企业内、外部资源，最终实现企业的战略目标；
4. 能够明确目标、选择适当的战略伙伴关系。

课前思考题

1. 了解“战略”、“战术”的区别。
2. 了解“物流战略”的目标及类型。

【引导案例】

供应链战略：耐克的i2事件是战术还是战略问题

1988年，i2公司诞生在美国达拉斯一套简朴的两居室公寓里。Sanjiv当时年仅31岁，他是美籍印度人，Sanjiv创业的灵感来自于他在德州仪器人工智能实验室的一项研究：即使一聪明人，在做决策时也无法掌握9种以上的变量。所以他筹划开发一种应用于企业的生产计划软件，来辅助企业进行科学管理与决策。由于他的提议没有得到公司的重视，于是他辞职，但他没有放弃，自己继续这方面的研究，并成立了自己的公司。

1989年，Sanjiv开发出“采购计划故障最小化方法”软件，得到首个客户——美国TimKen钢铁公司的青睐后，i2公司的面貌在公众面前开始清晰起来。当年《华尔街日报》报道称该软件为这家钢铁公司节省了3 000万美元成本，i2公司名声大振。随后，一批重量级企业如福特汽车、麦当劳、柯达等相继成为他们的客户。

供应链管理可以有效帮助企业提高生产能力利用率，降低库存成本，提升营销预测准确度。20世纪90年代初，跨国集团的全球化生产与营销风起云涌，在这些推崇供应链管理的跨国集团的推动下，供应链管理软件热浪席卷全球，i2公司炙手可热。

1996年i2公司在纳斯达克成功上市，1996年至2001年，公司的综合年平均增长率超过58%，i2公司一度占全球供应链管理市场70%的份额。当时，i2和Oracle、SAP、PeopleSoft、Sybase被公认为全球五大管理软件公司。

20世纪90年代中后期，在.com风潮的推动下，电子商务风生水起，当时市场上对i2公司的产品和技术的需求很旺盛，客户需要开发的新功能越来越多。2000年，在.com热潮退却前，i2公司红极一时，公司里几乎每个员工电脑上都开着股市行情窗口，关注着i2公司的股票价格，股价一路上涨，所有的人脸上都洋溢着喜悦，对未来信心满满。

随着互联网泡沫的爆裂，员工的免费午餐取消了。公司昔日的盟友在日子变得艰难之际，也撕破脸皮，把手伸到原属于i2公司的蛋糕上。以往i2公司的销售模式是与SAP、Oracle等结盟，甚至是依附在它们的ERP平台上销售产品，但现在这些公司利用其在ERP领域的优势资源，一个接一个地开始推广自己的供应链管理软件，蚕食乃至鲸吞i2公司原有的市场。而当时i2公司在供应链管理软件上的优势由于自己的过度扩张已经在下降。在1999年到2000年的电子商务热潮下，i2公司开始将自己的定位转为电子商务软件供应商，并展开了一系列大型并购计划。公司一位离职员工这样评价："这种并购近于奢侈。大量资金被浪费掉，而不是被用于公司的主业供应链管理的生产研发上。"

i2公司忽视自己主业业务的恶果，随即在耐克公司的供应链系统实施上爆发出来。

耐克因损失近亿美元而恼火

"这就是你们花了4亿美元买的东西吗?"耐克董事长、总裁兼CEO Phil Knight恼火地质问公司技术主管。耐克公司在2001年第三季度销售额减少了8 000万到1亿美元，耐克公司认为这是由于i2公司的软件存在订单管理漏洞所致，此事导致耐克股价下跌20%。

耐克全球运营与技术副总裁Roland Wolfram起初说，i2公司产品的问题只是前进路上的一次颠簸而已。但看来这次事故当时把耐克颠得不轻。耐克公司称，采用i2公司的系统之后，一些鞋的订单进行了两次，一次通过新的订单管理系统，一次通过旧的订单管理系统。

耐克立身之本就是严格地控制运动鞋供应链，因此i2公司的系统似乎与其需求很吻合，但系统实施后运行情况一直不佳。i2公司的需求预测软件和耐克供应链规划程序使用不同的业务规则和不同的数据格式，因此集成它们很困难。i2公司软件必须实施大量的定制工作，才能与耐克的老软件一起使用，否则用该软件输入一个条目需要长达1分钟的时间，耐克几千万个产品号使用时带来的压力让该系统经常崩溃。

如果这些问题没有影响到订单，耐克还能忍耐。但该系统忽略了一些订单，重复了另一些订单，更要命的是系统在订单数据输入6到8周后会自动删除它们，让计划人员无法记起他们曾要求每家工厂生产什么。结果是，过多的Air Garnetts运动鞋订单下达给了亚洲的生产工厂，而订购Air Jordans运动鞋的订单却被删掉，最后生产出比市场需求多出上万双的Air Garnett运动鞋，而Air Jordans运动鞋却比需要的数量少数千双。

耐克将此事曝光后，让i2公司面上无光，i2公司辩解说，耐克没有按照i2公司的建议，最大限度地减少定制，耐克应该采用鞋类业务的最佳做法，并分阶段部署系统。耐克公司的软件定制涉及数以千计的供应商和分销商，让问题变得复杂。

"如果我们的部署是为他们制造了一个商业问题，为什么我们从来没有接到通知?"

耐克对此反驳。

当时的舆论反应没有一边倒，除了抨击i2公司外，也有分析人士称，耐克当时是为了预测需求而购买了i2公司软件，希望将大量的历史销售数据交给一个程序，然后期望经过系统一番计算后，神奇数字能出现，这个计划本身就有问题。

无论如何，i2公司兵败耐克给自己的商誉带了极大的损伤。

讨论题

1. 著名的耐克公司在设计供应链结构时应该吸取哪些教训？
2. 我们的企业应如何避免发生类似耐克的i2事件？

有人预言，21世纪的市场竞争，将从企业之间的竞争上升到更高层次的“扩展的企业”——供应链之间的竞争。在技术趋同性增加的情况下，产品容易被模仿，但一个有竞争力的供应链却不易被仿制。传统上，大多数企业认为自己和其他企业是独立存在的，并且为了生存而与它们竞争。达尔文的“适者生存”理论左右着企业战略。供应商与上下游企业之间经常是对抗多于合作，许多企业仍谋求把成本降低或利润增加建立在损害供应链其他成员的利益上。许多企业没有认识到，将自己的成本简单地转移到上游或下游并不能使它们增强竞争力（也许短期有效），因为到最后所有成本都要设法由市场转嫁给最终消费者。领先的企业已经认识到这种传统观念上的错误，它们力图通过增加整个供应链提供给消费者的价值以及减少整个供应链的成本来增强整个供应链的竞争力。

第一节　供应链战略管理的概述

一、物流战略（Logistics Strategy）

1. 物流战略的定义

物流战略指为寻求物流的可持续发展，就物流发展目标以及达成目标的途径与手段而制定的长远性、全局性的规划与谋略。

明确企业的总体战略目标对于企业来说至关重要，而物流战略正是这个复杂有机体的重要组成部分。企业战略包括多个方面，一般来讲，它由物流战略与制造、营销、财务战略共同构成，如图5－1所示。

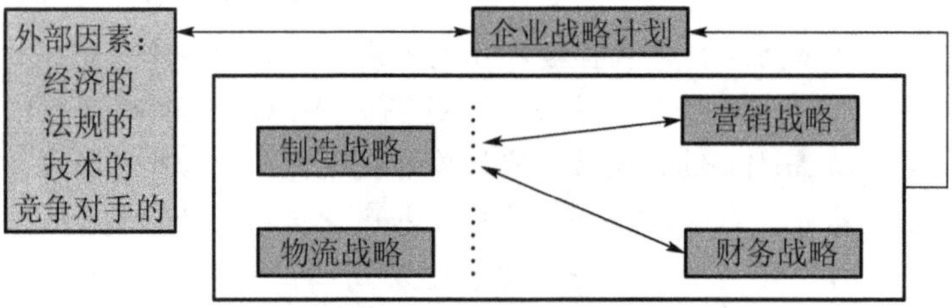

图5－1　企业战略内涵图

2. 物流战略的内容

物流战略包括很多方面，如物流战略目标、物流战略优势、物流战略态势以及物流战略措施和物流战略步骤等。其中物流战略目标、物流战略优势和物流战略态势是物流战略设计的基本要点。

（1）物流战略目标。物流战略目标是由整个物流系统的使命所引导的、可在一定时期内实现的量化的目标。它为整个物流系统设置了一个可见和可以达到的未来，为物流基本要点的设计和选择指明了努力方向，是物流战略规划中的各项策略制定的基本依据。

（2）物流战略优势。显而易见，物流战略优势是指某个物流系统能够在战略上形成的有利形势和地位，是其相对于其他物流系统的优势所在。物流系统战略可在很多方面形成优势：产业优势、资源优势、地理优势、技术优势、组织优势和管理优势。随着顾客对物流系统的要求越来越高，很多企业都在争相运用先进的技术来保证其服务水平，其中能更完美地满足顾客需求的企业将会成为优势企业。例如，宝供储运就是在国内率先利用 GPS 定位系统，有了 GPS，顾客可以实时跟踪订单的履行情况，因此其在物流行业中就有了技术优势，逐渐又形成了其管理优势等。对于道路运输企业来说，研究物流战略优势，关键是要在物流系统成功的关键因素上形成差异优势或相对优势，这是取得物流战略优势经济有效的方式，可以取得事半功倍的效果，当然也要注意发掘潜在优势，关注未来优势的建立。

（3）物流战略态势。物流战略态势是指物流系统的服务能力、营销能力、市场规模在当前市场上的有效方位及沿战略逻辑过程的不断演变过程和推进趋势。研究公司的物流战略态势，就应该对整个物流行业和竞争对手的策略有敏锐的观察力和洞察力，不断将自身定位，从而做到知己知彼，以期在行业中获得半壁江山。

3. 物流战略的目标

（1）成本最小。成本最小是指降低可变成本，主要包括运输和仓储成本，如物流网络系统的仓库选址、运输方式的选择等。面对诸多竞争者，公司应达到何种服务水平是早已确定的事情，成本最小就是在保持服务水平不变的前提下选出成本最小的方案。当然，利润最大一般是公司追求的主要目标。

（2）投资最少。投资最少是指对物流系统的直接硬件投资最小化从而获得最大的投资回报率。在保持服务水平不变的前提下，我们可以采用多种方法来降低企业的投资。例如，不设库存而将产品直接送交客户，选择使用公共仓库而非自建仓库，运用 JIT 策略来避免库存，或利用 TPL 服务等。显然，这些措施会导致可变成本的上升，但只要其上升值小于投资的减少，则这些方法均不妨一用。

（3）服务改善。服务改善是提高竞争力的有效措施。随着市场的完善和竞争的激烈，顾客在选择公司时除了考虑价格因素外，及时准确的到货也越来越成为公司的有力筹码。当然高的服务水平要有高成本来保证，因此权衡综合利弊对企业来说是至关重要的。服务改善的指标值通常是用顾客需求的满足率来评价，但最终的评价指标是企业的年收入。

总之，企业物流战略的制定作为企业总体战略的重要部分，要服从企业目标和一定的顾客服务水平，企业总体战略决定了其在市场上的竞争能力。

4. 物流战略优势

（1）物流战略优势。物流战略优势是指物流系统能够在战略上形成的优于竞争者的形势、地位和条件。随着顾客对物流系统的要求越来越高，很多企业都在争相运用先进的技术来保证其服务水平，其中能更完美地满足顾客需求的企业将会成为优势企业。对于道路运输企业来说，研究物流战略优势，关键是要在物流系统成功的关键因素上形成差异优势或相对优势，这是取得物流战略优势经济有效的方式，可以取得事半功倍的效果，当然也要注意发掘潜在优势，关注未来优势的建立。

（2）物流战略优势的构成。研究物流战略优势关键是要在物流系统成功的关键因素上形成差异优势或相对优势，这是取得物流战略优势比较经济有效的方式，当然也要注意发掘潜在优势，关注于未来优势的开发。构成物流战略优势的主要方面有：

① 产业优势：服务于符合企业自身成长条件且属新兴的朝阳产业。

② 资源优势：拥有雄厚的资金、技术、设备和优秀人才等。

③ 地理优势：占据便利的物流通道，丰富的原料产地，经济发展重点区域等方面的有利条件。

④ 技术优势：拥有支持物流系统成功运行的专有技术。

⑤ 组织优势：具有良好的支持物流运作的网络组织结构。

⑥ 管理优势：是基于服务优势、技术优势、资源优势和组织优势之上的整体优化配置资源，协同运作的思想、文化、方法、手段和制度等的有机体系。

二、供应链战略管理的概念

1．供应链战略管理的产生背景

20世纪60年代中后期，尤其是20世纪70年代，美国企业既面临石油危机、经济膨胀等不确定性，又面临日本和欧洲的挑战，独占市场的情况已不复存在，来自于军事的词汇——“战略”开始引入管理界。

20世纪80年代，大量生产和大量配送系统受到了更加严重的挑战，使得美国企业更加注重战略规划。

20世纪90年代，竞争环境更加残酷，企业再造学说盛极一时，许多企业将再造技术作为取得竞争优势的法宝，放弃了制定战略计划。

加里·哈默尔和C．K．普拉哈拉德在1994年合著的《为未来而竞争》标志着战略计划的复兴。当前竞争的重心已经开始从运作层向战略层转移。

战略，是指导全局的计划和策略，是决定全局的方略。战略管理，是供应链管理中的一个重要内容。供应链管理经过几年的发展，现已在发达国家的企业中得到了较为成功的应用，而且随着人们对供应链管理认识的不断深入，供应链管理本身也得到了发展。人们逐渐感到，要想进一步发挥供应链管理的潜在作用，应该将供应链管理作为企业的战略性问题来考虑，而不能仅仅将其看做一种操作方法。

2．供应链战略概念

所谓供应链战略就是：从企业战略的高度来对供应链进行全局性规划，它确定原材料的获取和运输、产品的制造或服务的提供以及产品配送和售后服务的方式与特点。供应链战略管理所关注的重点不是企业向顾客提供的产品或服务本身给企业增加的竞争优势，而是产品或服务在企业内部和整个供应链中运动的流程所创造的市场价值给企业增加的竞争优势。供应链战略突破了一般战略规划仅仅关注企业本身的局限，通过在整个供应链上进行规划，进而实现为企业获取竞争优势的目的。

3. 我国供应链战略管理现状

（1）对供应链管理思想认识不足。由于供应链管理在我国还是一个比较新的概念，再加上我国企业原来的管理思想较落后，许多管理者对供应链管理的理解是片面的和错误的。很多管理者对横向一体化、业务外包等管理思想认识不够，还停留在原有大而全的纵向一体化管理思想上。有些管理者把供应链管理与物流管理、电子商务混淆起来，另外一些管理者则把供应链管理理解为供应管理。实际上，物流管理只是供应链管理中的一个组成部分，而电子商务则是供应链管理过程中部分环节的电子化实现形式，供应链管理涵盖的范围很广，供应管理仅仅是其中一个环节而已。

（2）供应链战略没有得到足够的重视。很多企业仅仅是将供应链管理作为一种管理方法来看待，认为供应链管理是一个操作层上的问题，是对企业的生产和供应进行优化的方法而已。即使在国外的很多企业中，供应链战略也未得到足够的重视。Deloitte 管理咨询公司对北美制造企业供应链管理进行研究发现众多企业难以成功实施供应链管理的一个重要原因就在于这些企业没有正规的供应链战略。

（3）供应链战略与其他战略的匹配存在问题。供应链战略作为企业的一项职能战略，需要与企业的竞争战略以及其他职能战略密切配合，才能保证供应链管理的成功实施。但是在很多企业中，本来需要密切配合的不同战略之间却是孤立的。在制定供应链以及相关战略的过程中，没有能够从全局的角度系统地考虑战略制定问题，导致不同战略之间不匹配，在实施的过程中由于不匹配而难以发挥供应链管理的真正优势。

（4）供应链战略合作关系有待加强。建立战略性合作伙伴是供应链战略管理的重点，也是供应链管理的核心。供应链管理的关键就在于供应链各节点企业之间的联接和合作，以及相互之间在设计、生产、竞争策略等方面良好的协调。但是，很多国内企业与合作伙伴的关系还停留在旧模式下的合作关系之上，企业之间的关系还是一种不稳定、以价格作为唯一标准的买卖关系。供应链上不同企业之间稳定的、有效信息资源共享、共同制定相关决策、利益共享的战略合作伙伴关系还鲜有出现，企业之间的供应链战略合作关系有待建立和加强。

4. 供应链战略管理发展的驱动要素

一位供应链管理人员曾尖锐地指出一个问题：频繁的供应链变革将危及企业的生存。这意味着下一轮供应链升级不能仅仅局限于成本下降、反应速度加快等方面，还应该带来企业运营能力方面的实质性的变化。

从这个角度来看，供应链战略管理是企业战略中重要的一个环节。分析一下那些在供应链管理方面做得比较优秀的公司，如 IBM、惠普、戴尔和宝洁等，就会发现，供应链管理不仅仅是为了提高物流运转效率，更重要的是整合原本互不相关的企业部门，以提高企业的绩效。供应链管理发展的驱动要素有如下几条：

（1）市场全球化。全球化促使几乎每个企业都要考虑很多关键问题，除了要应对来自制造业的价格竞争外，还要考虑销售范围、当地法律法规和安全等问题。制造业企业必须考虑如何处理从低成本国家进行采购由于采购周期延长而带来的成本和风险升高的问题。

（2）需求可视化。毋庸置疑，对需求把握得越准确，后期决策质量就会越高。需求可视化可能会促进很多业务流程的改变。例如，是否采用全球采购策略？有多少企业采用了能发挥敏捷供应链优势的销售和运营计划流程？相关决策会带来什么样的财务收益呢？

（3）速度和价值实现期。一段时间以来，证券市场把现金流作为评价企业的一个重要因素。我们要重视这一点，现金流与企业运营效率紧密相关。减少库存和缩短资金回收期，仅是第一步目标。下一步是建立把新产品集中推向市场的机制，快速实现价值，确保通过创新性产品获得较高收益和利润。

三、供应链战略管理的主要内容

供应链战略管理就是要从企业发展战略的高度考虑供应链管理的事关全局的核心问题，包括：实施战略的制定问题、运作方式的选择问题、信息支持系统的建立、供应链绩效测量与评价问题，等等。

（一）实施战略的制定

供应链实施战略管理，就是要解决一个企业在具体实施供应链管理方式时所依据的方法论和策略，避免走弯路或出现失误。

1. 在企业内外同时采取有力措施

从企业内部来说，主要是发扬团队的合作精神。要鼓励员工协同工作来解决问题，他们要把合作看作是一种义务，而不是互相推诿。这样，企业就会以一种类似于医院急救室的工作方式进行运转，去完成新的订单带来的任务，获取新的市场机遇。另一方面也要有明确的智力管理资源条例和企业内部明确的道德准则，来规范人们的行为和保护员工发明创造的积极性。在管理上，强调权力分散，让中下层管理人员在保证企业总任务的前提下，有更多的自治权。循循善诱的领导作风、鼓励和信任代替了传统的上司对下属的命令和控制。一种各级人员都具有强烈进取心，责任分担、荣誉分享的企业文化蔚然成风。整个企业，从员工个人到组织机构，都能最有效地适应市场的变化，做出敏捷的响应。

从外部来说，合作的概念已经发展到了以前竞争对手之间的合作。在 20 世纪 70 年代，美国三大汽车巨头——通用、福特、克莱斯勒，都投资了几亿美元开发处理汽车尾气的装置。在那个时候，他们绝不愿意联合起来开发，而实际上各自做出了类似的结果，白花了很多钱。现在，他们都参加了一个多功能的集团 USCAR，共同开发各种技术、材料和部件，从结构塑料、电池到电机车控制系统等。日立与 IBM 在计算机主机市场上，一直是两大竞争对手，但现在成了合作伙伴。日立买进 IBM 的主机 CMOS 处理机芯片，并制造 IBM 结构的主机（IBM 给予许可证），打上日立牌子销售，合作使日立和 IBM 实现了双赢。

2. 供应链企业的组成和合作

企业从竞争走向合作，从互相保密走向信息交流，会给企业带来更大利益。例如，A、B、C 三家公司都看准了半年后推出某种新型计算机必能畅销，于是几家本来是竞争对手的大计算机公司，可以立即联合进行开发：A 公司开发的主机性能好，B 公司的软件开发能力强，C 公司的外围设备有特色，各家都发挥自己的优势，就能迅速占领市场。完成这次合作以后，各家还是各自独立的公司。这种方式就是敏捷制造。

3. 计算机技术和人工智能技术的广泛应用

计算机辅助设计、辅助制造，计算机仿真与建模分析技术，都应在敏捷企业中加以应用。另外，还要提到团件（Group Ware），这是近来研究比较多的一种计算机支持协同工作（Computer Supported Cooperative Work，CSCW）的软件，称其为团件是强调作为分布式群决策软件系统，它可以支持两个以上用户以紧密方式共同完成一项任务。人工智能在生产和经营过程中的应用，是另一个重要的先进技术的标志。从底层原始数据检测和收集的传感器，到过程控制的机理以至辅助决策的知识库，都需要应用人工智能技术。

4. 方法论的作用

所谓方法论，就是在实现某一目标，完成某一项大工程时，所需要使用的一整套方法的集合。我们强调要实现全企业的整体集成，这是一项十分复杂的任务。对每一时期每一项具体任务，都应该有明确的规定和指导方法，这些方法的集合就叫集成方法论。这样的方法论能帮助人们少走弯路，避免损失。

（二）运作方式的选择

有两种不同的供应链运作方式。一种称为推动式（Push），如图 5－2 所示；一种称为拉动式（Pull），如图 5－3 所示。

图 5－2　推动式供应链结构模式

图 5－3　拉动式供应链结构模式

推动式的供应链运作方式以制造商为核心，产品生产出来后从分销商逐级推向用户。分销商和零售商处于被动接受的地位，各个企业之间的集成度较低，通常采取提高安全库存量的办法应付需求变动，因此整个供应链上的库存量较高，对需求变动的响应能力较差。

拉动式供应链的驱动力产生于最终用户，整个供应链的集成度较高，信息交换迅速，可以根据用户的需求实现定制化服务。采取这种运作方式的供应链系统库存量较低。

拉动式与推动式两种模式相比，拉动式具有以下优势：

（1）支持产品的不断变化；

（2）缩短交货周期；

（3）改进质量，降低单位成本；

（4）提高经营效率；

（5）能够全面衡量业绩，更易于实施控制。

作为供应链管理战略内容之一，就是要选择适合于自己实际情况的运作方式。拉动式供应链虽然整体绩效表现出色，但对供应链上企业的要求较高，对供应链运作的技术基础要求也较高。而推动式供应链方式相对较为容易实施。企业采取什么样的供应链运行方式，与企业系统的基础管理水平有很大关系，切不可盲目模仿其他企业的成功做法，因为不同企业有不同的管理文化，盲目跟从往往会得不偿失。

（三）信息支持系统的建立

根据一项研究报告披露的信息，接受调查的管理人员有80%反映说，信息技术的应用是推进供应链系统中信息共享的关键；在希望减少与销售有关的间接费用企业中，87%的企业计划增加保持他们当前在信息技术上的投资。调查还了解到，改进整个供应链的信息精度、及时性和流动速度，是被认为提高供应链绩效的必要措施。没有全面集成信息的能力，缺乏实用性，是现有供应链取得实效的主要障碍。

基于这种考虑，供应链管理战略的一个重要内容就是制定供应链运作的信息支持平台。在供应链管理发展过程中，早期阶段的信息交换手段以电子数据交换（Electronic Data Inter change，EDI）为主。现在随着因特网技术的日臻发展和完善，越来越多的企业选择了因特网。由于EDI安装和使用成本昂贵，因而限制了不少企业，特别是中小企业很少采用EDI与供应链建立信息集成系统。随着社会的发展和专业化分工越来越细，物流企业、物流园区所承担的工作也越来越多，比如分拣、包装、贴标、集采、配送等，物联网技术的应用为第三方物流企业及物流园区以及供应链管理等提供了更好的操作平台和管理工具，同时降低物流成本，突出社会效益，增加企业效益。

（四）供应链绩效测量与评价

竞争的压力迫使企业不断提升产品质量和服务能力，为了更好地衡量企业在这两个方面取得的成绩，就要不断完善企业供应链管理绩效评价指标体系。在选取供应链管理绩效评价营运指标时可以从以下几个方面进行选择：

（1）供应链对环境的适应能力，即供应链的柔性。由于供应链所处环境的变化，要求供应链能够对所处的环境和未来的发展趋势能够有一定的适应能力。这些能力可以通过产品柔性、时间柔性和数量柔性得以体现。产品柔性表征的是供应链中在一定时期内引进的新产品数量；数量柔性表征的是供应链是否能够对客户需求数量做出及时有效的反应；时间柔性反映了供应链对顾客需求的响应程度。

（2）供应链供货的时效性指标。该指标保证在供应链管理中能否保证产品供应的准时。具体衡量过程中可以分解为产品的准时交货率和平均提前交货比率。平均提前交货比率指标用来衡量供应链在一定时间内提前完成订单交货的情况。

（3）供应链管理的产品质量。产品质量是供应链管理的核心，直接关系到供应链的生存能力，是供应链之间进行竞争的首要条件。该指标可以通过对产品合格率、废品率、退货率等指标进行度量。

（4）供应链运输质量。该指标衡量整个供应链管理中的产品运输效率，可以通过度量产品运输的准时率、运输产品的数量准确率、运输产品的货损率进行衡量。

总之，为了能够更准确地衡量供应链管理绩效情况，就要不断提高指标体系的客观性和有效性，通过使用定量分析与定性分析相结合的方式，结合供应链管理的实际进一步完善指标体系的构建，为进一步完善供应链管理打下基础。

四、供应链战略管理对策

费希尔根据产品的需求模式将供应链战略划分为两类：有效性供应链战略和反应性供应链战略。

费希尔按需求模式将产品分为两类，即功能性产品和创新性产品。功能性产品包括可以从大量零售店买到的主要商品，这些产品满足基本需求，需求稳定且可以预测，并且生命周期长。但是，稳定性意味着竞争较激烈，进而导致利润较低。创新性产品指满足特定需求而生产的产品，企业在产品式样或技术上进行创新以满足顾客的特殊需求。尽管创新性产品能使企业获得更高的利润，但是，创新性产品的新颖却使需求不可预测，而且产品的寿命周期一般较短。

有效性供应链战略是指能够以最低成本将原材料转化成零部件、半成品、成品，以及在供应链中的运输等的供应链战略。由于功能性产品的需求可以预测，生产该类产品的企业可以采取各种措施降低成本，在低成本的前提下妥善安排订单、完成生产和产品交付，使供应链存货最小化和生产效率最大化。因此，生产功能性产品的企业应该采用有效性供应链战略。

反应性供应链战略是强调快速对需求做出反应的供应链战略，所对应的产品是创新性产品。这是因为创新性产品所面临的市场是非常不确定的，产品的寿命周期也比较短，企业面临的重要问题是如何把握需求的变化并能够及时对变化做出有效反应以适应需求的变化。

通过产品需求划分供应链战略的方式为企业选择供应链战略提供了依据，但是实践中，很多企业在规划供应链战略和开展供应链战略管理中却存在种种问题。

分析国内供应链战略管理存在的问题，必然提出有关供应链战略管理的对策。

1. 正确认识供应链管理思想

供应链管理的基本管理思想主要包括："横向一体化"的管理思想，也就是集中资源建立核心竞争优势；非核心业务外包，与业务伙伴结成战略联盟关系；供应链企业形成一种合作性竞争关系；以顾客满意度作为目标的服务化管理；追求物流、信息流、资金流、工作流和组织流的集成；借助信息技术实现目标管理等。企业在实施供应链管理之前必须建立正确的供应链管理思想，并以供应链管理思想来指导供应链战略规划和实施。

2. 从战略高度规划供应链管理

供应链管理是对传统的企业内部各业务部门间以及企业之间的职能从整个供应链进行系统的、战略性的协调，目的是提高供应链以及每个企业的长期绩效。供应链管理不是一种单纯地对生产和供应进行优化的方法，而是需要从战略层面来考虑的一个重要问题。企业必须从战略上重视供应链管理，并对其进行战略上的长远规划。

3. 全面系统规划供应链及相关战略以实现战略匹配

企业在开展供应链管理时，需要从系统的观点出发，通过全面规划相关战略，以实现供应链战略、企业基本竞争战略以及其他职能战略之间的协调一致。

（1）企业的供应链战略必须和企业竞争战略相互匹配。波特提出了三种基本竞争战略，即低成本战略、差异化战略和目标集聚战略。而企业供应链战略可以分成有效性供应链战略和反应性供应链战略。其中，有效性供应链战略需要与低成本竞争战略相匹配，而反应性供应链战略需要与差异化或者目标集聚的竞争战略相匹配。

（2）供应链战略作为一种职能战略，需要与新产品开发战略以及市场营销等其他职能战略相互匹配。对于反应性供应链战略而言，新产品开发和营销战略都需要围绕提高反应能力来设计。新产品开发战略就需要使顾客和供应商及时参与新产品的设计和开发，提高企业的反应能力。市场营销战略就要求建立足够的零售网络、避免缺货、与客户进行良好的沟通、有效的广告和促销活动；对于有效性供应链战略而言，新产品开发和营销战略都要围绕降低成本来设计。新产品开发战略需要通过尽量采用标准件和通用件来降低成本。营销战略的目的则要求定位于在扩大市场占有率的基础上，尽量降低销售成本。

4．建立供应链管理的战略支撑体系

所谓供应链管理的战略支撑体系指的是培育企业的核心竞争力、实施业务外包以及建立战略合作伙伴关系。国内企业在开展供应链管理的过程中，需要建立起供应链战略的支撑体系，以保证供应链战略的成功实施。

核心竞争力是企业供应链战略规划、实施的基础和前提，企业在进行供应链管理时，必须了解自己的核心竞争力，并以此为基础来规划和构建供应链，而且在实施过程中集中有限资源不断培育核心竞争力。业务外包是供应链战略实现的有效途径，供应链管理的目的在于建立竞争优势，为了实现这一目的，必然要求在集中资源于核心业务的同时，开展业务外包。通过业务外包减少长期资本投资、合理利用资源以及有效平衡企业的关键能力，最终实现提高竞争优势的战略目的。战略合作伙伴关系是供应链战略成功的保证，供应链战略突破传统战略规划仅仅关注企业内部的局限，实现整个供应链价值最大化，这必然要求供应链各节点企业之间的联接和合作，以及相互之间在设计、生产、竞争策略等方面良好的协调，也就是建立战略合作伙伴关系。只有建立并不断培育战略合作伙伴关系，才能实现供应链战略的目标。

五、提升供应链战略的策略

过去，企业通过控制他们的各个作业部门的成本来实现供应链的增值。虽然他们所采取的方法不同，但是一个共同点就是仍然停留在传统的成本控制模式和运作管理的层面。20世纪80年代至90年代，供应链管理工具主要包括物料资源计划、准时制生产、看板管理、持续改进、快速响应和全面质量管理。这些工具都很难达到实现供应链价值最大化和提高价值链水平的目的。也就是说，以成本为中心的供应链管理已经落后了。

竞争优势、电子商务、产品多样化、供应资源的多样化和日益提高的客户要求对现存的供应链模式提出更严酷的挑战。首先，企业必须认清怎样发掘供应链潜在的战略价值，继而确定供应链在企业价值最大化中所扮演的角色。

供应链对一家企业所产生的作用是巨大的、不可替代的。在完成连接企业、企业的产品、服务和顾客的整个供应链的过程中，即一个需求的“产生—满足”周期，供应链成本可能占到企业收入的一半或更多。在企业的经营战略中，供应链的主体作用不仅仅只是满足客户的需求这么简单。以战略价值的实现水平为标准，供应链的角色可以划分为五个阶段（五种状态），最低水平的供应链仅仅停留在运作管理层面——成本控制。在最高的层面，要求一家企业的价值链必须能够最大限度地实现战略性的价值，包括作业成本的控制，有效的资本运筹，风险管理并且实现收益。虽然每一个角色都有截然不同的特征和内涵，但各个角色不是相互排斥的。

1．稳定厂商阶段

稳定厂商是供应链上最低的战略价值贡献水平。在这个低水平的价值实现阶段，就像它和其他企业之间的供应链合作伙伴一样，外部环境对企业的影响不大。稳定厂商的角色存在于发展成熟的、变化慢的行业。例如，精制食盐制造行业，供应和需求都是均衡的。

由于供应和需求是确定的，就大大减少了对预测的需要。由于整个供应链是确定的，如每一个阶段要生产多少的产品是固定的，这种可预测性使得供应链对需求的变动反应不大。流程规则、员工技能和技术重点都是为企业的长期运行而设计的，变化很少。以生产流程为例，由于规模生产，保持低成本并不需要进行有规律的过程重组，可预测性的需求使得对管理决策的要求也不高。同样，资产投资方向也非常具体明确。企业的管理费用和管理活动都可以减少到最低限度，需要对市场风险作出战略性转变的要求也不高。

2. 被动厂商阶段

作为一个被动厂商，供应链角色在整个企业战略中的作用仍然很小。供应链通常通过对企业的销售和市场战略做出响应并支持，来满足需求。被动厂商的状态是非常不稳定的，若要保证高水平的服务，则需要不计成本地投入。除非一家企业在其他功能领域（如需求产生、生产创新等）或者其他的价值活动（如产品领导能力和客户亲密程度）等方面明显地优于别人，否则，作为一个响应型的供应商，企业要想长期生存是极其困难的。

3. 主动厂商阶段

被动厂商阶段供应链没有提升到竞争的战略角度，或者说，仅仅意识到它的战略意义。此时，供应链仍然只是一个满足需求的角色，而不是带动需求。然而，作为一个有效的、集成的整体，主动厂商阶段的供应链在满足需求的同时，也是一个低成本、提供优质客户服务的整合体，且不能各自为营。内部实现集成的供应链流程寻求的是降低最终产品的总交付成本，而不是制造部门为提高自己的效率而牺牲物流或采购部门的效率。生产线经理、管理员等都应该理解绩效标准，这些标准明确了他们的行为怎么影响上游和下游的流程。他们的活动都以减少最终产品的总交付成本为准则。

很多企业把视线移向改进作业效率，而不注意资产成本方面的管理。在他们降低总交付成本的努力中，很多企业把技术的获得看做是供应链的首要任务。企业抱着降低劳动成本和改进生产能力和生产量的目的，不断地在新设备和自动化系统方面进行无谓的投资。

4. 有效的主动厂商阶段

从被动厂商向有效的主动厂商的转变才是一场真正的变革，制造和销售、市场部门的关系从结构上发生了根本的变化。供应链完全了解它所需要努力的方向，并且销售和市场功能被供应链视作一个组成部分。供应链必须能够循序渐进、按照既定目标自我完善，从而不断提高供应链的效率。

5. 收入边际利润驱动的厂商阶段

收入边际利润驱动的厂商进一步促进供应链的变革，在满足需求和需求带动方面完成企业间的整合，实现了真正的供应链整合。在供应链的发展中，供应链真正被定位为企业间的合作战略。高层的战略方针包括对供应链的积极预测。例如，个人电脑行业，按订单生产的供应链模式是边际利润驱动厂商的最好例子。

新的供应链战略建立在它与外部组织的交互作用的基础之上。企业资源规划系统达到与顾客和供应商以及其他结盟伙伴的双向的、即时的数据连接。真正的“拉动式”需求信息在组织间无缝地传递，让供应合作伙伴达成一个共同的利润目标，并且完全实现预测、计划和补货程序的整合，达到提高库存透明度、连续补货甚至共同设计产品和分享技术知识的目的。此外，收入、成本、资产回报和收益性等方面的绩效评估也被提升到供应链层面。

技术的重点将放在信息系统的发展方面。厂商与顾客、供应商、结盟伙伴实现即时的信息通讯，无论是直接的，或者是由第三方提供的形式，它都将带来巨大的回报。

对于很多企业来说，供应链价值能够通过提升供应链的战略重要性来实现最大化。供应链必须实现从成本向价值目标观念的转变。企业领导者必须清楚这种转变的必要性。然而，仅仅思想观念的转变是不够的，只有采取行动才能实现真正的供应链变革。组织结构、基础设施、作业流程和管理系统不仅仅局限于企业内部的供应链，而必须与客户、供应商和结盟伙伴进行整合。

第二节　供应链战略管理的规划与实施

对于企业来说，随着全球化竞争越来越集中于企业效益的提高、成本的降低和差异化的供应链，企业必须立即采取有效的应对措施。这使得供应链管理成为一种降低成本的重要手段。

一、供应链战略管理的核心及规划

随着供应、生产和销售的复杂化，供应链过程涉及的不同地域的厂家越来越多，最终冲破国界呈现全球性和动态性。实施供应链战略管理，就是要从整体战略的高度，形成一套科学的相对独立的科学体系——物流、商流、信息流和媒介流的统一体系。

1. 把供应链管理作为一种全新的管理思想

强调通过供应链各节点企业间的合作和协调，建立战略伙伴关系，将企业内部的供应链与企业外部的供应链有机地集成起来进行管理，达到全局动态最优目标，最终实现“双赢”或“多赢”的目的。供应链管理着重强调了三个思想：“双赢”思想、“合作”思想和“集成”思想，这是贯穿供应链管理始终的三个核心思想，也是其区别于传统管理模式的根本所在。

（1）“合作”思想。增加供应链节点企业间的联系和合作，提高信息共享程度，用覆盖整个供应链的决策系统代替缺乏柔性和集成度差的决策体系，使整个供应链各个环节都能清楚地观察物流、资金流、信息流和工作流，以达到更好的协调，降低供应链成本，清除信息扭曲的现象，是实施供应链管理的关键。其中增加供应链节点企业间的联系和合作，在它们之间建立合作伙伴关系则是关键中的关键。合作是供应链管理成功的最基本的要求和条件，是供应链管理的力量源泉，整个供应链竞争力的大小直接取决于供应链各节点企业间合作的程度。全方位、深层次的合作要求供应链各节点企业有强烈的“合作”意识和“整体”意识，把供应链的整体利益当作自身的利益，以实现整体利益的最大化为目标。

（2）“集成”思想。集成思想是供应链管理成功实施的方法论，是“合作”思想在供应链管理中的具体体现。“集成”思想要求把企业内部以及节点企业之间的各种业务看成一个整体功能过程，形成集成化供应链管理体系。供应链管理中的“集成”思想无论在横向层面还是纵向层面都有着较大的扩展和延伸。在横向层面上，不仅包括企业内部供应链的集成，还包括企业外部供应链的集成。在纵向层面上，它不仅要求实现同步化、集成化的生产计划与控制和后勤保障与服务协作等业务职能，还要求实现企业间的信息共享、产品联合开发、技术支持、资源优化配置、合作与委托等。供应链管理的“集成”思想是一种更高层次、更大范围的集成，其目的是实现整个供应链资源的充分利用。

（3）“双赢”思想。在20世纪80年代，供应链中各节点企业之间通常都以减少对方的利润来提高自己的利润。进入90年代，企业逐渐发现通过合作能提高整个供应链的总利润，因此，它们改变其经营策略为合作竞争策略，企业间的合作能顺利进行的先决条件是合作双方或多方都必须能从中盈利，只有这样企业才有动力展开合作。因此“双赢”思想是“合作”思想和“集成”思想能得以实现的保障，是供应链各节点企业制定决策的最基本的指导思想。

制定供应链战略管理的规划，就是要从战略的高度，对企业的供应链管理策略进行设计。其过程主要包括确定企业的主要经营战略，确定战略变革的方向，确定供应链管理构想和明确实现蓝图的改革方向、途径和措施等内容。实施供应链管理的企业需要进行战略调整。这类战略调整和决策可用于企业的投资决策、企业再造和资源的优化配置等方面。

供应链管理过程实际上体现了从企业内改造到企业间整合的过程。企业所有经营活动都应看做是供应链的一部分，应看清供应链的全貌，知道自己的定位、自己的问题及应采取的解决方案。

2. 确定供应链战略管理需要进行的基本工作

（1）现状分析。进行公司采购、生产、销售等分阶段经营过程分析，进行物流作业、信息共享、平台建设等多项业务综合分析，确定供应链管理需要解决的主要问题。充分把握供应、销售、物流联合运作的现状。

（2）共同鉴别问题。现有产品、服务对客户的吸引力，能否通过供应链使客户获得价值增值，以及供应链提供什么样的价值增值最受客户欢迎，以明确的问题鉴别寻找解决途径，发掘供应链管理的现实价值与潜在价值。

（3）经营战略的分析与制定。将有关部门纳入确立企业经营战略，进而考虑企业间合作共同发展供应链的战略问题。分析公司战略、业务战略、职能战略在供应链管理条件下的统一性，确定企业的主要经营战略和发展导向。战略研究的要点在于业务的选择与集中、加强核心业务的方向性。

（4）实施战略管理运作机制。战略运作机制层次问题直接关系到供应链管理的实现，应当争取企业战略经营层的确认，进而能够顺利地进行供应链管理构思设计工作。根据战略目标、核心业务来确立战略经营单位，确立专业化经营、实施战略协同机制的战略经营单位，能够使整个企业按战略制度化规定的机制运作。

（5）确定企业战略变革的方向。进一步明确企业在供应链网络中可大有作为的领域和范围；明确竞争战略作用范围，寻求可用资源和建立竞争优势。提高参与供应链管理设计有关成员的内部效率，通过整个供应链创造客户利益，并建立供应链竞争优势。

二、供应链战略管理类型

由于供应链包含许多共有的功能，包括产品设计、采购、制造、分销、售后服务，以及顾客多样化和全球化的销售渠道，因此，创建一种系统来集成这些功能，然后通过各种途径和渠道对供应链进行合理的投资，将会是一个严峻的挑战。

1. 时效性战略

所谓供应链时效性战略，就是物流和供应链管理的改进对现金流的影响。例如，当运输时间变得越来越短、越来越固定时，原来被存货占用的营运成本通过供应链的作用而被释放出来，公司就会获得明显的节余。时效性的改善从字面上理解就是释放投资和在整个供应链中与保管存货相关的成本。从整个供应链的角度来考虑，企业的发展目标成为管理“现金周期”。“现金周期”被定义为将一元钱的原材料转换成一元钱的市场销售额所用的时间。这个尺度已经成为衡量整个供应链行为的颇受认可的方法之一。除了减少在营运资本上的投资以外，更短、更一致的供应链行为还意味着能够尽快地回收公司的应收账款。这也是能够产生的一种时效性效益。缩短订单或者补给周期的物流战略成为最近几年物流理论学界关注的焦点。

2. 资产生产力战略

当今所有的公司都在深入思考如何最适当地利用物流和供应链资源。因此，一直以来他们都将焦点放在资产回报率上，并将其作为评价物流和供应链能力的一个基本的基准。企业可以通过增加收入或者是降低资产投资来获得相同水平的收入来改善资产回报率。因此，企业一直在探索改善资产生产力的方法，或者说以较少的投入获得更多的回报的方法。在过去的10～15年，许多企业已经降低了与物流相关的资产投资。

3. 技术型战略

现已证明，未来物流和供应链目标的实现依赖于信息技术的进一步应用和发展。无论是以硬件、软件还是连通性，这些技术都将是发展和革新的起点。美国计算机科学公司曾对较大范围的商业企业中使用的信息技术进行调查，给出的调查报告对在信息技术领域被称为“破坏性技术”的方面进行了追踪记录。报告者认为这些技术不但能够使企业更具竞争性，而且可以改变竞争基础。对这些趋势的研究表明将来的物流和供应链管理领域将与今天的情况完全不同。

4. 关系战略

重要的战略性利益的一方面是物流和供应链过程中的关系以及关系的形成。简单地说，多数的合作关系出现在为共同的利益而一起经营的时候。既然难以想象仅仅包含一家公司的物流和供应链的改善，所以对于有效的关系的需求就很明显了。只有清楚地表明伙伴关系和结盟的利益，才能很好地合作。供应链上不同企业在运营上互相支持，以使其合作的时候能够取得比他们单独运营更好的成效。图5－4提供了三种类型的协作：水平的、垂直的和完全协作。

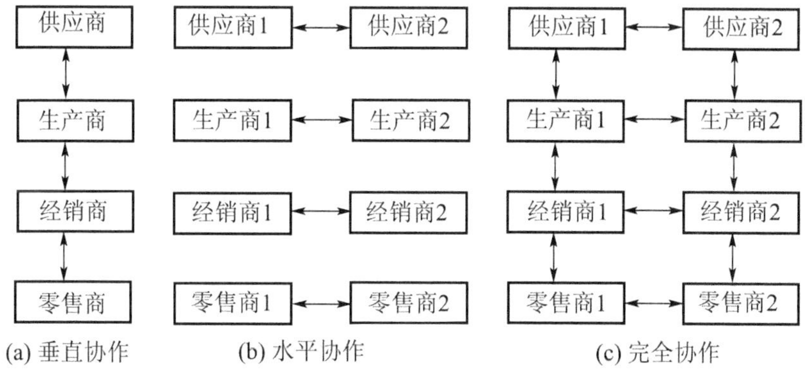

图5-4　协作的类型

垂直协作（见图5-4a）一般是指供应链中的买者和卖者之间的协作。这就是指供应链中公司之间传统的连接，如零售商、经销商、生产商、零部件商和原材料供应商。垂直协作可以使买者和卖者之间的交易自动化，从而大大改善了交易的效率。公司之间可以共同制订计划，共享可以使他们改变行为的视野。关于垂直协作的例子就是协作策划、预测与补货（CPFR），这是买者和卖者之间通过直接共享类似销售预测的关键信息来达到更好的供需联盟的一个途径。

水平协作（见图5-4b）是指买者和买者之间/卖者和卖者之间，有时甚至是竞争者之间的关系。从本质上讲，这种类型的协作指的是在物流和供应链中处于平行或者协作关系公司之间的业务安排。水平协作有利于发现和减少供应链中的隐藏性成本。

完全协作（见图5-4c）是垂直协作和水平协作的动态连接。只有在完全协作的情况下才会出现巨大的功效，出现所有协作成员利益的增加。分享利益对于这种协作的成功是很重要的。

三、供应链战略管理策略

供应链是企业的一项极具价值的资产，管理得恰当，可以为企业带来竞争优势。作为供应链管理的一部分，供应链战略管理是近几年才逐步为人们熟知的一个词汇，其目的在于创建一种独特的供应链架构来推动战略目标的实现。为了最大限度地发挥供应链的绩效，需要考虑五个方面的策略，分别是运营策略、渠道策略、外包策略、客服策略、资产网络策略等。

1. 运营策略

如何生产产品或提供服务取决于企业采用什么样的运营策略。是选择库存生产、按单生产还是按单装配，或是上述方式的组合；是选择将生产外包或者追求低成本的离岸生产，还是选择在生产工厂外完成最终的装配而更贴近客户，这些都是关键的决策，因为这将影响整个供应链和投资结构。

（1）库存生产（Make to Stock）是适用于销量巨大的各种标准化产品的最佳策略。大规模的批量生产可以不断降低成本，而高库存也意味着可以很快满足客户需求。

（2）按单生产（Make to Order）更适合于定制化产品或需求较少的产品。采用这种策略的公司只有在拿到客户订单之后才会进行产品生产，这样可以在提供更广泛产品选择的同时保持低库存。

（3）按单装配（Configure to Order）是一种混合策略。在这种策略下，从总体层面看，先完成产品的各个组成部分，在收到订单之后再进行最后的装配。当最终产品有多种变化，并想保持低成品库存，比按单生产缩短客户交货时间，这是更适合采用的策略。

（4）按单加工（Engineer to Order）这种策略与按单生产有很多共同之处，主要用于那些需要根据客户的特定需求来生产复杂产品和提供服务的行业。

各种运营策略都是动态的，关键的驱动因素是产品生命周期。产品需求峰值过后，需求就会减少，公司可以通过从库存生产到按单生产的转变来降低库存风险，同时以更具竞争性的价格来保持供货。另一个考虑因素是产品订单的数量，通常情况下80%的销售来自20%的订单。这种情况下，库存生产和按单生产的策略相结合就是更好的选择。

2. 渠道策略

渠道策略与把产品或服务如何送达买家或终端用户有关。其中涉及的相关决策主要包括：是否通过分销商或零售商间接地卖产品给客户，或者通过互联网或直销人员直接卖给客户。由于利润率根据所选渠道的不同而有所差异，所以必须选择最优的渠道组合，并保证在产品短缺或需求旺盛的时候客户都能够拿到货。

市场的领先者利用高效的渠道策略来获得很大的收益。戴尔利用它的直销模式，沃尔玛利用它的超市模式，这些都是表明渠道策略可以创造竞争优势的最佳实践。Novell的增值分销商渠道——一种最好的以技术为中心的早期案例，在遇到严重技术问题的时候，可以在第一时间给予支持。微软的经销商渠道为客户提供一系列从发布到培训以及客户支持等服务。

还有数十亿美元的瓶装水行业及其两个重要的市场：矿泉水市场和纯净水市场。矿泉水需要在水源地罐装，纯净水可以在多个水源利用任何本地的罐装公司进行罐装。该行业利用三种不同的零售方式来为其三种主要客户进行服务：传统的零售商服务零售客户，自动售货机服务个人消费市场，而服务代理负责为家庭和办公用户安装、维护和补充水站。每种细分都需要不同的供应链流程、资产、渠道和供应商关系及绩效层级。

如果你是瓶装水行业的新加入者，你会通过已经与关键零售商建立良好关系的分销商来销售还是选择直接卖给零售商？如果选择分销渠道，你会把自己的订单系统和库存管理系统与分销商的系统集成起来吗？如果是，会到哪种程度，谁来支付相关费用？你会为所有的分销商提供充足的库存还是只为那些你认为属于战略合作伙伴的分销商提供充足库存呢？这些决策都将影响公司的资产和成本绩效，将成为整个渠道策略的一部分，都要与定价策略、供应商财务政策、促销手段及其他配套策略和措施相协调。

3. 外包策略

外包策略始于对公司现有供应链技能和专长的分析。自己的公司到底擅长什么？这些专长体现在哪些方面，如果有潜力成为战略优势，这些优势就应该留下来并发扬光大。可以将那些战略重要性较低或者第三方可以做得更好、更快或更便宜的部分外包出去。

公司通过利用其他公司的专长和优势可以迅速推出新产品，或者重新调整自己的市场定位。这种外在的灵活性和敏捷性使公司可以在竞争激烈的全球市场上发挥巨大的作用。最为重要的是，外包可以让公司更加专注于自己的核心竞争力，以进一步提高市场地位。但是在进行下一步之前，一定要慎重考虑外包决策的风险。引入新产品、管理库存水平和确保供应链配置支持竞争性客户提前期等战略行为都不能被外包给第三方。还要考虑其他能够影响你决策的关键问题。

仅仅考虑“通过外包可以降低成本”对最终形成战略解决方案是远远不够的。外包伙伴一般应该具备三方面的潜在优势：

（1）规模。第三方通常可以更低的价格提供服务，因为他们可以利用规模优势来提高设备利用率和减低单位成本。外部伙伴还可以让公司不必投资以达到新的产能而迅速提高产量。

（2）范围。对那些想进入新的市场或区域的公司来说，外包伙伴可以为公司在新的地点运营提供便利，而避免在现有业务规模上重复建设。

（3）技术专长。外包伙伴可能已经掌握了需要巨大投资才能实现的产品或者处理技术。

4. 客服策略

客户服务策略是另一个关键的策略。应该从两方面来看客户服务策略：总量和客户所能带来的盈利能力，还要懂得客户真正的需求是什么。这两方面的知识都可以集成到供应链策略中，因为有助于优先关注自己的优势和能力。

是所有的客户都享受同样的发货时间，还是根据客户重要性不同来提供差异性的服务？所有的产品供货都一样，还是有些客户可以更快更容易地获得产品？

并不是所有的客户都要提供同样级别的服务，关键是要知道哪些是高附加值的客户。例如，一家 Internet 计划决定提高国内的客户服务水平，来应对客户解决问题慢的抱怨。他们根据每个客户对公司的价值来提供不同的服务级别。通过分析每个客户的总体收入潜力以及战略关系价值，这家公司了解到只有5%的客户属于高附加值的客户。这些高附加值的客户最需要的就是快速解决问题。所以，对于这部分客户，该公司组建了一个由经验丰富的技术人员和一位专职经理组成的专门客户关怀团队。对于其余95%的客户，服务问题由一个自负盈亏的、独立的服务中心负责，根据问题的技术复杂性采取不同的解决方案。

结果是，高附加值客户的问题解决时间得以大幅度缩短，首次服务就把解决问题的比例从不足5%提升到了80%。即使是对那些最低优先级的客户，服务问题也会在一天内解决。另外，新的方案还降低了30%的客户关怀成本。

更重要的是，新的服务被证明能够更好地在目标市场上竞争，即在一个有更高期望值的客户构成的市场上更具竞争力。

事实证明，根据客户的细分来设计你的客户服务策略可以在成本与服务之间取得最佳的平衡，带来极大的收益，尤其是当企业为了取得竞争优势来设计自己的供应链的时候。

5. 资产网络策略

供应链的最后一个策略是关于资产网络方面的决策，涉及工厂、仓库、生产设备、订货处、服务中心等业务组成部分。这些资产的位置、规模和任务等都会对供应链绩效产生影响。

多数公司会根据业务规模、客户服务需求、利税率、供应商情况、地方性规定以及劳动力成本等因素在三种网络模式中选择其一：

（1）全球化模式。在某地生产而面向全球市场。选择这种模式主要是为了照顾那些需要将研发和生产部门集中在一起的情况，以及控制那些成本敏感的产品的单位生产成本，或者满足高度专业化生产技能的需要。

（2）区域化模式。针对那些需要在销售区域进行制造的情况，这种区域化模式的选择通常会考虑客户服务等级和进口税等很多因素。

（3）国家化模式。主要在市场所在国家进行生产。这种模式适用于那些货物运输费用昂贵的情况。另外还考虑到税务和关税、市场准入等限制条件。

当然，公司可以采取多种方式来降低风险。一种方法是，提高生产的柔性确保供应链计划每周更新，而不是每月更新，以更好地适应市场需求。另一种方法是在市场端延迟，即在低成本的生产中心制造出标准化的产品，而在更接近最终客户的分销端进行最后的装配和包装。还有一种方法是将低成本的生产基地更靠近目标市场。例如，目标市场是欧洲的公司，将生产基地从亚洲搬到欧洲中部地区，如 Romania 和 Hungary。这种方式同时降低了生产成本和库存数量。

产品的生命周期也会影响到许多决策。在快速变化的行业，如消费电子产业，公司可以在新产品初上市的时候以一种全球化的方式运作，来制定生产流程，或者通过将生产与研发部署在同一地点来降低成本，然后转变为一种区域化方式来提高客户服务质量。在产品生命周期的最后，全球化模式再次可能成为一种更好的选择，因为可以最低的生产成本和库存投入来满足市场需求。

四、供应链战略管理的实施

供应链与企业管理战略，包括了物流管理战略、基于供应链的信息管理战略、质量管理战略、人力资源管理战略、企业重组战略和协调战略等。

1. 基于供应链的物流管理战略

供应链中的物流不同于早期的物流，供应链环境下的物流更强调与供应链中其他成员的合作，并且包含了部分市场营销和制造的职能，同时考虑消费者对产品可靠性、售后服务和价格的要求。因此，基于供应链的物流管理战略应该提供一个连接供应商和用户的物流业务过程，把供应商和用户更多地融入企业策略和管理决策中。

2. 基于供应链的信息管理战略

在供应链的运作过程中，有些商品的顾客需求较稳定，变动不大，但是上游供应商往往比下游供应商维持更高的库存水平。这种越往供应链上游走，需求波动程度越大的现象，称为“牛鞭效应”（the Bullwhip Effect）。解决牛鞭效应问题，最关键的一点是加强信息管理。信息管理是改进基于供应链的战略管理的最重要因素之一，供应链的管理效益取决于个体企业之间的协调，而协调的优劣又取决于信息分享的效果。但供应链管理中的困难之一就是各成员不愿意与他人共享敏感信息，要解决这个问题必须建立集成化的管理信息系统，以压缩流程时间，提高需求预测精度，并应协调个体企业之间的关系，促进关键信息的共享。

3. 基于供应链的质量管理战略

基于供应链的质量管理战略应以顾客满意度为衡量标准，质量管理战略由制造导向发展为市场导向，其战略指导思想发生了根本的变化。质量管理战略追求适度质量，质量欠佳不能满足用户需求，“质量过剩”则会造成人为的浪费。所谓“质量过剩”是指片面追求高质量高品位而忽视产品的正常功能、用途、用户需求及价格因素，导致产品滞销。“质量过剩”必然导致成本上升，竞争力下降。因此，应在制定战略之前认真考虑质量的经济性问题。同时，基于供应链的质量管理战略高度重视质量的时间性，消费者需求不断变化导致市场瞬息万变，在目前时间点上具有适度质量的产品，经过一段时间后可能成为不良质量产品。

4. 基于供应链的人力资源管理战略

有效的供应链管理应体现以人为本的原则。一方面，高素质人才可促进供应链的运作和取得良好绩效；另一方面，提高人才素质也是建立供应链的目标之一。具体来说，要注意以下几点：①组成供应链的各企业员工之间，尤其是领导人之间的相互信任有利于保持供应链的良好运作；②企业必须吸收熟悉现代管理知识和先进生产技术的创新型人才；③企业应加强人才培训，让员工熟悉供应链、动态联盟的管理思想、管理观念、管理方法和管理制度，否则很多员工会强烈抵制基于供应链的企业重组，给供应链的建立带来巨大阻碍。

5. 基于供应链的企业重组战略

建立基于供应链的动态联盟要求抓住市场机遇，根据产品生产销售需要重组系统。市场变化要求企业动态联盟也变化，但同时要求联盟具有相对的稳定构成。有核心能力的独立企业是基于供应链的动态联盟构成单位的基本组织形式。企业应形成自己的特色与核心能力。改变规模偏大、机构臃肿、没有活力、无核心优势的全能工厂为一些独立的小企业组成的企业集团，是一个很好的策略。

6. 基于供应链的协调战略

为了增强竞争优势，企业应将生产经营活动集中在自己的核心业务上。据统计，美国工业企业平均外购费用为其销售总额的54%。这使得目前的动态联盟主要建立在供应链的基础之上。这样一来，供应链的协调问题就成了动态联盟成功与否的一个关键，成了基于供应链的企业管理战略成功与否的一个关键。

第三节　供应链战略联盟

一、企业战略联盟

1. 战略联盟产生的背景

战略联盟作为一种新的合作竞争模式，它的出现并不是偶然的，而是有着深刻的政治经济背景，它是社会经济发展的产物。

（1）世界经济一体化。任何企业面对全球市场范围的竞争都显得势单力薄，必须加强联盟和合作，从而为企业战略联盟的形成和发展提供强大的推动力。建立国际战略联盟是企业适应全球竞争的需要。

（2）区域经济集团化。随着区域经济逐步一体化，区域内部各国取消或减少关税和非关税壁垒，使成员国的企业几乎全部暴露在没有本国政府保护的环境之中，加剧了成员国企业间的直接竞争。企业在市场扩大和激烈竞争的环境因素推动下，力求扩大生产规模，增强资本实力，趋向于建立和发展国内或跨国联盟组织。

（3）国际分工的发展和深化。第二次世界大战前和战后相当长一段时间内，国际分工的主要形式是垂直分工，其特征是经济落后国家与少数发达国家在原料、初级产品和加工制造领域实行纵向分工。而在经济全球化的新阶段，国际分工则以水平分工为主，并且分工日趋深化。西方发达国家为了利用对方的优势，不约而同地开展行业间、企业间乃至生产流水线上的水平分工协作，从产品专业化到零部件专业化，再到工艺流程的专业化，分工的范围和领域更加广泛，各个生产工序已延伸到了几个、十几个国家。随着国际分工的发展，各国企业之间相互依赖和协作的关系就越来越密切，这些都促进了企业战略联盟的形成和发展。

（4）科学技术的迅猛发展。企业战略联盟也是科学技术发展日益推动的结果。在技术全球化的今天，产品和技术的生命周期越来越短，要想在很短的时间内研制出更先进的产品和技术，对单个企业来说常常是不能胜任的。因此通过建立战略联盟，以共同的战略目标为导向，使各种科研机构和企业依照分工与协作的需要紧密组合在一起，为实现经营资源的优势相长而组成灵活、协调的联盟网络，从而能够适应当代科技飞速发展的需要。

2. 战略联盟的定义

战略联盟（Strategic Alliance）是企业组织创新的一种制度安排，它最早是由美国DEC霍普罗德和管理学家罗杰·奈格尔提出的。所谓战略联盟是指两个或两个以上有着对等实力或者资源互补的企业之间，出于对整个市场的预期和企业总体经营目标的考虑，为达到共同拥有市场、合作研究与开发、共享资源和增强竞争力等目的，通过各种协议而结成的优势相长、风险共担的松散型合作竞争组织。

可以从以下几方面来理解这个定义。

（1）组织的松散性。参与联盟的企业数量常常在两个或两个以上，联盟企业之间是一种合作伙伴关系，既超越了一般的交易关系，又不存在控制与被控制的隶属关系，在密切合作的同时保持着各自企业的独立性与平等性。

（2）目标的多样性。战略联盟概念界定的困难实际上反映了战略联盟目标的多样性，这种多样性说明了战略联盟能在许多方面悄然为企业提供着各种各样的价值。

（3）合作的互利性。战略联盟基本上是相互合作，借以提升竞争能力的合作伙伴关系，希望通过合作获取大于各自“独立”或“对立”行动所获得的利益。

（4）竞争的根本性。合作是为了更好地竞争，因此战略联盟是合作竞争组织，而竞争是其根本属性。联盟企业之间的合作常常是在约定的领域内进行的，并不要求是全方位的，可以是在某一领域合作，而在另一些领域竞争，即一边合作一边竞争。

（5）战略的长期性。战略联盟是一种旨在为企业创造长期竞争优势，属于企业战略层面的长期性安排，以此可以区别短期的企业合作行为。

企业建立战略联盟主要是为了满足4个方面的需要：①提高企业的核心竞争力。②开拓新的经营领域和进入新的产业。③长期占领和开拓新市场。④互通信息和规避风险。

可见，提高企业的核心竞争力是建立战略联盟的主要目的之一。一般来说，提高企业核心竞争力的途径有两个方面：一是内部的途径，即自我发展、内部积累；二是外部的途径，包括并购拥有自己所需资源的企业和与拥有互补优势的企业建立战略联盟。开发企业的专长和技术需要较长的时间和高投入，而并购其他企业则需要处理各种复杂的关系，并购后的企业整合非常困难，且成本高。相对而言，在数字技术和信息技术发展的前提下，与拥有某种专长和技术的企业结成战略联盟，就可以克服企业自我扩张和并购的问题，从而降低成本。借助联盟内企业的资源优势和科研开发力量，开发新技术、新工艺、新设计和新产品，将有助于企业保持长期的竞争优势。

二、供应链战略联盟

随着产品的生命周期也越来越短，竞争的加剧与消费者需求个性化与多样化日益增多。要求一个企业能够在短时间内具备所有核心资源和核心能力，越来越困难。这就促使企业加强合作，在合作中求得生存和发展。在这种“合作与竞争”的新的经营观念下，一种企业的动态联盟（虚拟公司）应运而生。因此供应链战略联盟不同于一般的企业战略联盟，而具有自己的特点与模式。

1．供应链战略联盟的含义

供应链战略联盟是指组成供应链节点的成员突破传统的企业界限，为有效整合企业内外资源，实现企业战略目标，而结成战略合作伙伴关系的一种松散型长期网络组织。

供应链联盟战略是指共享收益和共担风险的企业之间的一种典型的多方位的、目标导向的长期合作关系。

在供应链中，企业间战略联盟体现了企业内外资源集成与优化利用的思想。供应链战略联盟的形成是以供应链战略伙伴关系（Supply Chain Strategic Partnership）为基础，每个成员企业都在各自的优势领域为联盟贡献自己的核心能力，相互联合起来实现优势互补、风险共担和利益共享。这里需要注意的是供应链战略联盟和供应链是两个不同的概念，供应链战略联盟是一种企业之间的关系状态，而供应链则是供应链上的节点企业为规定各自的行为所采取的一种组织形式。

供应链战略联盟体现了一种基于企业核心竞争力的战略资源整合思想。在全球化的时代，独当一面不再是实力的象征。一方面，每个企业都不能忽视战略联盟，否则就有在竞争中被淘汰的危险。另一方面，那些积极主动地寻求合作伙伴的企业可以更好地拓宽业务范围，扩大客户群，发现新的合作渠道，从其他公司的优势中获益，以及充分利用合作伙伴的品牌。这样一来，价值链中的每个环节都分别由效率最高的合作伙伴来完成，就可以实现各个环节对价值链增值的最大贡献。相应的，价值链上各节点企业也实现了最大限度的增值，从而达到“共赢”的协同效应。

2．供应链战略联盟的特征

供应链战略联盟作为一种新的企业组织形式，其最突出的特点在于：供应链各节点企业突破传统企业的有形界限，建立合作伙伴关系，有效整合企业内、外部资源，最终实现企业的战略目标。具体而言，供应链战略联盟的特点如下。

（1）目标性。“让顾客满意”是供应链战略联盟的核心目标。

（2）系统性。强调整体系统优化观念，将管理范围延伸到供应链全过程。

（3）虚拟性。是一种网络拓扑型虚拟组织，可不具有实体形态。它克服了空间和地域上的限制，通过信息网络技术实现伙伴企业之间的信息共享，并行协同工作。

（4）扁平性。联盟顶部的管理层和一线的员工甚至顾客，可以通过高效的信息传输网络实现双向沟通，组织结构由此变得扁平化。

（5）松散性。联盟是一种非股权参与的合作经营方式，主要以契约或协议作为各方合作的基础，是介于企业与市场之间的一种“中间组织”，既超越了一般的交易关系，又不存在控制与被控制的隶属关系，是一种相对松散的组织形式。

（6）独立性。联盟成员均为独立的法人实体，遵循自愿互利原则达成平等关系，彼此间为共同利益而优势互补。这种独立性不能破坏整体的协调一致性。

（7）互补性。联盟成员拥有各自的核心优势，相互补充。

（8）协同性。联盟成员是一种以竞争为基础、以协同为主导的协同竞争模式，在协同竞争过程中获取更大的竞争优势。

（9）共赢性。联盟的出发点是“互利”与“共赢”。它是建立在局部利益和整体效益高度一致的基础上，每个实体在获得效益的同时也对整体联盟有所贡献。

（10）复杂性。联盟由多个不同类型的企业组成，竞争中的合作与合作中的竞争并存，在某些领域合作，在其他领域又可能竞争，其结构模式较复杂。

（11）风险性。由于联盟伙伴的不稳定性存在管理与合作的风险、投资风险、自身核心能力的外泄即技术与知识产权流失的风险。

三、供应链战略联盟的类型

1. 按照联合的职能分类

按照联合的职能可以把供应链战略联盟分为资源补缺型、市场营销型和联合研制型三种。

（1）资源补缺型供应链战略联盟。是指以上下游活动结成的供应链战略联盟，具体有两种形式：一种是拥有独特技术的企业，为了扩展海外市场或利用对方已经建立的销售网络而建立的联盟。这种联盟具有资源互补、规模经济、风险共担和范围经济等优势，其不足是往往忽略自身核心能力的提高；另一种是企业与用户的联合型供应链战略联盟。通过这种方式，企业可以将生产与消费、供给与需求直接联系起来。

（2）市场营销型供应链战略联盟。这类战略联盟多见于汽车、食品和服务领域，重点是互相利用彼此供应链中的下游环节，目的在于提高市场营销的效率和市场控制的能力。其优势是可以有效地抢占市场，较好地适应多样化的市场需求。不足之处在于，这类联盟是以降低环境的不确定性为目的，而不是致力于提高联盟各成员的核心能力，因此不能带来持久的竞争力。

（3）联合研制型供应链战略联盟。在这种联盟中，为了研究开发某种新产品，联盟各方根据自己的优势，分别提供如资金、技术、设备、人才等要素，加快开发速度，并在研制成功后，实现技术共享的目的。联合型战略联盟中的成员多为风险型企业，多见于生物工程、微电子和新材料等高新和高端产业，具体又可以分为知识联盟和产品联盟。知识联盟的中心目标是学习和创造知识，提高核心能力。产品联盟则以产品生产为中心，合作的目的在于填补产品空白、降低资金的投入风险和项目的开发风险，实现产品生产的技术经济要求。

2．按照所有权分类

按照所有权可以将供应链战略联盟分为对等占有型和契约型两种。

（1）对等占有型供应链战略联盟是指合资生产和经营的项目分属联盟成员，双方母公司各拥有50%的股权，保持相对独立性。为巩固良好的合作关系，战略联盟的各成员相互持有对方少量的股票。与全面合资、合作或兼并不同的是，这种方式不涉及设备和人员等要素的合并，目的在于与这些公司建立良好的合作关系。

（2）契约型供应链战略联盟（又称为虚拟公司），是由一些独立企业在自愿的基础上，为了实现某一特定目标而突破企业界限，在广阔范围内联合有工艺技术、产品设计、生产制造、经营销售等方面优势的诸多企业形成的松散联合体。它是依靠信息技术而结成的企业间临时网络，是一种机动灵活的新型企业组合方式。常见的形式包括技术交流协议、合作研究开发协议、生产营销协议和产业调整协议。

四、供应链战略联盟的作用

供应链联盟作为一种新型的企业合作模式，打破了现存价值链的结构。供应链战略联盟的形成，对于降低供应链总成本、降低供应链上的库存水平、增强信息共享水平、改善相互之间的交流、保持战略伙伴相互之间操作的一贯性、提升企业的核心竞争力、产生更大的竞争优势，以实现供应链节点企业的财务状况、质量、产量、交货、用户满意度及业绩的改善和提高有很重要的作用。

1．实现快速响应市场

无论是供应链，还是战略联盟，各种合作组织的存在，其最终目的都是应对快速变化的市场环境。供应链战略联盟也不例外，通过建立战略联盟，供应链上企业之间的合作基础大大加强，形成了更加统一的整体。所谓商机稍纵即逝，对于企业而言，一旦发现新的市场机遇，它所面临的最大挑战是能否迅速设计出一套解决顾客个性化要求的方案，但这点往往不是单个企业的能力所能完成的。在这种情况下，企业找到具有与本企业互补能力的企业，与之结成联盟，是为上策。这样可以充分利用现有的外部资源，实现快捷、低成本地获取所需的资源和能力。各企业并行协调操作，能大大缩短产品开发周期，可以快速及时地响应市场需求。而且，为顾客提供的"个性化解决方案"，也足于应对需求变化的有效反应。

2．实现优势互补

由于资源的稀缺性，每个企业所拥有的资源和能力都是有限的，而且企业要想获取企业以外的资源，所花费的代价是很高昂的。因此，企业不能一味地去猎取各种资源，要解决资源问题，一个明智的做法就是建立战略联盟，以通过外协的方式将外部优势资源为我所用。联盟伙伴间互通有无，既实现了内外资源的优势互补，又实现了资源的合理利用。这种优势互补突出表现在企业的核心能力方面，供应链企业间建立一种合作竞争的战略伙伴关系，最大限度地培育和发挥各自的核心能力，通过优势互补获得集体竞争优势，提高整条供应链的竞争力。

3．促进企业之间的相互学习

一般情况下，企业是从外部模仿竞争对手的资源，但对于许多有价值的资源往往不通过高价交易，是难以获得的。但通过联盟，可以从资源拥有方学习获得，联盟增加了成员企业间的边界渗透力，将模仿由外部转移到内部，使模仿变得更加容易，成本也较低。此外，联盟成员企业通过信息共享及其他的交流方式互相学习，相互促进，也会进一步强化各自的核心能力。在每个企业拥有自己的核心竞争优势的同时，尽可能地掌握更多的信息和技术。

4. 促进企业达到规模经济

所谓规模经济（Economics of Scale），是指随着企业生产和经营规模的扩大而使单位成本不断下降。传统上实现规模经济的方式主要是依靠单体企业规模的自我扩大或借助购并而使企业规模不断扩大，但是，由于企业规模扩大有其自身的内部边界，传统的模式在企业规模过大而内外受阻的双重约束下，没法达到应有的效果，组建供应链联盟为企业实现规模经济开辟了新的道路。企业之间通过缔结联盟，可在更大范围内实现专业分工化，有效地降低各类成本，无须扩大企业自身的规模而实现规模经济，从而在行业内占据较强的竞争地位。

5. 有效分散经营风险

复杂多变的外部环境对企业的研究开发如何缩短时间、降低成本提出了新的要求。因此，任何一个企业想独立承担一种新产品或新技术的研究开发，必定要付出很大的代价，面临巨额的研究开发投入、错失市场机遇、运营失败等各种风险。在这种情况下，企业可以通过寻求合作，建立联盟来分散经营风险。虽然由于市场不确定性而导致的总体市场风险依然存在，但市场风险在各个供应链联盟伙伴之间得到了重新分配，使各个企业承担的风险降到最低，这在一定程度上可以分散企业的经营风险。

五、供应链战略联盟的实施

20世纪90年代末期，我国物流供应链实施的条件日趋成熟。一方面，消费需求的变化要求物流供应多品种、少批量；另一方面，先进供应技术的出现，如网络购物、无库存供应、及时供应技术、第三方物流配送等又为物流供应链战略的实施提供了有利条件。

1. 供应链战略联盟应该注意的问题

随着全球经济一体化的不断演进，企业的发展越来越离不开联盟，联盟是发展企业核心竞争力的有效途径，但并非所有的联盟组织都能朝着增进企业核心竞争力的方向发展。供应链战略联盟有成功的机会，也有失败的风险。对于处于经济开放条件下的企业来说，为了获得持续的竞争优势，必须把握建立供应链联盟应该注意的问题及影响联盟成功的关键因素。

（1）慎重选择合适的合作伙伴。由于战略联盟中成员企业之间关系相对松散，市场和行政双重机制同时起作用，战略联盟的成败取决于企业之间真诚的合作，所以要选择有真正合作诚意的伙伴。有相同、相近的价值观，尽可能地消除信息不对称所产生的影响，战略资源具有互补性，产品线完整等几个方面是选择合作伙伴要首先考虑的问题。同时，还要考虑合作伙伴的产品和市场立足点应能够对公司自己的产品和顾客形成有益的补充。供应链联盟的最终目的是通过不同企业优势互补及资源整合达到“1+1>2”的效果，这就要求合作伙伴最好具备某种竞争优势，而且这种优势应当能在一段时间内保持稳定，并具有较强的发展潜力。

（2）选择适宜的联盟方式和联盟机构。供应链联盟的方式有很多，包括供应和购买协定、市场或销售协定、提供技术服务协定、管理合同等，无论采取何种形式，都必须根据企业的战略目标，依照企业利润产生的源头，规划符合企业内在发展规律的联盟机构。且联盟机构必须独立且强有力。这里需要注意的是为了保护企业自身的权益，供应链联盟必须步步为营，以避免重要资源的损失。合作是有限度的，企业不应该做出战略性妥协。战略联盟是一个不断讨价还价的过程，合作各方真正关心的内容可能超出法律协议的范围。

（3）注重联盟企业间的沟通与协作。实施战略联盟并提高成功的可能性必须有一种联盟合作思维方式及合作意识，即要使所有与战略联盟形成及运作有关的人员都清楚地理解和意识到联盟能给企业带来的利益和风险，并且加强联盟成员之间的沟通与协作，在整体战略及企业文化方面达成共识。在供应链联盟中，不同文化产生的摩擦和纠纷是不可避免的，尤其是在国际联盟中，以各民族传统文化为根基的企业文化难免会有碰撞和冲突，如果企业管理者不能及时进行信息沟通，解决跨文化融合的难点问题，供应链联盟就难以取得长期稳定的发展，企业核心竞争力就难以扩展。因此，联盟伙伴之间应当具备对文化差异的充分理解态度和灵活协调能力，彼此相互信任、忠诚守信，从而为联盟的长久生存和成员企业的共同发展打下坚实基础。

（4）要建立完善的信息沟通网络。信息在联盟体内迅速传递和处理是供应链联盟成功的重要前提。联盟企业必须通过积极有效的沟通，尽可能保持本企业发展目标与联盟目标的高度一致，使供应链联盟能够对瞬息万变的市场环境做出快速有效的响应，充分把握市场机会，完成供应链联盟的任务。

总之，在建立战略联盟过程中，一定要达到以下共识，即合作是以不同形式开展的竞争，也就是合作中的竞争和竞争中的合作；尽管参与合作的各方竞争目标不同，但战略目标却可能是相同的，应该相互允许在共同从事的业务中共同发展；融洽并不是合作成功的最重要标志，偶尔的冲突是合作中存在互惠互利、优势互补的最好证明；合作是有限度的，企业不应该做出战略性妥协：向合作伙伴学习是最重要的任务。

2．供应链战略联盟运作方式

战略联盟的提出是基于资源集成的思想，是将分散在各个不同实体之内的资源集成起来，以最短的时间和最少的资金投入来最大限度地满足市场的需求。其有效实施的关键因素就在于模块化，包括组织的模块化和产品的模块化。

它要求核心企业及各成员企业认真地履行各自的职责，真诚地与其他盟员合作。与此同时，又要在功能上保证各成员企业的相对独立性。不因某些成员企业的加入或退出而影响联盟的正常运转。这就是通常所称的企业外部功能模块化，或称组织模块化。每一个成员企业，作为战略联盟的组成单位，对外，都表现为一个独立的模块；对内，则是具有开发设计、生产组织等各种能力的一个实体。核心企业对于产品的设计可用模块化的概念设计方式来进行，按模块的分解来招标，选择合适的合作伙伴，形成动态的战略联盟。从制造的角度来看，动态的战略联盟的运作方式如图 5－5 所示。

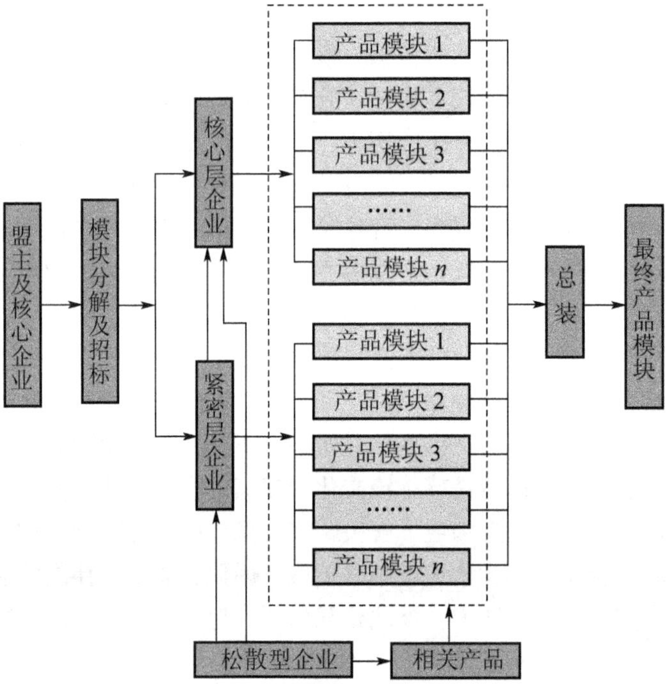

图 5－5　战略联盟的运作方式

组织的模块化和产品的模块化使得分散于各个成员企业生产的模块可以顺利地装配到一起，而且诸盟员之间可以资源共享，互相帮助。这样，从产品的构思、开发、设计到制造、装配，直至售后服务的各个环节的活动都能集中优势资源来完成。

3. 供应链战略联盟的选择模型及原则

（1）选择模型。供应链外包决策战略矩阵模型提供了一个很好的方法，该模型是以企业的核心竞争力、外包带来的财务结果和企业的内部条件为维度建立起来的。

在核心竞争力为基础的战略思想指导下，应通过对供应链外包所带来的财务状况，结合企业内部能力，综合分析供应链外包的决策问题。其中，财务结果包括：投入到生产线的成本、原材料占总成本的比重以及它们对利润的影响等方面。

内部能力包括：设计能力和制造能力上的优势和资源的保有量。将核心竞争力的水平简单分为高、低两种情况，再加上对财务结果和企业内部能力的考虑，共产生 8 种情况，而这 8 种情况能归类合并为四类情况，它们是：一般区域、杠杆区域、瓶颈区域和战略区域，如表 5－1 所示。

表 5－1　企业与合作方的四类情况

	合作关系	合作类型	模型建议
一般区域	传统型、临时性的关系	外包的是普通的部件或项目	在此区域，企业可以从很多供应商中进行选择合作对象
杠杆区域	竞价式的关系	外包的是根据需要的特定部件或项目	决策时，除外包战略外，选择自制决策也可以

续上表

	合作关系	合作类型	模型建议
瓶颈区域	有一定的合作性或长期性的关系	外包的是瓶颈性的项目或特定的部件	企业需要努力提高与对方的相互依赖性和关系的稳定性
战略区域	动态的、单一的或战略合作的、相互间高度信任的关系	联合开发	企业要与供应商建立密切的关系，甚至将对方并入本企业

（2）选择战略伙伴的原则。战略伙伴关系的选择原则概括为 3C 原则。

第一是兼容（Compatibility）。兼容性高低表现在两个方面。硬件方面：包括战略、组织、生产、销售、财务和安全等几个方面。①战略，如果联盟双方的战略相互矛盾，保持良好的合作伙伴关系是不可能的。②组织，在组建联盟时，要仔细研究潜在的合作者与本组织在组织结构上是否存在兼容性。③生产，主要考察以下内容：对方在原材料、零部件采购方面采用什么战略？④市场销售，应考察潜在合作伙伴的市场占有份额和销售增长率的情况怎样？双方对客户的服务政策是否接近？对方在不同地区市场上的形象如何？对方的产品质量、形象、价格如何？⑤财务，主要考察以下几点：双方在财务实力、风险政策、分配政策、再投资安排、资产/负债比率、现金管理等方面有何差异？从对销售和获利能力趋势的分析结果看，潜在合作者能承受多大的不可预见的财务压力？合作伙伴的主要持股人是谁？合作伙伴是上市公司、个人持股公司还是国有公司？等等。软件因素：在软件因素当中，最重要的当属相互之间的信任，在联盟中的相互信任有巨大的价值。而公司文化是否融合也是决定一个联盟命运的关键因素。

第二是能力（Capability）。关于能力，归纳起来主要应评价以下几点：①在拟合作的领域，你与合作伙伴谁更活跃？②对方的市场实力如何？③对方的技术水平、生产能力、销售网络如何？④对方是市场的主导者还是落后者？

第三是投入意识（Commitment）。具体从以下几个方面入手来考察：①联盟的业务是否属于合作对方的核心产品范围或核心业务范围。如果拟设立联盟的业务范围对合作者的主要业务来讲是微不足道的，那么合作者就很有可能不愿向合资企业投入必要的时间和资源，同时，在这种情况下，合作对象还有可能很容易退出联盟而使你处在一种进退两难的境地。然而，如果联盟涉及对方的主要业务或主要发展战略，这种风险便会大大减小。②要确定合作伙伴退出联盟的难度。联盟面临的危险之一就是合作一方把合作纳入他们的全球战略，并且投入大量的资源和精力，而其合作伙伴却突然要求退出联盟，从而陷入进退维谷的境地。所以，公司在最终决定组建联盟前，必须测试这种可能性有多大，测试对方退出联盟的困难程度。

4．建立供应链战略联盟的意义及风险

建立供应链战略联盟对制造商和供应商有许多好处：

（1）对制造商而言，与供应商建立联盟可以提高产品的质量，降低库存水平，在购买原材料时实现数量折扣，缩短交货提前期，对产品设计和技术改革实现快速反应，改善企业管理水平，降低生产成本和管理费用。

首先，新产品上市时间缩短。通过与供应商建立战略联盟，制造商可以充分利用供应商的优势，将大量自己不擅长和没有优势的零部件等的设计和生产任务外包，集中力量于自己的核心竞争优势。这样能充分发挥各方的优势，并开展新产品的设计和制造，从而使新产品的上市时间大大缩短。

其次，生产成本降低。联盟建立后，将会带动供应商更多地参与新产品的设计、工艺及生产过程；制造商也将会对供应商的设计和制造过程进行更多的了解。建立在双赢基础上的战略联盟，会促使供需双方对设计和生产中的缺陷与不足相互提出宝贵意见和改进方法，从而使生产成本大大降低。

最后，用户的满意度将增加。其主要体现在：第一，产品的设计保证。联盟不仅仅存在于供应商和制造商之间，而且还存在于制造商和分销商之间。由于分销商更加贴近用户，知道消费者的喜好，从而能在新产品的需求方面提供恰当的建议，使得产品设计能做到以用户需求为中心。第二，产品制造过程保证。供应质量的提高，将使制造商可以在准确的时间、恰当的地点，获得符合质量要求的正确数量的零部件，从而使产品质量提高。第三，售后服务保证。由于建立了战略联盟，消费者对产品的反馈信息可以很快地在分销商、制造商和供应商之间分享，有利于共同解决出现的问题，提高服务质量。

（2）对供应商而言，联盟的建立意味着有了稳定的市场需求，对用户的需求有了更好的了解，提高了对用户交货期和产品更新的反应速度和柔性，保证了运作质量，降低了生产成本，提高了企业竞争力。制造商从战略联盟的利益考虑，会对供应商进行投资，帮助供应商更新生产和设备，虽然制造商往往会向供应商提出持续降低供应价格的要求，但同时会承诺持续增大对供应商的需求。另外，合同期限的延长使供应商在相当长的时间内的利润有了保证，有利于供应商将更多的注意力放在企业的长远发展上，更好地为整个供应链联盟提供服务。

（3）对双方而言，为了实现共同的期望和目标，双方信息共享、利益共享、风险共担、共同参与产品和技术开发，实现了双方工艺、技术和作业的集成，减少了外在因素的影响，增强了对矛盾的解决能力，降低了管理成本，提高了资产利用率，实现了“强强”联合和双赢。

但是，供应链战略联盟也存在着一定的风险。其表现为：

（1）随着大量零部件的外包，有可能使企业的核心竞争优势丧失。建立联盟后，制造商会将自己没有优势的零部件的生产外包。这样分散了风险，加快了产品的上市速度，又保证了产品的质量，而且这种趋势的发展越来越快，制造商为了追求利润最大化不断加大外包力度。但是，这样的业务合作模式如果长期继续下去，企业对自己的核心竞争优势不是很明确，业务外包会使制造商最终被架空。如果供应商的优势过大，有时也会从内部夺取制造商的市场。

（2）随着大量零部件的外包，以及供应商数量的减少，制造商对供应商的依赖性将会增强，此时供应商对制造商带来损害的可能性就会增大。因此制造商在选择合作伙伴之初就应该明确地告诉合作伙伴，使供应商从群体利益长远最大化角度考虑自身的行为。

（3）过分地依赖于某一个或一些供应商将会增加制造商的风险。某一新产品能否比竞争对手早一步上市，对企业来说十分重要。因此，这将会促使联盟合作伙伴共同努力，发挥整个供应链的最高效率。但是当制造商将某一关键技术或部件外包给某一特定的供应商，而该供应商又无法按期完成任务，整个企业将会面临重创。因此对关键技术或关键零部件供应商的选择更应该慎重，而且在其后的时间内，应加强双方的交流与沟通，加大合作力度，做到防患于未然。

第四节 供应链战略合作伙伴

供应链合作伙伴的选择是供应链运行的前提和基础，直接关系到企业的生存与发展。而供应链合作伙伴关系的协调管理更具有现实意义，直接关系到合作关系的维持以及合作各方的共同利益。因而，必须从理论上系统、科学地研究，以确保真正发挥供应链战略合作伙伴关系的作用。

一、供应链合作关系的定义

供应链合作关系（Supply Chain Partnership，SCP），也可称为供应链伙伴关系，就是供应商—制造商关系（Supplier - Manufacturer），也称为卖主供应商—买主（Vendor/Supplier - Buyer）关系或供应商关系（Supplier Partnership）。供应链合作关系可以定义为：一定时期内供应链中各节点企业（例如供应商与制造商，制造商与经销商之间），为了特定的目标和利益，共享信息、共担风险、共同获利的协议关系。

供应商的战略合作伙伴关系的概念和实践萌芽于20世纪70年代后期的日本汽车工业，在80年代后期得到充分发展，而到了90年代，美国与欧洲许多企业在供应商管理方面吸取了日本经验，并开始“青出于蓝而胜于蓝”。供应链合作伙伴的评价选择是供应链战略合作伙伴关系建立和运行的第一步，具有非常重要的意义。

这样一种战略合作关系在集成化的供应链管理环境下，形成于供应链中为了特定的目标和利益的企业之间。形成的原因通常是为了降低供应链总成本，降低总的库存水平，加强信息共享，改善相互之间的交流，保持战略伙伴相互之间运作的惯性，产生更大的竞争优势，以实现供应链节点企业的财务状况、质量、产量、交货期、客户满意度和业绩的改善和提高。显然，战略合作关系强调彼此的合作和信任。

实施供应链合作关系意味着新产品/技术的共同开发、数据和信息的交换、市场机会共享和风险共担。供应商所提供各种生产要素（原材料、能源、机器设备、零部件、工具、技术和劳务服务等）的数量、价格，直接影响到制造企业生产过程的组织、成本的高低和产品质量的优劣。在供应链合作关系的环境下，制造商选择供应商时，不再是只考虑价格，而是更注重选择能在优质服务、技术革新和产品设计等方面进行良好合作的供应商。因此，制造商与供应商的合作关系应着眼于以下几个方面：

（1）让供应商了解企业的生产程序和生产能力，使供应商能够清楚地知道企业需要产品或原材料的期限、质量和数量。

（2）向供应商提供自己的经营计划、经营策略及其相应的措施，使供应商明确企业的希望，以使自己能随时达到企业要求的目标。

（3）企业与供应商要明确双方的责任，并各自向对方负责，使对方明确共同的利益所在，并为此而团结一致，以达到双赢的目的。

二、供应链战略合作伙伴关系的特点

1. 供应链战略合作伙伴关系是基于协议的合作关系

合作伙伴关系通过协议来保障交易活动的顺利进行，这些协议可以是正式的，也可以是非正式的。正式的协议一般是基于一定的政策及法律法规框架而订立的、具有强制约束力的书面协议。非正式的协议通常以口头承诺或备忘录的形式存在，这类协议一般基于诚实及商业信用而订立，在大多数情况下执行力相对较弱，并不具有强制约束力；但在保持供应链关系、保障交易活动正常秩序方面有着积极的意义。

2. 供应链战略合作伙伴关系是一种竞争性的合作关系

首先，合作企业是基于相互信任、互惠互利、信息共享、风险共担、协同工作等一些基本原则结成战略意义上的伙伴或同盟关系。为了使客户满意和供应链整体绩效最佳，合作是它们结成同盟的基本前提，各成员企业在合作的基础上按照一定的分配机制共享供应链成果。其次，供应链成员企业是相互独立的经济实体，具有各自的主营业务和核心竞争力，它们有自己的财务核算体系，有符合自身特点的发展战略和企业文化体系，所以，供应链企业常常要按照自身的理性需要，追求其效益的最大化。最后，各成员企业总是希望在资源及信息等方面占有控制权，并企图建立有利于自身的分配机制。资源及决策权配置问题是供应链上各成员企业之间竞争的焦点问题，这将成为它们进一步合作的障碍，甚至最终导致供应链战略合作伙伴关系的解体。因此，供应链战略合作伙伴之间的合作是竞争性的、有条件的。竞争性因素使得供应链的合作博弈存在着诸多不确定性，因而供应链管理表现出相当的复杂性。

3. 供应链战略合作伙伴关系具有相对稳定性

一方面，供应链战略合作伙伴依据正式的或非正式的协议达成共识并凝聚在一起，互惠互利、风险共担和信息共享是它们合作的坚实基础，使客户满意和供应链整体绩效最佳是它们共同的目标，它们之间有着广泛的一致性和信任度。因此，从这个意义上说，供应链战略合作伙伴关系是稳定的。但是，由于个体差异和竞争性因素的存在使得供应链成员之间的合作又总是有条件的、非永恒的，供应链合作伙伴关系始终处于动态变化之中。不仅供应链成员数量可增可减，而且它们之间的契约关系和交易方式也都总是处于动态调整之中。所以，供应链战略合作伙伴关系并不是一成不变的，它只是在一定的条件下和一定的时间范围内表现出一定程度的稳定性。

4. 供应链战略合作伙伴关系最本质的特征是运作协调性

供应链战略合作伙伴关系就是供应链成员企业之间以正式或非正式的协议形式达成的具有相对稳定性和运作协调性的竞争性合作关系。供应链管理目标必须通过成员企业间的协调运作来实现。协调运作要求供应链成员企业在宏观层面上实现企业之间的资源优化配置，在中观层面上实现信息的共享，在微观层面上实现物流的同步化。

三、供应链合作关系与传统供应商关系的区别

在新的竞争环境下，供应链合作关系研究强调直接的、长期的合作，强调共同努力实现共有的计划和解决共同问题，强调相互之间的信任与合作。这与传统的关系模式有着很大的区别。供应链合作关系与传统供应商关系的区别主要体现在如表5－2所示的几个方面。

表5-2　供应链合作关系与传统供应商关系的比较

比较项目	传统供应商关系	供应链合作关系
相互交换的主体	物料	物料、服务
供应商选择标准	强调价格	多标准并行考虑（交货的质量和可靠性等）
稳定性	变化频繁	长期、稳定、紧密合作
合同性质	单一	开放合同（长期）
供应批量	小	大
供应商数量	大量	少（少而精，可以长期紧密地合作）
供应商规模	小	大
供应商的定位	当地	国内和国外
信息交流	信息专有	信息共享（电子化链接、共享各种信息）
技术支持	提供	不提供
质量控制	输入检查控制	质量保证（供应商对产品质量负全部责任）
选择范围	投标评估	广泛评估可增值的供应商

四、建立战略合作伙伴关系

供应链管理的精髓在于企业间的合作，建立战略合作伙伴关系是供应链战略管理的重点。战略伙伴关系的建立受到各种障碍的影响，比如合作的困难和风险性、收益的不均等性、文化的冲突、合作义务的多重性等。尽管伙伴关系成功的比例不是很高，但是它形成的潜在利润很大，对整个链上的效益最大化有重要影响。

1. 影响战略伙伴关系的因素

（1）相互信任。信任包括对能力的信任和对品质的信任。企业得到的需求信息是相邻的节点企业产生的，而不是最终消费者的真实需求，有可能导致“牛鞭效应”。因此，信任和协同工作更显重要。但因各方成员所具有的信息不对称、各方所拥有的优势不同、利益分配不均等，要真正做到相互信任并非易事。

（2）高层管理的支持。在目标定位、利益分配、成本分摊、冲突解决等问题上都需要高层领导从全局角度进行决策。在实施的过程中，绩效的评价、组织和业务流程的变更、各方的交流等，也需要高层领导的参与。

（3）有效的信息沟通。我国的企业在共享信息方面不够重视，很多信息的发送、接收、储存、处理还停留在半手工状态。有效的信息沟通已经成为我国企业发展的瓶颈。

（4）明确的目标。每个企业建立战略伙伴关系的动机不一定一样，要达到的目标也各不相同。如果目标明确且比较接近，建立和实施既定的目标，进而实现这个目标就比较容易了。因为此时实现的过程可以在合作双方管理者之间进行协商、调整，从而最大限度地调动双方的资源和优势。

（5）伙伴之间的兼容性和互补性。兼容性指伙伴之间能够以一种高效率的方式进行协同计划和工作，它们在经营哲学和风格方面要有兼容性，在合作和解决问题的能力方面也要有兼容性。在明确兼容性的同时要有主动性，对经营中出现的问题，包括对于不可预见的问题要有主动的应变能力。互补性是指合作各方在不同的领域（研发、生产、市场、运输等）有自己的核心专长和资源优势（包括地理位置分布），相互补充。

（6）灵活的组织结构和业务流程。

2. 战略伙伴关系运行模型

建立战略伙伴关系可由图5－6所示的反馈模型表示。

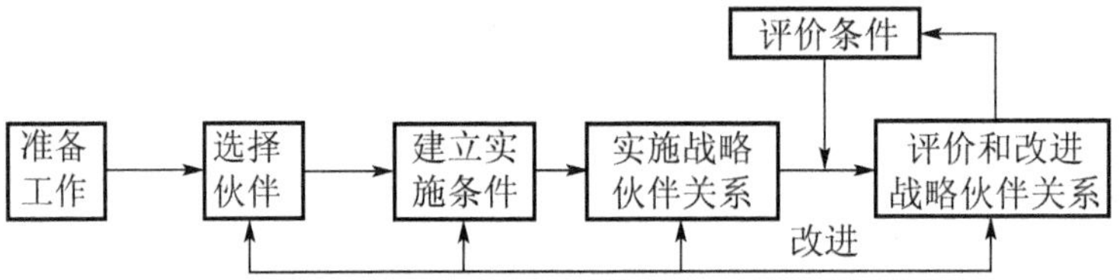

图5－6　建立战略伙伴关系的反馈模型

模型中包含了准备工作、选择伙伴、建立实施条件、实施战略伙伴关系、评价和改进战略伙伴关系等几个模块。

（1）准备工作。企业管理层应该具备供应链管理的观念，了解建立战略伙伴关系对于供应链管理的意义，明确伙伴关系会给双方带来利益。建立战略伙伴关系是一个长期的、复杂的过程。战略伙伴的协作需要经过一定磨合期，需要相互适应对方、互相学习。在此期间内，可能会经历组织结构的变动、流程的改变、人员的调整，甚至伙伴的重新选择（当然尽量避免）。另外，还需要进行组织（实施人员）上的准备。选择参与实施的人员结构应该比较合理。人员尽可能少而精，应该是既了解供应链管理思想又懂业务的领导。

（2）选择合作伙伴。选择合作伙伴的标准不再是只考虑价格，而是更注重能在服务、技术革新、产品设计等方面进行良好合作的伙伴。

（3）建立战略伙伴关系的实施条件。其主要包括明确目标、选择适当的战略伙伴关系模式、正式协商利润分配和成本分摊方案、建立有效的绩效评价体系、建立信息沟通平台等。要根据所处情况的不同，采用合适的战略伙伴关系模式，如3PL（第三方物流）、VMI（供应商管理库存）、RSP（零售商供应商联盟）等。协商利润分配和成本分摊方案的过程是比较艰难的，因此，制定解决冲突的机制是一项很重要的工作。建立有效的供应链绩效评价体系，定期对供应链伙伴进行评价，并反馈评价结果给伙伴企业，共同查找存在问题的原因，促进链上企业共同进步，从而实现供应链整体效益的最大化。建立信息沟通平台，可利用先进的信息技术及网络工具，使链上各个企业的沟通达到很好的效果。

（4）实施战略伙伴关系。在实施过程中，需要做好不同方面的工作，比如，适当变革企业组织结构，使新的组织结构能够更好地适合于伙伴间的信息共享、协同工作；适当变革企业的业务流程，充分体现供应链“整体最优”的思想。必要时，可以进行业务流程重整（BP），定期召开伙伴会议，交流协商合作中出现的问题，并且提出解决办法。

（5）评价和改进战略伙伴关系。建立评价体系；将评价结果相互沟通，共同找出存在问题的原因；采取一定的激励措施鼓励合作伙伴。改进包括改进实施过程、变动实施条件，必要情况下甚至重新选择合作伙伴。

3. 战略合作伙伴的选择

（1）为规避风险而对本企业进行战略定位。企业不断地创新是提高企业竞争力的需要，战略创新是其中关键性的创新。与那些初看起来与自身业务没什么互补性的企业结成联盟可以看做是战略创新。企业将自己置于一个联盟网络中再也不是仅仅为了获得更多的资源，而是为在未来应对不可预知的挑战和发展做准备，并得到能最大限度提高自己价值的合作伙伴，从而有效地规避风险。

（2）构建联盟能力。成功地管理一组各不相同的合作企业，这要求企业具有高超的联盟能力。所需要的联盟能力要与企业的联盟战略相适应。比如说，一个企业只在一个目标上涉及双边合作，管理这个联盟将主要是负责业务单元的管理。如果企业涉及广泛的合作关系，而这些合作关系之间存在着潜在的冲突，则管理的重点要集中于管理一组合作关系中的利益冲突。因此，在广泛的合作伙伴间建立信任和承诺已经成为有效开拓新的战略机会的关键。联盟从双边向多边转变使得企业需要关注合作关系的各个相关方面，拥有一组合适的合作关系并且确实了解合作伙伴，这将是一个企业战略地位的巨大优势。

（3）建立协调融洽的共同体。每一个联盟都有一个明确的联盟目的，并确定了所有合作伙伴都认同的要达到的目标。伙伴们应该清楚各自的贡献以及它们通过努力将获得的回报，因此，合作伙伴间必须要有融洽的关系，一个真正有效的商业共同体才有可能产生。在商业共同体中，大家有着共同的理念，大家共同分享价值，相互间步调一致，并且有着明确的原则和方针。共同体中的企业将由于合作而共同受益。

（4）确定合适的合作伙伴。那些最知名的企业并不总是合作伙伴的最佳选择，一个企业在建立联盟以前，必须明确自己需要什么样的合作伙伴。只有在全面分析了潜在合作伙伴的各个方面后，与其结成的联盟才有可能达到预期的成功。一般而言，需要对潜在合作伙伴的以下各个方面有明确的了解：

① 潜在合作伙伴的竞争地位如何？它进入联盟网络的方法是什么？合作双方的能力是否协调？

② 潜在合作伙伴的技术资源和创新潜力如何？

③ 潜在合作伙伴加入这一合作关系双方各自的最主要原因是什么？其目标是否匹配？

④ 潜在合作伙伴的企业文化（国家文化）和价值观的基础是什么？有无文化冲突？如何解决文化冲突？

⑤ 怎样才能使双方和睦相处从而获得一个融洽的合作关系？

⑥ 潜在合作伙伴的联盟记录怎样？它在以前的合作过程中发生过什么问题？

⑦ 合作双方对未来的预期是否相适应？

⑧ 当环境发生变化时，如何应付？

⑨ 获得最好的合作关系所需要的管理和经营方式是什么？

五、供应链战略合作关系的重要意义

从供应链战略合作关系在缩短供应链总周期时间中的地位可以看出它对于供应链管理企业的重要意义。如图 5－7 所示为供应链总周期时间。

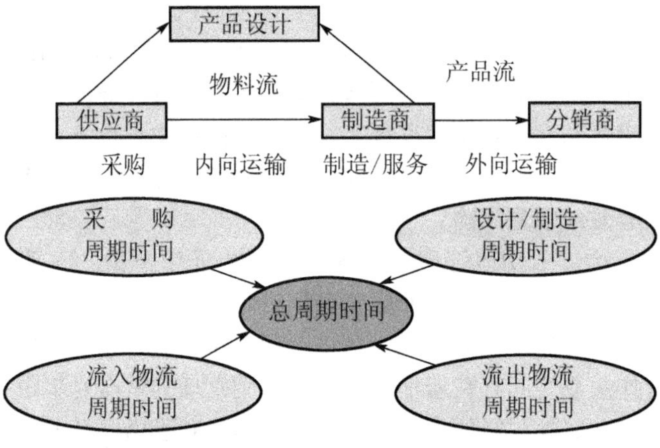

图5－7　供应链总周期时间

时间是企业赢得竞争的关键所在，供应链中制造商要求通过与供应商、分销商的合作，通过缩短供应链总周期时间，达到降低成本和提高质量的目的。从图5－7中可以看出，要缩短总周期，主要依靠缩短采购时间、流入物流（Inbound）运输时间、流出物流（Outbound）运输时间和设计制造时间（制造商与供应商共同参与），显然加强供应链合作关系运作的意义重大。通过建立供应商与制造商之间的战略合作关系，可以达到以下目标。

1. 对于制造商/买主

（1）降低成本（降低合同成本）。

（2）实现数量折扣、稳定而有竞争力的价格。

（3）提高产品质量和降低库存水平。

（4）改善时间管理。

（5）交货提前期的缩短和可靠性的提高。

（6）提高面向工艺的企业规划。

（7）更好的产品设计和更快的对产品变化的反应速度。

（8）强化数据信息的获取和管理控制。

2. 对于供应商/卖主

（1）保证有稳定的市场需求。

（2）对用户需求有更好的了解/理解。

（3）提高运作质量。

（4）提高零部件生产质量。

（5）降低生产成本。

（6）提高对买主交货期改变的反应速度和柔性。

（7）获得更高（比非战略合作关系的供应商）的利润。

3. 对于合作双方

（1）改善相互之间的交流。

（2）实现共同的期望和目标。

（3）共担风险和共享利益。

（4）共同参与产品和工艺开发，实现相互之间的工艺集成、技术和物流集成。

（5）减少外在因素的影响及其造成的风险。

（6）降低投机思想和投机概率。

（7）增强解决矛盾冲突能力。

（8）订单、生产、运输上实现规模效益以降低成本。

（9）减少管理成本。

（10）提高资产利用率。

虽然有这些利益的存在，仍然存在许多潜在的风险会影响供应链战略合作关系的参与者。最重要的是，过分地依赖一个合作伙伴可能会在合作伙伴不能满足期望的要求时损失惨重。同时，企业可能因为对战略合作关系失控、过于自信、合作伙伴过于专业化等原因降低竞争力。而且，企业可能过高估计供应链战略合作关系的利益而忽视了潜在的缺陷。所以企业必须对传统合作关系和战略合作关系策略做出正确对比，再做出最后的决策。

复习思考题

一、简答题

1. 简述供应链战略管理的主要内容。
2. 比较拉动式与推动式两种模式的优缺点。
3. 简述供应链战略联盟的含义。
4. 如何实施供应链战略联盟？
5. 供应链战略管理的策略具有哪些？
6. 谈谈供应链合作伙伴关系与传统企业关系的区别有哪些？
7. 从供应链总周期时间谈谈供应链战略合作关系的重要意义。

二、不定选择题

1. 物流管理战略内容可分为哪些层次（　　）。

A. 基础性的战略　　B. 功能性的战略

C. 结构性的战略　　D. 集中性的战略

E. 全局性的战略

2. 供应链战略管理就是要从企业发展战略的高度考虑供应链管理的事关全局的核心问题，但它不包括(　　)。

A. 实施战略的制定问题　　B. 运作方式的选择问题

C. 物流信息平台的建立问题　　D. 绩效测量与评价问题

3. 下列对拉动式供应链优势的叙述中，正确的有（　　）。

A. 支持产品的不断变化　　B. 延长交货周期，提高经营效率

C. 改进质量，降低单位成本　　D. 能够全面衡量业绩，更易于实施控制

E. 以产定销，节约成本

4. (　　)不属于供应链资产管理绩效评价的内容。

A. 库存周转　　B. 负担成本

C. 废弃的库存　　　　D. 退货

5. 供应链环境下的分布式，面向对象的，协调生产作业控制模式最主要的特点是(　　)。

A. MPS的设置　　　　B. BOM的制定

C. 信息的相互沟通与共享　　　　D. 订单的传递

6. 供应链管理的协调主要形式有(　　)。

A. 供应—生产协调　　　　B. 生产—作业协调

C. 领导—员工协调　　　　D. 生产—分销协调

E. 库存—销售协调

7. 关于供应链战略联盟的形成及运作方式叙述不正确的是(　　)。

A. 供应链战略联盟是企业为共同利益所形成的联合体

B. 战略联盟的提出是基于资源集成的思想

C. 供应链战略联盟不能按模块的分解来招标，选择合适的合作伙伴，形成动态的战略联盟

D. 供应链战略联盟有效实施的关键因素就在于模块化，包括组织的模块化和产品的模块化

8. 供应链战略联盟作为一种新的企业组织形式，其最突出的特点在于（　　）。

A. 强调整体系统优化观念　　　　B. 建立合作伙伴关系

C. 有效整合企业内、外部资源　　　　D. 最终实现企业的战略目标

E. 战略联盟是一种相对松散的组织形式

9. 供应链战略管理类型不包括(　　)。

A. 时效性战略　　B. 合作战略　　C. 技术型战略

D. 经营战略　　E. 关系战略

10. 供应链战略管理的策略包括(　　)。

A. 运营策略　　　　B. 渠道策略

C. 外包策略　　　　D. 客户关系策略

E. 资产联盟策略

11. 企业业务外包原因主要有下列几个方面(　　)。

A. 经济全球化　　　　B. 全球生产合作

C. 集成化管理　　　　D. Internet、交互式Web应用及电子商务的出现

E. 供应链合作伙伴关系

12. 对外委托包括(　　)几种形式。

A. 企业自己从事物流系统设计、库存管理和物流信息管理，而将运输及保管等具体的物流活动委托给外部的物流企业

B. 物流企业将其开发设计的物流系统提供给货主企业由它承担物流作业

C. 有专业企业站在货主企业的角度，代替其从事客户化的物流系统的设计，并对系统运营承担责任

D. 生产企业自建物流系统

E. 流通企业拥有自己的车队

【课后案例】

供应链联盟——沃尔玛与宝洁公司产销供应链联盟

宝洁公司和沃尔玛之间的合作源于20世纪80年代中期宝洁公司的销售副总经理罗·普利切特所推动的战略转换和调整。

20世纪80年代以前，宝洁公司作为美国大型生产商，拥有强大的经营实力和销售队伍，在销售政策上也一直采取强硬的态度，常常利用自身在产业链中的垄断地位和权力严格地控制下游的经销商和零售商，并迫使后者在日常经营中贯彻自己所制定的营销战略和各种相应的规定。因此，长期以来，在美国市场上人们借用宝洁公司这个字母形容宝洁公司为充满“强压和吼叫”（Push & Grunt）的公司。特别是当时宝洁公司考核销售人员的业绩主要是用确保汰渍和碧浪等产品的市场份额作为衡量尺度，所以，销售人员为保证自己的业绩和不断增长的市场份额，用尽各种手段强迫经销商或零售商大规模销售宝洁公司的产品，就连后来推动新型产销合作关系的宝洁公司副总经理普利切特，也坦言自己在做销售人员时，常常是带着手枪不停地追赶零售店主。所以，当时在美国的零售业中经常能听到各店主对宝洁公司的人员高喊“欢迎贵公司的产品和死鬼一起到我店”，从中不难看出零售企业在当时对宝洁公司的营销人员极其反感。这也从一个侧面反映了当时美国市场中以生产商为主导的产销关系是相当紧张的。

进入20世纪80年代以后，美国的零售企业不仅在规模上有了大的发展，而且在信息化的建设和运用上出现了质的飞跃，这表现在POS、EOS等现代零售管理系统开始进入到零售店铺，并带来了零售经营翻天覆地的变革，即零售企业不仅经营绩效有了巨大提高，而且更由于他们准确、及时掌握了市场上的关键信息和顾客需求，从而相对于远离市场的生产商占据了信息上的优势地位。在上述背景和原因下，宝洁公司再像以前那样采取压迫式的销售，显然已经行不通，其结果只能是市场占有率逐年下降，企业的长远发展面临挑战。普利切特正是意识到了这个问题，所以决意改革原有的企业运作方式，以寻求同零售业中规模大、高度信息化的企业改善日益紧张的关系，建立一种长期、平等和互动式的供应链合作关系。

开始，普利切特试图寻求与当时排名第一的折扣店凯马特（K－mart）建立起长久的关系，但是他的请求遭到了凯马特的断然拒绝。在这种状况下，宝洁公司只好把目光转向当时正处于高速发展期的沃尔玛。可是对于普利切特来讲，与沃尔玛的合作仍然有难以克服的障碍，那就是由于长期以来两个企业之间的矛盾非常尖锐，所以普利切特很难接近沃尔玛的创始人萨姆·沃顿。因此，在这样的环境下，宝洁公司与沃尔玛之间的合作关系根本无法建立。

在这种形势下，普利切特委托其青少年时期一个阿肯色州的朋友乔治·普林克斯莱与萨姆·沃顿接触，以寻求见面的机会。1987年7月深知沃顿对正式会晤十分厌恶（特别是与宝洁公司的会晤）的普林克斯莱，通过邀请沃顿去阿肯色州斯普林湖旅游为名为两位公司划时代的会晤牵线搭桥。在会晤中，沃顿对普利切特表达了他对当时沃尔玛所面临问题的认识，具体讲，当时沃顿面临的一个最大问题是在香皂市场，沃尔玛既要从事商品的配送，又要进行商品的销售，其结果大大提高了成本，从而在与国外企业的竞争中处于不利的地位。如果要把这部分成本转嫁给消费者，又不利于企业的长远发展。因此，沃顿认为要全面提升美国企业的竞争力，必须产销之间紧密合作，而这种想法无疑与普利切特不谋而合。在这种背景下，双方达成了意向性的合作协议，形成了一致的对企业未来发展的设想，并同意回去后，双方管理人员进一步进行具体的磋商，以研究出可行的合作方法。可以说沃顿与普利切特的这次会晤为美国推动供应链管理和构筑新型的产销合作关系揭开了序幕。

以沃顿与普利切特的会晤为契机，两个美国大型企业正式开始了合作的历程。当时，双方各10名成员聚集到沃尔玛总部商讨今后所面临的问题。其主要的合作形式和方法正如沃顿所说的“三个月之内为了构筑新型的生产商和零售商之间的产销关系，宝洁和沃尔玛建立起一个协作的团队。为了推动我们的业务发展，通过联盟的形式，借助于计算机开始实现信息的共有。宝洁公司可以调用沃尔玛的销售和库存数据，并以此为依据制订出有效率的生产和出货计划。不仅仅是单纯的财务管理，而是通过利用新型的信息技术对整个业务活动实行全方位的管理，进而双方进入到一种新的境地。”

作为实施合作的主要组织机构，宝洁公司和沃尔玛双方组成由财务、流通、生产和其他各职能部门组成的约70人的专门合作团队，派往沃尔玛实行协作管理。根据专门合作团队的策划，沃尔玛于1989年开始对宝洁公司的纸尿裤产品实行供应链管理，即构筑JIT型的自动订发货系统。其具体的形式是双方企业通过EDI和卫星通信实现联网，借助于这种信息系统，宝洁公司除了迅速知晓沃尔玛物流中心内的纸尿裤库存情况外，还能及时了解纸尿裤在沃尔玛各店铺的销售量、库存量、价格等数据，这样不仅使宝洁公司能及时制订出符合市场需求的生产和研发计划，同时也能对沃尔玛的库存实行单品管理，做到连续补货，防止出现商品结构性的机会成本（即滞销品库存过多，与此同时畅销品断货）。而沃尔玛则从原来繁重的物流作业中解放出来，专心于经营活动，同时在通过EDI从宝洁公司获得信息的基础上，及时决策商品的货架和进货数量，并由MMI系统（生产者管理仓库）实行自动进货。沃尔玛将物流中心或仓库的管理权交给宝洁公司（所有权仍属于沃尔玛）代为实施，这样不仅沃尔玛不用从事具体的物流活动，而且由于双方企业之间不用就每笔交易的条件（如配送、价格问题等）进行谈判，大大缩短了商品从订货，经进货、保管、分拣、补货，到销售整个业务流程的时间。

具体作业流程是沃尔玛的各店铺都制定了一个安全库存水平，一旦现有库存低于这种水平，设在沃尔玛的计算机通过通信卫星自动向宝洁公司的纸尿裤工厂订货，宝洁公司在接到订货后，将订购商品配送到各店铺，并实施在库管理。与整个商品前置时间缩短相适应，两个企业之间的决算系统也采用了EFT（电子财务决算传输）系统，通过这种系统企业之间的财务结算就不需要传统的支票等物质形式来进行，而是通过计算机、终端等电子设备来完成。显然，EFT系统的导入不仅提高了企业之间的结算效率，而且大大降低了两个企业的间接成本。对于宝洁公司来讲，EFT加速了资金的回笼，提高了资金周转率；对于沃尔玛来讲，由于及时化的商品管理制度，保证了货款的支付在商品完成以后进行，所以也加速了它的资金周转，提高了资金效率。

宝洁公司与沃尔玛之间的产销供应链联盟所产生的另一个重大积极作用是彻底打破了当时在美国流通领域占统治地位的以双环节为主的多环节流通体制。宝洁公司与沃尔玛之间的产销联盟所发挥的作用恰恰就是引进了单环节的直接交易形式，使产销双方能够紧密地联系在一起，同时借助以信息共享为特征的经营和物流管理系统，使产销都能对应市场的变化而做出及时响应，其结果是库存商品量减少，有效遏止了滞销品的产生。事实证明，自从宝洁公司与沃尔玛实行产销联盟以后，沃尔玛店铺中宝洁公司的纸尿裤商品周转率提高了70%。与此相对应，宝洁公司的纸尿裤销售额也提高了50%，达到了30亿美元，而且从此以后，沃尔玛就一直采用了单环节的直接交易形式，为其全面控制流通成本、塑造新的竞争优势打下了基础。

宝洁公司和沃尔玛在纸尿裤产品合作上的巨大成功，使双方将合作的领域逐渐扩大到其他主要产品。到1991年宝洁公司在美国市场销售额（153亿美元）中的11%都是通过沃尔玛实现的，到1992年这个数据上升到了20%（即156亿美元中的20%）。对于沃尔玛而言，因为其革新型销售体制的建立，1990年在零售额上一举超过了原来处于第一位的凯马特，成为美国第一大零售商。1993年3月开始，沃尔玛与所有的商品供应商都建立了EDI系统，形成了以沃尔玛为核心的产销供应链协作网络。

讨论题

1. 沃尔玛与宝洁公司产销供应链联盟为什么能增强企业竞争力？

2. 沃尔玛与宝洁公司产销供应链联盟是制造业与商业的联盟，对其他类型产业怎样联盟？

【实训项目】

生活连锁超市与供应商关系调查

【实训目标】

1. 培养学生调查设计的能力；

2. 加强学生对供应链战略联盟及合作伙伴关系的全面认识；

3. 培养学生系统思考问题、统揽调查全局的能力。

【实训目的】

1. 通过对超市与供应商关系的调查，加深对合作伙伴关系的认识和理解。

2. 通过调查加深学生对当前经济形势下建立战略合作关系的重要性的认识。

【实训内容】

1. 调查当地生活连锁超市与供应商合作关系的类型。

2. 弄清超市与供应商建立该合作关系所采取的手段和措施。

3. 考察分析超市与供应商建立合作关系的优点及面临的问题。

【实训组织】

1. 联系当地较有代表性的大中小型超市数家，争取对方的支持与配合。

2. 根据联系的超市数量对学生进行分组，各小组着手搜集相关资料等准备工作，并拟定调查方案报教师审定。

3. 各小组赴指定超市进行实际调查，获得所需材料和数据。

4. 组织小组讨论分析所获资料，并比较大中小型超市与供应商合作关系的差别，最后写出调查报告。

【实训要求】

1. 提交一份不少于 1 000 字的报告，要求图表丰富，数据真实；

2. 教师在课堂组织讨论课，分析学生所提交的报告。由学生讲解所写报告，教师点评分析。

【实训检验】

每位同学的成绩由两部分组成：课堂讨论成绩（40%）和卷面成绩（60%）。

第六章　供应链业务流程管理

【学习目标】

知识目标

1. 掌握采购的概念、类型、网上采购环境、采购的流程及重要性；
2. 掌握采购管理的概念、目标、作用及采购管理的内容与过程；
3. 了解供应链采购的观念和采购的操作方式与传统的采购的区别；
4. 掌握现代供应链即时采购的基本思想、特点、实施条件及步骤；
5. 了解库存种类、成本、过程及库存费用；
6. 掌握库存管理的重要性、任务及供应链管理环境下的库存问题；
7. 掌握供应链管理模式下的库存策略；
8. 掌握供应商管理库存及联合库存管理。

能力目标

1. 能够运用采购策略使供应链系统实现无缝连接，提高供应链企业的同步化运作效率；
2. 能够运用准时采购方法减少库存，加快库存周转，缩短提前期，提高购物的质量，获得满意交货等效果；
3. 能够运用库存管理方法达到用最低的费用在适宜的时间和适宜的地点获得适当数量的原材料、消耗品、半成品和最终产品的目的；
4. 能够突破传统的条块分割的库存管理模式，以系统的、集成的VMI库存管理思想进行管理，使供应链系统能够获得同步化的运作。

课前思考题

1. 了解供应链管理环境下的采购问题。
2. 了解供应链管理环境下的库存控制及库存策略问题。

【引导案例】

“如果你在供应链运作上不具有竞争优势，就干脆不要竞争。”

——杰克·韦尔奇

在当今快速变化的市场环境下，如何做到准确预测、快速反应，以克服“市场不确定性”所带来的风险，及时、快速地响应消费者需求？在当今多级网络的供应体系中，如何做到与供应商信息的共享、快速的协同，以克服“供应不确定性”所带来的风险，及时、快速地调整采购作业适应供应的变化？友达光电就碰到了这样的困惑。

友达光电是全球第三大的TFT—LCD制造商，拥有从小尺寸到大尺寸TFT—LCD各种面板的生产。目前有十几座工厂分布在中国台湾地区和苏州。友达光电从2000年开始积极构建极速供应链管理，以提升整个企业对客户的响应能力。友达光电有一套传统的ERP系统，对于公司内部信息的收集和计划，是可以做到的。但是，友达光电从市场端获得需求计划—制定生产流程—生成采购计划—计划发至供应商—供应商回复确认，整个计划周期需要四天的时间。也就是说，当情况发生变化以后，还要经过四天的时间友达光电才可以做出反应，制订出新的生产和采购计划。在企业实际运作中，友达光电还要和供应商反复确认、修改计划，以保证计划的可行性。对光电产业来说，在这四天的时间里，市场环境的变化往往很大。友达光电为了避免生产线缺料，只能囤积大量库存，结果造成库存大量积压，资金损耗严重。

友达光电试图寻找帮助企业准确获得市场预测信息的方法，但是后来发现，对市场需求快速变动的电子制造行业来说，基本是不可能的事情。即便是找到准确的市场预测信息，如果计划和采购跟不上，企业在执行力方面配合不够，也于事无补。

友达光电最大的问题在于计划循环周期过长，往往需要4～5天。在整个计划循环周期过程的4～5天中，友达光电内部问题处理都比较快，最慢的部分就是同供应商的协同部分。供应商将相关资料反馈回来往往需要3～4天。因此，解决这个环节的速度问题是重中之重。为此，友达光电采用了明基逐鹿Guru SRM系统，在友达光电与供应商之间建制一个协同商务平台，使供应商能够在一天之内反馈回信息。对于一些紧急的情况，甚至在半天之内，所有供应商的信息就能够反馈回来。

讨论题

1. 在当今快速变化的市场环境下，企业如何建立自己的竞争优势？
2. 友达光电采取什么策略才能有效地解决目前的困惑？

第一节　供应链采购管理

采购管理是供应链管理的重点业务流程之一，它在供应链企业之间原材料和半成品的生产合作交流等方面架起一座桥梁，沟通生产需求与物资供应的联系。为使供应链系统能够实现无缝连接，提高供应链企业的同步化运作效率，就必须加强采购管理。在供应链管理模式下，采购工作要做到五个恰当：恰当的数量、恰当的时间、恰当的地点、恰当的价格、恰当的来源。

一、采购的概述

（一）采购的概念

采购（Purchasing），是指企业在一定的条件下从供应市场获取产品或服务作为企业资源，以保证企业生产及经营活动正常开展的一项企业经营活动。采购不是一个陌生的概念，人们所消耗的东西不都是自己生产的，需要从别人手中获得，这就需要采购。但是采购不同于简单的购买活动，一般是指从多个对象中选择购买自己需要的物品。一般包括以下一些基本的含义。

（1）采购是从资源市场获取资源的过程。资源包括生活资源、生产资源、物资资源

（原材料、设备、工具等）和非物资资源（信息、软件、技术、文化用品等）。能够提供这些资源的供应商，形成了一个资源市场。

（2）采购既是一个商流过程，也是一个物流过程。采购的基本作用，是将资源从供应商手中转移到用户手中，它既要实现资源的所有权转移，又要实现物质实体的转移。前者是一个商流过程，主要通过商品交易、等价交换来实现；后者是一个物流过程，主要通过运输、储存、包装、装卸、流通加工等手段实现商品空间位置和时间位置的转移。因此，采购是商流和物流的统一。

（3）采购，是一种经济活动。采购是企业经济活动的主要组成部分。所谓经济活动，就是要遵循经济规律，追求经济效益。采购活动一方面要获得资源，保证企业的正常生产，实现采购的效益，另一方面，采购过程会发生各种费用，存在采购成本。采购就是要追求以最少的成本去获取最大的效益。

采购是一个商业性质的有机体为维持正常运转而寻求从体外摄入的过程。分为战略采购（Sourcing）和日常采购（Procurement）两部分。

（1）战略采购是采购人员（Commodity Manager）根据企业的经营战略需求，制订和执行采购企业的物料获得的计划，通过内部客户需求分析，外部供应市场、竞争对手、供应基础等分析，在标杆比较的基础上设定物料的长短期的采购目标、达成目标所需的采购策略及行动计划，并通过行动的实施寻找到合适的供应资源，满足企业在成本、质量、时间、技术等方面的综合指标。战略采购计划内容包含采用何种采购技术、与什么样的供应商打交道，建立何种关系，如何培养与建立对企业竞争优势具有贡献的供应商群体，日常采购执行与合同如何确立，等等。

（2）日常采购是采购人员（Buyer）根据确定的供应协议和条款，以及企业的物料需求时间计划，以采购订单的形式向供应方发出需求信息，并安排和跟踪整个物流过程，确保物料按时到达企业，以支持企业的正常运营的过程。

（二）采购类型

1. 按采购方式分

（1）直接采购：直接向物料生产厂商进行采购。

（2）委托采购：委托某代理商或贸易公司向物料生产厂商进行采购。

（3）调拨采购：在几个分厂、合作厂商或客户之间，将过剩物料互相调拨。

2. 按采购性质分

（1）公开采购和秘密采购。

① 公开采购：采购行为公开化。

② 秘密采购：采购行为秘密进行。

（2）特殊采购和普遍采购。

① 特殊采购：采购项目特殊，采购人员事先须花很多时间进行采购情报搜集的采购行为。

② 普遍采购：采购项目普通的采购行为。

（3）正常性采购和投机性采购。

① 正常性采购：不带投机性质的正常化的采购行为。

② 投机性采购：物料价格低廉时大量买进以期涨价时转手图利的采购行为。

3. 按采购政策分

（1）集中采购和分散采购。

① 集中采购：由公司总部采购部门统一进行采购，如医药连锁店、连锁超市等由总部进行统一采购。

② 分散采购：由各分厂的采购部门独立进行采购。

（2）计划性采购和市场性采购。

① 计划性采购：依据物料需求计划的采购行为。其优点在于存量能计划性地适当加以控制，价格成本控制也较有把握，缺点是物料计划及规格一旦发生变更，易造成公司与供应商之间的争端。

② 市场性采购：依据市场的情况、价格的波动而从事的采购行为，这种采购不是根据采购计划进行的，具有人为因素，其优点是节省成本，缺点是存货增加，仓储增加，存货储备成本加大，规格一发生变更，物料有报废的危险，市场价格趋势判断错误更可能带来极大损失。

4. 按采购价格分

（1）公开市场采购：采购人员在公开交易或拍卖时随时机动地采购，因此大家需要物料时，价格变动会比较频繁。

（2）议价采购：采购人员与厂商经讨价还价后，议定价格进行采购，一般来说，询价、比价和议价是结合使用的，很少单独进行。

（3）询价现购：采购人员选取信用可靠的厂商将采购条件讲明，并询问价格或寄以询价单并促请对方报价，比较后现价采购。

（4）比价采购：采购人员请数家厂商提供价格性能、质量等，从中加以比较后，决定厂商进行采购。

（5）定价收购：购买物料数量巨大，非几家厂商所能全部提供的，如纺织厂订购棉花、糖厂订购甘蔗等，或当市场上该物料短缺时，则定价格现款收购。

（6）招标采购：将物料采购的所有条件（物料名称、规格、品质要求、数量、交货期、付款条件、处罚规则、投标押金、投标资格等）详细列明，刊登公告。投标厂商按公告的条件，在规定时间内，交纳投标押金，参加投标。招标采购的开标按规定必须至少三家以上厂商同时报价投标方得开标，开标后原则上以报价最低的厂商得标，但得标的报价仍高过标底时，采购人员有权宣布废标，或征得监办人员的同意，以议价方式办理。

（三）网上采购环境

电子商务采购环境即网上采购环境的出现为买卖双方的交易提供了一个便捷途径，交易过程中除物流之外的商流操作，可部分或全部在网上进行；一些物流软件下载也可在网上操作。电子商务在采购一方的作用主要有：向供应商进行网上需求预测，网上选择供应商，网上签订认证合同、订单合同，网上技术交流、问题沟通，网上付款操作等。

采购信息平台上可设计配套电子商务接口系统，以便与社会供应群体的电子商务系统连接。当从网上采购环境购买物品时，要注意以下事项：

（1）网上供应商的认证。需要在原有的认证流程上增加监控点，以降低网上采购的风险。

（2）网上订单的操作。网上供应商可以向全社会供应产品，如果他没有与你签订认证合同，则你的订单能否及时交货取决于供应商的生产饱和度。

（3）物流的操作。是到供应商库存分配点取货，还是供应商把货送到你的仓库，需要在订单中说明，或者另签合同条款。

（4）网上付款操作。对于大数目的付款一定要注意。

（四）影响采购供应商选择的因素

1. 产品因素

（1）价格因素。这里的价格主要指的是供应商所供给的原料、初级产品或消费品组成部分的价格。供应商的产品价格决定了最终消费品的价格和整条供应链的投入产出比，对生产商和销售商的利润率也会产生一定程度的影响。

（2）质量因素。质量因素主要是指供应商所供给的原材料、初级产品或消费品组成部分的质量。产品的质量是供应链生存的根本，是产品使用价值的基础，也决定了产品的市场竞争力。而供应商所提供产品的质量是整条供应链的根源质量，是最终消费品质量的根源所在，因此也是一个至关重要的因素。

（3）品种因素。品种因素主要是指供应商所供给的原材料、初级产品或消费品组成部分的品种，还包括品种的柔性。供应商的品种决定了消费品的品种，供应商的柔性生产能力决定了供应链的产品柔性，从而决定供应链的生存与发展。

（4）技术研发因素。在集成化的供应链内部，要求供应链各节点都要具有强大的研发能力，还要强调产品的独特性。因此，是否具有差异化生产能力也是影响选择供应商的因子之一。

2. 交易因素

（1）交货准时性因素。交货准时是指按照订货方所要求的时间和地点供应商将指定产品准时送到指定地点。在现代企业管理中，IT 生产方式被普遍采用，这就对供应商的交货准时性提出了较高的要求，因而，交货准时性也就成为影响供应商选择的因子，而且是重要因子。

（2）交货提前期与交货提前量。订货方为了避免对特定产品在特定时间和地点完成交易时发生的拖延，有时会对供应商提出提前供货的要求。交货提前量越大，交货提前期越长，库存波动就越大，企业的风险就越大，对市场的反映就越慢，灵敏度就越低。由此看来，交货提前量和交货提前期也是影响供应商选择的重要因素。

3. 其他因素

（1）从业经验。指供应商先前的相同行业或类似公司的经验，这些经验可以使物流供应商能够快速准确地为客户提供相似的服务。

（2）付款周期。企业付给供应商的服务款项的时间周期，周期越长对本企业越有利。

（3）紧急情况处理能力。指在紧急情况发生时物流供应商的处理能力，包括提前通知、启动紧急预案等，这对于保证服务的连续性有重要意义。

（4）必要时高级管理层的参与。指要建立长期的关系，供应商高级管理层要参与到质量改善、关系维护之中，此指标用来衡量供应商的要建立长期关系的决心和诚意。

（5）客户支持服务。指供货商的客户支持服务的水平，如是否提供 24 ×7 服务等。

（6）信息系统的兼容性。指供应商和客户的信息系统之间的兼容性，双方的兼容性好才能提高工作流的效率和信息的准确性。

（7）实时的数据传递。供货商能否为客户提供数据的实时传递影响着客户对当前情况的分析和未来的预测。

（8）数据安全和准确性。供货商IT系统对数据的加密，IT系统能够稳定提供准确的完整可靠的数据传递服务。

（五）采购的流程

为使采购科学化，就需要规范采购作业的行为模式。按照采购员个人的工作习惯随意操作，采购的质量难以保证。因此，任何企业都需要规范采购的一般流程，消除采购中的“三不”现象（即不管是否为企业所需、不做市场调查和咨询、不问价格高低质量好坏），以保证工作质量，堵住资金流失的漏洞。通常的采购流程由以下7个步骤组成。

1．采购申请

采购申请必须严格按生产或客户的需要，以及现有库存量，对品种、数量、安全库存量等因素做科学的计算后才能提出，并且要有审核制度，规定哪些物资、多大的采购资金必须经过哪级主管的批准才有效。通过采购申请环节的控制，可以防止随意和盲目采购。

2．选择供应商

在买方市场中，由于供大于求，市场上往往有多家供应商可供选择，此时买方处于有利地位，可以货比多家，还可以提出一些服务条件，因此，选好供应商是企业降低采购成本的主攻方向。此时，应该尽可能地列出所有的供应商清单，采用科学的方法挑选合适的供应商。

3．价格谈判

价格一直是采购中的敏感问题，买方希望压低价格，而卖方又总是想方设法提高价格，因此，价格谈判就成为采购员的一项重要任务，谈判也发展成一项技能。由于价格谈判是一种零和博弈，一方所失就是另一方所得，从长远角度看问题，任何一方的暂时的所得未必是好事，因此，有必要讨论讨价还价应注意的两点：

①价格由市场供需矛盾决定，任何一方都不可能随意要价。

②采购不仅仅是单一的价格问题，还有质量问题、交货时间与批量问题、包装与运输方式、售后服务问题等，需要综合权衡利弊，决不能在价格上占点小便宜，而在其他方面损失很大。

4．签发采购订单

采购订单相当于合同文本，具有法律效力。签发采购订单必须十分仔细，每项条款要认真填写，关键处的用词须反复推敲，表达要简洁，含义要明确。对于采购的每项物品的规格、数量、价格、质量标准、交货时间与地点、包装标准、运输方式、检验形式、索赔条件与标准等都应该审定。

5．跟踪订单

采购订单签发后并不是采购工作的结束，必须对订单的执行情况进行跟踪，防止发生对方的违约事件，从而保证订单顺利执行，货物按时进库。对订单实施跟踪还可以随时掌握货物的动向，万一发生意外事件，可及时采取措施，避免不必要的损失，或将损失减小到最低水平。

6. 接受货物

货物运到自己的仓库后必须马上组织人员对货物进行验收。验收是按订单上的条款进行的，应该逐条仔细查对。除此以外，还要查对货损情况，如货损超标，就要查明原因，分清责任，为提出索赔提供证据。货物验收完毕才能签字认可。

7. 确认供应商的支付发票

支付货款以前必须查对支付发票与验收的货物清单是否一致，确认没有差错以后才能签字付款。一般来说，企业按照上述的采购步骤不会发生大的失误。当然，要提高采购水平与质量，使企业在采购环节发掘更大的利润源泉，还有许多事情要做，其中，供应商管理是一项重要工作。

（六）采购的重要性

1. 供应链流程的重要环节

制造业不能是"无米之炊"，它的一个特点就是必须首先购进原材料才能进行加工。对装配型产品来讲，还必须首先购进配套件和标准件才能进行装配。企业产品生产在很大程度上还得靠采购供应来保证，两者之间有着决然不可分割的关系。

企业生产能力的发挥，在一定程度上也要受采购供应的制约。采购提前期在整个产品生产周期中往往占了很大的比例，实现按期交货满足客户需求，第一个保证的环节就是采购作业，它直接关系到计划的如期执行。实质上，采购作业是企业能力的外延，如果外延的能力不能保证需求，销售计划是无法完成的，销售人员在承诺交付条件之前，除了了解企业生产能力的可行性外，还必须了解供应的可行性。这就要依靠 ERP 系统来提供相关的信息。

从供应链管理的角度来看，由于采购周期一般比较长，不确定因素较多，供应商毕竟不是企业自身，对需求变化的应变能力和响应速度相对较为迟缓，很可能形成供应链的薄弱环节，影响整个供应链的竞争力。

2. 产品质量第一关

制造业产品的质量，在设计不出现差错的前提下，首先决定于采购物料的质量。一台电视机的色彩不好，人们首先指责的是电视机的品牌，而不会想到显像管是哪一家生产的。在加工过程中，一个铸件出现沙眼气孔，会造成大量工时浪费。一种塑料零配件很快老化退色，会使产品立即黯然失色。ISO 9000 把采购质量放在极其重要的位置，提出一系列质量保证措施的要求，说明采购作业是把好产品质量的第一关。

3. 企业成本的主要构成

在产品成本中，总成本增加的要素，原材料和采购件占的比重最大。从图 6－1 中可以看到，对制造业来讲，即使材料费得到降低或控制，即使销售利润率较高，但如果库存依然居高不下，最终的资本利润率还是不能提升。所以说，采购管理同库存管理要并重，它们都是物料管理的主要内容。

潜力与利润直接联系（采购价格减少 $1，就是企业利润 $1）；视行业而异，采购费用约占产品成本的 50% ～90%，多数在 60% ～70% 左右。因此，降低采购费用是提高企业利润率的一项重要措施。采购作业管理的目标就是用较低的采购成本，较少的库存保证生产活动不间断地均衡运行。

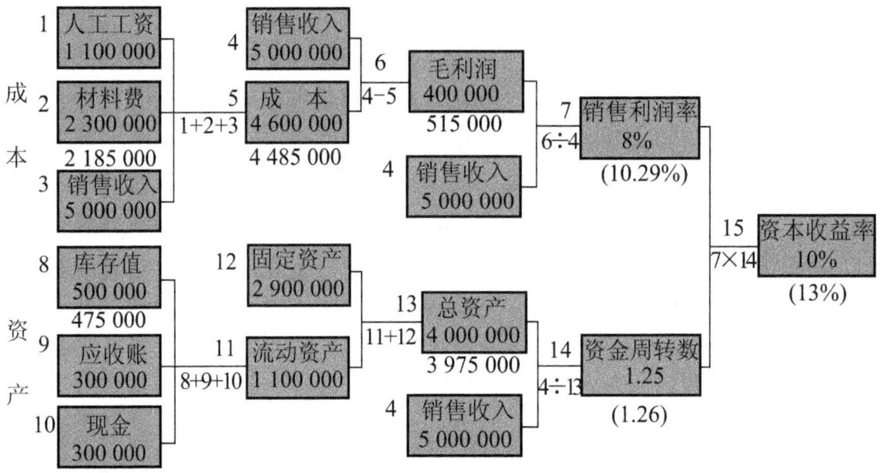

图6－1　材料费与库存值对资本收益率的影响

为了说明材料费和库存值是如何影响销售利润率和资本收益率（Return on Investment，ROI），我们引用了图6－1所示的例子。这是美国杜邦公司首先提出来的分析图，通称“杜邦ROI模型（DuPont ROI model）”。图中各方框中的数字为金额数，括弧内的数字为材料费和库存值分别降低5%后的数值，但是，由此却使销售利润率提高29%，资本收益率提高30%。

4．利润决定于采购而非销售

一般情况下，经营离不开销售，绝大多数的经营关注销售，销售创造获利的机会，同时，销售也创造麻烦和造成损失，销售的增长对盈利提高最多10%，采购的节省可带来100%的利润增长。采购同样能给业务带来利润，制造业的采购材料费至少要占到销售成本的50%以上。因此，现代管理非常重视采购管理，在ERP系统中它是一个重要的核心业务工作流程，把它作为信息集成的一个重要的组成部分，无论是制造流程还是供销流程都需要同采购流程集成。在全球经济的环境下，采购作业将是一个面向全球的业务。

二、采购管理概述

1．采购管理的概念

采购管理（Procurement Management）是从计划下达、采购单生成、采购单执行、到货接收、检验入库、采购发票的收集到采购结算的采购活动的全过程中，对采购过程中物流运动的各个环节状态进行严密的跟踪、监督，实现对企业采购活动执行过程的科学管理。采购管理包括采购计划管理、订单管理及发票校验三个组件。

（1）采购计划管理。采购计划管理对企业的采购计划进行制订和管理，为企业提供及时准确的采购计划和执行路线。采购计划包括定期采购计划（如周、月度、季度、年度）、非定期采购任务计划（如系统根据销售和生产需求产生的）。通过对多对象多元素的采购计划的编制、分解，将企业的采购需求变为直接的采购任务。

（2）采购订单管理。采购订单管理以采购单为源头，对从供应商确认订单、发货、到货、检验、入库等采购订单流转的各个环节进行准确的跟踪，实现全过程管理。通过流程配置，可进行多种采购流程选择。采购订单还可以直接通过电子商务系统发向对应的供应商，进行在线采购。

（3）发票校验。发票管理是采购结算管理中重要的内容。采购货物是否需要暂估，劳务采购的处理，非库存的消耗性采购处理，直运采购业务，受托代销业务等均在此进行处理。

2. 采购管理的目标

（1）适时适量。适时适量是采购非常重要的目标之一。采购不是把货进得越多越好、越早越好。适时适量是要求采购做到既保证供应，又使成本最小。

（2）保证质量。保证质量就是要保证采购的货物能够达到企业生产所需要的质量标准，保证企业用之生产出来的产品都能质量合格。保证质量也要适度，质量不能低；但质量太高也没有必要，它必然增加费用，提高成本。

（3）费用最省。采购过程中每个环节、每个方面都要发生各种各样的费用，如购买费用、进货费用、检验费用、入库费用、搬运费用、装卸费用和仓库保管费用等。在保证质量的前提下如何使费用最省也是采购管理的重要目标之一。

3. 采购管理的三个层次

（1）简单采购。较初级的采购管理多为对各个交易的实施和监督。其特征为：① 围绕着采购订单（PO，Purchase Order）；② 与供应商较容易的讨价还价；③ 仅重视诸如价格、付款条件、具体交货日期等一般商务条件；④被动地执行配方和技术标准。

（2）采购管理。随着对前期大量订单的经验总结和汇总以及管理技能的提高，管理人员意识到供应商管理的重要性；同时，根据自身的业务量分析（ABC 法）整个物流系统的要求，合理分配自身的资源，开展多个专案管理。这个阶段的特征为：①围绕着一定时间段的采购合同，试图与供应商建立长久的关系；②加强了对供应商其他条件的重视，如订单采购周期（Lead Time）、经济批量送货、最小订单量和订单完成率；③重视供应商的成本分析；④开始采用了投标手段；⑤加强了风险防范意识。

（3）策略性采购。目前比较新的概念是策略性采购，其特征是：①与供应商建立策略性伙伴关系；②更加重视整个供应链的成本和效率管理；③与供应商共同研发产品及其对消费者的影响；④寻求新的技术和材料替代物，OEM 方式的操作；⑤充分利用诸如跨地区，跨国家的公司（工厂）的集团力量集中采购；⑥更为复杂、广泛地应用投标手段。

其中，集中采购的手段正被愈来愈多的公司采用。集中采购的概念事实上包含两层含义：集中集团内各分公司/各工厂的采购量；采购量集中给少数的供应商，以图获取规模效应带来的节省。更进一步的工作，是尽可能地减少材料的规格或标准，以图从供应商在原料采购和生产加工的收益中带来节省。

4. 采购管理的作用

（1）采购管理的作用之一，是要建立与资源市场的友好和有效的纽带关系。资源市场不但是企业的物料来源，也是资源信息的来源。作为物料来源，它通过采购为企业生产适时地提供原材料、设备和工具，保障企业生产的顺利进行；作为信息来源，它也通过采购活动，了解资源市场的产品信息、技术水平信息、发展动态信息，运输信息等，这些信息对企业非常重要。企业据此随时制定和调整产品策略和生产策略。

（2）采购管理对制定最优的采购策略提供支持。可以利用上述信息选择最好的供应商、最好的产品和最好的运输路线、运输方式，进行最有效率的采购。

（3）采购管理有利于与供应商建立起一种比较友好的关系和高效率的运作体系，为物资采购和企业生产提供比较宽松的、高效率的外部环境条件。这符合现代的供应链战略管理思想。

5. 采购管理的内容与过程

从以上的说明可以看出，企业采购管理有三个基本任务：一是要保证企业所需的各种物资的供应；二是要从资源市场获取各种信息，为企业物资采购和生产决策提供信息支持；三是要与资源市场供应商建立起友好和有效的关系，为企业营造一个宽松有效的资源环境。其中第一项是最重要、最基本的任务。为了实现采购管理的基本职能，采购管理需要有一系列的业务内容和业务模式。采购管理的基本内容和模式，如图6－2所示。

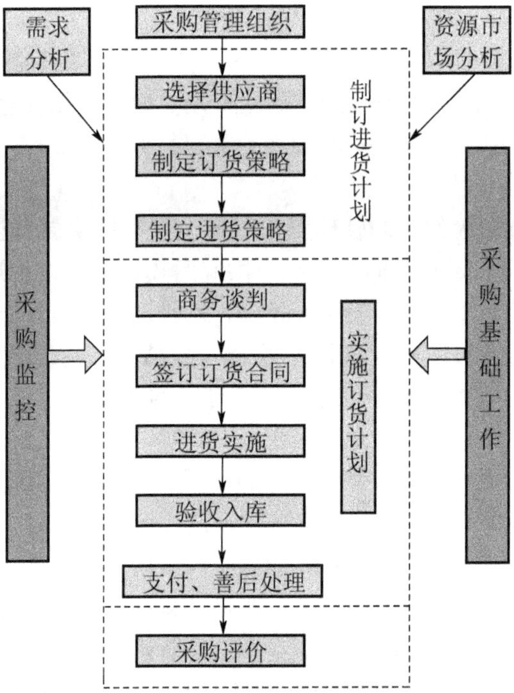

图6－2 采购管理内容和模式

（1）采购管理组织。它是采购管理最基本的组成部分，需要一个合理的管理机制和一个有效的管理组织机构以及相应的管理人员和操作人员。

（2）需求分析。要弄清楚企业希望采购一些什么物质，采购量多少，什么时候需要什么品种，需要多少等问题。同时还应当掌握全企业的物资需求情况，制订物料需求计划，从而为制订出科学合理的采购订货计划做准备。

（3）资源市场分析。资源市场分析就是根据我们企业所需求的物资品种，分析资源市场的情况，包括对资源分布情况、供应商情况、品种质量、价格情况、交通运输情况等。资源市场分析的重点是供应商分析和品种分析，分析的目的是为我们制订采购订货计划做准备。

（4）制订采购计划。根据需求品种情况和供应商的情况，制订出切实可行的采购订货计划，包括选择供应商、供应品种、具体的订货策略、运输进货策略以及具体的实施进度计划等，如什么时候订货、订购什么、订多少、向谁订、怎样订、怎样进货、怎样支付等，要为整个采购制定一个蓝图。

（5）采购计划实施。把制订的采购订货计划分配落实到人，根据既定的进度进行实施。具体包括去联系指定的供应商、进行贸易谈判、签订订货合同、运输进货、到货验收入库、支付货款以及善后处理等。

（6）采购评价。在采购活动完成后，对这次采购活动进行评估，或月末、季末、年末对一定时期内的采购活动进行总结评估。主要评估采购活动的效果、总结经验教训、找出问题、提出改进方法等。通过总结评估，可以肯定成绩、发现问题、制订措施、改进工作，不断提高采购管理水平。

（7）采购监控。对采购活动包括对采购的各方相关人员、采购资金、采购过程等进行监控。

（8）采购基础工作。为建立科学、有效的采购系统，需要进行的基础建设工作，包括管理基础工作、软件基础工作和硬件基础工作。

三、供应链环境下的采购管理

1. 供应链管理环境下采购的含义

供应链采购是指在供应链机制下，成员之间的采购模式。在供应链机制下，采购者把自己的需求规律信息（如库存信息）及时地传递给供应商。供应商根据产品的库存实地进行小批量库存补充，以便既能保证消费者需求，又使库存最小。

供应链采购的观念和采购的操作方式与传统的采购有很大区别，见表6－1。

表6－1　传统采购模式与现代供应链采购模式的比较

特点	传统采购模式	供应链管理采购模式
重点	比较重视交易过程的供应商的价格比较，通过供应商的多头竞争，从中选择价格最低的作为合作者	采购与供应的重点在于协调各种计划的执行。实现了面向过程的作业管理模式的转变
管理	采购管理	外部资源管理
考虑因素	价格、质量、交货期（以考虑价格为第一）。通过供应商的多头竞争，从中选择价格最低的作为合作者	价格不是主要的因素，质量是最重要的标准，这种质量不单指产品的质量，还包括工作质量、交货质量、技术质量等多方面内容
质量控制	质量控制的难度大	不需要对采购产品进行较多的检验手续
谈判重点	价格	不再需要双方的询价和报价的反复协商，交易成本也因此大为降低
供应商	竞争多于合作，是非合作性竞争。多头采购，供应商的数目相对较多	战略性合作关系，提倡一种双赢（Win-Win）机制
信息沟通	非信息对称博弈过程	供应商能准确地、实时地共享制造部门的信息
供需关系	简单的买卖关系，临时的或短时期的合作关系，而且竞争多于合作。无法进行长期性预测与计划工作，运作中的不确定性大	全局性的、战略性的、长期的、互惠互利的合作关系。降低由于不可预测的需求变化带来的风险，如运输过程的风险、信用的风险、产品质量的风险等

续上表

特点	传统采购模式	供应链管理采购模式
响应	响应用户需求能力迟钝	即时化订单驱动模式，使供应链系统得以即时响应用户的需求
采购目的	补充库存，即为库存而采购	以订单驱动方式进行，制造订单的产生是在用户需求订单的驱动下产生的
采购批量	一定时期内的批量定购，交货批量都比较大	小批量多次可靠地送货。即时化生产需要减少生产批量，因此采购采用长期合同小批量办法

2. 传统采购模式的特点

传统采购的重点放在如何和供应商进行商业交易的活动上，特点是比较重视交易过程的价格比较，通过供应商的多头竞争，来选择价格最低的作为合作者。虽然质量、交货期也是采购过程中的重要考虑因素，但在传统的采购方式下，质量、交货期等是通过事后把关的办法进行控制，如到货验收等，交易过程的重点仍是价格谈判。传统采购模式的主要特点如下。

（1）传统采购过程是典型的非信息对称博弈过程。选择供应商在传统的采购活动中是一个首要任务。在采购过程中，采购一方为了能够从多个竞争的供应商中选择一个最佳的供应商，往往会保留私有信息，因为如果给供应商提供的信息越多，供应商的竞争筹码就越大，这样对采购一方就越不利。因此，采购一方尽量保留私有信息，而供应商也在和其他的供应商的竞争中隐瞒自己的信息。

（2）验收检查是采购部门的一个重要的事后把关工作，质量控制的难度大。质量与交货期是采购一方要考虑的另外两个重要因素，但是在传统的采购模式下，要有效控制质量和交货期只能通过事后把关的办法。因为采购一方很难参与供应商的生产组织过程和有关质量控制活动，相互的工作是不透明的。因此需要通过各种有关标准，如国际标准、国家标准等，进行检查验收。

（3）供需关系是临时的或短时期的合作关系，而且竞争多于合作。由于缺乏合作与协调，采购过程中各种抱怨和扯皮的事情比较多，很多时间消耗在解决日常问题上，没有更多的时间用来做长期性预测与计划工作，供应与需求之间因缺乏合作而增加了许多运作中的不确定性。

（4）响应用户需求能力迟钝。由于供应与采购双方在信息的沟通方面缺乏及时的信息反馈，在市场需求发生变化的情况下，采购一方也不能改变已有的订货合同，可能会导致需求减少时库存增加，需求增加时供不应求。重新订货需要增加谈判过程，因此供需之间对用户需求的响应没有同步进行，缺乏应付需求变化的能力。

3. 供应链管理下采购的特点

（1）从为库存采购向为订单采购转变。在传统的采购模式中，采购的目的很简单，就是为了补充库存，即为库存采购。采购部门并不关心企业的生产过程，不了解生产的进度和产品需求的变化，因此采购过程缺乏主动性。在供应链管理下，采购活动是以订单驱动方式进行的，制造订单是在用户需求订单的驱动下产生的，然后，制造订单驱动采购订单，采购订单再驱动供应商。这种订单驱动模式，使供应链系统得以准时响应用户的需求。订单驱动的采购方式具有如下特点。

① 由于供应商与制造商建立了战略合作伙伴关系，签订供应合同的手续大大简化，不再需要双方询盘和报盘的反复协商，交易成本也因此大为降低。

② 在同步化供应链计划的协调下，制造计划、采购计划、供应计划能够并行进行，缩短了用户响应时间，实现了供应链的同步化运作。采购与供应的重点在于协调各种计划的执行。

③ 采购物资直接进入制造部门，减少了采购部门的工作压力和不增加价值的活动过程，实现了供应链精细化运作。

④ 信息传递方式发生了变化。在传统采购方式中，供应商对制造过程的信息不了解，也无须关心制造商的生产活动。但在供应链管理下，供应商能共享制造部门的信息，提高了供应商的应变能力，减少了信息失真。同时，根据在订货过程中不断进行的信息反馈，可以修正订货计划，使订货与需求保持同步。

⑤ 实现了面向过程的作业管理模式的转变。订单驱动的采购方式简化了采购工作流程，采购部门的作用主要是沟通供应与制造部门之间的联系，协调供应与制造的关系，为实现精细采购提供基础保障。

（2）从采购管理向外部资源管理转变。

外部资源管理就是将采购活动渗透到供应商的产品设计和质量控制过程。传统的外部资源管理主要是基于以下两点：

① 传统采购管理的不足之处，就是与供应商之间缺乏合作，缺乏柔性和对需求快速响应的能力。准时制造思想出现以后，对企业的物流管理提出了严峻的挑战，需要改变传统的单纯为库存而采购的管理模式，提高采购的柔性和市场响应能力，增加和供应商的信息联系和相互之间的合作，建立新的供需工作模式。一方面，在传统的采购模式中，供应商对采购部门的要求不能得到即时的响应；另一方面，产品的质量控制也只能事后把关，不能进行实时控制，这些缺陷使供应链企业无法实现同步化运作。

② 实施外部资源管理也是实施精细化生产、零库存生产的要求。供应链管理中的一个重要思想，是在生产控制中采用基于订单流的准时制生产模式，使供应链企业的业务流程朝着精细化生产目标努力，即实现生产过程的几个"零"化管理：零缺陷、零库存、零交货期、零故障、零（无）纸文书、零废料、零事故、零人力资源浪费。

供应链管理思想就是系统性、协调性、集成性和同步性，外部资源管理是实现供应链的上述思想的一个重要步骤——企业集成。从供应链企业集成的过程来看，它是供应链企业从内部向外部集成的重要一步。

要实现有效的外部资源管理，制造商的采购活动应从以下几个方面着手进行改进：

① 和供应商建立一种长期的、互惠互利的合作关系。这种合作关系保证了供需双方能够有合作的诚意和双方共同解决问题的积极性。

② 通过提供信息反馈和教育培训支持，在供应商之间促进产品质量改善和质量保证。传统采购管理的不足在于没有给予供应商有关产品质量保证方面的技术支持和信息反馈。在顾客决定生产的今天，产品的质量是由顾客的要求决定的。在这样的情况下，质量管理的工作需要下游企业提供相关质量要求的同时，及时把供应商的产品质量问题反馈给供应

商，以便其及时改进。对个性化产品的供应，制造商要提供技术培训，使供应商能够按照要求提供合格的产品和服务。

③ 参与供应商的产品设计和产品质量控制过程。同步化运营是供应链管理的一个重要思想。同步的供应链计划使供应链企业在响应需求方面取得一致性的行动，可增加供应链的敏感性。实现同步化运营的措施是并行工程。制造商应该参与供应商的产品设计和质量控制过程，共同制定有关产品质量标准等，使需求信息能很好地在供应商的企业活动中体现出来。

④ 协调供应商的计划。一个供应商有可能同时参与多条供应链的业务活动，在资源有限的情况下必然会造成多方需求者争夺供应商资源的局面，在这种情况下，下游企业的采购部门应主动参与供应商的协调计划，在资源共享的前提下，保证供应链的正常供应关系，维护企业的利益。

⑤ 建立一种新的、有不同层次的供应网络，并通过逐步减少供应商的数量，致力于与供应商建立合作伙伴关系。在供应商的数量方面，一般而言，供应商越少越有利于双方的合作。但是，企业的产品对零部件或原材料的需求是多样的，因此不同的企业供应商的数目也就不同，企业应该根据自己的情况选择适当数量的供应商，建立供应商网络，并逐步减少供应商的数量，致力于和少数供应商建立战略伙伴关系。

外部资源管理并不是采购一方（下游企业）的单方面努力就能取得成效的，需要供应商的配合与支持，为此，供应商也应该从以下几个方面提供协作：

① 帮助拓展用户（下游企业）的多种战略。

② 保证高质量的售后服务。

③ 对下游企业的问题做出快速反应。

④ 及时报告所发现的可能影响用户服务的内部问题。

⑤ 基于用户的需求，不断改进产品和服务的质量。

⑥ 在满足自己能力需求的前提下提供一部分能力给下游企业。

（3）从一般买卖关系向战略合作伙伴关系转变，即供应与需求的关系从简单的买卖关系向战略协作伙伴关系转变。

在传统的采购模式中，供应商与采购商之间是一种简单的买卖关系，因此无法解决一些全局性、战略性的供应链问题，而基于战略伙伴关系的采购方式为解决这些问题创造了条件。

① 库存问题。在传统的采购模式下，供应链的各级企业无法共享库存信息，各级节点企业都独立地采用订货点技术进行库存决策，不可避免地会产生需求信息扭曲的现象，致使供应链的整体效率得不到充分提高。但在供应链管理模式下，通过双方的合作伙伴关系，供应与需求双方可以共享库存数据，从而可有效降低库存。

② 风险问题。供需双方通过战略性合作关系，可以降低由于不可预测的需求变化带来的风险，如运输过程的风险、信用的风险、产品质量的风险等。

③ 便利问题。通过合作伙伴关系可以为双方共同解决问题提供便利的条件。通过合作伙伴关系，双方可以共同协商制订战略性的采购供应计划，不必为日常琐事消耗太多时间与精力。

④ 降低采购成本问题。通过合作伙伴关系，供需双方都可从降低交易成本中获得好

处；避免了许多不必要的手续和谈判过程，信息的共享避免了信息不对称决策可能造成的损失。

⑤ 组织障碍问题。战略性的伙伴关系消除了供应过程的组织障碍，为实现即时化采购创造了条件。

四、供应链准时采购管理

1．准时采购的基本思想

准时采购也叫JIT采购法，是一种先进的采购模式，是一种管理哲理。它的基本思想是：在恰当的时间、恰当的地点，以恰当的数量、恰当的质量提供恰当的物品。它是从准时生产发展而来的，是为了消除库存和不必要的浪费而进行的持续性改进。要进行准时生产，就必须有准时的供应，因此准时采购是准时生产管理模式的必然要求。它和传统的采购方法在质量控制、供需关系、供应商的数目、交货期的管理等方面有许多不同，其中关于供应商的选择（数量与关系）、质量控制是其核心内容。

准时采购包括供应商的支持与合作以及制造过程、货物运输系统等一系列的内容。准时采购不但可以减少库存，还具有加快库存周转、缩短提前期、提高购物的质量、获得满意交货等效果。

【知识链接】

准时生产方式是日本在20世纪五六十年代研制和开始实施的生产管理方式。JIT的概念是1953年首先由日本丰田汽车工业公司提出的，1961年在全公司推广。丰田汽车公司的创始人丰田喜一郎最早在汽车生产中提倡“非常准时”的管理方法。最后具体建立起这种体系的人是大野耐一。他毕业于名古屋工业大学，1943年到丰田公司担任副总经理，通过大量的分阶段探索试验，逐步形成了“丰田生产方式”。他认为：“简单贯穿这种生产体系的中心思想，是彻底杜绝浪费的思想。”JIT是日本工业竞争战略的重要组成部分。它代表着日本在重复性生产过程中的管理思想。通过JIT思想的应用，日本企业管理者将精力集中于生产过程本身，消除无效劳动与浪费，有效利用资源，达到最小投入实现最大产出的目的。

2．准时采购（JIT）的哲理和方法

JIT的哲理是：消除一切无效的劳动与浪费，在市场竞争中永无休止地追求尽善尽美。JIT十分重视客户的个性化需求；重视全面质量管理；重视人的作用；重视对物流的控制，主张在生产活动中有效降低采购、物流成本。JIT的哲理，任何类型的企业都可以而且应当采用。

JIT的方法体现了JIT的哲理。主要特点是拉动作业，只有在下道工序有需求时才开始按需用量生产，采取标准化生产，按日产批量采购和投产，把库存降到最低限度。在库存记录上采取反推的方法，以减少记录库存的事务处理工作量。其目的在于实现在原材料、在制品及产成品保持最小库存的情况下进行大批量生产，“准时化”是基于“任何工序只有在需要的时候，按需要的量生产所需的产品或提供所需服务”的逻辑，生产需要产生于产品的实际需要。理论上讲，当有一件产品卖出时，市场就从系统的终端（如总装线）拉动一个产品，于是形成对生产线的订货、采购。

JIT是一种执行策略，它需要MRP（材料需要计划）的计划功能、BOM（材料清单）、库存记录等基础文件。如果说MRP计划的执行采用订单形式，JIT则采用均衡生产的日产计划及看板形式。实施JIT必须要用到工业工程的许多技术与方法。其中，JIT采购是JIT物流最重要的内容，是企业内部JIT系统的延伸。从JIT生产经营方式的角度来看，推行JIT采购是实施JIT生产经营的必然要求和前提条件。

3.（JIT）对供应链管理的意义

JIT采购策略是关于物品采购的一种全新的思路，当用户需求发生改变时，制造订单又驱动采购订单发生改变，这样一种快速的改变过程，如果没有即时的采购方法，供应链企业很难适应这种多变的市场需求，也难以保证供应链的整体同步化运作。因此，即时化采购增加了供应链的柔性和敏捷性，体现了供应链管理，企业实施JIT采购策略具有重要的意义。主要体现在：

（1）大幅度减少原材料和外购件的库存。根据国外实施JIT采购策略的一些企业的测算，JIT采购可以使原材料和外购件的库存降低40%～85%。原材料和外购件库存的降低，有利于减少流动资金的占用，加速流动资金的周转，从而降低库存成本。

（2）提高采购物品的质量。一般说来，实施JIT采购策略，可以使购买的原材料和外购件的质量提高2～3倍。而且，原材料和外购件质量的提高，又会导致质量成本的降低。

（3）降低原材料和外购件的采购价格。由于供应商和制造商的密切合作以及内部规模效益与长期订货，再加上消除了采购过程中的一些浪费（订货手续、验货环节、检验手续等），就使得购买的原材料和外购件的价格得以降低。

4. JIT采购的特点

传统上，企业物品采购的目的是以最低的成本费用来获取所需要的原材料和外购件。在JIT环境下，采购功能发生了深刻的变化（见表6-2）。

表6-2 JIT采购与传统采购的对比表

项目	JIT采购	传统采购
供应商选择	单源供应 长期合作关系	多源供应 短期合作关系
采购批量	小批量 送货频率高	大批量 送货频率低
供应商评价	质量、价格等	价格、质量等
磋商重点	长期合作关系、质量和合理的价格	获取最低的价格
运输	准时送货，采购者负责计划安排	较低的成本，供应商负责计划安排
包装	特定要求	常规包装
检验	逐步减少，最终取消	收货，点数统计，品质鉴定
信息交换	快速、可靠	一般要求

从表中不难看出，JIT 采购的主要特点有：

（1）单源供应。对某一种原材料或外购件只从一个供应商那里采购，或者说，某一原材料或外购件的需求，仅由一个供应商供货，JIT 采购认为，最理想的供应商数目是对每一种原材料或外购件，只有一个供应商。因此，单源供应是 JIT 采购的基本特征之一。实行单源供应的优点在于：它可以使制造商成为供应商的一个非常重要的客户，因而加强了制造商与供应商之间的相互依赖关系；另一方面，单源供应使供应商获得内部规模效益和长期订货，从而又可使购买的原材料和外购件的价格降低。

（2）小批量采购。购买的小批量是 JIT 采购的又一基本特征。由于企业生产对原材料和外购件的需求是不确定的，而 JIT 采购又旨在消除原材料和外购件库存，为了保证准时、按质量供应所需的原材料和外购件，采购必然是小批量的。

（3）合理选择供应商。由于 JIT 采购采用单源供应，因而对供应商的合理选择就显得尤其重要。可以说，选择合格的供应商是 JIT 采购能否成功实施的关键。合格的供应商具有较好的技术、设备条件和较高的管理水平，可以保障采购的原材料和外购件的质量，保证准时按量供货。

（4）从源头上保障采购质量。实施 JIT 采购策略后，企业的原材料和外购件的库存很少以至为零。因此，为了保障企业生产经营的顺利进行，采购物品的质量必须从源头上抓起，也就是说，购买的原材料和外购件的质量保证，就由供应商负责，而不是企业的采购部门。JIT 采购就是要把质量责任返回到供应商，从源头上保障采购质量。

（5）可靠的送货和特定的包装要求。由于 JIT 采购消除了原材料和外购件的缓冲库存，供应商交货的失误和送货的延迟必将导致企业生产线的停工待料。因此，可靠的送货是实施 JIT 采购的前提条件。而送货的可靠性，常取决于供应商的生产能力和运输条件，一些不可预料的因素，如恶劣的气候条件、交通堵塞、运输工具的故障等，都可能引起送货迟延。当然，最理想的送货是直接将货送到生产线上。

（6）有效的信息交换。只有供需双方进行可靠而快速的双向信息交流，才能保证所需的原材料和外购件的准时按量供应。同时，充分的信息交换可以增强供应商的应变能力。所以，实施 JIT 采购，就要求供应商和制造商之间进行有效的信息交换。信息交换的内容包括生产计划、产品设计、工程数据、质量等级、成本、交货期等。信息交换的手段包括电传、电话、信函、卫星通讯等。现代信息技术的发展，如 EDI、E-mail 等，为有效的信息交换提供了强有力的支持。

5. JIT 采购的实施条件

（1）制造商和供应商建立互利合作的战略伙伴关系。JIT 采购策略的推行，有赖于制造商和供应商之间建立起长期的、互利合作的新型关系，相互信任，相互支持，共同获益。

（2）注重基础设施的建设。良好的交通运输和通讯条件是实施 JIT 采购策略的重要保证，企业间通用标准的采用对 JIT 采购的推行也至关重要。所以，要想成功实施 JIT 采购策略，制造商和供应商都应注重基础设施的建设。诚然，这些条件的改善，不仅仅取决于制造商和供应商的努力，各级政府也须加大投入。

（3）强调供应商的参与。JIT 采购不只是企业物品采购部门的事，它离不开供应商的积极参与。供应商的参与，不仅体现在准时、按质按量供应制造商所需的原材料和外购件上，而且体现在积极参与制造商的产品开发设计过程中。与此同时，制造商有义务帮助供应商改善产品质量，提高劳动生产率，降低供货成本。

（4）建立实施JIT采购策略的组织。企业领导必须从战略高度来认识JIT采购的意义，并建立相应的企业组织来保证该采购策略的成功实施。这一组织的构成，不仅应有企业的物品采购部门，还应包括产品设计部门、生产部门、质量管理部门、内务部门等。其任务是，提出实施方案，具体组织实施，对实施效果进行评价，并进行连续不断的改进。

（5）制造商向供应商提供综合的、稳定的生产计划和作业数据。综合的、稳定的生产计划和作业数据可以使供应商及早准备，精心安排其生产，确保准时、按质按量交货。否则，供应商就不得不求助于缓冲库存，从而增加其供货成本。有些供应商在制造商工厂附近建立仓库以满足制造商的JIT采购要求，实质上这不是真正的JIT采购，而只是负担的转移。

（6）重视教育与培训。通过教育和培训，使制造商的员工和供应商的员工都充分认识到实施JIT采购的意义，并使他们掌握JIT采购的技术和标准，以便对JIT采购进行不断的改进。

（7）加强信息技术的广泛应用。JIT采购是建立在有效信息交换的基础上的，信息技术的应用可以保证需要制造商和供应商之间的信息交换。因此，制造商和供应商都必须加强对信息技术，特别是电子数据交换（EDI）技术和应用投资，以更加有效地推行JIT采购策略。

6. JIT采购的实施步骤

（1）建立JIT采购班组。为了对原材料和外购件的来源以及采购事宜做出正确的决策，需要得到公司内部许多职能部门的支持。因此，应该成立JIT采购班组，由购货者和计划制订者，或由采购专家领导，成员包括产品技术人员、生产人员、质量人员、物品处理人员、成本会计人员等。

（2）制订采购实施计划，以确保JIT采购策略有计划、有步骤地成功实施。采购班组要制订出实施计划，明确规定未来的采购策略和具体的实施步骤。

（3）精选少数几家供应商建立伙伴关系。供应商和制造商之间互利的伙伴关系，意味着双方之间充满了一种紧密合作、主动交流、相互依赖的和谐气氛，追求共同的目标，分享共同的利益。

（4）选择试点。JIT采购是一项规模宏大的工作，为了顺利开展这样大规模的工作，必须进行试点，逐步摸索经验。

（5）搞好供应商的培训，明确共同努力目标。应该对已选定作为试点的供应商进行JIT管理原则的培训，以使他们理解制造商的改革措施以及将来可能对他们提出的要求。为了满足这些要求，供应商在自己的企业里，也可能需要实施JIT管理原则。

（6）给供应商颁发产品免检证书。在实施JIT采购策略时，核发免检证书是非常关键的一步。颁发免检证书的前提是供应商的产品百分之百的合格。为此，核发免检证书时，要求供应商提供最新的、正确的、完整的产品质量文件，包括设计蓝图、规格、检验程序以及其他必要的关键内容。

（7）实现配合鼓点进度的交货方式。向供应商采购的原材料和外购件，其目标是要实现这样的交货方式：当正好需要某物品时，该物品就运抵卸货月台，并随之直接运至生产线，生产线得到它所需的物品，并在制造产品时使用该物品。

（8）继续改进，扩大成果。实施JIT采购策略是一个持续进行的过程，不同的供应商处于不同的实施阶段，即使所有的基本要求都达到了，也应继续不断地加以改进。而且，应该尽快地推广JIT采购策略，以确保整个公司实施JIT的成功。

第二节　供应链库存管理

库存管理始终是企业生产经营过程中不可缺少的重要组成部分，是实现价值链增值的重要环节。在供应链管理模式下，库存是供应链管理的最大障碍，库存量的高低不仅影响着单一企业的综合成本，而且也制约着整条供应链的性能。因此，如何建立适当的库存量，既减少库存成本，又不影响正常的产品生产和对客户的服务，已经成为企业管理者实施供应链管理过程中必须考虑的首要问题。供应链管理是近年来兴起的一种围绕核心企业，通过信息流、物流、资金流，将供应商、制造商、分销商、零售商直到最终消费者连成一个功能网链结构的集成管理模式。

在供应链管理中，主要包含与物流管理相关的运输决策，选址和库存决策，与关系管理相关的关系决策，关系决策和业务流程整合决策等基本决策，其中库存决策在供应链管理中占据着重要地位。在企业生产经营过程中，尽管库存是出于种种经济原因而存在的，但是保持一定的库存量也是一种无奈的选择，它是由于人们无法预测未来的需要变化，才不得不采用的一种应付外界变化的手段，持有一些库存是必要也是有用的，但是库存过多却是有害的。

一、库存的概述

1. 库存种类

在企业整个供应链上，主要有三大类型的库存：

（1）原材料库存。这部分库存的利用主要是为了减少供货不确定因素对企业的影响，也是为了便于形成规模经济，提高企业效益。

（2）半成品（Work-in-Process，WIP）库存。生产周期（Cycle-time）是指一种产品从原材料入厂到制成成品所用的时间。在实际生产过程中，真正的加工时间往往少于生产周期的5%，大部分的时间消耗在半成品库存过程中。

（3）成品（Finished Goods）库存。客户需求的不确定性、市场的波动性与生产的连续性，凸显出成品库存的必要性。

2. 库存成本

库存对企业的商业效益显然是有贡献的，但是库存本身也会发生成本，其源自多个方面。

（1）存货成本（Holding Cost）。存货成本包括两大部分：一部分用于货物搬运、存放，仓库租用与管理等方面的支出，这部分的成本传统上占很大比例。随着现代生产消费的发展，另一部分成本是产品本身价值减少而造成企业利润下降所产生的成本。半导体集成电路工业的产品价格下降非常之快，两个星期内，存储芯片的价格可能下降20%。产品存放在库房里，显然大大增加了存货成本。

（2）资金成本（Cost of Capital）。这是资金的机会成本（Opportunity Cost），也就是加权平均资金成本，其中考虑了企业资金回报及其所欠债务。简单地说，就是把库存货物转变为资金，再把这批资金用于其他投资可能产生的效益。

(3) 缺货成本（Stock out Cost）。这部分成本很难计算，也往往被供应链管理者忽略。它包括由于缺货而无法满足客户需求所带来的损失，不能即时出货所带来的损失，因原材料不足被迫停产而带来的损失，等等。

3. 库存过程

一个完整的库存过程，包括以下4个具体的过程：

(1) 订货过程。它是一个库存过程的开始，是指从决定订货起，然后进行订货谈判，再到订货（网上订货、当面签订订货合同或发出订货单）成交，这便是一个完整的订货过程。订货过程使库存量在账面上增加，这种账面上的库存量又称“名义库存量”，它还不是仓库中的实际库存量。

(2) 进货过程。它是订货成交后把货物用运输工具从货物所在地运进仓库的过程。因此，进货过程是一个物流过程。进货入库以后，所采购的物资就成为仓库中的实际库存量，所以进货过程增加了库存量。

(3) 保管过程。物资入库后就进入了仓库的保管过程，该过程通过各种保管措施，保持物资的使用价值不变，直到物资销售出去为止。因此，保管过程也是保持库存物资数量不变的过程。保管过程也是一个物流过程。

(4) 销售过程（或供应过程）。物资保管一段时间后，就要被销售或者被领用而出库。出库过程是库存物资数量减少的过程。此过程既是商流过程，又是物流过程。因为这个过程既发生物资所有权的转移，又发生物资空间位置的转移。

4. 库存费用

在库存全过程中，全部经营活动所发生的费用大致可以分为以下几类。

(1) 订货费。在订货过程中发生的全部费用，包括差旅费、各种手续费、通讯费、招待费以及因为订货而支付给订货人员的有关费用等。订货费与订货次数成正比，而与每次订货量的多少无关。

(2) 保管费。在保管过程中所发生的一切费用，包括出入库时的装卸、搬运、验收、堆码检验费用，保管用具用料费用，仓库房租水电费，保管人员有关费用，保管过程中因货损、货差等支付的费用以及物资占用流动资金而导致银行利息费用等。显然，保管费用的多少与被保管物资的数量和保管时间有关。

(3) 缺货费。缺货是指当用户来买货时仓库没有现货供应。缺货对供应商和客户都会造成不同程度的经济损失。因此，缺货产生缺货费用。对供应商来说，失去了销售机会，减少了盈利收入；多次缺货，还会失去信誉，失去客户，从而失去市场竞争能力。对客户来说，增加了采购次数或地点，或停工待产，影响了正常的生产运营，甚至不得不停工待产。这些经济损失都可以折算为缺货费用。在最简单的情况下，可以认为缺货费用与缺货量成正比，缺货量越大，缺货费越高。

(4) 补货费。补货是指缺货时不叫顾客空手而去，而是劝顾客仍在这里订货，自己承诺马上去采购，待采购回来马上补货给顾客。这种先订货后补货的做法，是很多经营者常用的做法。补货方式对经营者特别有利，它可以少占用库存和资金，因此，经营成本低、效益高。但是要实现补货，首先要有一批很信任自己的顾客，这就要求在经营时，有很好的客户关系。其次有很高的信誉。所有这些是要产生费用的，它构成了补货费，如平时花在顾客上的感情费用、优惠服务费用、免费送货、价格优惠等。优越的售后服务等都是补货费用的具体表现形式。

（5）进货费与购买费。从供应点将所订的物资运到仓库的途中，要经过包装、装卸、运输、中转等活动，途中还可能有货损货差情况等。这些运杂费之和就是进货费用。它与进货的数量成正比。除进货费外，还有物资的购买费，用物资的购买单价来表示。物资的购买成本也与购买物资的数量成正比。这两种费用的共同特点是都只与物资的数量有关，在订购量一定的情况下，两项总费用都与订购批量无关。因此，把这两项费用合起来称作固定成本。依据这种思想，可以把物资购买费放在进货费中一起加以考虑，即进货费包括购买费。

相应地，由于订货费、保管费、缺货费和补货费都与订货批量有关，批量不同，费用也不同。因此，把它们称为可变成本。

二、库存管理

1. 库存管理的重要性

（1）库存管理是物流管理的核心内容。库存管理之所以重要，首先在于库存领域存在着降低成本的广阔空间，对于中国的大多数企业尤其如此。有关研究资料显示，近年来中国国有工业企业流动资本总量和增长幅度在上升，而资本周转速度却在下降。

对于我国的企业来说，物流管理的首要任务是通过物流活动的合理化降低物流成本，如通过改善物资采购方式和库存控制方法，降低采购费用和保管费用，减少库存占用资金；通过合理组织库内作业活动，提高搬运装卸效率，减少保管装卸费用支出等。因此说，采用科学的方法管理和控制库存是企业降低物流成本的需要。

（2）库存管理是提高顾客服务水平的需要。在激烈的市场竞争中，不仅要有提供优质产品的能力，而且还要有提供优质物流服务的能力。再好的产品如果不能及时供应到顾客手中，同样会降低产品的竞争能力。但是，要保证用户订货时不发生缺货，并不是一件容易的事情。虽然加大库存可以起到提高顾客服务率的作用，但是，加大库存不仅要占用大量资金，而且要占用较大的储存空间，会带来成本支出的上升，如果企业的行为不考虑成本支出，则是毫无意义的，对经营本身并不会起到支持作用，而且，在过高成本下维持的高水平服务也不会长久。因此，必须通过有效的库存控制，在满足物流服务需求的情况下，保持适当的库存量。

（3）库存管理是回避风险的需要。随着科学技术的发展，新产品不断出现，产品的更新换代速度加快。在电子产品领域，每三个月平均更新换代一次。如果库存过多，就会因新产品的出现使其价值缩水，严重的情况可能会一钱不值。从另一个角度看，消费者的需求在朝着个性化、多样化的方向发展，对商品的挑剔程度在增大，从而导致商品的花色品种越来越多，这给库存管理带来了一定的难度，也使库存的风险加大。因此，在多品种小批量的商品流通时代，更需要运用现代库存管理技术科学地管理库存。

2. 库存管理的任务

库存管理的主要目的是用最低的费用在适宜的时间和适宜的地点获得适当数量的原材料、消耗品、半成品和最终产品。在实际生产经营过程中，由于一些人为因素，常常导致企业库存增加，这就需要制定合理的库存管理目标，利用现代科学手段，提高库存管理的能力。

导致库存增加的原因有以下几种：

（1）营业部门对于订货的预测出现误差，对于未来的经济变动预测不准确造成的订货变更、延期或中止等。

（2）设计部门的计划不周全。由于技术不成熟、不完善造成的对物料所需数量的把握上出现误差。

（3）库存管理方法拙劣。由于管理人员的管理水平低下造成库存增加。

（4）制造工程延迟。由于制造管理者的计划出现偏差等原因造成搬运等待、加工等待等现象的发生，使生产制造工程延迟，半成品增加。

（5）采购部门的业务技术不成熟造成订货期间过长。

（6）生产计划粗糙以及规定的进货时间不明确造成的提前进货等原因。

从以上列举的原因可以看出，库存增加不仅仅是由库存管理部门带来的，与其他部门也有密切关系，其中有很大一部分是由其他部门的工作差错带来的。因此，降低库存需要各个部门的协调配合。

针对上述导致库存增加的原因，库存管理的任务可以归纳为以下几点：①以最小的库存量促进销售活动；②提早把握库存状况；③节约库存费用；④实现作业的安定化；⑤防止生产中出现缺货；⑥把握适当的库存量；⑦缩短采购时间；⑧改善物料搬运活动；⑨防止陈腐化；⑩有效使用工厂和仓库的面积等。

三、供应链管理环境下的库存问题

供应链环境下的库存问题和传统的企业库存问题有许多不同之处，这些不同点体现出供应链管理思想对库存的影响。传统的企业库存管理侧重于优化单一的库存成本，从存储成本和订货成本出发确定经济订货量和订货点。从单一的库存角度看，这种库存管理方法有一定的适用性，但是从供应链整体的角度看，单一企业库存管理的方法显然是不够的。

目前供应链管理环境下的库存控制存在的主要问题有以下几个方面。

1．缺乏供应链的整体观念

虽然供应链的整体绩效取决于各个供应链的节点绩效，但是各个部门都是各自独立的单元，都有各自独立的目标与使命。有些目标和供应链的整体目标是不相干的，更有可能是冲突的。因此，这种各行其道的山头主义行为必然导致供应链的整体效率的低下。

【知识链接】

美国北加利福尼亚的计算机制造商电路板组装作业采用每笔订货费作为其压倒一切的绩效评价指标，该企业集中精力放在减少订货成本上。这种做法本身并没有不妥，但是它没有考虑这样做对整体供应链的其他制造商和分销商的影响，结果该企业维持过高的库存以保证大批量订货生产。而印第安那的一家汽车制造配件厂却在大量压缩库存，因为它的绩效评价是由库存决定的。结果，它到组装厂与零配件分销中心的响应时间变得更长和波动不定。组装厂与分销中心为了满足顾客的服务要求不得不维持较高的库存。这两个例子说明，供应链库存的决定是各自为政的，没有考虑整体的效能。

一般的供应链系统都没有针对全局供应链的绩效评价指标，这是普遍存在的问题。有些企业采用库存周转率作为供应链库存管理的绩效评价指标，但是没有考虑对用户的反应时间与服务水平，用户满意应该成为供应链库存管理的一项重要指标。

2. 对用户服务的理解与定义不恰当

供应链管理的绩效好坏应该由用户来评价，或者用对用户的反应能力来评价。但是，对用户的服务的理解与定义各不相同，导致对用户服务水平的差异。许多企业采用订货满足率来评估用户服务水平，这是一种比较好的用户服务考核指标。但是用户满足率本身并不保证运作问题，比如一家计算机工作站的制造商要满足一份包含多产品的订单要求，产品来自各供应商，用户要求一次性交货，制造商要把各个供应商的产品都到齐后才一次性装运给用户，这时，用总的用户满足率来评价制造商的用户服务水平是恰当的，但是，这种评价指标并不能帮助制造商发现是哪家供应商的交货迟了或早了。

传统的订货满足率评价指标也不能评价订货的延迟水平。两家同样具有 90% 的订货满足率的供应链，在如何迅速补给余下的 10% 订货要求方面差别是很大的。其他的服务指标也常常被忽视了，如总订货周转时间、平均回头订货、平均延迟时间、提前或延迟交货时间等。

3. 不准确的交货状态数据

当顾客下订单时，他们总是想知道什么时候能交货。在等待交货过程中，也可能会对订单交货状态进行修改，特别是当交货被延迟以后。我们并不否定一次性交货的重要性，但我们必须看到，许多企业并没有及时而准确地把推迟的订单交货的修改数据提供给用户，其结果当然是用户的不满。例如，一家计算机公司花了一周的时间通知用户交货日期，有一家公司 30% 的订单是在承诺交货日期之后交货的，40% 的实际交货日期比承诺交货日期偏差 10 天之久，而且交货日期修改过几次。交货状态数据不及时、不准确的主要原因是信息传递系统的问题，这就是下面要谈的另外一个问题。

4. 低效率的信息传递系统

在供应链中，各个供应链节点企业之间的需求预测、库存状态、生产计划等都是供应链管理的重要数据，这些数据分布在不同的供应链组织之间，要做到有效地快速响应用户需求，必须实时地传递，为此需要对供应链的信息系统模型作相应的改变，通过系统集成的办法，使供应链中的库存数据能够实时、快速地传递。但是目前许多企业的信息系统并没有很好地集成起来，当供应商需要了解用户的需求信息时，常常得到的是延迟的信息和不准确的信息。由于延迟引起误差和影响库存量的精确度，短期生产计划的实施也会遇到困难。例如，企业为了制订一个生产计划，需要获得关于需求预测、当前库存状态、订货的运输能力、生产能力等信息，这些信息需要从供应链的不同节点企业数据库获得，数据调用的工作量很大。数据整理完后制订主生产计划，然后运用相关管理软件制订物料需求计划（MRP），这样一个过程一般需要很长时间。时间越长，预测误差越大，制造商对最新订货信息的有效反应能力也就越小，生产出过时的产品和造成过高的库存也就不奇怪了。

5. 忽视不确定性对库存的影响

供应链运作中存在诸多的不确定因素，如订货提前期、货物运输状况、原材料的质量、生产过程的时间、运输时间、需求的变化等。为减少不确定性对供应链的影响，首先应了解不确定性的来源和影响程度。很多公司并没有认真研究和跟踪其不确定性的来源和影响，错误估计供应链中物料的流动时间（提前期），造成有的物品库存增加，而有的物品库存不足的现象。

6. 库存控制策略简单化

无论是生产性企业还是物流企业，库存控制的目的都是为了保证供应链运行的连续性和应付不确定需求。了解和跟踪不确定性状态的因素是第一步，第二步是要利用跟踪到的信息去制订相应的库存控制策略。这是一个动态的过程，因为不确定性也在不断地变化。有些供应商在交货与质量方面可靠性好，而有些则相对差些；有些物品的需求可预测性大，而有些物品的可预测性小一些。库存控制策略应能反映这种情况。

许多公司对所有的物品采用统一的库存控制策略，物品的分类没有反映供应与需求中的不确定性。在传统的库存控制策略中，多数是面向单一企业的，采用的信息基本上来自企业内部，其库存控制没有体现供应链管理的思想。因此，如何建立有效的库存控制方法并能体现供应链管理的思想，是供应链库存管理的重要内容。

7. 产品的过程设计和整体规划

现代产品设计与先进制造技术的出现，使产品的生产效率大幅度提高，而且具有较高的成本效益，却因常常忽视供应链库存的复杂性，结果产生了所有节省下来的成本都被供应链上的分销与库存成本抵消了的现象。同样，在引进新产品时，如果不进行供应链的规划，也会产生诸如运输时间过长、库存成本过高等现象而无法获得利润。

另一方面，在供应链的结构设计中，同样需要考虑库存的影响。要在一条供应链中增加或关闭一个工厂或分销中心，一般是先考虑固定成本与相关的物流成本，至于网络变化对运作的影响因素，如库存投资、订单的响应时间等常常是放在第二位的。但是这些因素对供应链的影响也是不可低估的。

8. 缺乏合作与协调性

供应链是一个整体，需要协调各方活动，才能取得最佳的运作效果。协调的目的是使满足一定服务质量要求的信息可以流畅地在供应链中传递，从而使整个供应链能够实时响应客户的需求，形成更为合理的供需关系，适应复杂多变的市场环境。供应链的各节点企业为了应付不确定性，都设有一定的安全库存作为应急措施。问题是在供应链体系中，组织的协调涉及更多的利益群体，相互之间缺乏信任和信息透明度。为了应付市场的波动，企业不得不维持一个较高的安全库存，付出更高的代价。

组织之间存在的障碍有可能使库存控制变得更加困难，因为各自都有不同的目标、绩效评价尺度，谁也不愿意去帮助其他部门共享资源。在分布式的组织体系中，组织之间的障碍对库存集中控制的阻力更大。

要进行有效的合作与协调，组织之间需要建立一种有效的合作激励机制和信任机制。信任风险的存在更加深了问题的严重性，相互之间缺乏有效的监督机制和激励机制是供应链节点企业之间合作不稳固的主要原因。

四、供应链管理模式下的库存管理

供应链管理模式下的库存管理的最高理想是实现供应链企业的无缝连接，消除供应链企业之间的高库存现象。

1. 库存合理化

库存合理化是指以最经济的方法和手段从事库存管理，并发挥其作用的一种库存状态及其运行趋势。具体来说，库存合理化包含以下内容：

（1）库存“硬件”配置合理化。库存“硬件”是指各种用于库存作用的基础设备。实践证明，物流基础设施和设备数量不足，其技术水平落后或者设备过剩、闲置，都会影响库存功能作用的有效发挥。如果设施和设备不足或者技术落后，不但库存作业效率低下，而且也不可能对库存物资进行有效的维护和保养；如果设施和设备重复配置，以至库存能力严重过剩，也会增加被储物资的成本而影响库存的整体效益。因此，库存“硬件”的配置应以能够有效地实现库存职能，满足生产和消费需要为基准，做到适当合理地配置仓储设施和设备。

（2）库存组织管理科学化。库存组织管理科学化有以下几种表现：①库存货物数量保持在合理的限度之内，既不能缺少，也不能过多；②货物存储的时间较短，货物周转速度较快；③货物存储结构合理，能充分满足生产和消费的需要。

（3）库存结构符合生产力的发展需要。在社会化大生产条件下，为了发展规模经济和提高生产、流通的经济效益，库存适当集中应当是库存合理化的一个重要标志。因为库存适当集中，除了有利于采用机械化、现代化方式进行各种操作外，更重要的是，它可以在降低存储费用和运输费用，以及在提高保供能力等方面取得优势。无数事实证明，以集中化的库存来调节生产和流通，在一定时期内，库存货物的总量会远远低于同时期分散库存的货物总量。

2. 传统的库存管理模式

在传统的库存管理模式中，高的客户满意度和低的库存成本似乎是一对冲突的目标，库存管理部门和其他部门的目标存在冲突。例如：库存管理部门力求保持最低的库存水平以减少资金的占用，节约成本；销售部门愿意保持较高的库存水平和尽可能备齐各种商品来避免发生缺货现象，以提高客户满意度；采购部门为了降低单位购买价格往往利用数量折扣的优惠，通过一次采购大量的物资来实现最低的单位购买价格，而这不可避免会增大库存水平；制造部门愿意对同一产品进行长时间的大量生产，这样可以降低单位产品的固定费用，然而这样往往增加库存水平；运输部门倾向于大批量运输，利用规模经济来降低单位运输成本，同样会增加每次运输过程中的库存水平。

与此同时，各节点企业的库存管理是各自为政的，物流渠道中的每一个部门都各自管理着自己的库存。零售商有自己的库存，批发商有自己的库存，供应商也有自己的库存。另外，供应链上各节点企业都有自己的库存控制策略，它们的库存控制策略不同而且相互封闭。传统企业中库存管理是静态的、单级的，库存控制决策没有与供应商联系起来，无法利用供应链上的资源。在图6-3中描述了一种传统的、由订单驱动的供应链模型，属于推测型营销体制（Speculated Marketing）。

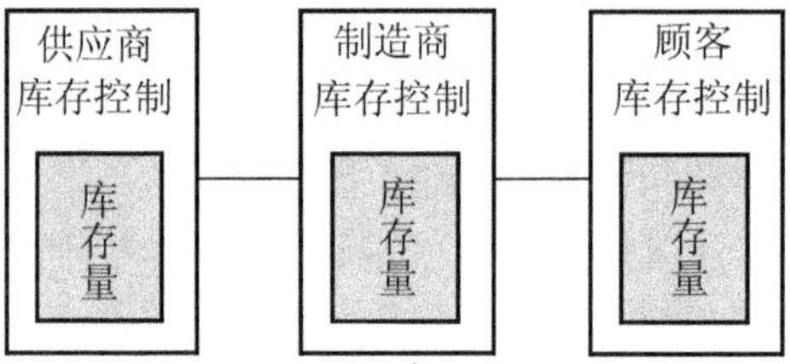

图6－3　传统的、由订单驱动的供应链模式

图6－3表明，制造商得到的仅仅是顾客的订货，并不知道顾客的需求预测、存量和库存策略，供应商与制造商之间也是一样的。这是一种缺乏信息共享，缺乏合作与协调的供应链管理方式，因此不可避免地产生需求扭曲现象。企业为规避无法预测的市场风险，都会保留大量的库存来应付需求的波动。由于库存过剩经常应用资金的占用成本来衡量，几乎不考虑超过最优解部分的管理成本。在预定的库存能力未饱和之前，再增加库存所增加的管理边际成本几乎为0。由于某一环节的缺货可能导致后继生产过程被迫停工，将会引发一系列连锁反应。当管理者厌恶风险时，就会付出一定的可预计损失换得对缺货不确定性的“保险”。

研究表明，在对产品进行库存决策时，越是处于产业链前端，越具有“保险”动机。

供应链上存在的不确定性，增加了供应链体系中的整体库存，给供应链节点企业带来不必要的成本负担。因此，为了避免需求与供给不确定性造成的“牛鞭效应”，应该改进传统的库存策略，通过信息共享、契约机制和业务集成等策略改善供应链模式下的库存水平，增强供应链体系的竞争力。

3. 供应链管理环境下的库存控制模式

在传统的库存控制模式下，需求信息沿供应链逆向逐级向上传递，在这种情况下，供应链的各级节点企业之间往往因缺乏协调与合作无法实现信息的共享，各企业都独立地采用订货点技术进行库存决策，不可避免地会产生需求信息的扭曲现象，并因此导致供应链整体运作效率的低下。传统的供应链信息流如图6－4所示。

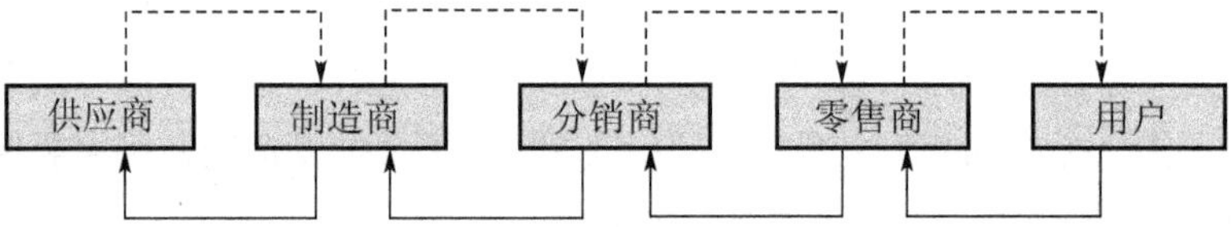

图6－4　传统的供应链信息流

在供应链管理环境下，供应链上、下游节点之间通过联盟与合作，建立一体化的信息系统，实现供求信息在供应链成员企业之间的实时共享，减少与克服需求信息在传递过程中的失真现象，而供应链成员在整体运作效果最优的思想指导下进行企业协作，统一决策，协调运作，因而可以大大降低供应链的库存水平，改善库存控制状况。供应链管理环境下的信息流如图6－5所示。

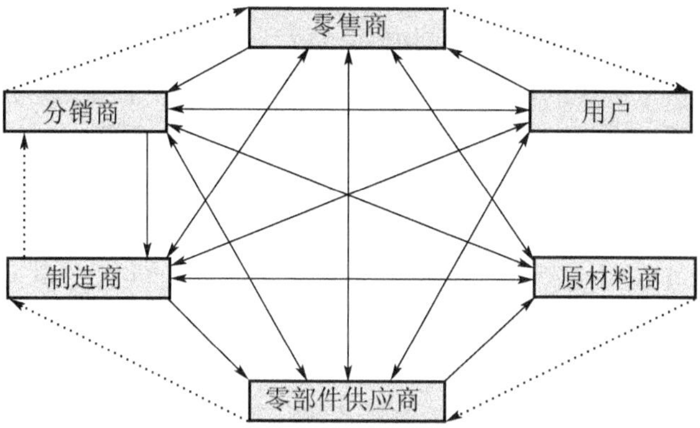

图 6－5　供应链管理环境下的信息流

供应链管理强调企业间的协作与系统优化。要取得供应链运作效果的整体最优，就必须通过企业合作实现供应链上、下游企业的物流活动的统一，狭义地说，这意味物流活动必须在一个地点协调起来，从供应链角度说，这将导致合作和整条供应链的一系列物流活动的有序安排。基于这种思想，就产生了产、销一体化的库存控制新模式。其一体化的库存控制模式如图 6－6 所示。

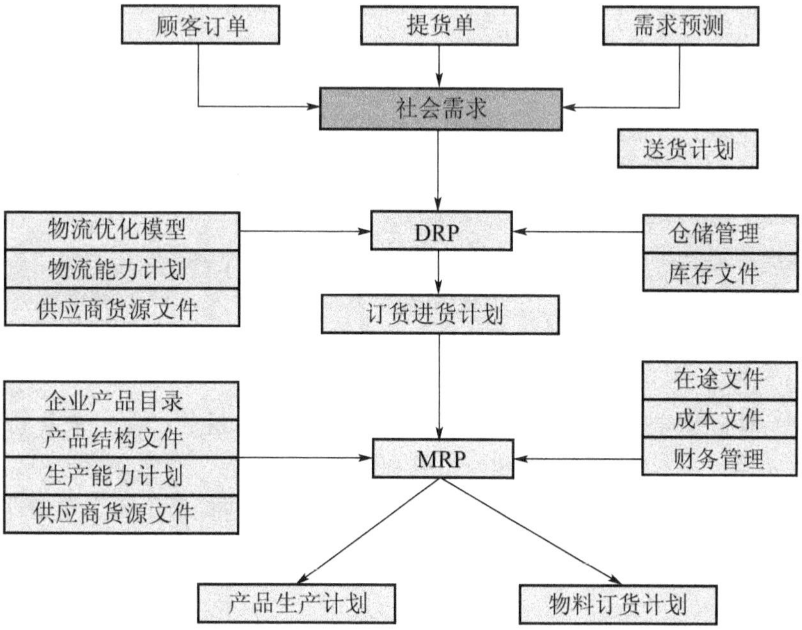

图 6－6　一体化的库存控制模式

这种库存控制模式，实际上是一种建立在企业协作与统一决策基础上的产、销大联合。在传统的方式下，流通领域以 DRP 为核心独立运作，生产领域则围绕 MRP 开展工作，产、销基本上是相互独立、彼此分离的两个环节。供应链的库存控制也是在不同时间、不同地点，由不同的企业分别进行的。通过系统集成的方法，一体化的库存控制模式将原来独立运作的两个系统统一起来了。一方面，企业在做库存控制决策的时候，将不再仅仅依靠其相邻企业传递的信息，它同时还可以从供应链中的其他企业那里获取共享信息，这也就意味着供应链中的任何一个企业，都可以快速、准确地掌握最终用户的需求信息，信息共享的实现，有效地提高了供应链的透明度，需求预测的准确性得到了革命性的提高。另一方面，通过供应链成员企业之间的协作，实现了统一决策、统一运作，使供应链的库存管理活动趋于一致化、整体化，从而克服了各自为政情况下的次优化问题。一体化的库存控制模式可以从根本上消除“牛鞭效应”带来的负面影响，因而可以大大降低供应链的库存水平，改善库存控制状况。

第三节　供应商管理库存

一、VMI 概述

在传统的供应链管理中，供应链上各成员的库存都是各自为政的，由于供应链各个环节的企业诸如供应商、制造商、分销商等，都是各自管理自己的库存，都有自己的库存控制目标和相应的策略，而且相互之间缺乏信息沟通，彼此独占库存信息，因此不可避免地产生了需求信息的扭曲和时滞，而各节点企业又分别从自身角度进行预测，并通过增加库存来应付需求的不确定性。这样，上游供应商往往比下游供应商维持了更高的库存水平，这样“牛鞭效应”也就产生了。很显然，这种现象将会给企业带来以下严重后果：产品的库存水平提高、服务水平下降、供应链的总成本过高以及定制化程度低等，这必然降低供应链的整体竞争力，最终使每一个供应链成员蒙受损失。

在这种背景下，产生的一种基于供应链管理思想的库存管理策略——供应商管理库存（Vendor Managed Inventory，VMI）就越来越受到分销商与供应商的欢迎。VMI 最早是由宝洁公司和沃尔玛公司在 20 世纪 80 年代发起并采用的一种全新库存策略，新库存策略使其在各自领域取得了竞争优势，并迅速发展壮大起来。今天，VMI 不仅成为零售企业的主要库存策略，也在生产制造领域开始被广泛采用。

1. VMI 的概念

VMI 是一种以供应链各个环节企业都获得最低成本为目的，在一个共同的协议下由供应商管理库存，并不断监督协议执行情况和修正协议内容，使库存管理得到持续改进的合作性策略，也就是供应链下游企业放弃库存管理权，由供应链上游企业管理库存。这样克服了下游企业自身技术和信息系统的局限，使得下游企业可以放开手脚进行核心业务的开发。

我国国家标准《物流术语》对 VMI 的定义是：供应商等上游企业基于其下游客户的生产经营、库存信息等情况，对下游客户的库存进行管理域控制。

2. VMI 的基本思想

VMI 是一种很好的供应链库存管理策略。传统地讲，库存是由库存拥有者管理的。因为无法确切知道用户需求与供应的匹配状态，所以需求库存、库存设置与管理是由同一组织完成的。这种库存管理模式并不总是有最优的。例如，一个供应商用库存来应付不可预测的或某一用户不稳定的需求，用户也设立库存来应付不稳定的内部需求或供应链的不确定性。虽然供应链中每一个组织独立地寻求保护其各自在供应链的利益不受意外干扰是可以理解的，但不可取，因为这样做的结果影响了供应链的优化运行。供应链的各个不同组织根据各自的需要独立运作，导致重复建立库存，因而无法达到供应链全局的最低成本，整个供应链系统的库存会随着供应链长度的增加而发生需求扭曲。

VMI 库存管理系统就能够突破传统的条块分割的库存管理模式，以系统的、集成的管理思想进行库存管理，使供应链系统能够获得同步化的运作。

VMI 的核心思想在于零售商放弃商品的库存控制权，而由供应商掌握供应链上的商品库存动向，即由供应商依据零售商提供的每日商品销售资料和库存情况来集中管理库存，替零售商下订单或者连续补货，从而实现对顾客需求变化的快速反应。精心设计与开发的 VMI 系统，不仅可以降低供应链的库存水平，降低成本，而且，用户还可获得高水平的服务，改善资金流，与供应商共享需求变化的透明性和获得更高的用户信任度。

3. VMI 的形式

VMI 概括起来主要有以下 4 种形式。

第一，供应商提供包括所有产品的软件进行存货决策，用户使用软件执行存货决策，用户拥有存货所有权，管理存货。在这种方式下，供应商对库存的管理和控制力有限，所以供应商受到用户的制约比较多一些，实质上不是完全意义上的供应商管理存货。

第二，供应商在用户的所在地，代表用户执行存货决策，管理存货，但是存货的所有权归用户。信息技术不是很发达的时候，由供应商在用户所在地直接管理存货，同时供应商也可以了解到充分的存货信息，但是存货的所有权不属于供应商，所以供应商在进行存货决策时的投入程度有限。

第三，供应商在用户的所在地，代表用户执行存货决策管理存货，拥有存货所有权。这样的方式下，供应商几乎承担了所有责任，它们的活动也很少受到用户的监督或干涉，是一种完整意义上的供应商管理库存方式。供应商可以十分清楚地了解到自己产品的销售情况，供应商也可以直接参与销售。

第四，供应商不在用户的所在地，但是定期派人代表用户执行存货决策，管理存货，供应商拥有存货的所有权。供应商在拥有存货所有权的情况下，采取在用户地或是在分销中心保存库存，以求根据需要及时快速地补充库存，库存的水平由供应商决定。

美国生产和库存控制协会（APICS，America Production and Inventory Control Society）定义的 VMI 一般是指第三和第四种方式，即供应商拥有存货的所有权。

二、VMI 的实施

1. 实施 VMI 的方式

实施 VMI 策略，首先要改变订单的处理方式，建立基于标准的托付订单处理模式。首先，供应商和批发商一起确定供应商的订单业务处理过程所需要的信息和库存控制参数，然后建立一种订单的处理标准模式，如 EDI 标准报文，最后把订货、交货和票据处理各个业务功能集成在供应商一边。

库存状态透明性（对供应商）是实施供应商管理用户库存的关键。供应商能够随时跟踪和检查到销售商的库存状态，从而快速地响应市场的需求变化，对企业的生产（供应）状态做出相应的调整。为此需要建立一种能够使供应商和用户（分销、批发商）的库存信息系统透明连接的方法。综上所述，供应商管理库存的策略可以分如下几个步骤实施。

（1）建立顾客情报信息系统。要有效地管理销售库存，供应商必须能够获得顾客的有关信息。通过建立顾客的信息库，供应商能够掌握需求变化的有关情况，把由批发商（分销商）进行的需求预测与分析功能集成到供应商的系统中来。

（2）建立销售网络管理系统。供应商要很好地管理库存，必须建立起完善的销售网络管理系统，保证自己的产品需求信息和物流畅通。为此，必须：①保证自己产品条码的可读性和唯一性；②解决产品分类、编码的标准化问题；③解决商品存储运输过程中的识别问题。目前已有许多企业开始采用 MRP Ⅱ 或 ERP 企业资源计划系统，这些软件系统都集成了销售管理的功能。通过对这些功能的扩展，可以建立完善的销售网络管理系统。

（3）建立供应商与分销商（批发商）的合作框架协议。供应商和销售商（批发商）一起通过协商，确定处理订单的业务流程以及控制库存的有关参数（再次订货点、最低库存水平等）、库存信息的传递方式（EDI 或 Internet）等。

（4）组织机构的变革。这一点也很重要，因为 VMI 策略改变了供应商的组织模式。过去一般由会计经理处理与用户有关的事情，引入 VMI 策略后，在订货部门产生了一个新的职能即负责用户库存的控制、库存补给和服务水平。

2. 实施 VMI 的优点

通过几年的实施，VMI 被证明是比较先进的库存管理办法，其突出的优点在于：

（1）实现生产现场零库存。

（2）实现最大的节约。

（3）最大限度地消除废品损失。

3. 实施 VMI 的缺点

VMI 也有以下局限性：

（1）VMI 的整体协作水平有限。

（2）VMI 是单向的过程，决策过程中缺乏足够的协商，难免造成失误。

（3）VMI 的实施减少了库存总费用，但在 VMI 系统中，库存费用、运输费用和意外损失（物品毁坏）不是由客户承担，而是由供应商承担。

由此可见，VMI 实际上是对传统库存控制策略进行“责任倒置”后的一种库存管理方法，这无疑加大了供应商的风险。VMI 是一种供应链集成化运作的决策代理模式，它把客户的库存决策权代理给供应商，由供应商代理采购商、制造商或分销商行使库存决策的权力。

三、联合库存管理

为了克服 VMI 系统的局限性和规避传统库存控制中的牛鞭效应，联合库存管理（Jointly Managed Inventory，JMI）随之出现。

1. JMI 的基本思想

简单地说，JMI 是一种在 VMI 的基础上发展起来的供应商与客户权利责任平衡和风险共担的库存管理模式，采购方与供应商双方同时参与，共同制订库存计划，使供应链中的每个库存管理者（供应商、制造商、分销商）协调一致，消除需求变异放大现象。

联合库存管理的思想可以从分销中心的联合库存功能谈起。地区分销中心体现了一种简单的联合库存管理思想。传统的分销模式是分销商根据市场需求直接向工厂订货。例如，汽车分销商（或批发商），根据用户对车型、款式、颜色、价格等的不同需求，向汽车制造厂订的货，需要经过一段较长时间才能到达，因为顾客不想等待这么久的时间，因此各个销售商不得不进行库存备货，这样大量的库存使销售商难以承受，以至于破产。

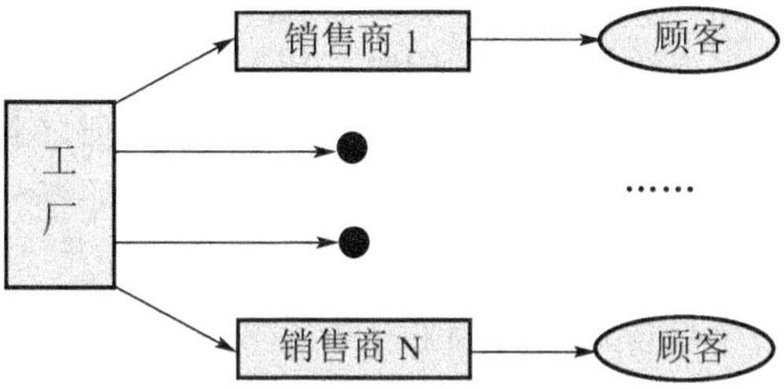

图6－7　传统的分销模式结构图

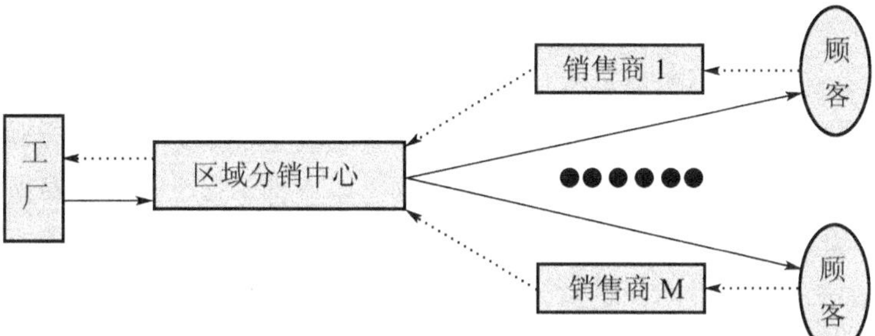

图6－8　有区域分销中心的分销模式结构图

图6－7为传统的分销模式，每个销售商直接向工厂订货，每个销售商都有自己的库存，而图6－8为采用分销中心后的销售方式，各个销售商只需要少量的库存，大量的库存由地区分销中心储备，也就是各个销售商把其库存的一部分交给地区分销中心负责，从而减轻了各个销售商的库存压力。分销中心就起到了联合库存管理的功能，分销中心既是一个商品的联合库存中心，同时也是需求信息的交流与传递枢纽。

从分销中心的功能我们得到启发，我们对现有的供应链库存管理模式进行了新的拓展和重构，提出了联合库存管理新模式——基于协调中心的联合库存管理系统。

2. JMI的两种主要模式

在联合库存管理下，供应商企业将取消自己的产成品库存，而将库存直接设置到核心企业的原材料仓库中，或者直接设到核心企业的生产线上。

（1）第一种模式是集中库存控制模式。各个供应商的零部件都直接存入核心企业的原材料库中，即变各个供应商的分散库存为核心企业的集中库存。

集中库存要求供应商的运作方式是：按核心企业的订单或订货看板组织生产，产品完成时，立即实行小批量、多频次的配送方式直接送到核心企业的仓库中补充库存。在这种模式下，库存管理的重点在于核心企业根据生产的需要，保持合理的库存量，既能满足需要，又能使库存总成本最小。

集中库存控制模式有以下几方面的优点：

① 由于所有供应商的库存都转移到了核心企业的原材料仓库中，所以供应链系统的库存控制问题实际上就转化成了普通企业的库存量控制问题，而且通过对核心企业库存量的控制，能够达到对整个供应链的库存量进行控制。

② 从供应链整体看，联合库存管理减少了库存点和相应的仓库设立费及仓储作业费，从而降低了供应链系统总的库存费用。

③ 在减少物流环节，降低物流成本的同时，提高了供应链的整体工作效率。

④ 供应商的库存直接存放在核心企业的仓库中，不但保障核心企业的零部件供应、取用方便，而且核心企业可以统一调度、统一使用管理、统一进行库存控制，为核心企业快速高效的生产运作提供了强有力的保障条件。

⑤ 核心企业通过对各个供应商的原材料库存量的控制，实际上也就控制了各个供应商的生产和配送运作，从而达到整个供应链优化运作的目的。

⑥ 这种库存控制方式也为其他科学的供应链物流管理如连续补充货物（CRP）、快速反应（QR）、配送、准时化供货等创造了条件。

集中库存模式在实施中也受到许多限制。例如，供需双方要建立长期互相信任的关系；核心企业与供应商之间需要建立协调机制和信息沟通渠道，对集中库存进行快速反应和共同控制；供应商还必须能满足在适当成本控制下的小批量多频次的供货方式。

（2）第二种模式是无库存模式。供应商和核心企业都不设立库存，核心企业实行无库存的生产方式。此时供应商直接向核心企业的生产线上进行连续小批量多频次的补充货物，并与之实行同步生产、同步供货，从而实现“在需要的时候把所需要品种和数量的原材料送到需要的地点”的操作模式。这种准时化供货模式，由于完全取消了库存，所以效率最高、成本最低。但是对供应商和核心企业的运作标准化、配合程度、协作精神要求也高，操作过程要求也严格，而且二者的空间距离不能太远。

JMI 是一种基于供应链协调中心的库存管理方法，它在供应商与客户之间建立起了合理的库存成本、运输成本及意外损失的分担机制，将 VMI 系统中供应商的全责转化为各个客户的部分责任，从而使双方成本和风险共担，利益共享，有利于形成成本、风险与效益平衡，是为了解决供应链系统中由于各节点企业的相互独立库存运作导致的需求放大现象和提高供应链的同步化、敏捷化程度而提出的。

3．JMI 的实施策略

（1）建立供需协调管理机制。为了发挥联合库存管理的作用，供需双方应从合作的精神出发，建立供需协调管理的机制，明确各自的目标和责任，建立合作沟通的渠道，为供应链的联合库存管理提供有效的机制。没有一个协调的管理机制，就不可能进行有效的联合库存管理。建立供需协调管理机制，要从以下几个方面着手：

① 建立共同合作目标。要建立联合库存管理模式，首先供需双方必须本着互惠互利的原则，建立共同的合作目标。为此，要理解供需双方在市场目标中的共同之处和冲突点，通过协商形成共同的目标，如用户满意度、利润的共同增长和风险的减少等。

② 建立联合库存的协调控制方法。联合库存管理中心担负着协调供需双方利益的角色，起协调控制器的作用。因此需要对库存优化的方法进行明确确定。这些内容包括库存如何在多个需求商之间调节与分配，库存的最大量和最低库存水平、安全库存的确定，需求的预测等。

③ 建立一种信息共享与沟通的渠道。信息共享是供应链管理的特色之一，为了提高整个供应链的需求信息的一致性和稳定性，减少由于多重预测导致的需求信息扭曲，应增加供应链各方对需求信息获得的及时性和透明性。为此应建立一种信息沟通的渠道或系统，以保证需求信息在供应链中的畅通和准确性。要将条码技术、扫描技术、POS 系统和 EDI 集成起来，并且要充分利用因特网的优势，在供需双方之间建立一个畅通的信息沟通桥梁和联系纽带。

④ 建立利益的分配、激励机制。要有效运行基于协调中心的库存管理，必须建立一种公平的利益分配制度，并对参与协调库存管理中心的各个企业（供应商、制造商、分销商或批发商）进行有效的激励，防止机会主义行为，增加协作性和协调性。

（2）发挥两种资源计划系统的作用。为了发挥联合库存管理的作用，在供应链库存管理中应充分利用目前比较成熟的两种资源管理系统：MRP Ⅱ 和 DRP。原材料库存协调管理中心应采用制造资源计划系统 MRP Ⅱ，而在产品联合库存协调管理中心则应采用物资资源配送计划 DRP。这样在供应链系统中把两种资源计划系统很好地结合起来。

（3）建立快速响应系统。快速响应系统是在 20 世纪 80 年代末由美国服装行业发展起来的一种供应链管理策略，目的在于减少供应链中从原材料到用户过程的时间和库存，最大限度地提高供应链的运作效率。快速响应系统在美国等西方国家的供应链管理中被认为是一种有效的管理策略，其经历了三个发展阶段。第一阶段为商品条码化，通过对商品的标准化识别处理加快订单的传输速度；第二阶段是内部业务处理的自动化，采用自动补库与 EDI 数据交换系统提高业务自动化水平；第三阶段是采用更有效的企业间的合作，消除供应链组织之间的障碍，提高供应链的整体效率，如通过供需双方合作，确定库存水平和销售策略等。

（4）发挥第三方物流系统的作用。第三方物流系统（Third Party Logistics，TPL）是供应链集成的一种技术手段。TPL 也叫做物流服务提供者（Logistics Service Provider，LSP），它为用户提供各种服务，如产品运输、订单选择、库存管理等。第三方物流系统的产生是由一些大的公共仓储公司通过提供更多的附加服务演变而来，另外一种产生形式是由一些制造企业的运输和分销部门演变而来。

把库存管理的部分功能代理给第三方物流系统管理，可以使企业更加集中精力于自己的核心业务，第三方物流系统起到了供应商和用户之间联系的桥梁作用，使企业获得诸多好处：①减少成本；②更专注于核心业务；③获得更多的市场信息；④获得一流的物流咨询；⑤改进服务质量；⑥快速进入国际市场。

面向协调中心的第三方物流系统使供应与需求双方都取消了各自独立的库存，增加了供应链的敏捷性和协调性，并且能够大大改善供应链的用户服务水平和运作效率。

4. 多级库存优化与控制

基于协调中心的联合库存管理是一种联邦式供应链库存管理策略，是对供应链的局部优化控制，而要进行供应链的全局性优化与控制，则必须采用多级库存优化与控制方法。因此，多级库存优化与控制是供应链资源的全局性优化。

多级库存的优化与控制是在单级库存控制的基础上形成的。多级库存系统根据不同的配置方式，有串行系统、并行系统、纯组装系统、树形系统、无回路系统和一般系统。

供应链管理的目的是使整个供应链各个阶段的库存最小，但是，现行的企业库存管理模式是从单一企业内部的角度去考虑库存问题，因而并不能使供应链整体达到最优。

多级库存控制的方法有两种：一种是非中心化（分布式）策略，另一种是中心化（集中式）策略。非中心化策略是各个库存点独立地采取各自的库存策略，这种策略在管理上比较简单，但是并不能保证产生整体的供应链优化，如果信息的共享度低，多数情况产生的是次优的结果，因此非中心化策略需要更多信息共享。用中心化策略，所有库存点的控制参数是同时决定的，考虑了各个库存点的相互关系，通过协调的办法获得库存的优化。但是中心化策略在管理上协调的难度大，特别是供应链的层次比较多，即供应链的长度增加时，更增加了协调控制的难度。

供应链的多级库存控制应考虑以下几个问题。

（1）库存优化的目标是什么，成本还是时间？传统的库存优化问题无不例外地进行库存成本优化，在强调敏捷制造、基于时间的竞争条件下，这种成本优化策略是否适宜？供应链管理的两个基本策略，ECR和QR，都集中体现了顾客响应能力的基本要求，因此在实施供应链库存优化时要明确库存优化的目标是什么，成本还是时间？成本是库存控制中必须考虑的因素，但是，在现代市场竞争的环境下，仅优化成本这样一个参数显然是不够的，应该把时间（库存周转时间）的优化也作为库存优化的主要目标来考虑。

（2）明确库存优化的边界。供应链库存管理的边界即供应链的范围。在库存优化中，一定要明确所优化的库存范围是什么。供应链的结构有各种各样的形式，有全局的供应链，包括供应商、制造商、分销商和零售商各个部门；有局部的供应链，分为上游供应链和下游供应链。在传统的所谓多级库存优化模型中，绝大多数的库存优化模型是下游供应链，即关于制造商（产品供应商）—分销中心（批发商）—零售商的三级库存优化。很少有关于零部件供应商—制造商之间的库存优化模型，在上游供应链中，主要考虑的问题是关于供应商的选择问题。

（3）多级库存优化的效率问题。理论上讲，如果所有的相关信息都是可获的，并把所有的管理策略都考虑到目标函数中去，中心化的多级库存优化要比基于单级库存优化的策略（非中心化策略）要好；但是，现实情况未必如此，当把组织与管理问题考虑进去时，管理控制的幅度常常是下放给各个供应链的部门独立进行，因此多级库存控制策略的好处也许会被组织与管理的考虑所抵消。因此简单的多级库存优化并不能真正产生优化的效果，需要对供应链的组织、管理进行优化，否则，多级库存优化策略效率是低下的。

第四节　供应链客户关系管理

一、客户关系管理的内涵

1．客户关系管理定义

客户关系管理（Customer Relationship Management，CRM）最早由Gartner Group提出，是指企业通过富有意义的交流沟通，理解并影响客户行为，最终实现提高客户获得、客户保留、客户忠诚和客户创利的目的，是一种以“客户关系一对一理论”为基础，旨在改善企业与客户之间关系的新型管理机制，同时也是包括一个组织机构判断、选择、争取、发展和保持客户所需要实施的全部商业过程。其目的在于建立一个系统，使企业在客户服务、市场竞争、销售及决策支持方面形成彼此协调的、全新的关系实体，为企业带来长久的竞争优势。

自从有了商业活动以来，客户关系就一直是商务活动中的一个核心问题。随着计算机技术的飞速发展，提供了运用现代信息技术、网络技术实现客户关系管理的现实可能性。于是客户关系管理理念获得了飞速发展，客户资源不仅已经成为企业的一种战略资源，而且研究客户关系管理和客户关系开发的战略已经成为现代企业经营中的一个重要内容。

2. 对客户关系管理的认识

对客户关系管理的认识可以从三个角度来看待：一是从商业哲学的角度，认为客户关系管理是把客户置于决策出发点的一种商业哲学，它使企业与客户的关系更加紧密；二是从企业战略的角度来理解，认为客户关系管理是通过企业对客户关系的引导，达到企业最大盈利的企业战略；三是从系统开发的角度，认为客户关系管理是帮助企业以一定的组织方式来管理客户的互联网软件系统。这三种认识都有其合理的成分，体现了不同的部门从不同方面对 CRM 的理解，体现了 CRM 的不同层面。

（1）客户关系管理是一种管理理念。其核心思想是将企业的客户作为最重要的企业资源，通过完善的客户服务和深入的客户分析来满足客户的需求，保证实现客户的最大价值。业务流程的重新设计为企业的管理创新提供了一个工具，在引入客户关系管理的理念和技术时，不可避免地要对企业原来的管理方式进行改变，创新的思想将有利于企业员工接受变革，而业务流程重组则提供了具体的思路和方法。互联网带来的不仅是一种手段，它触发了企业组织架构、工作流程的重组以及整个社会管理思想的变革。所以，客户关系管理是对传统管理理念的一种更新。

（2）客户关系管理又是一种旨在改善企业与客户之间关系的新型管理机制。它实施于企业的市场营销、销售、服务与技术支持等与客户相关的领域，为业务部门提供全面、个性化的客户资料，并强化跟踪服务、信息分析的能力，使他们能够协同建立和维护一系列与客户和合作伙伴之间卓有成效的“一对一关系”，从而使企业得以提供更快捷和周到的优质服务，提高客户满意度，吸引和保持更多的客户；另一方面则通过信息共享和优化业务流程来有效地降低企业经营成本。

（3）客户关系管理也是一种管理技术。它将最佳的商业实践与数据挖掘、数据仓库、一对一营销、销售服务自动化以及其他信息技术紧密结合在一起，为企业的销售、客户服务和决策支持等领域提供了一个业务自动化的解决方案，使企业有了一个基于电子商务的面对客户的前沿，从而顺利实现由传统企业模式到以电子商务为基础的现代企业模式的转化。

（4）客户关系管理并非等同于单纯的信息技术或管理技术，它更是一种企业商务战略。这种战略的目的是使企业根据客户分段进行重组，强化使客户满意的行为并连接客户与供应商之间的过程，从而优化企业的可盈利性，提高利润并改善客户的满意程度。具体操作时，它将看待“客户”的视角从独立分散的各个部门提升到了企业，各个部门负责与客户的具体交互，但向客户负责的却是整个企业。以一个面孔面对客户是成功实施 CRM 的根本。为了实现 CRM，企业与客户连接的每一环节都应实现自动化管理。

3. 客户关系管理产生的原因

在日益激烈的市场竞争环境下，企业仅靠产品的质量已经难以留住客户，“服务”成为企业竞争制胜的另一张王牌。企业必须利用信息技术，通过对客户的追踪、管理和服务，留住老客户、吸引新客户。针对每个客户的不同需求，提供更为个性化的系列服务已成为企业生存的根本法则。

面对广泛的全球经济、技术和文化变革，全世界的企业都试图增强其现有的客户关系的价值和盈利能力，同时也希望吸引有利可图的新客户。随着企业满怀热忱地接受电子商务，这些客户关系管理背后的驱动力将变得越来越强大。

来自北美和欧洲的权威机构提供的统计数据表明，在全世界 500 强企业中，他们在 5 年内大约流失了 50% 的客户。企业争取一个新客户的成本是保留一个老客户的 5 ～ 10 倍。留住 5% 的客户有可能会为企业带来 100% 的利润。在企业的所有客户中，约有 50% 的客户没有为企业带来利润。根据对一些公司 CEO 的问卷调查统计分析，可以看出他们最关心的话题是企业如何才能留住客户，增加客户对企业的忠实度。这也是客户关系管理如此受重视的原因所在。

客户关系管理产生的原因可以归纳为客观和主观两个方面。

（1）客观原因：消费者需求日趋多样化要求企业更加了解消费者的需要，并按照消费者的需求定制生产；产品生命周期缩短；消费者消费心理的变化，要求高速、高效、优质的服务，要求企业全面提高客户服务质量，维系客户满意度；市场竞争进一步加剧，全球经济趋于一体化。

（2）主观原因：企业一向注重客户，“客户就是上帝”的理念为进一步实施客户关系管理创造了条件；企业进行扩张和增加利润的要求（当然也是客户关系管理的最终目标）；企业的组织结构进一步扁平化导致与员工客户接触机会大大增加。

4．客户关系管理的原则

（1）客户是企业战略资源的原则。在传统的管理理念及现行的财务制度中，只有厂房、设备、现金、股票、债券等是企业的资产，随着科技的发展，开始把技术、人才也视为企业的资产。然而，这种划分资产的理念是一种闭环式的而不是开放式的，无论是传统固定资产和流动资产论，还是新出现的人才和技术资产论，都是企业能够得以实现价值的部分条件，其缺少的部分就是产品实现其价值的最后阶段，也是最重要的阶段，而这个阶段的主导者就是客户。

提倡并树立客户是企业战略资源的理念，在当今从以产品为中心的商业模式向以客户为中心的商业模式的转化过程中，是尤其重要的。著名的研究机构 Hurwitz group 指出：CRM 比 ERP 更进了几步，它可以帮助企业最大限度地利用其以客户为中心的资源（包括人员和资产），并将这些资源集中应用于客户和潜在客户身上。通过缩减销售周期和销售成本，通过寻求扩展业务所需的新市场和新渠道，并且通过改进和提升客户价值、满意度、盈利能力以及不断地发展和扩展新客户来改善企业的经营和管理能力。

随着以产品为中心的商业模式向以客户为中心的商业模式的转变，越来越多的企业开始将客户视为企业的战略资源。“想客户所想”、“客户就是上帝”、“客户的利益至高无上”等一些新型的管理理念和管理思想开始确立。ISO 9000 更将这种现代管理理念提升到战略高度来认识，提出了从满足客户需求出发到让客户满意的核心理念，并以此作为管理的出发点和落脚点。

（2）客户资源的扩展原则。商务活动中的客户资源多是偶发的、单一的，但是这种偶发的客户资源往往具有一种行业的连续性和扩展性。互联网的广泛应用，不仅激发了这种扩展性，而且使我们能够把握、培育、倍增这种扩展性，从而为商务活动中开辟和扩大市场提供机遇和可能。特别是由于电子商务的市场更大、机会更多，这种充足的、潜在的客户资源为企业扩展客户资源奠定了非常好的基础。许多客户关系管理系统正是利用了这种扩展性，寻找一种规律性的机遇来扩大和构建企业的稳定客户资源。

（3）建立稳定客户资源的原则。建立稳定的客户资源是客户关系管理中的又一重要原则。商业交往中的商机是客户带来的，因此，稳定的、长期的客户将是企业长期而稳定的销售渠道的利润基础。建立稳定的客户资源，首先要寻找和发现稳定的客户，特别是要发现那些潜在的、未来的销售对象。其次是服务好现有的客户，并通过对这些客户的优质服务进行客户资源扩展。再次是对全部客户资源进行智能化管理，在管理的过程中，实现客户价值的扩大和增值。只有逐步建立起稳定的、不断发展的、不断扩大的客户群，才能使企业切切实实提高产品和市场占有率，建立起稳定的销售渠道。这在传统营销中是很难做到的，网络恰恰具备独有的优势。利用这些优势，建立起稳定的销售渠道，对于企业的稳定生产将具有重要的作用。

二、客户关系管理的核心

实施 CRM 是企业经营战略的一部分，必须作为企业的战略工作来抓，建立配套的系统工程。首先，企业要做充分的市场调查，细分客户，进行 CRM 的正确定位；其次，要领导重视，从高层开始建立一个实施 CRM 的领导小组，推动整个项目；再次，要对企业内部的业务流程进行重组，调整组织机构，培训员工去适应以客户为中心的理念和要求，改变和建设相关的企业文化；最后，选择安装相适应的 CRM 软件。可见，成功实施 CRM 是一个长期的过程，要循序渐进。它不是一个单一的项目，不是某个部门的工作，不可能一蹴而就。CRM 作为一种旨在改善企业与客户之间关系的新型管理机制，它的营销目的已经从传统的以一定的成本取得新顾客转向想方设法留住现在顾客，从取得市场份额转向取得顾客份额，从发展一种短期的交易转向开发顾客的终生价值。寻找新客户对于企业的重要性不言而喻，可是大多数的企业却把绝大部分的精力都放在寻找新客户上，而对于维持已有的客户关系关心不够。实施 CRM 应做好以下几个方面的核心工作：

1. 围绕“以客户为中心”整合企业所有对外业务

客户关系管理的焦点是遵照“以客户为中心”的理念实现对外业务的自动化，它整合了管理、营销、销售和客户服务以及技术支持等与客户相关的对外业务，使得客户在和企业沟通时能够感觉到企业是作为一个整体在向他提供标准的、协调一致的服务，这种服务不会因为个别工作人员的个人偏差而发生变化。举个简单的例子，客户就某一产品的报价询问了企业几个不同的销售人员甚至销售部门，如果销售数据的管理存在问题，他或许会得到几个不同的报价，那样将会使客户无所适从，亦会使企业在洽谈中陷入被动。CRM 应用软件系统能够有效防止这类现象的发生，能够确保客户通过电话、面谈、电子邮件或者互联网等方式与企业进行连贯的、高效的交流。

2. 培养和维持客户忠诚度，客户是企业生存和发展的基础

市场竞争的实质其实就是争夺客户资源。企业要想获得长远而稳固的客户资源，就必须要致力于客户忠诚度的建立和维持，唯有这样企业才能拥有源源不断的利润源泉。《哈

佛商业评论》的一项研究报告指出：忠诚的老客户将会带来企业85%的利润，而吸引他们的主要原因是服务质量，其次是产品，最后才是价格。另一项调查报告表明：一个满意的客户会引发八笔潜在的生意，其中至少有一笔成交；而一个不满意的客户会影响二十五个人的购买意向，道理是很简单的，所有的客户对于自己朋友言传身教的信任程度都要远胜于企业精心制作的广告诱惑，任何一位忠诚的老客户都是企业最好的营销资源；由于争取一位新客户的成本是保住一位老客户的成本的五倍，进攻性营销的成本是防守性营销成本的五倍到八倍，因此，越来越多的企业将营销重点转向客户忠诚度的培养和老客户的维系。客户关系管理的一项核心策略即在于维系现有客户，而不是一味地去争取新客户。及时识别忠诚客户是十分重要的。在每次客户交易时，给予老客户区别于一般客户的服务，会使老客户保持满意，加强他们的忠诚度。客户数据库的一个重要作用是在客户发生交易行为时，能及时地识别客户的特殊身份，从而给予相应的产品和服务。

3. 利用个性化服务关注建设重点客户群体

客户忠诚度的培养与企业利润最大化的目标是一致的，这种一致性奠定了企业与客户双赢的利益基础。但是，企业利润和客户组成结构之间的关系表明，并不是所有的客户都会给企业带来源源不断的利润，也不是所有的客户在企业利润战略中都占据着同样的地位。市场竞争的长期实践表明：企业80%的利润来自20%的重点客户。因此，企业没有理由不对这个重点客户群体给予更多的关注。实践证明，客户细分战略是行之有效的。给予重点客户群体以按需定制的个性化服务，将会极大提升这部分客户的忠诚度和满意度，从而确保企业主流利润来源的长期性和稳定性。企业运用客户数据库，可以使每一个服务人员在为客户提供产品和服务的时候，明了客户的偏好和习惯购买行为，从而提供更具针对性的个性化服务，这种个性化的服务对培养顾客忠诚度无疑是非常有益的。

CRM作为一种管理软件和技术，将最佳的商业实践与数据仓库、数据挖掘、人工智能、销售自动化及其他信息技术紧密结合在一起，通过收集、分析客户信息，动态地跟踪客户的消费行为，实时地对客户的需求做出反应，智能地分析客户的消费信息，充分挖掘和利用客户关系资料，为企业的销售、客户服务和决策支持等领域提供一个系统化的解决方案，使企业有了一个基于电子商务的客户管理系统，从而顺利实现由传统企业模式向以电子商务为基础的现代企业模式的转化。

三、客户关系管理（CRM）构成

1. 客户关系管理的内容

CRM围绕企业的经营活动，实现的基本目标有三个：一是研究用户、确定市场；二是解决如何提供优质服务吸引和开发客户；三是通过客户研究确定企业的管理机制和管理内容。CRM的基本内容包括：

（1）客户概况分析(Profiling)：包括客户的层次、风险、爱好、习惯等。

（2）客户忠诚度分析(Persistency)：指客户对某个产品或商业机构的忠实程度、持久性、变动情况等。

（3）客户利润分析(Profitability)：指不同客户所消费的产品的边缘利润、总利润额、净利润等。

（4）客户性能分析(Performance)：指不同客户所消费的产品按种类、渠道、销售地点等指标划分的销售额。

（5）客户未来分析(Prospecting)：包括客户数量、类别等情况的未来发展趋势、争取客户的手段等。

（6）客户产品分析(Product)：包括产品设计、关联性、供应链等。

（7）客户促销分析(Promotion)：包括广告、宣传等促销活动的管理。

2. 客户关系管理基本要素

基于互联网和电子商务的技术集成系统CRM既是一种理念，也是一套管理软件和技术，是一套建立在互联网和电子商务基础上的技术集成系统。尽管CRM理论各有侧重，CRM软件实现的功能不一，但就CRM构成而言，有下述几个基本要素。

（1）作为企业，其基本目的就是要盈利。CRM作为一种新的商业管理策略，虽然引入了大量的通信及信息技术，但这些技术都是为企业适应新形势下的商业管理模式服务的，只有技术与管理相匹配，才能发挥技术的最大潜能。现在市面上已经有多种的CRM系统集成产品在向企业销售，相比较而言，企业对自身管理需求、管理特点的分析则显得极为重要，企业应根据自身的需要和特点选购。CRM作为一种商业管理的策略是因企业的不同而有差异的，首先把CRM作为企业的管理策略来进行研究和咨询，才会起到事半功倍的效果。

（2）任何企业对顾客都有其独特存在的价值，这个价值决定了顾客的期望。因此对企业而言，找到这个价值是吸引顾客的首要任务。其中了解顾客的使用经验非常重要。顾客的购买、使用经验里，往往包含了许多对企业来说很重要的信息，了解了这些信息后，企业就能提供附加值更高的产品或服务。CRM策略的核心目的就是要识别、发展和维护企业的重要客户。为建立和维持良好的顾客关系，企业须与顾客保持互动，企业提供的产品或服务应能让顾客顺利和快捷地得到。如果考虑成本和收益的比率，真正意义上的定制服务是很难实现的，但企业可根据顾客的不同特性、要求及使用经验予以归类，提供“有适当的区别意义”的商品和服务，使顾客的不同需求得到满足，从而维系他们对企业的忠诚度。

（3）信息技术的运用是CRM中的核心，CRM的实现需有良好的信息收集、整理和分析手段，从而为企业的决策提供有利支持。企业在对自身管理目的、管理特点以及管理需求有了充分认识的基础上，就可以根据需求来选择适合的技术构件。相关的技术知识有：软件、数据库、数据挖掘、知识发现、决策支持、数据管理、交互式语音集成、呼叫中心的组建与维护。

（4）从系统技术的角度，一个完整、有效的客户关系管理应用系统的基本架构由下面几个子系统组成：

① 业务操作管理子系统。客户关系管理主要是实现基本商务活动的优化和自动化，涉及三个基本业务流程：市场营销、销售实现和客户服务与支持。因此，CRM的业务操作管理子系统的主要内容包括：营销自动化、销售自动化、客户服务和支持与呼叫中心。

② 客户合作管理子系统。客户关系管理主要是实现客户接触点的完整管理，客户信息的获取、传递、共享和利用以及渠道的管理；具体涉及企业不同职能部门的管理信息体系、联络中心（电话中心）、移动设备，网络渠道的信息集成、处理等问题。因此，客户合作管理子系统主要的内容包括：业务信息系统、联络中心管理和网络集成管理三个

方面。

③ 数据分析管理子系统。将原始数据转化为可操作的有效信息，对于营造一种有突破性的共同业务决策环境是十分必要的。客户数据通常可以分为以下两类：事实数据，如客户特征、产品所有权的归属、产品使用权的归属、产品购买权归属、购买渠道等；引申数据，如交叉购买潜力、增值购买潜力、获利潜力、信用风险等。数据分析管理子系统主要的内容包括数据仓库建设、知识仓库建设及依托管理信息系统的商业决策分析智能等。

④ 信息技术管理子系统。由于客户关系管理的各功能模块和相关系统运行都必须由先进的技术、设备、软件来保障，因此，对于信息技术的管理也成为CRM的有机组成部分，包括：其他子系统应用软件管理，如数据库管理系统、电子软件分发系统等；中间软件和系统工具的管理，如中间软件系统、系统执行管理工具等；企业级系统的集成管理，如CRM与企业管理信息系统的集成，乃至整个的企业应用集成方案，以实现将企业的CRM应用与ERP、SCM等其他的系统紧密地集成起来；电子商务技术和标准管理，如因特网技术及应用、EDI技术及标准、通信标准管理等。

上述四个子系统组成了一个完整的客户关系管理应用系统，在实际应用中它们彼此相互联系，又可独立加以应用。

（5）构成模块及功能。客户关系管理系统主要由销售模块、营销模块、客户服务模块、呼叫中心模块、电子商务模块等几个模块组成。详见表6－3。

表6－3　CRM的主要模块

主要模块	目　标	主要功能
销售模块	提高销售过程的自动化和销售效果	帮助决策者管理销售业务，主要功能有额度管理、销售力量管理、地域管理
营销模块	对直接市场营销活动加以计划、执行、监视和分析	使得营销部门实时地跟踪活动的效果，执行和管理多样的、多渠道的营销活动
客户服务模块	提高客户支持、现场服务和仓库修理业务流程的自动化并加以优化	完成现场服务分配、现有客户管理、客户产品全生命周期管理、服务技术人员档案、地域管理等
呼叫中心模块	利用电话来促进销售、营销和服务	包括呼入呼出电话处理、互联网回呼、呼叫中心运营管理、图形用户界面软件电话、路由选择等
电子商务模块	建立电子商店、电子支付和电子支持	建立和维护基于互联网的店面，从而在网上销售产品和服务

3. 客户关系管理的作用

正是CRM的独创性的管理理念和管理手段，真正把“以客户为本”的观念结合到企业的日常业务之中，从而在多个方面改善企业的管理。

（1）CRM可以加速企业对客户的响应速度。CRM改变了企业的运作流程，企业应与客户以多种方式直接进行交流，大大缩短了企业对客户的响应时间，企业也可以更敏锐地捕捉到客户的需求，从而为改进企业的服务提供了可靠的依据。

（2）CRM可以帮助企业改善服务。CRM的客户提供主动的客户关怀，根据销售和服务历史提供个性化的服务，在知识库的支持下向客户提供更专业化的服务和严密的客户纠纷跟踪，这些安排都成为企业改善服务的有力保证。

（3）CRM 可以提高企业的工作效率。由于 CRM 建立了客户与企业打交道的统一平台，客户与企业一接触就可以完成多项业务，办事效率大大提高。前端办公应用管理系统（Front Office）自动化程度的提高，使得很多重复性的工作（批量发传真、邮件）都由计算机系统完成，工作的效率和质量都是人工无法比拟的。

（4）CRM 可以有效地降低成本。CRM 的运用使得团队销售的效率和准确率大大提高，服务质量的提高也使得服务时间和工作量大大减少，这就无形中降低了企业的运作成本。

（5）CRM 可以规范企业的管理。CRM 提供了统一的业务平台，并且通过自动化的工作流程将企业的各种业务紧密结合起来，这样就将个人的工作加入到企业规范的业务流程中去，与此同时，将发生的各种业务信息存储在统一的数据中，从而避免了重复工作以及人员活动造成的损失。

（6）CRM 可以帮助企业深入挖掘客户的需求。CRM 注意收集各种客户信息，并将这些信息存储在统一的数据库中。同时，CRM 还提供了数据挖掘工具，可以帮助企业对客户的各种信息进行深入的分析和挖掘，使得企业“比客户自己更了解客户”。

（7）CRM 可以为企业的决策提供科学的支持。CRM 是建立在“海量的数据库”之上的。CRM 的统计分析工具可以帮助企业了解信息和数据背后的规律和逻辑关系。掌握了这些，企业的管理者就可以做出科学准确的决策，使得企业在竞争中占尽先机。

市场是由需求构成的，需求构成了企业的获得潜力，而需求的满足状态制约着企业获利的多少。随着工业经济社会向知识经济社会的过渡，经济全球化和服务一体化成为时代的潮流，客户对产品和服务的满意与否，成为企业发展的决定因素。而通过 CRM，可以不断完善客户服务，从而留住更多客户，并吸引客户，提高客户满意度。

四、中国企业实施 CRM 应注意的问题

在过去的几年里，国内各种规模的企业（特别是大中型企业）纷纷在 CRM 上进行了大量的投资。虽然我国的企业有像海尔这样的成功案例，但大多数的企业对企业信息化的认识还不够，对于 CRM 的应用经验还不足，出现了各种各样的问题，有一些问题是有普遍性的。

1. 企业文化

大部分国内企业现有的企业文化是一种重视企业内部价值和能力、以产品为中心、重视企业利润、关注客户群体需求，但变革行动缓慢、思想保守的文化。我国企业管理讲究更多的人文文化，强调领导艺术，缺乏科学严谨的思维模式，对新鲜事物感兴趣，但是采取行动时缺乏对全局的考虑和严格的评审。高层领导对企业文化没有足够的认识和重视，企业文化没有同工作联系在一起。所以，当 CRM 要从根本上转变员工的思维模式、行动模式的时候，文化很难在实施过程中起到推进作用。

2. 制度因素

企业最重要的资源是人力资源，只有充分调动员工的积极性，发挥他们的创造性和能动性，企业才可能获得持续的成功。在“以产品为中心”的模式中，考核销售人员的指

标是销售额、获取的新顾客数等。而在CRM“以客户为中心”的模式中，根据“80/20”理论，工作的重点不是开发新客户，而是要保持老客户、提高每个现有客户的购买量，客户满意度、客户保持率、客户回访率应该成为考核的重点。因此，为了在制度上保证员工思想观念的转变，必须调整原有的绩效考核体系。

3. 咨询服务

很多企业还在为“购买咨询服务值不值?”而困惑，要接受“CRM项目咨询投入常常会超过软件投资”的观点还需要很长一段时间。咨询顾问的价值体现在系统知识经验积累和“相对客观的立场上”。

4. 数据

国内大部分企业还没有将各类静态、动态数据视为一种重要资产，并像管理有形资产一样来加强管理。国内企业设立专门的数据管理部门，制定严格的数据管理考核制度是非常必要的。

5. 投资与回报

近年来，中国众多企业都在实施CRM，但并未得到想要的效果，其本质的原因就是没能真正地理解和掌握CRM系统的真谛——人和系统之间的关系机制。如果进一步探其究竟，则发现：操作复杂、工作流程欠佳、结构僵化等方面成为问题的核心。由于企业投资回报率低，致使新的技术项目被砍掉了，硬件和软件设备只有在出现故障或寿终正寝时才更换，导致公司技术设备陈旧和效率越来越低，陷入了业绩不断下滑的漩涡。企业应对项目投入严格地评估和规避风险，并能够凭借过去的经验，预测哪些项目将会带来超过最低标准的投资回报率。因此，这些高绩效公司积极而自信地进行投资、管理并升级它们的技术设施，为企业带来更多的价值。

复习思考题

一、简答题

1. 简述采购的重要性。
2. 如何实施准时采购?
3. 当前库存控制有哪些问题? 产生的根源是什么?
4. 什么是VMI管理系统? 其核心思想是什么? 如何实施?
5. 供应链库存控制的方法有哪些?
6. 简述VMI的基本思想及模式类型。
7. VMI与传统的库存管理模式相比，有什么优点?
8. 如何理解供应链管理下的多级库存控制?

二、不定选择题

1. 下列关于质量及采购质量的叙述中，错误的是(　　)。
   A. 质量是反映实体（产品或服务）满足明确或暗含需要的能力的特征总和
   B. 质量是通过均衡适用性、技术性、安全性及可靠性等技术因素和包括价格和可用性等在内的经济因素来决定的
   C. 在企业的采购活动中，要不遗余力地寻求最好质量的材料，只有这样才能生产出

最有竞争力的产品

D. 企业必须重视采购质量的管理，因为采购质量的好坏从源头上开始影响企业最终产品和服务的质量

2. (　　)是企业生产管理过程中不可缺少的重要组成部分，是实现价值链增值的重要环节。

A. 库存管理　　B. 仓储管理

C. 运输管理　　D. 物流管理

3. 库存过多造成的影响主要表现在(　　)。

A. 过量库存会占用大量资金

B. 过量库存会增大库存成本

C. 过量库存会掩盖企业生产经营中存在的问题

D. 过量库存可以保证生产的正常有序进行

E. 过量库存会加快上游企业的成本转移

4. VMI 的实施主要根据 (　　)。

A. 物流的市场需求　　B. 企业的生产和库存计划

C. 企业和供应商的关系　　D. 企业双方签订的协议

5. 实施 VMI 要求必须建立的两个紧密合作关系有 (　　)。

A. 企业内部紧密合作　　B. 企业之间紧密合作

C. 供应商与制造商之间的合作　　D. 生产车间与仓库的合作

E. 生产企业与销售商之间的合作

6. (　　)是客户关系管理的基础。

A. 客户信息的收集　　B. 客户信息的整合

C. 客户关系的维护　　D. 客户服务水平的提高

7. (　　)作为企业管理的重要内容和决定性因素。

A. 客户关系管理　　B. 供应商关系管理

C. 物流管理　　D. 人力资源管理

8. 如何为客户提供(　　)的服务是客户关系管理的一项重要任务。

A. 满意　　B. 优质　　C. 高水平　　D. 普通　　E. 良好

9. 客户关系管理相关的业务流程包括(　　)等。

A. 连带销售和高销售　　B. 营销活动管理及执行

C. 客户服务和支持　　D. 现场服务

E. 客户维系管理

10. (　　)是供应链运作和管理中缺一不可的管理模式和工具，少了哪一个环节，供应链都会撕裂开。

A. CRM　　B. SRM　　C. ERP　　D. MRP　　E. SCM

【课后案例】

两种"采购现象"背后的观念对碰

1．胜利油田现象

胜利油田每年的物资采购总量约85亿元人民币，涉及钢材、木材、水泥、机电设备仪器仪表等56个大类，12万项物资。行业特性的客观条件给企业采购的管理造成了一定的难度。然而，最关键的问题是：胜利油田目前有9 000多人在做物资供应管理，庞大的体系给采购管理造成了许多困难。胜利油田每年采购资金的85亿元中，有45亿元的产品由与胜利油田有各种隶属和姻亲关系的工厂生产，很难将其产品的质量和市场同类产品比较，而且价格一般要比市场价高。就拿供电器来说吧，价格比市场价贵20%。但由于这是一家由胜利油田长期养活的残疾人福利工厂，只能是本着人道主义精神接受他们的供货，企业背上了沉重的包袱。同样，胜利油田使用的大多数涂料也是由下属工厂生产的，一般只能使用3年左右，而市面上的同类型涂料可以用10年。还有上级单位指定的产品，只要符合油田使用标准、价格差不多，就必须购买指定产品。在种种压力下，胜利油田能做的就是逐步过渡，拿出一部分采购商品来实行市场招标，一步到位是不可能的。

2．通用现象

作为世界上最大的汽车集团，通用拥有强大的全球化采购系统。据统计，在美国的采购量每年为580亿美金，全球采购金额总共达到1 400亿～1 500亿美金。1993年，通用汽车提出了全球化采购的思想，并逐步将各分部的采购权集中到总部统一管理。目前，通用下设四个地区的采购部门：北美采购委员会、亚太采购委员会、非洲采购委员会、欧洲采购委员会。四个区域的采购部门定时召开电视会议，把采购信息放到全球化的平台上来共享。

在采购行为中，充分利用联合采购组织的优势，协同杀价，并及时通报各地供应商的情况，把某些供应商的不良行为在全球采购系统中备案。

在资源得到合理配置的基础上，通用开发了一整套供应商关系管理程序，对供应商进行评估。对好的供应商，采取持续发展的合作策略，并针对采购中出现的技术问题与供应商一起协商，寻找解决问题的最佳方案。对于在评估中表现糟糕的供应商，则请其离开通用的业务体系。同时，通过对全球物流路线的整合，将各个公司原来自行拟定的繁杂的海运线路集成为简单的洲际物流线路。采购和海运路线经过整合后，不仅使总体采购成本大大降低，而且使各个公司与供应商的谈判能力也得到了质的提升。上海通用通过参与通用的全球采购系统，为国内供应商提供出口、走向国际市场的机会。

资料来源：中国物流与采购网

讨论题

1．请分析胜利油田现象说明了什么问题？

2．案例中两种"采购现象"的本质区别是什么？请阐述如何在我国推进采购观念的改革。

【实训项目】

生活连锁超市与供应商关系调查

【实训目标】

1. 培养学生调查设计的能力。

2. 加强学生对供应链战略联盟及合作伙伴关系的全面认识。

3. 培养学生系统思考问题、统揽调查全局的能力。

【实训目的】

1. 通过对超市与供应商关系的调查，加深对合作伙伴关系的认识和理解。

2. 通过调查加深学生对当前经济形势下建立战略合作关系的重要性的认识。

【实训内容】

1. 调查当地生活连锁超市与供应商合作关系的类型。

2. 弄清超市与供应商建立该合作关系所采取的手段和措施。

3. 考察分析超市与供应商建立合作关系的优点及面临的问题。

【实训组织】

1. 联系当地较有代表性的大中小型超市数家，争取对方的支持与配合。

2. 根据联系的超市数量对学生进行分组，各小组着手搜集相关资料等准备工作，并拟定调查方案报教师审定。

3. 各小组赴指定超市进行实际调查，获得所需材料和数据。

4. 组织小组讨论分析所获资料，并比较大中小型超市与供应商合作关系的差别，最后写出调查报告。

【实训要求】

1. 提交一份不少于1 000字的报告，要求图表丰富，数据真实。

2. 教师在课堂组织讨论课，分析学生所提交的报告。由学生讲解所写报告，教师点评分析。

【实训检验】

每位同学的成绩由两部分组成：课堂讨论成绩（40%）和卷面成绩（60%）。

参考文献

[1] 缪兴锋，别文群．供应链管理技术与方法［M］．广东：华南理工大学出版社，2006.
[2] 张文杰．供应链管理［M］．北京：化学工业出版社，2008.
[3] 徐杰．供应链管理［M］．上海：上海交通大学出版社，2008.
[4] 杨晓雁．供应链管理［M］．上海：复旦大学出版社，2006.
[5] 吴登丰．供应链管理［M］．北京：电子工业出版社，2007.
[6] 赵刚．供应链管理［M］．北京：电子工业出版社，2007.
[7] 谢鑫．供应链管理概论［M］．重庆：重庆大学出版社，2006.
[8] 汤世强．供应链管理［M］．北京：清华大学出版社，2008.
[9] 付平德．供应链管理［M］．北京：机械工业出版社，2009.
[10] 杨思远．供应链管理［M］．北京：冶金工业出版社，2008.
[11] 马士华，林勇．供应链管理［M］．北京：机械工业出版社，2005.
[12] 缪兴锋，秦明森．物流运筹学［M］．广东：华南理工大学出版社，2007.
[13] 张良卫等．供应链管理教程［M］．北京：中国商务出版社，2005.
[14] 别文群，缪兴锋．物流信息管理系统［M］．广东：华南理工大学出版社，2005.
[15] 缪兴锋，叶小明．现代管理学基础与应用［M］．广东：华南理工大学出版社，2006.
[16] 侯方淼．供应链管理［M］．北京：对外经济贸易大学出版社，2004.
[17] 董千里．供应链管理［M］．北京：人民交通出版社，2002.
[18] 吴拓．现代企业管理［M］．北京：中国机械工业出版社，2005.
[19] 于淼．供应链管理［M］．北京：高等教育出版社，2006.
[20] 查尔斯．C．波礼尔等著．电子供应链管理［M］．谢东梅译．北京：机械工业出版社，2002.